원광대학교 통일교육사업단 통일총서 1

담론談論: 통일거버넌스

원광대학교 통일교육사업단
통 일 총 서 1

담론談論:
통일거버넌스

원광대학교 통일교육사업단

인사글

통일 총서 발간을 축하하며

문경숙 _ 원광대학교 통일교육사업단장

 통일기반구축연합연구의 결과물 중의 하나인 통일기획총서 발간을 축하합니다. 통일을 마음에 품고 있는 연구자들의 글을 읽으며 마음속에 파도처럼 찰랑이는 그 무엇이 있었습니다. 이것이 무엇일지 생각해보다가 안도감 같은 것은 아닐까, 라는 생각이 들었습니다. 통일을 먼 미래에 일어날 일로 여기지 않고, 우리의 주변에 두기 위한 시도의 열매를 따면서 '누군가는 준비를 하고 있구나', '통일의 충격을 완화하기 위한 버퍼가 마련되어가고 있구나'라는 생각이 들었습니다. 왠지 모르게 마음이 놓이는 경험이었습니다.

 통일의 개념을 중국 한나라의 동중서에게서 찾아보는 시도를 한 김현주의 연구를 통해 통일이라는 말 이전에 '일통'이라는 말이 먼저 있었다는 것을 알게 되었습니다. 통일이건 일통이건 그것이 중요한 것이 아니라 하나의 집약체로 나아가기 위해 사상과 행동을 모으는 시도가 중요하다고 생각하게 되었습니다.

지리적, 정치적 통일의 기반으로 마음의 통일을 소개하는 박성호의 연구는 통일의 내실을 다지기 위한 첫걸음을 소개합니다. 더불어 남북한 사람들의 마음속에 있는 분단 트라우마를 그대로 방치한 채 이루어지는 통일은 반쪽 통일이 될 수밖에 없음을 경고합니다. 마음의 통일 없는 통일은 더 큰 혼돈을 가져올 수 있기 때문일 것입니다.

서덕민은 억울하게 죽어간 자의 이름을 시에서 불러보는 행위가 그에게 다시 생명을 불어넣고 위상을 회복하는 행위라고 말합니다. 슬프고 아픈 시, 처절하고 먹먹한 시에 살아있는 이들의 이름은 현재를 사는 우리의 마음에 문학이라는 형태로 남습니다. 문학이 고귀한 이유 중의 하나일 것 같습니다.

이미종, 문건우, 오가영의 글은 이념이 폭력이 될 때 어떤 결과를 가져오는지를 보여줍니다. 이념이 이기적인 정치 목적으로 사용되면 그 결과는 무차별적으로 비참하고 개인의 삶은 여지없이 무너집니다. 이념은 진리가 아니지만 이념에 사로잡힌 사람은 진리를 깨달은 사람과 비슷해집니다. 불완전한 인간의 오점일 수밖에 없습니다. 폭력이 된 이념이 시대에 따라 전승되면서 한국사회에 불어닥친 불행은 경도되지 않기 위한 노력이 필요함을 보여줍니다.

전철후는 한반도 비평화의 본질은 분단에 있으며 분단이 생산하는 폭력, 즉 분단폭력을 한반도 비평화의 근원으로 보고 있습니다. 탈냉전 이후 한반도는 갈등과 통합, 적대와 평화가 공존하는 중층적 비평화 구조를 형성하고 있음을 전합니다. 분단폭력의 한 유형으로 발생한 민간인학살의 렌즈를 통해서 분단의 극복에 희생자들을 국가나 사회가 역사의 구성원으로 회복해가는 '민(民)'의 평화가 중요함을 강조하고 있습니다. 평화사회학의 시론(時論)적 과제로서 융합학문의 가능성을 기대합니다.

최은미는 대학에서 제공하는 통일과 관련된 학습 기회가 부족하다고 지적합니다. 대학에서 다양한 방식으로 통일 교육이 펼쳐지고는 있지만 단발적이고 한시적인 성격이 강합니다. 그러나 이러한 교육마저도 통일에 대한 대학생들의 사고방식과 가치관을 바꾸었다면, 더 체계적이고 지속적인 통일교육의 효과는 가늠하기 어려울 것입니다. 참으로 고무적인 사건이 아닐 수 없습니다.

서은철은 예비교사를 대상으로 한 연구에서 인권 의식의 함양은 통일 역량을 키우는 통로가 될 수 있다는 것을 보여줍니다. 인권 의식은 통일에 열려 있는 시각을 견지하고 통일을 긍정적인 사태로 받아들이는 통일역량과 관련이 있습니다. 이러한 결과는 인권 교육이 인권 교육에만 머무르는 것이 아니라 통일 역량으로까지 번질 수 있는 중요한 개인 변인임을 가르쳐줍니다.

이혜진은 북한배경학생을 대상으로 한 연구의 흐름을 살피면서 교육이 중요한 키워드라는 것을 밝혔습니다. 연구가 현실을 반영한다는 가정을 받아들인다면, 이러한 연구의 흐름은 북한배경학생이 남한 사회에 잘 적응하려면 이들을 위한 교육적 배려가 필수라는 것을 알게 합니다. 특히 북한배경학생에 대한 교사의 사려 깊은 이해가 매우 중요하다는 것을 알게 합니다. 교사의 눈길, 손길, 마음길이 북한배경학생에게 따뜻한 배려로 전달될 수 있는 교육 여건이 마련되기를 기대합니다.

이만제는 미디어에서 제공하는 북한 주민에 대한 정보가 신빙성이 있고 타당해야 한다고 주장합니다. 남한 사람들이 북한 주민에 대해 부정적인 고정관념과 편견을 갖는 이유 중의 하나는 미디어에 퍼져있는 북한에 대한 편파적인 정보와 이것을 거르지 않고 받아들이는 대중이 있기 때문입니다. 미디어와 단절될 수 없는 지금을 감안해 본다면 미디어의 책무성이 그 어느 때보다도 중요하다는 것을 깨닫게 됩니다.

노준석의 연구는 북한의 철도와 주변 도시의 발달사를 소개하고 있습니다. 신의주가 어떻게 형성되었는지, 어떻게 발전했는지, 어떤 인프라를 구축하며 성장했는지를 보면서 북한이 더 가깝게 느껴졌습니다. 그곳도 사람 사는 곳이고, 성장하는 곳이고, 앞으로 나아가기 위해 움직이는 곳이라는 생각이 들었습니다. 어제나 오늘이나 똑같이 폐쇄적이기만 한 곳이 아니라는 당연한 사실을 깨닫는 기회였습니다.

   마지막으로 산림황폐화를 막기 위한 대책을 강구하는 조장환과 장유지의 연구를 읽을 때는 북한의 푸르른 숲이 눈에 아른거렸습니다. 어쩐지 북한의 산은 더 울창하고 푸르를 것만 같았습니다. 케이블카를 타고 시멘트가 깔린 산길을 걸으며 편안함을 즐겼던 마음이 부끄럽기도 했습니다. 가보지 못한 북한의 산을 보존하고 싶은 마음이 스멀스멀 피어나는 것, 글의 힘이 아닐까 싶습니다.

   통일기획총서 발간을 위해 귀중한 연구를 수행해 주신 모든 분께 머리 숙여 감사를 드리며, 책꽂이에서 잠자는 총서가 아니라 통일을 염원하는 모든 이들의 마음에 다가가는 총서가 되기를 기원합니다.

서문

'통일거버넌스'의 담론화

전철후 _ 원광대학교 통일교육사업단 사무국장

통일담론의 시론(時論)적 과제

원광대학교 통일교육사업단 통일총서의 기본적인 관심은 통일에 대한 사람들의 이해 내지는 인식이 상이성 및 다양성에 있다는 것이다. 저마다 통일의 개념을 쓴다고 해서 모두 통일에 대한 이해를 동일하게 하고 있는 것이 아니다. 이러한 문제의식을 가지고 통일을 담론화하는 과정과 원리에 대해서 다루고자 하였다. 어떠한 개념 내지 이론이든 연구자가 특정 시점과 위치에서 어떤 현상과 의미를 종합적으로 관찰한 뒤 내려진 현상이다. 그런 정의나 규정이 지시하는 세계 속으로 좀 더 들어가 보면, 기존의 정의로는 담을 수 없을 새로운 세계가 펼쳐진다. 마찬가지로 통일에 관한 규정도 어떠한 시각으로 어떻게 보느냐에 따라 새로운 세계로 이어져 간다. 그렇기에 통일을 이런 것이라고 정의하거나 서술했다고 해서 통일이 충분히 규명된 것은 아니다.

통일에 대한 인식이 다양한 이유는 통일을 설명하는 술어에 대한 경험이 저마다 다르기 때문이다. 인간은 복잡한 관계성 속에서 저마다 다른 경험을 하며 산다. 수많은 경험이 역사를 구성하고, 경험들이 교류되고 공유되면서 사회도 구성된다. 이러한 다양한 경험들이 차이를 인정하며 조화롭게 표현되는 것은 아니다. 경험이 다르고 경험된 사실에 대한 인식이 다르며 그 표현에 대한 수용의 정도가 다르다. 인간은 늘 차이 간의 갈등과 조화 사이의 경계에 있다. 사회적 배태성처럼 인간의 인식은 저마다의 정치, 사회, 문화적 의미를 지닌다.

이는 통일의 개념과 표현이 단수적이기보다는 복수적일 수밖에 없는 이유를 보여준다. 여기에 여러 가지 '통일들'이 있는 것이다. 인간의 경험 자체가 다양하고, 그 다양한 경험이 인식적 다양성도 만들어 낸다. 인간은 상이한 해석의 틀 안에서 살고 있다. 다른 환경과 다른 지평 속에서 무언가를 저마다의 방식으로 보고 해석한다. 경험은 그 자체로 해석적이다. 통일을 단수가 아닌 복수형으로 이해해야 하는 이유이다. 통일은 다양하게 요청되고 전개될 수밖에 없다. 저마다의 통일을 전하지만, 그 의도와 내용과 지향이 다르다. 그러기에 '통일'과 '통일들'을 구분해야 하는 것이다. 나아가 다양하게 경험하는 '통일들'을 긍정하면서, 이들의 관계성에 초점을 두고 서로 대화하고 합의해 가야 하는 것이다.

'통일들' 사이의 문과 문턱

문은 공간을 분리하기도 하지만 동시에 다시 이어주기도 한다. 문은 분리와 결합의 상호관계를 요약적으로 잘 보여준다. 문의 이동성을 통해서 폐쇄에서 개방으로, 안에서 밖으로, 불연속에서 연속으로 나아가는 상반된 것들의 역동성이 드러난다. 짐멜(G. Simmel)에 의하면 이 역동성은 개인적 삶과 사회적 삶으로 구조화된다. 문은 안으로 들어오거나 밖으로 나가기 위해 만들어진 사물이다. 문은 상징적으로 환대와 자유를 약속한다. 인간이 지은 모든 구조물에는 구체적 혹은 상징적으로 문턱과 비슷한 장치를 찾아볼 수 있다. 외부와 내부, 낯선 세계와 집안 영역, 공(公)과 사(私), 성(聖)과 속(俗) 사이의 이러한 전환지대는 매우 다양한 형태를 취하거나 확장될 수 있다.

통일은 '통일들'의 차이와 거리를 개방적 '문과 문턱'으로 만들어 가는 과정이다. 통일은 단순히 특정한 입장을 확장한다고 해서 이루어질 수 있는 것도 아니다. 서로 소통하고 합의하는 과정과 흐름이 진정한 통일의 모습이다. 하지만 무언가 이념이 작동하고 이해관계가 얽히는 곳에서는 자기중심적 보편성이 두드러진다. 특정 원리나 이념을 일방적으로 적용하면서 보편성을 확보하려는 경향이 있다. 가령 통일의 개념과 방식의 이해가 '하나'라고 한다면, '하나'를 이해관계 안에 가두어서는 안 된다. 여러 '하나'를 있는 그대로 인정하며, 상통성을 읽어내는 것이다. '하나'의 차이가 갈등보다는 조화의 동력으로 작용되어야 한다.

통일담론은 새로운 생성의 과정

통일은 일방적일 수 없다. 통일은 복합적이며 쌍방향적이다. '쌍방향적이다'라는 것은 종단(縱斷)이 아닌 횡단(橫斷) 즉 수직적이나 위계적이 아닌 수평적이며 네트워크적인 이동을 지향하며, 통시적이라기보다는 공시적이며 동시대적인 담론을 내포한다. 그것은 본래의 것, 원래의 것, 선험적인 것을 넘어서는 다른 지점을 추구한다. 끊임없는 '정착되지 않은' 이동을 가져오고, 영역의 이탈과 새로운 생성의 과정을 의미한다. 이를 들뢰즈(G. Deleuze)는 '리좀(rhizome)' 개념으로 하나의 망이며 서로 얽혀있고 분화되어 있으며, 상위-코드화를 허용하지 않는, 시작도 끝도 없는 무한한 직물을 의미한다고 한다. 짐멜(G. Simmel)은 이러한 공간을 '제3의 공간'이라 한다. '제3의 공간'은 문화적 차이와 복수성이 교섭되는 발화 장소를 의미한다. 그것은 열린 공간이며 점유되지는 않았지만, 통행과 혼합의 장소이다.

통일은 '리좀(rhizome)', '제3의 공간'과 같은 시간과 공간 안에서 조화의 공감대로서 존재해야 한다. 통일총서에 참여한 연구자들은 그 공감대로서의 통일을 전제하고 상상하면서, 통일에 대한 다양한 논의와 통일의 다양한 형태들이 정당성을 얻어 간다고 보았다. 통일에 대한 인식의 다양성을 긍정하되, 다양한 인식 간에 공감대를 찾는 일은 통일을 구현하고자 하는 불가피한 과제다. 클래식이나 팝이나 대중가요가 모두 음악이듯이, 음악은 하나의 유형일 뿐 실제로는 다양한 장르로 구성되고 존재한다. '통일들'이 '통일'인 이유도 '통일들'의 공감대가 있기 때문이다. 현실에서는 '통일들'의 형태로 나타나기에, 다양한 맥락에 처한 인간의 통일 경험과 기대 사이에 대화를 통한 합의의 과정을 늘 견지해야 하는 것이다. 그렇기에 특정한 통일의 경험을 전체의 통일을 위한 유일한 기준으로 삼지 않아야 한다. 통일의 다른 이름은 조화다. 그 조화의 한복판에 공감대로서의 통일이 있다.

통일한반도는 어떠한 공동체여야 하는가?

　통일사회의 남북은 어떠한 모습으로 함께 살아야 하느냐의 질문의 이해는 결코 쉽지 않은 일이다. 통일이 되어 남북이 지금보다 물질적·정신적으로 더 풍요로운 사회에서 살아야 한다는 데는 이견이 없겠지만, 그러한 사회를 건설하는 구체적인 방법과 실천을 이끄는 원칙이 무엇인가는 사실 명쾌한 대답을 줄 수 있는 문제가 아니다. 남북관계는 1+1이라는 단순한 합산에 의거하여 설명할 수 없다. 남북이 정치적 결단을 바탕으로 상호적으로 운용해야 함은 물론이고 종교, 문화 등 '하위 체계'가 자기 코드에 따라 합리적으로 움직일 수 있는 공간을 열어주는 남북의 '결합' 방식으로 전환되어야 한다. '하위 체계'가 각각 자기 기능을 원만히 발휘해서 전체적인 남북관계가 안정적이고 지속적으로 발전해야 하는 것이다. (송두율 2002)

　아래로부터의, 즉 풀뿌리 남북 대화와 교류를 적극 확충해야 한다. 대화와 교류의 건실한 토대 없이는 국내외적인 여건의 변화에 따라 단기적으로 끝나는 위험을 항시적으로 안고 있다. 새로운 세대의 남북 교류를 강화하면서 앞으로 함께 살아가야 하는 다음 세대가 통일에 대한 기대 지평을 공유하기 위한 노력을 적극적으로 해야 한다. 그러기 위해서 먼저 만남과 대화가 필요하다. '대화(diolog)'는 어원적으로 보면 '나눔(dia-)'이 '이성 (logos)'이 들어오고 나갈 수 있는 틈새를 만든다는 그리스 말에 뿌리를 두고 있다. 나눔과 갈라짐이 만남의 과정으로 이어진다는 뜻이다. '대화'는 여러 가지 차이점을 드러내면서도 공통분모를 찾아내는 과정이다. (송두율 2002)

'통일거버넌스'의 담론화

들뢰즈(G. Deleuze)는 철학이란 개념의 창조라고 말한 바 있다. 개념(concept)이란 '잉태된 것(conceptus)'이고, 개념화(conception)는 '임신(conceptio)'이라는 라틴어에서 유래한다. 새로운 개념의 잉태가 철학의 요체라는 것이다. 특히, 인문학은 언제나 개념과 정면으로 맞닥뜨려야 한다. 기존의 개념에 안주하면 새로움을 잉태하지 못한다. 새로운 개념을 잉태해 내는 학문에는 사실상 끝이 없다는 의미이기도 하다. 짐멜(G. Simmel)은 『자기초월』에서 지식을 '지속적인 넘어섬'으로 정의했다. 이러한 역동적으로 팽창하며 진행하는 사유방식은 근본적으로 연결과 분리, 연속과 단절, 우연과 필연이라는 이원론에 대한 양자관계를 드러낸다. 이러한 상호작용은 역동적이고 긍정적인 상호관계이다. 이를 통해 일종의 긴장이 빚어지고, 그것이 곧 삶과 사회화와 문화를 일구는 원동력인 것이다. 이러한 양자관계를 의미론적 차원에서 '사이'는 관계의 상호성을 드러내는 동시에 사회학적 결합을 좀 더 강조하는 공간적인 중재를 가리킨다.

거버넌스(Governance)는 사회의 복잡성, 역동성, 다양성의 확대에 부응하는 새로운 방식으로 널리 수용되고 있다. 거버넌스를 많은 병에 하나의 상표를 붙여 나누어 주고 여러 생산자가 각자 자신의 음료를 채워 넣는 것과 같다고 표현하기도 한다. 이는 '공유된 목표'(shared goal)가 형성되어야 함을 시사한다. 통일총서에서는 통일이라는 공유된 목표에 연구자들이 각자의 '통일들'을 채워 넣었다. 짐멜(G. Simmel)의 '제3의 공간' 개념이 의미하는 바와 같이 열린 공간이며 통합의 '통일들' 사이에서 현실을 반영하는 동시에 새로운 현실을 구성하였다. 담론화에 대한 문제의식은 학문의 기본적 틀을 구성한다. 통일이 지니는 이슈나 개념에 대해 사회와 사람들이 이야기하고 논의하는 방식을 담아내었다. 연구자들의 언어와 지식을 통해 통일의 사회적 현실과 규범을 만들어 가는 과정이었다. 이러한 통일총서의 담론이 지금 시대와 문화의 맥락 속에서 형성되어 가기를 바란다.

목차

인사글 _ 문경숙   004
서　문 _ 전철후   010

인문사회분야

김현주 | 통일 개념의 동아시아적 연원:
동중서 '대일통' 사상을 중심으로   023

박성호 | 남북한의 마음 이해와 통합을 위한 마음인문학적 접근:
통일대도와 마음공부 통합모델을 중심으로   051

서덕민 | 살아남은 자들의 윤리:
제노사이드 시의 호명 양식과 비유   093

이미종 | 문건우 | 오가영 |
한국 근현대사회에 나타난 이념적 폭력에 대한 평화교육적 접근:
여순사건을 출발점으로   123

전철후 | 한국사회 분단폭력 유형으로서 민간인학살 연구:
임실지역 폐광굴 사건을 중심으로   173

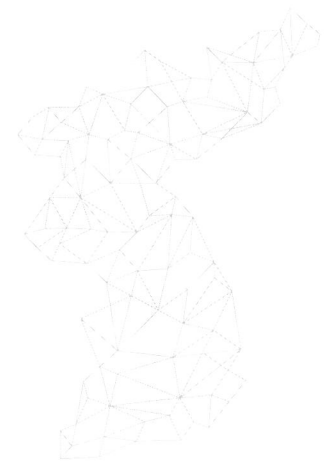

사회과학분야

최은미 | 대학생 통일교육 경험의 의미 탐색:
현상학적 접근   221

서은철 | 예비교사의 인성 및 인권인식 군집과
통일역량의 관계   261

이혜진 | 키워드 네트워크 분석을 활용한 북한배경학생
교육 관련 연구 동향 분석   295

이만제 | 대학생들의 미디어 이용행태가 통일 및
북한 관련 태도에 미치는 영향   331

노준석 | 북한 철도역 주변 공간구조의 변화:
신의주청년역을 중심으로   393

조장환 | 장유지 |
산림전용 및 산림황폐화 방지를 통한 온실가스 감축(REDD+)
사업 민간부문 참여 제약 요인과 대응 전략   435

인문사회분야

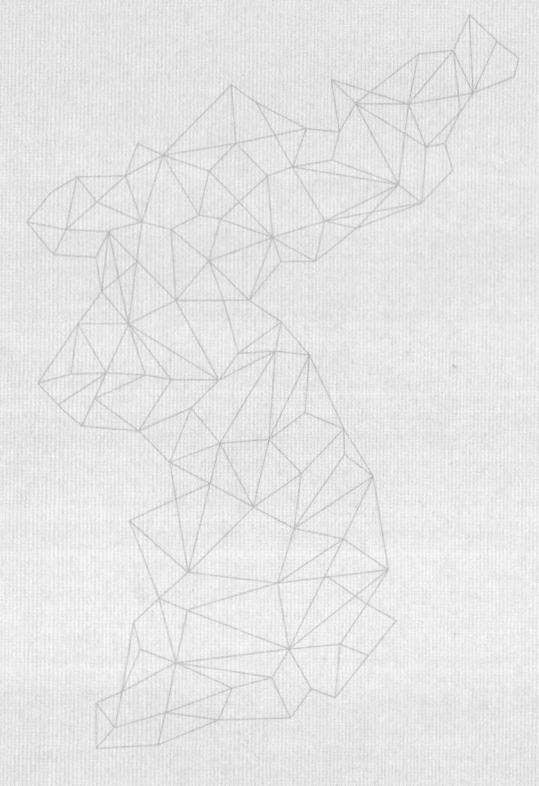

김현주 _ 원광대학교 인문대학 철학과

원광대학교 철학과 부교수로 재직 중이다. 성균관대학교 정치외교학과에서 석사와 학사 학위를 취득하고, 동대학교 동아시아학과에서 박사과정 수료 후 중국칭화대학교 철학과에서 『양계초 선진정치사상의 현대적 해석』(2013)으로 박사학위를 취득했다. 중국정치사상 연구자로서 중국의 전통사상과 현대정치가 어떤 관련을 맺고 있는지 관심을 두고 연구 중이다.

통일 개념의 동아시아적 연원:
동중서 '대일통' 사상을 중심으로

목차

I. 서론
II. 동중서의 '대일통' 사상
III. 천(天)과 인(人)의 조화
IV. 동중서의 대일통 개념에 대한 정치적 해석
V. 현대중국의 대일통 개념
VI. 결론

I. 서론

동중서(董仲舒 B.C. 179-104)의 '대일통(大一統)' 사상은 과거 중국에서 황제 일인에게 권력을 집중시키고 그 권력을 절대화하고자 한 전제주의에 불과하다는 비판을 받았다.[1] 그렇기 때문에 일본이나 한국의 경우 동중서 사상에 대한 연구가 비교적 윤리적·철학적 측면에 집중해 있었다.[2] 그런데 중국에서는 그보다는 정치적 측면에 주목하는 경향이 있다. 특히 최근 들어 많은 중국학자가 '대일통' 사상을 서구의 정치 문명과 구별되는 전통

---

[1] 서보근(2010)은 동중서의 통치사상이 유가적 중앙집권적 통치체제를 구축하기 위한 것으로 해석했다. 손흥철(2010)은 동중서의 춘추대일통 정치관을 왕권신수설과 다르지 않다고 보았다. 저우슈창(周修強)(1981), 양류신(楊柳新)(2020) 등을 비롯하여 많은 중국학자들도 동중서의 사상이 전제주의 중앙집권체제적 정치이론을 확립했다고 보았다.

[2] 문화적 측면에 주목한 연구로는 佐川英治(「董仲舒災異説における宮室の問題について」, 『中國:社會と文化』 36, (2021)) 등이 있다. 철학적 측면에 주목한 연구로는 近藤則之(「荀子と董仲舒の性」, 『佐賀大國語教育』 1(2017)), 田中良明(「董仲舒以前に於ける災異への對應」『大東文化大學漢學會誌』 51(2012)) 등 많은 연구가 있다. 물론 일본에서 동중서 사상에 대한 정치적 측면에 대한 연구가 부재한 것은 절대 아니다. 예를 들면, 深川真樹(「董仲舒の天人相關論に關する一考察:天と君主の相互關係の特性について」, 『東洋文化研究』 16(2014)), 近藤則之(「董仲舒における天と君主:君主主體性論の再吟味」『中國哲學論集』 第28號(2003)) 등의 연구가 대표적이다. 다만 중국의 연구 동향이 한국과 일본의 그것과 차별성을 갖는다는 점을 지적한 것이다. 그것은 특히 동중서의 '대일통' 사상에 대한 관심에서 현저하게 드러난다. 중국과 달리, 한국이나 일본의 경우 '대일통' 사상을 주제로 다룬 연구가 매우 드물기 때문이다.(KCI와 CiNii에서 '동중서'와 '대일통'을 주제어로 검색하는 경우, KCI에서는 김연재(「동중서의 공양학 정신, 대일통의 공동체 의식 및 천하경륜의 경계: 통권달변의 치세관」, 『철학논총』 111(1)(2023))의 논문 한 편만, 그리고 CiNii에서는 한 편도 검색되지 않는다.

중국의 중요한 정치적 유산으로 보고3 연구하고 있다. 그것은 중국의 전통 사상에 대한 관심과 더불어 서양과는 다른 중국식 거버넌스의 모색이 필요하다는 시대적 필요성에 의한 것이라고 할 수 있다. 즉 중국의 대내적 통일을 위해 '중국적' 해결 방안을 모색하고자 한 것이다.

대일통과 관련된 사상은 선진(先秦)시대부터 이미 존재했다. 맹자의 "천하가 하나에서 안정된다(天下定於一)", 순자의 "천하가 하나가 된다(天下爲一)", 묵가의 "천하를 하나로 같게 한다(一同天下)", 그리고 도가의 "하나를 품어 천하의 본보기로 삼는다(抱一爲天下式)" 등 다양한 주장이 존재했다. 그러나 그러한 주장들은 하나의 견해로만 존재했었을 뿐, 그것이 실제 정치에서 실현된 것은 진(秦)나라에 의해서였다. 진시황은 "사해 안을 군현으로 나누고, 법령을 하나로 통일시켰다."4(『史記・秦始皇本紀』) 그러나 중국 고대의 통일개념을 '대일통' 사상으로 집약한 것은 한나라의 동중서(董仲舒)에 의해서라고 할 수 있다.

동중서는 여러 유학 경전에 두루 정통했지만, 특히『춘추공양전(春秋公羊傳)』(이하 공양전)에 능통했다. 『공양전』은 『춘추』의 '미언대의(微言大義)'를 해석하는 데 중점을 둔 경전이다. 동중서의 대일통 사상 또한 『공양전』에서 유래했다. 『춘추』는 노(魯)나라의 역사서로, 공자가 '춘추필법(春秋筆法)'이라는 역사적 서술방식을 사용해 역사적 기록을 수정・편집한 것이었다. 공자는 『춘추』를 통해 역사 속에 유가의 정치적 이념을 담았다. 그

---

3   孫友(2010), 林尙立(2016), 楊光斌(2019) 등 2000년대 이후 동중서의 '대일통' 사상에 대한 중국 내 관심과 그에 대한 긍정적 평가가 늘어나고 있다.
4   "海內爲郡縣, 法令由一統"

런데『춘추』는 간결하면서도 심오한 내용을 담고 있어 이해하기 어려웠으므로 후대에 이를 해석한 글들이 여럿 나오게 되었다. 그중 대표적인 것으로는『공양전』이외에도『좌전(左傳)』,『곡량전(穀梁傳)』,『추씨전(鄒氏傳)』,『협씨전(夾氏傳)』등이 있다. 이 중『추씨전(鄒氏傳)』과『협씨전(夾氏傳)』은 후대에 전해지지 않고 유실되었다.

'대일통(大一統)'이라는 개념은『공양전』에서 처음으로 제시되었다. 동중서는『공양전』을 더욱 심화하여,『춘추』에서의 '대일통'은 "천지의 변함없는 법칙이며, 고금의 보편적 의의"[5]라는 결론에 도달했다. 그러한 동중서의 '대일통' 사상을 정치적 대일통과 사상적 대일통으로 나누어 생각해 볼 수 있다. 정치적 측면에서 동중서는 '천인감응(天人感應)' 사상을 제시하여 통치 질서의 정당성을 하늘과 인간의 상호 관계에서 도출했다. 사상적 측면에서 그는 공자의 학문을 내세우는 동시에 유학 이외의 제자백가 사상을 억누름으로써 사상적 통일을 추구했다. 그의 '대일통' 사상은 이렇듯 유학을 중심으로 국가적 이념과 제도를 통합하고자 했던 시도였다.

---

[5] "《春秋》大一統者, 天地之常經, 古今之通誼也"(『漢書·董仲舒傳』)

II. 동중서의 '대일통' 사상

대일통 개념은 『상서(尙書)·요전(堯典)』에서 그것을 의미하는 내용을 찾아볼 수 있지만,6 '대일통'이라는 단어 자체는 『공양전·은공원년(春秋公羊傳·隱公元年)』에서 처음 제기되었다.

> 원년(元年)이란 무엇인가? 군주의 첫해이다. 봄(春)이란 무엇인가? 해의 시작이다. 왕이란 누구를 말하는가? 문왕을 말하는 것이다. 어찌 먼저 '왕'이라 하고, 그 뒤에 '정월'이라 하는가? 왕이 정월을 정하기 때문이다. 어찌 왕이 정월을 정한다고 하는가? '대일통'이기 때문이다.7

'원(元)'은 처음이라는 의미이며, 본원이라는 의미를 갖는다. 즉 그것은 천지가 생기기 전이라는 의미와 함께 만물의 본원이라는 뜻을 갖는다. '대일통'의 '일(一)'은 '원(元)'의 의미를 담고 있다. 모든 만물은 무(無)에서 시작하고, 거기서 하나가 생기고, 그리고 둘, 셋, 그렇게 만물이 이루어진다는 만물 생성의 법칙이 표현된 것이다. '대일통'의 '대(大)'는 그 시작이 보통의

---

6 冀昀主編, 『尙書』(北京: 線裝書局, 2007), 3; "日若稽古, 帝堯曰放勳, 欽明文思安安, 允恭克讓, 光被四表, 格於上下。克明俊德, 以親九族。九族既睦, 平章百姓, 百姓昭明, 協和萬邦, 黎明於變時雍。"

7 李宗侗注釋, 『春秋公羊傳今主今譯(上冊)』(台灣: 台灣商務印書館, 1973), 1; "元年者何？君之始年也。春者何？歲之始也。王者孰謂？謂文王也。曷爲先言王而後言正月？王正月也。何言乎王正月？大一統也。"

시작과는 다른 '큰 시작(大始)'이라는 뜻이고, 그 시작을 통해 세상의 근본이 바로잡힌다는 의미를 담고 있다.8 동중서는 『춘추번로(春秋繁露)』에서 세상을 바로잡기 위한 '일통(一統)'에 대해 "역법을 고치고, 복식을 바꾸며, 예악을 정하여 천하를 하나로 통일시킨다."9라고 구체적으로 설명했다.

『춘추』는 이렇게 "원년춘왕정월(元年春王正月)"이라는 말로 시작한다. '원(元)'은 천지의 시작을 의미하고, 매해의 시작은 '춘(春)'이며, 인도(人道)의 시작은 '왕(王)'에 의해 이루어진다. '정월(正月)'은 정교(政教)의 시작이고, 한 나라의 시작은 '공즉위(公即位)'로부터 시작된다.10 주체인 '왕'은 '춘(春)'이 의미하는 '천도(天道)를 중심으로 '정(正)', 즉 '왕도(王道)'를 실현하는 존재이다.11 봄, 여름, 가을, 겨울은 천도의 사시(四時)를 의미하고, 그중에서 봄은 천도의 시작을 가리킨다. 왕은 하늘[天]과 사람[人] 사이에서 천도를 왕도로써 실현하는 존재이므로, 천도를 거스르지 않고, 잘못 실행되고 있는 천도를 바른 역법을 제정함으로써 바로잡는다. 그러므로 동중서는 『춘추번로・삼대개제질문(三代改制質文)』에서 다음과 같이 말하였다.

8　班固, 『漢書』(北京: 中華書局. 2012), 2177; "『春秋』謂一爲元之意, 一者, 萬物之所從始也；元者, 辭之所謂大者也。謂一爲元者, 視大始而欲正本也."

9　董仲舒, 『春秋繁露』卷7, 朱維錚 主編, 『中國經學史基本叢書』第1册(上海: 上海書店出版社, 2012), 146; "改正朔, 易服色, 制禮樂, 一統於天下"

10　陳徹, 「〈尚書・洪範〉與公羊"大一統"思想―――以"建用皇極"與"正五始"爲中心」, 『雲南大學學報(社會科學版)』6(2020), 38-47.

11　蘇輿, 『春秋繁露義證』(北京: 中華書局, 1992)., 62; "『春秋』之序辭也, 置'王'於'春'、'正'之間, 非曰上天施而下正人, 然後可以爲王也雲爾."

어째서 '왕정월(王正月)'이라 부르는가? 답하였다: 왕(王)이란 반드시 정월 (正朔)을 바꾸고, 의복의 색을 바꾸며, 예악(禮樂)을 제정하여 천하를 하나로 통일하는 것이다. 이는 성씨를 바꾸어 이전 사람의 뒤를 잇는 것이 아님을 분명히 하고, 천명(天命)을 자신이 받았음을 알리기 위함이다. 왕이 천명을 받아 왕위에 오른 후 이달을 정월로 삼아 변화에 응하며, 하늘과 땅에 예를 올리기 위한 의식을 제정한다. 그러므로 이를 '왕정월'이라 부르는 것이다.12

"천하를 하나로 통일하는 것"이라는 의미의 '일통'에 '대(大)'를 붙여 '대일통'이라 부르는데, 『공양전』에서의 '대(大)'는 '크다'라는 의미의 형용사뿐만 아니라 '존중하다, 높이다'라는 의미의 동사로도 이해할 수 있다. 그리고 하휴(何休)는 '통(統)'에 대해 다음과 같이 설명했다.

'통'이란 시작을 의미하면서도, 총괄을 의미하는 말이다. 무릇 '왕'이란 천명을 받아 제도를 개혁하고, 정교를 천하에 시행한다. 공후로부터 서인에 이르기까지, 강과 산으로부터 풀, 나무, 벌레에 이르기까지, 하나도 정월과 연결되지 않는 것이 없으므로, 이를 정교의 시작이라고 말한다.13

---

12 董仲舒, 『春秋繁露』(濟南: 山東人民出版, 2008), 58; "何以謂之'王正月'？曰：王者必改正朔, 易服色, 制禮樂, 一統於天下, 所以明易姓非繼人, 通以己受之於天也。王者受命而王制此月以應變, 故作科以奉天地, 故謂之王正月也."

13 阮元 校注, 「十三經注疏·春秋公羊傳注疏」, 卷25, 『何休學』(北京: 中華書局, 2009). 5071; "統者, 始也, 總系之辭。夫王者始受命改制, 布政施教於天下。自公侯至於庶人, 自山川至於草木昆蟲, 莫不一一系於正月, 故雲政教之始"

여기서 왕은 천명을 제도로써 천하에 실현하는 존재이다. 그러므로 '대일통'은 새로운 왕과 그가 제정한 제도에 대한 존중을 의미한다. 그리고 그것은 천과 인을 조화시킴으로써 이루어진다.

III. 천(天)과 인(人)의 조화

동중서의 '천인삼책(天人三策)'은 한무제(漢武帝)가 즉위한 후 실시한 '현량대책(賢良對策)'에서 제시된 중요한 정치·철학적 이론이다. 동중서는 이를 통해 천인감응(天人感應) 사상을 체계화하였으며, 그것을 한나라 통치 이념으로 제시하였다. 천인삼책은 주로 하늘[天]과 인간[人]의 관계를 통해 대일통 사상을 제시한 것이다.

'현량대책'에서 한무제(武帝 B.C.141-87)는 세 가지 질문을 했다. 우선 그는 천명(天命)에 대해 물었다.

> 성왕(聖王)이 이미 세상을 떠났으나, 종, 북, 그리고 관현악의 소리가 아직도 사라지지 않았다.…… 정말 하늘이 내린 명령은 되돌릴 수 없는 것이므로, 반드시 크게 쇠퇴해야 멈출 수 있는 것인가? 모든 일이 부지런히 이루어지고, 밤낮으로 옛 성왕의 법도를 따르려 힘쓰는 것이 아무런 소용도 없

는 것인가?**14**

한무제는 자신의 시대에 제도개혁의 필요성을 직감했을 것이다. 그리고 그것이 가능한지에 대해 질문한 것이다. 이에 동중서는 "크게 도(道)가 사라진 시대가 아니라면, 하늘은 끝까지 그를 돕고 지켜 평안하게 하기를 바라는 것입니다. 일은 다만 열심히 노력하는 데에 달려 있을 뿐입니다."**15** 그리고 "그러므로 다스림과 혼란, 폐함과 흥함은 자신에게 달려 있는 것이지, 하늘이 내린 명령이라 되돌릴 수 없는 것이 아닙니다. 그가 행하는 일이 어긋나고 질서를 잃었기 때문입니다."**16**라고 했다. 동중서의 이러한 대답은 한무제의 개혁의지에 대한 부응이라 할 수 있다.

다음으로 한무제가 길한 징조와 흉한 징조, 즉 '천인감응'의 문제에 대해 묻자, 동중서는 특히 흉한 징조는 하늘의 경고라고 답했다. 그는 "국가가 도를 잃고 패망하려고 할 때, 하늘이 먼저 재해로써 경고를 한다."**17**고 했다. 그리고 재해가 발생하는 이유는 "형벌이 적절하지 않아 사악한 기운이 생겼기 때문이다. 사악한 기운이 아래에 쌓이면, 원한과 미움이 위로 쌓인다."**18**는 것에 있다고 했다. 이것은 하늘의 뜻, 즉 백성의 뜻에 정치가 부응

---

14 班固, 『漢書』(北京: 中華書局. 2012), 2172; "聖王已沒, 鍾鼓管弦之聲未衰……固天降命不可複反, 必推之於大衰而後息與？凡所爲屑屑, 夙興夜寐, 務法上古者, 又將無補與？"

15 班固, 『漢書』(北京: 中華書局. 2012), 2174; "自非大亡道之世者, 天盡欲扶持而全安之, 事在強勉而已矣."

16 班固, 『漢書』(北京: 中華書局. 2012), 2175; "故治亂廢興在於己, 非天降命不可得反, 其所操持悖謬失其統也."

17 班固, 『漢書』(北京: 中華書局. 2012), 2174; "國家將有失道之敗, 而天乃先出災害以譴告之."

18 班固, 『漢書』(北京: 中華書局. 2012), 2175; "刑罰不中, 則生邪氣；邪氣積於下, 怨惡畜於上."

을 해야 한다는 것을 의미한다.

마지막으로 한무제가 '성명의 정(性命之情)'에 대해 묻자, 동중서는 "개인의 운명과 관련이 있으면서도, 사회의 혼란과도 인과관계가 있다."[19]고 다음과 같이 설명했다.

> 왕도의 상서로움을 구하려면, 그것은 바름[正]에서 얻을 수 있다. 바름[正] 다음에 왕(王)이고, 왕 다음이 춘(春)이다. …… 왕도의 큼[大]은 음양에 있다. 양은 덕(德)이고, 음은 형(刑)이다. 형은 죽이는 것을 주로 하고, 덕은 살리는 것을 주로 한다.[20]

동중서는 이렇듯 바름[正]은 곧 왕의 행위를 의미해야 한다고 피력하고, 그 행위가 바르지 않다면, 하늘로부터 주어진 운명[天命]을 잃어버릴 수 있다고 경고하였다. 그리고 왕의 행위는 덕(德)과 형(刑)으로 나뉘며, 죽이는 것과 살리는 것을 적절히 행함으로써 '바름'을 이룰 수 있다고 설명하였다. 그런데 덕이 양(陽)이고, 형이 음(陰)이라고 한 것을 보면, 덕이 중심이 되어야 한다는 것을 나타낸다.

마지막으로 한무제는 "하늘의 은혜를 받고, 귀신의 영험함을 누리며, 덕과 은혜가 넘쳐 사방에 미치고, 모든 생명에까지 그 혜택을 펼칠 수 있는

19　程世和, 「論"天人三策"的思想意義」, 『北京大學學報』01(2013), 152-155; "既與個人命數有關, 更與社會治亂因果相聯."

20　班固, 『漢書』(北京: 中華書局, 2012), 2177; "求王道之瑞, 得之於正。正次王, 王次春……天道之大者在陰陽。陽爲德, 陰爲刑；刑主殺而德主生."

가?"**21**라고 물었다. 이에 대해 동중서는 다음과 같이 대답했다.

> 인간의 형체는 하늘의 법칙[天數]**22**이 변하여 이루어진 것이며, 인간의 혈기(血氣)는 하늘의 뜻[天志]이 변하여 인(仁)을 이룬 것이다. 인간의 덕행(德行)은 하늘의 이치[天理]가 변하여 의(義)를 이룬 것이다. 인간의 좋아하고 싫어함은 하늘의 따뜻함과 맑음이 변한 것이고, 인간의 기쁨과 분노는 하늘의 추위와 더위가 변한 것이다. 인간의 운명은 하늘의 사계절이 변하여 이루어진 것이다.**23**

동중서는 군주의 권위도 하늘의 뜻(天意)에서 비롯된 것이라고 주장했다.**24** 이것은 군주 권위의 절대성을 수립하기 위한 것이다. 그러한 그의 생각은 '왕'이라는 글자에 대한 해석에서도 드러난다.

> 옛날 문자를 만들 때, 세 가지 획을 긋고 그 가운데를 연결하여 왕이라고 일컬었다. 세 가지 획은 하늘, 땅, 사람이다. 그리고 그 가운데를 연결한 것은 그 도가 통해있다는 것이다. 하늘, 땅, 사람이 관통하고 그 셋이 통하도

---

21 班固, 『漢書』(北京: 中華書局. 2012), 2179; "受天之祜, 享鬼神之靈, 德澤洋溢, 施乎方外, 延及群生？"
22 "天, 地, 陰, 陽, 木, 火, 土, 金, 水, 九, 與人而十者, 天之數畢也."(『春秋繁露』卷十七)
23 董仲舒, 『春秋繁露』(濟南: 山東人民出版, 2008), 101; "人之形體, 化天數而成；人之血氣, 化天志而仁；人之德行, 化天理而義。人之好惡, 化天之暖清；人之喜怒, 化天之寒暑；人之受命, 化天之四時."
24 董仲舒, 『春秋繁露』(濟南: 山東人民出版, 2008), 92; "受命之君, 天意之所予也."

록 하는 일을, 왕이 아니고 누가 할 수 있겠는가?**25**

여기서 알 수 있듯이, 사실은 하늘과 땅을 높이는 것 같지만, 결국 인간 사회에 그 뜻을 전하고 실현하는 존재는 왕뿐이다. 그러므로 동중서가 "사람은 만물 위에 초연히 존재하며, 세상에서 가장 귀한 존재이다. 사람은 아래로는 만물을 다스리고, 위로는 하늘과 땅에 참여한다."**26**고 했을 때 '사람'은 왕을 의미한다. 그 왕을 '천자(天子)' 즉 왕의 아들이라고 함으로써 '왕(군주)=하늘'의 공식을 성립시킨다. 이렇게 하늘과 땅을 연결하는 존재인 왕은 정치제도에서 그것을 구체화한다.

> 세 신하(三臣)가 하나의 신(慎)을 이루고, 81명의 원사(元士)가 27개의 신(慎)을 이룬다. …… 아홉 경(九卿)은 세 개의 신(慎)을 이루어 삼공(三公)을 보좌하고, 삼공은 하나의 신을 이루어 천자(天子)를 보좌한다. ……**27**

동중서가 '왕=하늘'의 공식을 성립시킨 근거는 인간과 하늘은 감정과 도덕에 있어서도 같다고 생각했기 때문이다.

하늘도 기쁨과 분노의 기운, 슬픔과 즐거움의 마음이 있어 인간과 짝을 이

25　董仲舒,『春秋繁露』(濟南: 山東人民出版, 2008), 106.
26　董仲舒,『春秋繁露』(濟南: 山東人民出版, 2008), 167; "人之超然萬物之上, 而最爲天下貴也。人, 下長萬物, 上參天地."
27　董仲舒,『春秋繁露』(濟南: 山東人民出版, 2008), 167; "其率三臣而成一慎, 故八十一元士爲二十七慎……九卿爲三慎, 以持三公; 三公爲一慎, 以持天子……"

룬다. ……봄은 기쁨의 기운으로 생명을 탄생시키고, 가을은 분노의 기운
으로 죽음을 가져오며, 여름은 즐거움의 기운으로 만물을 기르고, 겨울은
슬픔의 기운으로 만물을 감춘다.**28**

특히 도덕적 차원에서 동중서는 '하늘[天]'의 의지를 사회의 도덕적 기준과 연결시켰다.

인간의 혈기(血氣)는 하늘의 뜻[志]을 변화시켜 인(仁)을 이루고, 인간의
덕행(德行)은 하늘의 이치[理]를 변화시켜 의(義)를 이루며, 인간의 좋아하
고 싫어함은 하늘의 따뜻함과 맑음을 변화시킨 것이다.**29**

동중서는 기본적인 윤리 원칙인 삼강(三綱)을 하늘과 동일시했다. 그것을 중심으로 그는 '하늘-군주, 땅-신하, 양-남편, 음-아내'의 도식을 완성했다.

하늘은 군주로서 만물을 덮고 보호하며, 땅은 신하로서 만물을 받들고 지
탱한다. 양(陽)은 남편으로서 생명을 창조하고, 음(陰)은 아내로서 이를 돕
는다. ……**30**

---

28 董仲舒, 『春秋繁露』(濟南: 山東人民出版, 2008), 114; "天亦有喜怒之氣, 哀樂之心, 與人相副……春, 喜氣也, 故生；秋, 怒氣也, 故殺；夏, 樂氣也, 故養；冬, 哀氣也, 故藏."
29 董仲舒, 『春秋繁露』(濟南: 山東人民出版, 2008), 101; "人之血氣, 化天志而仁；人之德行, 化天理而義。人之好惡, 化天之暖淸."
30 董仲舒, 『春秋繁露』(濟南: 山東人民出版, 2008), 119; "還將根本的倫理原則三綱與天同類, "天爲君而覆露之, 地爲臣而持載之；陽爲夫而生之, 陰爲婦而助之……""

『춘추번로·천지지행(天地之行)』에서, 동중서는 군주의 덕을 하늘의 덕으로 설명했다. 하늘의 덕은 '높음[高]', '은혜를 베풂[施]', '존귀함[尊]' 등으로 표현되었다.

> 그래서 하늘은 그 자리를 높게 하여 그 은혜를 아래로 베풀고, 행동을 숨기되 그 빛을 드러내며, 별들을 배열하여 가장 정밀한 것에 이르게 하고, 음양(陰陽)을 살펴 서리와 이슬을 내린다. 자리를 높이는 것은 존귀함을 나타내기 위함이다. ……31

땅(地)의 의리에 관하여, 동중서는 이렇게 말하였다.

> 땅은 그 공로와 이름을 감히 스스로 가지려 하지 않으며, 반드시 그것을 하늘에 돌린다. …… 수고로움은 땅에서 이루어지나, 그 명예는 모두 하늘에 돌아간다. ……32

땅의 공로가 하늘에게서 돌려지고, 그로 인해 명예가 모두 하늘에 주어지는 것은, 군주와 신하, 아버지와 자식의 관계에서도 마찬가지이다. 그것이 바로 충(忠), 효(孝)의 덕목으로 표현된다. 이렇게 동중서의 음양오행관은 윤리적 질서를 정당화하는 데 사용되었다. 자연이 변화 속에서 조

---

31 董仲舒, 『春秋繁露』(濟南: 山東人民出版, 2008), 162; "是以天高其位而下其施, 藏其行而見其光, 序列星而近至精, 考陰陽而降霜露。高其位所以爲尊也……"

32 董仲舒, 『春秋繁露』(濟南: 山東人民出版, 2008), 100; "地不敢有其功名, 必上之於天……勤勞在地, 名一歸於天……"

화를 이루듯이, 인간 사회 또한 "음양의 전환, 변환 및 포함의 상관성과 오행의 상생·상극의 관계망" 속에서 "해소, 협동 및 화해의 긍정적 관계뿐만 아니라 대립, 갈등 및 충돌의 부정적 관계조차도 조화나 화합의 더 높은 통합적 추세로 나아간다."[33]

IV. 동중서의 대일통 개념에 대한 정치적 해석

여불위(呂不韋)가 썼다는 『여씨춘추(呂氏春秋)』(B.C.239)에서도 일통(一統)의 중요성이 강조되었다.

> 왕은 하나의 원칙을 붙들어 만물을 바로잡는다. 군대에는 반드시 장수가 있어야 하는데, 이로써 하나로 통일할 수 있기 때문이다. 나라에는 반드시 군주가 있어야 하는데, 이로써 하나로 통일할 수 있기 때문이다. 천하에는 반드시 천자가 있어야 하는데, 이로써 하나로 통일할 수 있기 때문이다. 천자는 반드시 하나를 붙잡아야 하며, 이로써 온 천하를 아우를 수 있기 때문이다. 하나로 다스리면 평안해지고, 둘로 나뉘면 혼란해진다. 지금

---

[33] 김연재·오종희, 「共生主義에서 본 董仲舒의 陰陽五行觀과 국가공동체의 강령」, 『율곡학회논문집』, 『율곡학연구』 53(2023), 174-209.

검은 말을 몰 때, 네 사람이 각기 다른 채찍으로 한 마리를 다루려 한다면, 그 말은 집 문을 나설 수조차 없을 것이다. 이는 하나로 통일되지 않았기 때문이다.³⁴

『여씨춘추』에서 엿볼 수 있는 대일통 사상은 유가 사상뿐만 아니라 도가, 법가 등 다양한 사상의 융합을 허용하는 실용적 통치전략이다. 이와 달리, 동중서는 유가 사상 이외의 사상은 배제하고자 했다. 그것은 동중서가 한무제에게 했던 다음과 같은 말에서 알 수 있다.

> 『춘추』의 대일통이란, 하늘과 땅의 영원한 법칙이며, 고금(古今)을 관통하는 도리입니다. …… 신의 어리석은 생각으로는, 육예(六藝)의 범주와 공자(孔子)의 학술에 속하지 않는 것들은 모두 제거해야 한다고 봅니다. …… 그렇게 해야만 통치의 질서가 통일되고 법도(法度)가 명확해지며, 백성들이 따를 바를 알게 될 것입니다.³⁵

즉 동중서에게 있어서 '대일통'을 이루는 방법은 바로 "육예의 범주와 공자의 학술에 속하지 않는 것은 모두 제거해야 한다"는 것이었다. 동중서는 그것이야말로 바로 통치 질서를 통일하고 법도를 명확하게 하는 방법이라

---

34 呂不韋, 『呂氏春秋·審分覽·執一』(太原: 山西古籍出版社, 1999), 150; "王者執一, 而爲萬物正。軍必有將, 所以一之也；國必有君, 所以一之也；天下必有天子, 所以一之也；天子必執一, 所以摶之也。一則治, 兩則亂。今禦驪馬者, 使四人人操一策, 則不可以出於門閭者, 不一也。"

35 班固, 『漢書』(北京: 中華書局. 2012), 2194; "『春秋』大一統者, 天地之常經, 古今之通誼也……臣愚以爲諸不在六藝之科孔子之術者……然後統紀可一而法度可明, 民知所從矣。"

고 생각했다. 「천인삼책」에 의하면, 동중서는 한무제에게 대일통의 배경과 필요성에 대해 다음과 같이 말했다.

> 오늘날 스승의 도가 서로 다르고, 사람들의 생각도 각기 다르며, 백성들의 방법도 달라 그 뜻이 일치하지 않습니다. 이 때문에 위로는 통일을 유지할 수 없고, 법과 제도가 자주 바뀌며, 아래로는 백성들이 무엇을 따라야 할지 알지 못하게 됩니다. 신의 어리석은 생각으로는, 여섯 가지 고전(六藝)과 공자의 학문에 속하지 않는 것은 모두 그 길을 끊어내고 함께 나아가지 못하게 해야 합니다. 사악하고 편벽된 학설이 사라지고 나서야, 기율을 통일하여 하나를 이룰 수 있고, 법도와 제도가 분명해지며, 백성들이 무엇을 따라야 할지 알게 될 것입니다.[36]

'대일통'에서 '일통(一統)'은 곧 근원과 시작, 즉 정치와 사회를 두루 포함한 만물의 본체를 가리키는 것이다. 그 본체를 중시하고 높이는 것이 대일통인 셈이다. 당나라의 학자 안사고(顏師古)는 『공양전』의 '일통'에 대해 "일통(一統)이란 만물의 질서가 모두 하나로 귀속되는 것을 의미한다."[37] 라고 해석했다. 이렇듯 '일통'은 정치·사회가 아래로부터 위에 이르기까지 형이상학적 중심, 즉 하나(一)에 귀속됨으로써 정치·사회가 초월적 존재

---

36 班固, 『漢書』(北京: 中華書局. 2012), 2194; "今師異道, 人異論, 百姓殊方, 指意不同, 是以上亡以持統一, 法制數變, 下不知所守。臣愚以爲諸不在六藝之科, 孔子之術者, 皆絕其道, 勿使並進, 邪辟之說滅息, 然後統紀可一而法度可明, 民知所從矣。"

37 晁福林, 「"大一統"學說的構建與中華民族形成進程中的觀念認同」, 『北京師範大學學報(社會科學版)』1(2024), 19-29; "一統者, 萬物之統皆歸於一也。"

가치를 획득하는 것이다. 이는 단순히 위에서 아래로, 최고 권력을 중심으로 정치적 영역을 집중적으로 통일한다는 것을 의미하는 것이 아니다.

근대 학자 첸무(錢穆)는 '대일통' 개념에 대해 로마 제국의 중심-주변의 위계적 구조와는 다르다고 설명했다.**38** 그것은 동중서의 일통이 강압적이고 일방적인 형벌과 제도에 의한 것은 아니었다는 것에서 알 수 있다. 그보다는 '유가적 방식'이라고 할 수 있는 따듯한 사랑과 두터운 덕에 의해 이루어져야 하는 것이다.

> 하늘은 양(陽)을 내어 따뜻함으로 [생명을] 낳고, 땅은 음(陰)을 내어 맑음으로 [생명을] 완성한다. 따뜻함이 없으면 낳지 못하고, 맑음이 없으면 완성되지 못한다. 그러나 그 많고 적음을 따져보면, 따뜻함과 더위가 백을 차지한다면, 맑음과 차가움은 하나를 차지한다. 덕으로 가르치는 것과 형벌을 내리는 것은 이와 같다. 그러므로 성인은 사랑을 많이 베풀고, 엄격함을 줄이며, 덕을 두텁게 하고 형벌을 간소하게 하여, 이로써 하늘에 따른다.**39**

동중서에게 있어서 대일통은 단순히 제도적·형식적 통일을 의미하지 않고, 도덕과 결부된 것으로, 성인의 가르침을 구체화한 것이었다.

---

38 錢穆, 『政學私言』(北京 : 九州出版社, 2016), 104, 109; "吾所謂大一統者, 乃由國家整部全體凝合而成一中心, 與羅馬帝國之由一中心放射而展擴及於四圍者又不同" "蓋中國乃由四方輻輳共成一整體, 非自一中心伸展其勢力以壓服旁圍而之使從我"

39 董仲舒, 『春秋繁露』(濟南: 山東人民出版, 2008), 120; "天出陽爲暖以生之, 地出陰爲淸以成之, 不暖不生, 不淸不成；然計其多少之分, 則暖署居百而淸寒居一。德敎之與刑罰, 猶此也。故聖人多其愛而少其嚴, 厚其德而簡其刑, 以此配天。"

> 성인은 의심스러운 것을 명확히 밝히고, 미세한 것을 구분하며, 극히 세세한 것을 끊어내어 의심이 생기지 않도록 하여, 이를 미리 예방한다. 성인의 도란 여러 가지 방지책과 같은 것이다. 이를 도제(度制)라 하고, 예절(禮節)이라 한다. 그러므로 신분에 귀천이 있고, 의복에 규정이 있으며, 조정에 지위가 있고, 마을에는 질서가 있어 백성들이 서로 양보하며 감히 다투지 않게 된다. 이렇게 함으로써 사람들을 하나가 되게 한다.[40]

'성인의 도'는 결국 정치와 윤리의 결합을 의미한다. 『춘추번로·순명(順命)』에 따르면,

> 천자는 하늘로부터 명을 받고, 제후는 천자로부터 명을 받으며, 자식은 아버지로부터 명을 받고, 신하와 첩은 군주로부터 명을 받으며, 아내는 남편으로부터 명을 받는다. 이와 같이 명령을 받는 모든 관계의 최고 권위는 하늘이며, 이 모든 것을 하늘의 명령으로 간주할 수도 있다.[41]

이는 자연적 질서가 윤리적 체계로 전환되는 동시에, 윤리적 질서 또한 자연적 법칙으로 간주됨으로써 자연과 윤리의 상호 교차적 정당화가 이루어짐을 보여준다. 이러한 서술은 당시의 통치 이념이 하늘의 명령이라는

---

[40] "聖人章其疑者, 別其微者, 絕其纖者, 不得嫌, 以蚤防之。聖人之道, 眾堤防之類也, 謂之度制, 謂之禮節, 故貴賤有等, 衣服有制, 朝廷有位, 鄉黨有序, 則民有所讓而不敢爭, 所以一之也。"(『春秋繁露·度制』)

[41] "天子受命於天, 諸侯受命於天子, 子受命於父, 臣妾受命於君, 妻受命於夫。諸所受命者, 其尊皆天也, 雖謂受命於天亦可。"(『春秋繁露·順命』)

초월적 근거에 의해 정당성을 확보하는 동시에, 사회적 윤리 질서를 자연스러운 것으로 자리매김하려는 의도를 드러낸다. 이를 간춘송(幹春松)은 "자연질서의 윤리화", "윤리질서의 '자연화'"라고 표현한다.**42** 이렇듯 중국 전통에서 정치와 도덕은 우주라는 큰 틀 속에서 각각 자연의 모습을 닮은 유사한 구조로 이해되었고, '천(天)-지(地)-인(人)'이라는 우주질서 내에서 통합된 하나로 정당화되었다.

V. 현대중국의 대일통 개념

중화민국의 임시 총통이었던 쑨원(孫中山)은 다음과 같이 말했다. "중국은 통일된 국가이며, 이 점은 우리 역사의 의식 속에 깊이 새겨져 있다. 바로 이러한 의식이 우리를 하나의 국가로서 유지될 수 있게 한 것이다."**43** 또한, 그는 "통일은 중국 전체 국민의 염원이다. 통일을 이룬다면 전국의 국민이 행복을 누릴 것이고, 통일을 이루지 못한다면 고통을 겪게 될 것이다."**44**라고 했다. 쑨원과 중국 인민의 이런 염원에도 불구하고, 중

---

42 幹春松,「從天道普遍性來建構大一統秩序的政治原則—董仲舒"天"觀念疏解」,『哲學動態』 1(2021), 74-83.

43 孫中山,『孫中山全集』第6卷(北京: 中華書局, 1985), 528-529.

44 孫中山,『孫中山全集』第6卷(北京: 中華書局, 1985), 528—529.

국의 근대사는 영토와 국민을 하나로 모으는 통일의 과정이 얼마나 힘든 것인가를 보여주었다. 지리적 분열로 인한 언어, 문자, 문화 등의 이질성 뿐만 아니라 정치적·이데올로기적 분열도 통일을 힘들게 하는 커다란 원인 중 하나였다. 그런 어려움에도 불구하고, 중국이 통일을 이룬 것에 대해 오늘날 중국의 학자들은 그 원인을 중화민족의 문화적인 '내적 동력'에서 찾기도 한다.

2019년 9월 시진핑 주석은 전국 민족단결 진보 표창대회에서 진나라 때 문자, 도량, 도덕을 통일하여 통일적 다민족국가의 발전 경로를 개척했다고 지적했다. 그는 "각 민족이 단결하고 융합할 수 있었던 이유, 그리고 다양한 요소들이 하나로 모일 수 있었던 이유는 각 민족이 문화적으로 서로의 장점을 받아들이고 경제적으로 상호 의존하며 감정적으로 서로 친밀해졌기 때문이며, 또한 중화민족이 단결과 통일을 추구하는 내적인 동력에서 비롯된 것이다."라고 밝혔다.**45**

쑨원도 중국은 통일 국가이며, 그것은 역사의식 속에 각인된 것이고, 그러한 의식을 통해 국가가 보존되었다고 말하였다.**46** 중화민족에게 각인된 '내적 동력'이란 중국의 전통 사상을 의미한다. '중화(中和)', '화충공제(和衷共濟)', '천인합일(天人合一)', '협화만방(協和萬邦)'(『尚書·堯典』)**47** 등 전통적 개념은 모두 포용성과 화합성을 강조한다. 이를 바탕으로 중국은 '중

---

45   朱誠如, 求是網, "中華民族"大一统"理念的历史传承"(2022.07.16.), https://baijiahao.baidu.com/s?id=1738477079693208702&wfr=spider&for=pc(%EA%B2%80%EC%83%89%EC%9D%BC(검색일: 2025.08.20.)

46   孫中山, 『孫中山全集』第6卷(北京: 中華書局, 1985), 528—529.

47   "克明俊德, 以親九族；九族既睦, 平章百姓；百姓昭明, 協和萬邦".

화(中和)'의 넓고 포용적인 정신으로 천하를 융합하고 사방을 모아 중화민족의 '대일통(大一統)' 구도를 공고히 한다48고 얘기한다. '대일통'은 현대중국에 있어서도 집정자와 민중이 공동으로 추구하는 국가의 이상을 가리키며, 영토의 통일뿐만 아니라, 정치, 사회, 문화 등 다중적 통일을 의미한다.49

이러한 다중적 통일의 중심점은 '중국특색사회주의'라는 주류 이데올로기이다. 동중서의 '대일통' 사상이 유학을 중심으로 음양오행, 천인감응 등의 사상이 결합된 것이라면, 현대 중국의 '대일통' 사상은 '중국특색사회주의'를 중심으로 유가, 도가, 법가 등 중국의 전통 사상이 결합된 것이다. 동중서의 대일통 사상의 구심점이 군주라면, 현대 중국의 대일통 사상의 구심점은 '중국공산당'이다. 그것은 중국공산당과 인민이 함께 추구하는 국가 이상으로 여겨지며, "영토의 통일, 정치의 통일, 문화의 통일 등 다층적인 통합"을 지향한다.50

오늘날 중국의 통일관에서는 특히 중화문명의 '중화(中和)' 사상이 강조된다. '중(中)'은 중도(中道), 시중(時中)을 의미하며, 일을 처리함에 있어

---

48 朱誠如, 求是網, "中华民族"大一統"理念的历史传承"(2022.07.16.), https://baijiahao.baidu.com/s?id=1738477079669693208702&wfr=spider&for=pc(%EA%B2%80%EC%83%89%EC%9D%BC(검색일: 2025.08.20.)

49 李俊清·李寅, ""大一統"何以成爲中華民族共同的理想和追求？"(2023. 08. 09), https://baijiahao.baidu.com/s?id=1773703941429224744&wfr=spider&for=pc(검색일: 2024.08.19.)

50 李俊清·李寅, ""大一統"何以成爲中華民族共同的理想和追求？"(2023. 08. 09), https://baijiahao.baidu.com/s?id=1773703941429224744&wfr=spider&for=pc(검색일: 2024.08.19.)

치우치지 않고 공정하며, 적절한 상태를 유지하는 것을 의미한다. 즉 지나치지도 부족하지도 않은 상태를 말한다. '화(和)'는 조화와 화합을 의미하며, 서로 다른 대상들이 서로를 방해하지 않고 조화를 이루는 상태를 말한다. 그러므로 사람과 사람, 사람과 자연, 나아가 서로 다른 민족과 국가 간의 교류와 상호 학습이 강조된다.[51] 그리고 여기서 또한 동중서가 추구했던 '천'과 '인'의 조화를 통한 대일통 사상을 엿볼 수 있다. 그로 인해 중국 현대의 '대일통'이 동중서 사상의 귀결점과 마찬가지로 만 백성을 의미하는 '천'이 아니라 군주 일인을 의미하는 '인'으로 귀결되리라는 것도 미루어 짐작해 볼 수 있다.

VI. 결론

동중서 이전의 관자, 노자, 공자, 맹자, 순자, 묵자, 한비자 같은 성현들 모두 '대일통'이라는 명제와 관련되어 있었지만, 이 개념이 널리 보급되지는 못했다. 동중서는 선진시대의 유가, 도가, 묵가, 법가, 잡가, 음양가 등의 학문, 특히 유가의 공자, 맹자, 순자 사상의 정수를 계승하여 대일통 사

---

[51] 朱诚如, 求是網, "中华民族"大一统"理念的历史传承"(2022.07.16.), https://baijiahao.baidu.com/s?id=1738477079693208702&wfr=spider&for=pc(%EA%B2%80%EC%83%89%EC%9D%BC(검색일: 2025.08.20.)

상을 발전시켰다. 그는 유가의 종법(宗法) 사상을 중심으로 하고, 성선설(性善說)과 정악설(情惡說)에 기반한 인간 본성론을 바탕으로, 삼강오상(三綱五常)을 핵심으로 하는 가치관을 구성했다. 또한, 음양오행설을 융합하여 군주와 신하의 관계, 아버지와 아들의 관계, 남편과 아내의 관계에서 전자의 권위를 체계화했다. 이를 통해 사상과 행동을 일치시키는 체계적인 통치 방안을 마련하고, 독창적으로 천인합일의 사상 체계를 구축했다. 동중서의 '천인감응(天人感應)', '대일통(大一統)' 이론, 그리고 "백가를 퇴출하고 유학만을 높여라(罷黜百家, 獨尊儒術)"라는 제안이 한무제에 의해 높이 평가되고 채택된 이래, 유학은 중국 사회의 정통 사상으로 자리 잡았으며, 이후 2천 년 이상 중국 사회에 깊은 영향을 미쳤다. 그리고 그의 사상이 오늘날의 현대 중국에도 영향을 미쳤다는 점은 부인할 수 없는 사실이다.

'대일통' 개념은 처음에는 주로 왕조 교체 이론을 설명하는 데 사용되었다. 이는 왕조가 어떤 이론적 기반 위에서 세워지는지를 설명해 준다. 이후, 이 개념은 국가의 정치적·문화적 고도의 통일성을 의미하는 것으로 확대되었다.[52] 대일통 사상은 국가 통치 질서를 설명한 이념으로, 이미 선진 시대부터 중국은 염제(炎帝)와 황제(黃帝)를 중심으로 한 화하(華夏)를 응집의 핵심으로 삼고, '오방의 백성(五方之民)'이 함께 천하를 이루는 융합의 구조를 점차 형성해왔다. 기원전 221년, 진시황이 최초의 통일된 봉건 왕조를 세우며 이 사상을 정치적으로 현실화했으며, 그에 대한 이론을

52　百度百科, "大一統(2024), "https://baike.baidu.com/item/%E5%A4%A7%E4%B8%80%E7%BB%9F/5485731?fr=ge_ala(검색일: 2024.11.27.).

완성한 것은 바로 동중서이다. 동중서의 대일통 개념은 정치적 안정과 통합을 도모하며, 유학을 중심으로 중국 사상의 기틀을 마련한 중요한 사상이었다.

그러나 삼강오상이라는 윤리적 원칙을 중심으로 한 계층적 질서를 대일통의 기초로 삼았다는 점, 유학을 중심으로 사상적 통일을 도모하면서 유학 이외 사상의 발전을 억제했다는 점 등 정치적 안정을 위해 여러 가지를 희생하도록 만들었다는 한계를 갖고 있다. 동중서의 대일통 개념이 정치적 필요성에서 제기되었다는 점에서 그러한 한계는 어쩌면 불가피할 수 있다. 그러나 동중서 대일통 개념에서 제기된 한계에 대한 논의는 오늘날 한국의 통일 과정에서도 극복해야 하는 문제로 좋은 시사점이 될 수 있다. 즉 우리는 사회의 다양한 목소리를 공정하게 반영할 수 있는 사상적 유연성과 공론의 장을 마련하여 통일된 체제가 다양한 목소리를 조화롭게 통일할 수 있도록 해야 한다는 것이다.

참고문헌

김연재, 「동중서의 공양학 정신, 대일통의 공동체의식 및 천하경륜의 경계: 통권달변의 치세관」, 『철학논총』, 111(1)(2023).

김연재·오종희, 「共生主義에서 본 董仲舒의 陰陽五行觀과 국가공동체의 강령」, 『율곡학회 논문집』, 『율곡학연구』 53(2023).

서보근, 「중국 동중서(董仲舒)의 통치사상」, 『대한정치학회보』 18(2)(2010).

손흥철, 「동중서(董仲舒)의 정치사상에 관한 해석학적 이해」, 『현상해석학적 교육연구』 7(2)(2010).

晁福林, 「"大一統"學說的構建與中華民族形成進程中的觀念認同」, 『北京師範大學學報(社會科學版)』 1(2024).

幹春松, 「從天道普遍性來建構大一統秩序的政治原則─董仲舒"天"觀念疏解」, 『哲學動態』 1(2021).

佐川英治, 「董仲舒災異說における宮室の問題について」, 『中國：社會と文化』 36(2021).

楊柳新, 「董仲舒"大一統"王道政治思想的文化詮釋」, 『衡水學院學報』 2(2020).

陳徽, 「〈尚書·洪範〉與公羊"大一統"思想———以"建用皇極"與"正五始"爲中心」, 『雲南大學學報(社會科學版)』 6(2020).

楊光斌, 「以中國爲方法的政治學」, 『中國社會科學』 10(2019).

近藤則之, 「荀子と董仲舒の性」, 『佐賀大國語教育』 1(2017).

近藤則之, 「董仲舒における天と君主：君主主體性論の再吟味」, 『中國哲學論集』 第28號(2003).

林尚立, 「"大一統"與共和：中國現代政治的緣起」, 『復旦政治學評論』 1(2016).

錢穆, 『政學私言』(北京：九州出版社, 2016).

深川真樹, 「董仲舒の天人相關論に関する一考察：天と君主の相互関係の特性について」, 『東洋文化研究』 16(2014).

程世和, 「論"天人三策"的思想意義」, 『北京大學學報』 01(2013).

董仲舒, 『春秋繁露』 卷7, 朱維錚 主編, 『中國經學史基本叢書』 第1冊(上海：上海書店出版社, 2012).

董仲舒,『春秋繁露』(濟南: 山東人民出版, 2008).

班固,『漢書』(北京: 中華書局., 2012)

田中良明,「董仲舒以前に於ける災異への對應」,『大東文化大學漢學會誌』, 51(2012).

孫友,「淺論董仲舒的"大一統"思想及其影響」,『赤峰學院學報(漢文哲學社會科學版)』31(2010).

冀昀主編,『尚書』(北京: 線裝書局, 2007).

阮元 校注,「十三經注疏·春秋公羊傳注疏」, 卷25,『何休學』(北京: 中華書局, 2009).

呂不韋,『呂氏春秋·審分覽·執一』(太原: 山西古籍出版社., 1999).

蘇輿,『春秋繁露義證』(北京: 中華書局, 1992).

孫中山,『孫中山全集』第6卷(北京: 中華書局, 1985).

周修強,「關於董仲舒的幾個問題」,『上饒師範學院學報』(1981).

李宗侗注釋,『春秋公羊傳今主今譯(上冊)』(台灣: 台灣商務印書館, 1973).

李俊清·李寅, ""大一統"何以成爲中華民族共同的理想和追求？"(2023. 08. 09), https://baijiahao.baidu.com/s?id=1773703941429224744&wfr=spider&for=pc(검색일: 2024.08.19.)

百度百科, "大一統(2024), "https://baike.baidu.com/item/%E5%A4%A7%E4%B8%80%E7%BB%9F/5485731?fr=ge_ala(검색일: 2024.11.27.).

朱誠如, 求是網, "中华民族"大一统"理念的历史传承"(2022.07.16.), https://baijiahao.baidu.com/s?id=1738477079693208702&wfr=spider&for=pc(%EA%B2%80%EC%83%89%EC%9D%BC(검색일: 2025.08.20.)

박성호 _ 원광대학교 마음인문학연구소

중국 북경대학교에서 중국철학으로 박사학위를 받고 현재 원광대 마음인문학연구소 부소장을 맡고 있다. 주로 불교와 유학의 마음담론과 수양방법을 통한 인간의 심리치유와 인격도야의 가능성을 연구하고 있다.

남북한의 마음 이해와 통합을 위한 마음인문학적 접근: 통일대도와 마음공부 통합모델을 중심으로

목차

Ⅰ. 들어가는 말
Ⅱ. 마음속 장벽: 분단 트라우마
   1. 분단 트라우마의 개념과 성격
   2. 분단 트라우마의 기원
   3. 분단 트라우마의 유형
Ⅲ. 통일대도: 분단 트라우마 해소의 실천적 단계
   1. 대해원(大解怨): 마음의 원한을 풀어내는 첫걸음
   2. 대사면(大赦免): 과거의 용서와 새로운 시작
   3. 대화해(大和解): 대화와 관계의 회복
   4. 대수용(大受容): 상호요구의 인정과 수용
   5. 대협력(大協力): 신뢰 기반의 공동 실천
   6. 대합의(大合意): 통일의 결단과 세계평화
Ⅳ. 마음공부 통합모델: 통일대도 구현의 실천적 경로
   1. 마음의 세 가지 구조와 마음공부 통합모델   2. 본성의 차원과 통일대도의 기초
   3. 현상의 차원과 통일대도의 전개   4. 작용의 차원과 통일대도의 완성
Ⅴ. 나오는 말

Ⅰ. 들어가는 말

한반도의 분단은 80년을 넘어선 현재까지도 여전히 지속되고 있다. 세계가 문호 개방과 교류 협력을 통해 하나의 지구촌으로 나아가는 시대적 흐름 속에서, 한반도만은 냉전적 대립과 이념적 적대가 고착화된 채로 남아 있다. 이러한 흐름은 단순히 남북의 문제를 넘어 동북아시아와 국제정세 전반에도 부정적 파장을 낳고 있으며, 결국 우리 민족의 정체성과 미래 비전을 위태롭게 한다. 따라서 통일은 선택의 문제가 아니라, 한민족이 반드시 해결해야 할 공동의 사명이다.

통일의 당위성과 필요성은 정치·경제·사회·문화적 차원에서 반복적으로 다양하게 논의되어 왔다.[1] 그러나 독일통일의 경험에서 볼 수 있듯이, 제도적·정치적 통합이 곧바로 사회적·정서적 통합으로 이어지는 것은 아니다. 동독 주민들이 여전히 '2등 시민'이라는 자의식을 벗어나지 못하고, 동서독 간의 사회문화적 갈등이 해소되지 못한 현실은 우리에게 뚜

---

[1] 남북한의 분단은 우선 남북 구성원 모두에게 자유와 인권에 일정한 제약을 가져오고 있다는 점이다. 게다가 남북 이산가족과 북한이탈주민 등은 분단으로 인해 가족해체의 고통을 겪고 있다. 다음으로 정전 체제에 의해 유지되고 있는 분단구조는 사소한 계기로 긴장이 고조되고 언제든지 전쟁이 재발할 수 있는 불안정성을 지니고 있다. 분단구조는 소모적인 경쟁과 대결로 인해 엄청난 자원을 낭비할 뿐만 아니라 고통과 손실 등 상당한 비용을 유발하여 발전을 저해하고 있다. 또한 지난 80년 가까이 분단으로 인한 대결과 갈등은 민족의 정체성을 훼손하여 이질화되어 가고 있다.(엄창호, 「남북통일 문제에 대한 인문치료적 고찰」, 『인문과학연구』 45(2015), 418-419.)

렷한 교훈을 준다.**2** 결국 외적 체제의 통합은 이루어질 수 있으나, 사람과 사람 사이의 내적 통합 없이는 진정한 통일을 기대하기 어렵다.

이는 한반도의 통일 준비에 있어 '사람의 마음'을 중심에 놓는 인문학적 접근의 필요성을 더욱 부각시킨다. 사람을 중심으로 한 통일문제를 해결하는 실천적 접근 방법을 모색하는 데 있어서 서로의 '마음'은 먼저 해결해야 할 과제이다. 마음이란 모든 문화 문명의 모체라 할 수 있다. 인류사에 만들어진 그 수많은 문화와 문명은 마음이 만들었다고 해도 과언이 아니다. 일례로 이념이란 과연 무엇인가? 인류가 더 나은 행복을 추구하는 마음이 만들어낸 피조물에 불과하다. 어디까지나 사람의 마음이 주체요, 그 외는 객체이며 소유격이다. 그럼에도 불구하고 사람의 마음이 자신의 피조물인 이념과 체제의 노예가 된 모습이 곧 오늘날 분단의 모습이다. 남북이 각자의 이념과 체제의 우월성에 사로잡혀 비극적인 분단의 기간을 지나 분단체제로까지 이어져 온 것이라 할 수 있다.

통일의 주체는 결국 사람이고, 따라서 사람들의 마음 통합 없이는 정치적·경제적 통일 또한 공허한 껍데기에 불과할 수 있다. 사람을 이해하는 학문은 결국 인문학으로 귀결된다. 나아가 통일에 대한 인문학적 사유란 인간다운 삶을 영위할 수 있는 공동체의 모색, 그리고 삶과 소통하는 인문 정신의 관점 위에서 통일을 사유함으로써, 남북의 적대와 상처를 치유하고, 정서적·문화적 통합을 지향하는 성찰적 사유를 의미한다.**3** 인문학

---

2 김누리, 「독일통일 3개 신화: 독일통일 30년과 한반도」, 『통일인문학』 84(2020), 120.
3 배성인, 「한반도 통일의 새로운 패러다임에 관한 시론적 모색-세 가지 인문학적 접근」, 『인문사회 21』 7(2016), 920.

적 통일론이 강조하는 것은 단순한 제도 개혁이나 권력 구조의 변동이 아니라, 남북 주민이 함께 인간다운 삶을 영위할 수 있는 공동체를 지향하는 성찰적 과정이다. 곧 인문학적 접근은 차이의 인정과 상호 소통을 통해 사회적 공감을 형성하고, 분단으로 누적된 집단적 상처를 치유하며, 미래 세대를 위한 새로운 상생의 패러다임을 창출하는 길을 제시한다.

분단이 남긴 큰 상처 중 하나는 '분단 트라우마'[4]라 불리는 심리적·정서적 상흔이다. 이산가족의 아픔, 탈북민의 고립감, 세대 간 갈등, 그리고 남남 간의 이념 대립은 모두 분단 트라우마가 우리 사회 깊숙이 뿌리내리고 있음을 보여준다. 이러한 문제는 단순한 정치적 협상으로 해결될 수 없으며, 사람의 내면과 정서에 대한 근원적 치유 작업이 병행되어야 한다. 이상의 문제의식 속에서 본 논문은 '통일대도(統一大道)'[5]와 '마음공부 통합모델'[6]을 통해 남북한 주민들의 내적 통합을 모색하고자 한다.

본 연구는 구체적으로 다음 세 가지 목적을 지닌다. 첫째, 분단 트라우마의 개념과 기원, 그리고 그 사회적 유형을 규명함으로써 남북 주민의 내적 갈등 구조를 이해한다. 둘째, 통일대도의 여섯 단계(대해원·대사면·대화해·대수용·대협력·대합의)를 분석하여, 분단 트라우마 해소를 위한 단계적 접근법을 제시한다. 셋째, 마음공부 통합모델(본성·현상·작용)을 적

---

[4] 이병수는 분단 트라우마를 분단이 사람들에게 미친 정서와 상처를 가리키는 일반적 의미에서 학문적 개념으로 정착시키기 위해 이를 분단체제 및 분단서사와 연관시켜 그 개념적 의미를 명확히 하였다.(이병수, 「분단 트라우마의 성격과 윤리성 고찰」, 『시대와 철학』 22(2011) 참고)

[5] 이광정, 『통일의 길』, 원불교출판사(2003).

[6] 장진영, 「마음공부 통합모델: 마음챙김의 세 측면을 중심으로」, 『한국종교』 54(2023).

용하여, 통일대도의 실천적 구현 가능성을 탐색한다.

결국, 본 논문은 남북한 주민이 '사람의 통일'을 이룸으로써 제도적 통합을 넘어서는 진정한 통일의 가능성을 탐색하고자 한다. 이는 곧 통일을 '사람의 마음에서 시작되는 위대한 길'로 새롭게 조명하려는 시도라 할 수 있다.

II. 마음속 장벽: 분단 트라우마

1. 분단 트라우마의 개념과 성격

우리는 남북한의 적대적 마음 세계를 순화하기 위한 핵심 개념으로 '분단 트라우마'에 주목할 필요가 있다. 트라우마는 일반적으로 '외상 후 스트레스 장애(PTSD)'를 가리킨다. 따라서 분단 트라우마를 참전용사나 이산가족처럼 한 개인의 실존적 차원으로만 이해하는 경향이 있다. 그러나 분단 트라우마는 한반도 분단이 남북한 주민들에게 미친 심리적, 사회적 영향을 지칭하는 개념으로 이는 이데올로기적 갈등과 가치관의 대립을 넘어, 일상의 삶 속에 체화된 형태로 존재함에 따라 개인적 차원을 넘어 사회 전반에 걸친 집단적 현상으로 이해된다.[7] 이러한 분단 트라우마는 분단

---

[7] 이병수, 「남북관계에서 소통과 치유의 문제」, 『한민족문화연구』 43(2019), 346-349.

이라는 역사적 사건이 민족에 남긴 상처의 기저에는 상대방에 대한 적대성이 자리 잡고 있으며, 나아가 그 사건을 직접 경험하지 못한 세대에게까지 전승되어 각인된다는 성격을 지닌다.

분단 트라우마는 민족국가를 향한 열망의 좌절이 민족 내부의 적대와 증오의 방식으로 전환된 결과라는 점에서, 타민족의 식민지 지배로 인한 억압과 차별의 상처와는 구별된다. 그것은 해방 이후의 좌우 대립과 한국전쟁을 통해 구체화되었으며, 남북은 전쟁 이후 서로에 대한 적대성을 국가폭력의 형태로 제도화하였다. 이러한 국가폭력은 '인민'과 '국민'을 생산하는 핵심 기제로 기능하였으며, 공포를 매개로 주민들의 몸과 마음이 분단체제에 순응하도록 강요하는 장치로 작동하였다.[8] 이러한 맥락에서 분단 트라우마는 단순히 과거 사건의 기억이 아니라, 분단체제 아래에서 재생산되어 온 남북의 적대성과 국가폭력에 의해 각인된 집단심리를 의미한다. 따라서 분단 트라우마는 임상심리학적 차원의 외상 개념을 넘어, 고통을 경험한 수많은 이들의 증언과 저항, 그리고 망각과 은폐를 강요해 온 이데올로기에 맞선 투쟁의 산물로 이해할 수 있다. 이는 곧 분단 트라우마 개념이 기존의 통치 논리가 봉합할 수 없는 분단 현실의 진실을 드러내며, 은폐된 폭력과 고통의 흔적을 드러내는 학문적 도구임을 보여준다.

나아가 분단 트라우마에 대한 접근은 남북 주민이 경험한 수많은 상처(민간인 학살, 이산가족, 납북·월북자와 그 가족, 탈북자의 삶 등)를 단순히 과거사의 잔재로 치부하지 않고, 현재의 삶 속에서 지속되는 균열로 이해하도록 이끈다. 이는 곧 분단 문제를 트라우마의 관점에서 성찰하는 작

---

8 이병수, 「분단 트라우마의 유형과 치유 방향」, 『통일인문학논총』 52(2011), 51.

업이 남북 주민의 화해와 통합을 위한 치유 방안을 모색하는 데 필수적일 뿐 아니라, 오늘날 북한 이탈주민이 겪는 상처와 차별을 학문적·사회적으로 논의할 수 있게 하는 중요한 틀을 제공함을 의미한다.

분단 트라우마는 기억이 세대 간에 전승되어 이차적 트라우마로 작동하는 성격을 가진다는 점에 그 심각성이 있다. 즉, 분단체제의 억압 기제가 존속하는 한 전쟁을 직접 경험하지 않은 세대에게도 분단 트라우마는 각인될 수밖에 없다. 남북 사회는 막대한 군사비 지출과 상시적 군사 대치상태 속에 놓여 있으며, 이로 인해 전시체제에서 볼 수 있는 상호적대적 심리가 일상화되어 있다. 이러한 적대성은 단지 이데올로기의 차원에 머무르지 않는다. 일상적 생활 세계에서도 남북 간 불신과 적대의 깊은 골은 엄존하고 있으며, 특히 남북 간 긴장 관계가 반복될 때마다 이러한 감정은 정서적 적대와 공포로 재현되어 집단심리적 차원에서 강하게 작동한다.[9] 나아가 이러한 적대성은 남북 간에 국한되지 않고, 오늘날에도 전승되어 남남갈등의 기저에서도 중요한 역할을 한다.

상호 이해와 소통보다는 자신이 속한 이념만을 일방적으로 강요하는 현상은 분단 트라우마가 한국사회의 무의식적 구조 속에 얼마나 깊이 뿌리내려 있는지를 여실히 보여준다. 분단 트라우마의 현재성은 단순히 집단심리적 장애로 나타나는 데 그치지 않는다. 그것은 국가보안법과 같은 제도적 장치에 의해 구조적으로 뒷받침되며, 분단체제를 유지·강화하는 제도적 기반으로 기능한다. 이러한 제도적 차원과 집단심리적 차원이 결합될 때, 분단 트라우마는 단순히 과거의 상처가 아니라 현재를 지배하는

---

9   이병수, 「분단 트라우마의 성격과 윤리성 고찰」, 『시대와 철학』 22(2011), 161.

억압 기제로 작동하게 되는 것이다.

2. 분단 트라우마의 기원

분단 트라우마의 기원은 한반도 민족이 지닌 근대적 민족국가 건설이라는 강렬한 열망(민족적 리비도)이 좌절되고 억압되는 과정에서 형성되었으며, 특히 한국전쟁이라는 동족상잔의 비극을 통해 민족의 집단 무의식 속에 깊은 죄책감과 상처로 각인되었다는 점에서 찾는다.[10] 따라서 분단체제 아래에서 전개된 남북의 적대와 증오의 역사적 기원을 이해하기 위해서는, 무엇보다 20세기 한반도 주민들의 삶을 지배한 민족국가를 향한 열망이 전제되어야 한다.

일제 식민 지배와 민족 분단의 경험 속에서 한반도의 민족주의는 다른 어떤 이념보다 확고한 영향력을 발휘하였다. 특히 전근대 시기의 혈연적·문화적 유대가 근대까지 이어져 온 역사적 맥락에서, 식민지로의 전락은 강렬한 민족주의적 열망을 촉발하였다. 이러한 동질적 정체성은 민족을 지켜야 할 실체로 인식하게 했고, 제국주의 침략에 맞선 저항의 정당성을 제공하였다. 그러나 해방 이후 미국과 소련에 의한 분할 점령은 명분 없는 분단을 초래하였고, 그 과정에서 집단적 좌절과 분노는 민족 내부의 적대적 폭력으로 변질되었다.

한국전쟁은 이러한 민족국가 열망을 내부 폭력으로 전화시킨 근원적

---

[10] 김성민·박영균, 「분단의 트라우마에 관한 시론적 성찰」, 『시대와 철학』 21(2010), 27-30.

트라우마였다. 전쟁은 남북 간 상호적대성을 제도화하였고, 국가권력의 폭력과 공포의 근원이 되었다. 좌우 대립이 극한으로 치달은 전쟁 경험은 오늘날까지 남북 주민의 마음속에 적대와 증오를 내면화시키는 역사적 원천으로 작용하고 있다. 나아가 전쟁 이후 적대적 공생 구조 속에서 형성된 국가폭력은 남북 사회 전반에 깊이 뿌리내렸으며, 집단적 무의식의 층위에서 반복적으로 환기되고 재생산되었다.

분단체제에서 비롯된 상호적대적 트라우마는 집단적 욕망의 좌절과 긴밀히 연관되어 있다. 남북은 분단 이후 각자 자신의 국가 정체성만을 한반도의 유일한 역사적 정통성으로 자임하며, 상대 체제를 '반민족적 집단'으로 규정하였다. 이로써 민족공동체의 맥락은 오히려 체제적·이념적 적대성을 증폭시키는 토대가 되었다. 종족적 단위와 정치적 단위가 일치했던 역사적 배경 속에서 동질성을 향한 열망이 강했던 만큼, 이를 훼손하는 상대의 체제와 이념은 더욱 용인되기 어려웠다. 그 결과, 좌우 이념이 공존 불가능하다는 극우적 정서, 상대를 절멸시켜야 한다는 근본주의적 정서가 뿌리내리며 진영모순의 극단화를 낳았다.

이러한 분단 트라우마는 냉전 해체 이후에도 여전히 강고하게 작동하고 있다. 서로를 절대적 기준에 따라 혐오와 배제의 대상으로 간주하는 정서는 남북 사회의 무의식 속에 깊이 자리 잡았고, 그 결과 사실 왜곡과 인식의 왜곡이 일상적으로 통용되게 되었다. 북한 문제가 제기될 때마다 남한 사회에서 불편함·억압감·혐오감이 반복적으로 환기되는 것은, 분단 트라우마가 여전히 우리의 집단적 심리와 무의식을 지배하고 있음을 보여주는 단적인 증거라 할 수 있다.

3. 분단 트라우마의 유형

분단 트라우마는 한반도의 분단 현실을 총체적으로 이해하고 인간 고통의 실상을 대면하게 하는 데 유용한 개념이다. 이 개념은 분단이 지속되는 이유를 해명하며, 기존의 구조론적 접근을 보완하여 분단 현실을 여러모로 이해하는 데 이바지한다. 분단 트라우마의 유형은 다음과 같이 세 가지 주요 영역을 나눌 수 있다.[11] 세 가지 유형에 대한 특징을 이해하는 것은 향후 치유 방향을 모색하는 데 있어 근거로 활용될 수 있을 것이다.

1) 상호적대 트라우마((Mutual Hostility Trauma)

상호적대 트라우마란 남과 북의 분단국가를 포괄하는 분단체제적 차원에서 작동하는 트라우마로, 남북의 사회·정치적인 적대적 공생 구조에 대한 남북 주민의 자발적 동의를 근원적으로 유발하는 상호적대의 집단심리이다. 이는 한반도의 독특한 경험의 장에서 발생한 '민족=국가'의 욕망 좌절에 뿌리를 둔다. 민족적 리비도 즉 민족국가 건설을 향한 집단적 열망의 좌절이 민족 내부의 적대와 증오방식으로 전환된 것으로, 한국전쟁을 통해 구체화 되었다. 남북은 상대를 민족 동일성을 훼손하는 반민족 집단으로 규정하며 자신의 체제 정통성을 강화했다. 이는 사랑(에로스)의 욕망이 좌절될 때 증오(타나토스)로 전환되는 프로이트의 변증법으로 설명될 수

---

11 분단 트라우마의 유형 세 가지는 이병수의 「분단 트라우마의 유형과 치유 방향」,(『통일인문학논총』 52(2011))을 참고하여 서술하였음을 밝힌다.

있다.12 이를 치유하기 위해서는 분단 이전에 공유된 획일적, 동질적 서사가 아니라 민족 공통성을 생산하는 통합 서사를 지향해야 한다. 이는 증오의 힘을 약화시키고 에로스적 소통의 힘을 증대시켜 민족적 합력을 창출하는 것을 의미한다.

2) 국가폭력 트라우마(State Violence Trauma)

국가폭력 트라우마란 남북의 상호적대에 기초하여 분단국가 내부에서 작동하는 트라우마로, 국가권력의 폭력과 위협을 통해 주민들이 겪는 억압과 공포 등 반인권적인 외상을 의미한다. 한국전쟁 이후 남북 지배질서의 핵심 근거가 되었으며, 남북은 상호적대의 명분을 활용하여 내부 저항자에 대한 탄압과 국가주의적 동원 및 통제를 발전시켰다. 이는 국가안보의 이름으로 개인의 생명과 자유를 박탈하고 인권 감수성을 마비시키는 방식으로 일상생활과 사회 조직 곳곳에 스며들어 있다. 피해자는 공포와 감시 속에서 심리적 종속을 경험하고 자율성을 파괴당하며, 간첩 조작 사건과 같은 명확한 국가의 폭력 행위도 포함된다. 트라우마 피해자에 대한 우리의 응답 여부에 달려 있으며, 고통의 '증언'을 억압하고 침묵을 강요하는 사회 제도와 이데올로기에 대한 저항, 즉 기억 투쟁과 일상적 삶에서 시민적 책임과 민주적 역량을 키워가는 것을 요구한다.

3) 디아스포라 트라우마(Diaspora Trauma)

디아스포라 트라우마란 강제적 이산과 거주국 내 문화적 소수자 및 사

---

12 이병수, 「남북관계에서 소통과 치유의 문제」, 『한민족문화연구』 43(2019), 351.

회적 약자의 위치에서 오는 차별을 의미하며, 일본의 식민주의적 억압과 분단의 상호적대성 속에서 발생하였다고 본다. 탈북자 또한 디아스포라적 맥락에서 이해될 수 있다. 망국과 식민지배, 분단으로 인한 적대와 폭력으로부터 분리될 수 없으며, 거주국의 정치·경제·문화적 특성과 남북관계 양상에 따라 다양하게 나타난다는 것이 특징이다. 탈북자들은 남한 사회의 체제 우월적 사고방식과 민족 동질성의 잣대 때문에 이중 정체성으로 인한 고통과 차별을 겪게 된다. 이를 치유하기 위해서는 먼저 타자에 대한 우리의 이해를 가로막는 일상생활에 체화된 삶의 방식, 즉 자기 정체성의 변화에 있다. 이는 타자의 이질성과 낯섦에 대면하는 용기와 인내를 통해 새로운 공통 규칙을 생산하는 과정이자, 배타적 민족주의, 체제 우월주의, 경제주의와 같은 삶의 방식 변화를 포함한다.

III. 통일대도: 분단 트라우마 해소의 실천적 단계

앞서 살펴본 바와 같이 한반도의 분단은 단순한 지정학적 사건이 아니라, 집단적 무의식에 깊이 각인된 트라우마와도 깊이 연관되어 있다. 지난 수십 년간 남북한은 정치·군사적 대립을 넘어, 상호불신과 적대의 기억을 내면에 축적해왔다. 이는 통일 논의가 제도적·정치적 방안에 치중하는 경향을 보여왔으나 진정한 통합은 마음 차원의 회복 없이는 불가능하다는 결론에 이른다. 물론 그간 일각에서 이루어진 통일 교육은 서로 다른 구성원들이 가지고 있는 사회, 문화적 가치관의 차이를 인정하고 상호 '다름'을 인정하는 자세와 관용의 정신 등의 인지적 해결방법을 중시하기도 하였다. 그러나 그 과정에서 발생하는 정서적인 문제를 간과해 온 것 또한 사실이다. 한반도에 팽배해 있는 통일과 분단에 대한 갈등을 해결하고 평화의 논의를 확장하고 구축하기 위해서는 분단 트라우마에 관한 인문학적 연구와 대응이 요구되는 이유이다.[13] 이에 본 장에서는 적대적 분단 트라우마라는 심리 정서적 문제 해결을 위한 인문학적 접근 방안과 실천적 단계로서 '통일대도'를 제안하고자 한다.

"통일의 길에는 모험이 있을 수 없고 요행을 기대할 수 없다. 더욱이 편법을 동원해서도 안 된다. 오직 공명정대한 정법(正法) 정도(正道)만이 있을 뿐이다. 이에 자타 모두가 공감하는 길을 선택하는 것이 가장 완전한 길이요, 모두가 함께 갈 수 있는 길이다. 남북 모두가 함께 갈 수 있는 길이 있다면 그 길은 통일을 성공시킬 수 있는 길이다. 지금 당장 나서서 같이 가자고도 할 수 있다. 우리는 이 길을 찾아야 한다. 남북 온 겨레가 통일을 위하여 함께 갈 수 있는 길, 지금 당장이라도 함께 나설 수 있는 길, 이 길을 찾아내야 한다. 바로 그 길이 통일대도이다."[14] 그 길에는 크게 여섯 가지가 있다.

---

13 김희정·김선, 「세대별 통일교육의 정서적 접근 방식: 정서조절 방식을 중심으로」, 『통일인문학』 76(2018), 249-250.
14 이광정, 『통일의 길』(익산: 원불교출판사, 2003), 19-20.

1. 대해원(大解怨): 마음의 원한을 풀어내는 첫걸음

"분단 현실의 원인을 정치적 시각에서 볼 수도 있고, 사상이념이나 국제적인 시각에서 볼 수 있다. 그러나 종교적 통찰력으로 볼 때는 분단 원인의 원초적인 기점은 바로 마음의 원한이다. 원한의 세(勢)가 양분되어 형성된 것이 남북 분단인 것이다. 그러므로 통일작업은 그 원한의 응어리를 풀어내는 일부터 착수해야 한다. 이 원한의 응어리가 풀려야 통일의 문제가 풀리게 될 것이다."[15]

한반도의 분단을 설명하는 주류 담론은 대체로 정치적 요인과 국제질서의 변동에 초점을 맞추어 왔다. 1945년 해방 직후 미·소 군정의 대립, 냉전 구도의 심화, 한국전쟁의 발발은 분단의 구체적 맥락을 설명하는 중요한 요소들이다. 그러나 이러한 정치·군사적 설명만으로는 오늘날까지도 분단이 해소되지 못한 심층적 이유를 밝히기 어렵다. 마음인문학적 관점은 분단을 단순한 제도적 결과가 아니라, '원한의 세(勢)'가 집단적으로 형성·응고된 심리적 산물로 이해한다.

원한은 억울함과 분노가 응집되어 지속적으로 재생산되는 감정적 구조이다. 이는 개인의 내면을 넘어 집단적 차원에서 사회적 세력을 형성한다. 해방 이후 좌우 대립 과정에서의 폭력과 숙청, 한국전쟁 중의 참혹한 경험, 전후 이산가족의 상실감, 남북 모두에서 이루어진 사상 검열과 처벌은 각 집단 내부에 깊은 상처를 남겼다. 남과 북은 각자의 정치체제 속에서

---

15 이광정, 『통일의 길』(익산: 원불교출판사, 2003), 20-21.

자신들의 피해를 강조하는 서사를 형성하면서, 동시에 상대를 가해자로 규정하였다. 이렇게 만들어진 기억의 구조는 '피해자 의식'과 '가해자 낙인'이 교차하는 복합적 원한으로 전화되었다.

대해원은 이러한 원한의 구조를 직시하고, 그것을 풀어내는 과정이다. 이는 단순히 '잊자'거나 '덮자'는 차원이 아니다. 오히려 과거의 고통을 제대로 드러내고 인정하며, 그것을 새로운 관계로 전환시키는 작업이다. 역사학적으로는 진실 규명과 과거사 청산, 심리학적으로는 집단 트라우마 치유, 종교적으로는 원한 해소와 용서의 의례 등이 이에 해당한다.

세계사적으로도 집단적 대해원 과정의 사례를 확인할 수 있다. 독일은 제2차 세계대전 이후 나치 전범 청산과 피해자 보상을 통해, 과거의 원한을 단순히 은폐하지 않고 직시함으로써 새로운 국가 정체성을 구축하였다. 남아프리카공화국은 아파르트헤이트의 상처를 '진실·화해위원회'를 통해 드러내고 치유의 길을 모색하였다. 이들 사례는 한반도 분단의 대해원 과정에도 중요한 시사점을 제공한다.

남북한이 대해원을 실천하기 위해서는 개인적 차원과 집단적 차원을 동시에 고려해야 한다. 개인적 차원에서는 전쟁 피해자와 이산가족의 증언을 공유하고, 세대 간 대화의 장을 마련하여 과거의 경험을 집단적 기억으로 재구성하는 작업이 필요하다. 집단적 차원에서는 남북 공동 추모행사, 역사적 현장 보존 및 공동 연구, 문화예술 교류를 통해 서로의 고통을 '공동의 상처'로 전환해야 한다.

따라서 대해원은 통일의 첫 출발점이다. 원한이 해소되지 않는다면 정치적 합의는 언제든지 불신으로 무너질 수 있다. 그러나 마음의 매듭이 풀려날 때, 남북은 비로소 서로를 '함께 아파한 형제'로 인식하게 되며, 통일대도의 첫걸음이 열리게 된다.

2. 대사면(大赦免): 과거의 용서와 새로운 시작

"남북은 서로가 본의 아닌 피해를 주고 대응하며 가해하여 왔다. 이에 불행했던 과거사는 서로가 용서하고 대사면을 해서 없었던 일로 돌려야 한다. 대사면 없는 참다운 만남은 이루어질 수 없다."**16**

대해원이 원한을 직시하고 풀어내는 과정이라면, 대사면은 그것을 과감히 끊어내는 집단적 결단이다. 지난 수십 년 동안 남북은 전쟁과 군사적 충돌, 상호 비방과 심리전, 체제 경쟁 속에서 서로에게 상처를 남겼다. 이러한 상처는 단순히 과거에 머물지 않고 현재의 불신 구조를 고착화시켰다. 따라서 통일을 위한 두 번째 단계는 과거의 잘잘못을 끝없이 추궁하기보다, 상호 용서를 통해 새로운 길을 여는 대사면이다.

대사면은 법적 의미의 사면과 유사하나, 정치적 차원을 넘어 마음의 차원에서 이루어져야 한다. 즉, 상대방의 과거 행위가 옳고 그름을 따지기보다는, 미래의 관계 형성을 위해 과거의 책임을 면제하는 것이다. 이는 '없었던 일로 돌리는 것'이 아니라, 과거의 상처가 현재와 미래를 지배하지 않도록 결단하는 행위이다.

대사면은 결코 쉬운 과정이 아니다. 용서는 흔히 피해자에게 과도한 부

---

16   이광정, 『통일의 길』(익산: 원불교출판사, 2003), 21-23.

담을 지운다는 비판도 받는다. 그러나 용서는 피해자를 위한 자기 해방의 과정이기도 하다. 원한을 안고 사는 한, 피해자 역시 과거의 포로로 남게 된다. 따라서 대사면은 가해자에 대한 시혜가 아니라, 피해자가 자신을 스스로 미래로 열어가는 길이다.

남북관계에서 대사면은 상호 대칭성이 전제되어야 한다. 즉, 한쪽이 다른 쪽을 일방적으로 용서하는 구도가 아니라, 쌍방이 동시에 피해자이자 가해자였음을 인정하는 수평적 용서여야 한다. 이는 정치 지도자들의 상호 선언을 통해서만이 아니라, 민간 차원의 교류와 교육을 통해 대중적 합의로 확산되어야 한다. 실제 역사에서도 부분적인 대사면의 경험이 있었다. 남북 정상회담에서 발표한 공동 선언들은 과거사를 추궁하기보다 미래 협력을 약속하는 성격을 띠었다. 금강산 관광과 개성공단 사업은 '과거를 묻지 않고 미래를 모색한다'는 상징적 의미를 지녔다. 비록 중단되었지만, 이러한 사례는 대사면이 이상적 구호에 머무르지 않고 구체적 실천 가능성을 지닌 전략임을 보여준다.

따라서 대사면은 통일을 향한 두 번째 관문이다. 원한의 매듭을 풀어낸 이후에도, 과거의 잘잘못을 끝없이 따진다면 미래는 과거의 인질이 될 수밖에 없다. 그러나 대사면의 결단을 내린다면, 남북은 과거의 사슬을 끊고 새로운 관계를 향해 나아갈 수 있다.

3. 대화해(大和解): 대화와 관계의 회복

"가족과 친구 간에도 안 좋았던 사이가 화해하려면 말 한마디라도 극히 조심해야 한다. 상대의 기분을 상하게 하고서 화해할 수 없다. 남북관계도 화해하지 않고는 접근 자체가 불가능해진다. 따라서 쉬운 것부터 교류의 물꼬를 터 대화해의 물결이 강물처럼 흘러갈 때 통일대로가 트이기 마련이다."[17]

대사면이 과거의 문을 닫는 일이라면, 대화해는 새로운 문을 여는 행위다. 대사면이 과거의 잘잘못을 용서하고 새로운 출발을 선언하는 단계라면, 대화해는 실제로 서로의 관계를 회복하기 위한 적극적 과정이다. 인간관계에서 화해는 단순히 '용서'라는 말 한마디로 끝나지 않는다. 서로의 감정을 존중하고 배려하는 언어와 태도를 통해 신뢰가 서서히 회복될 때 진정한 화해가 성립한다. 남북관계 역시 마찬가지다. 단순한 정치적 선언이나 문서상의 합의만으로는 불신의 골을 메울 수 없으며, 상호의 마음을 열고 지속적으로 소통해야 비로소 관계가 회복된다.

대화해의 핵심은 대화의 회복이다. 대화는 단순한 의사소통 수단을 넘어 인간의 마음과 관계를 형성하는 근본 도구이다. 지난 수십 년간 남북은 상대방을 규정하는 적대적 언어를 사용해왔다. '괴뢰', '도발 세력', '반동'과 같은 언어는 단순한 수사가 아니라, 상대를 부정하고 적대적 정체성을 고착화하는 폭력이었다. 이러한 언어는 상대의 존재를 인정하지 않겠다는 무의식적 선언이며, 따라서 화해는 불가능하다. 대화해의 첫걸음은 상대를 존중하는 대화의 회복이다.

실천적으로는 문화·체육·종교·학술 분야에서 작은 교류가 화해의 문

---

[17] 이광정, 『통일의 길』(익산: 원불교출판사, 2003), 23-25.

을 여는 가장 좋은 계기이다. 예컨대 1991년 세계청소년축전에서 남북 청년들이 함께 어울려 '우리의 소원은 통일'을 부른 장면은 단순한 이벤트가 아니라 화해의 상징적 장이었다. 이러한 작은 만남과 대화가 지속될 때, 상호 불신의 장벽은 점차 낮아진다. 대화에는 또한 상대의 다름을 인정하는 용기가 필요하다. 남과 북은 체제와 생활양식, 가치관에서 현격한 차이를 보인다. 이 차이를 없애려 하거나 동일화하려는 시도는 새로운 갈등을 불러온다. 오히려 화해는 차이를 인정하면서도 공존의 조건으로 받아들일 때 가능하다. 즉 화해란 '타자를 타자로 인정하는 과정'이다.

이 과정에서 중요한 것은 지속성이다. 대화해는 일회적 선언이나 이벤트로 끝나서는 안 된다. 상대의 언행에서 오해가 발생하거나 불신이 재발할 수 있지만, 중요한 것은 대화의 문을 닫지 않는 것이다. 결국 대화해는 단순히 적대적 관계를 중단하는 것이 아니라, 서로를 '함께 살아갈 파트너'로 인식하게 만드는 과정이다. 이는 정치적 합의보다 더 깊은 힘을 가지며, 통일로 가는 길을 여는 실질적 관문이 된다.

4. 대수용(大受容): 상호 요구의 인정과 수용

"화해가 무르익으면 한 걸음 더 나아가 서로에 대한 필요 요구를 표현할 수 있고 또 그 욕구를 받아주어야 한다. 단지 통일 대의에 어긋나는 요구나 다른 저의를 가지고 하는 요구는 하지도 말고 받아줄 수도 없다. 그러므로 이상의 것을 제외하고는 남북 간에 솔직하게 요구하고 받아주기도

하는 수용의 거래가 왕성해질 때 통일 전로가 열릴 것이다."**18**

대화해가 무르익으면, 남북은 서로의 필요와 요구를 솔직히 드러낼 수 있는 단계에 이른다. 그러나 요구를 제시하는 것보다 더 중요한 것은 그것을 '받아주는' 태도이다. 대수용은 바로 이러한 상호적 수용의 단계로, 서로의 존재와 필요를 있는 그대로 받아들이는 것이다.

수용은 단순히 타인의 요구를 받아들이는 행위가 아니다. 그것은 타자를 동일화하지 않고, 다름 속에서도 함께 살아갈 길을 찾는 행위이다. 즉, 남북은 서로의 체제와 제도, 생활양식과 문화를 인정한 상태에서 공존을 모색해야 한다. 이는 '나와 같아져야 한다'는 동일화가 아니라, '다름 속에서도 함께한다'는 공존적 수용이다.

대수용은 실천적으로 정치·경제·사회적 협의로 구체화된다. 예컨대 남북 경제협력에서 북측은 경제적 지원을, 남측은 군사적 긴장 완화를 요구할 수 있다. 서로의 요구를 있는 그대로 인정하고 가능한 범위 내에서 수용하는 것이 필요하다. 물론 체제 전복이나 통일 대의에 어긋나는 요구는 배제되어야 한다. 그러나 정당하고 진정성 있는 요구라면 적극적으로 받아주어야 한다. 또한, 대수용은 단순히 '주는 것'이 아니라, 상호 교환의 관계이다. 남북은 서로에게 필요를 표현하고, 동시에 상대의 필요를 수용하면서 신뢰를 축적한다. 이러한 수용의 거래가 활발해질수록, 남북은 실질적 협력 체제로 나아갈 수 있다. 이처럼 대수용은 '타자의 요구를 내 요구처럼 받아들이는 태도'이다. 이는 단순한 양보가 아니라, 상호 존중을 통

---

18 이광정, 『통일의 길』(익산: 원불교출판사, 2003), 25-27.

한 관계 형성이다. 대수용이 가능해질 때 남북은 서로를 이용하거나 지배하려는 태도가 아니라, 함께 살아가는 공동체로 인식하게 된다.

결국, 대수용은 통일 전로(全路), 즉 온전한 길을 여는 관문이다. 수용 없이는 진정한 통합이 불가능하며, 대수용이 활성화될 때 남북은 구체적이고 실질적인 통합의 단계를 밟아 나갈 수 있다.

5. 대협력(大協力): 신뢰 기반의 공동 실천

> "남북 간에는 불신만 사라지면 협력할 일이 무진무궁하다. 협력할 일이 많다는 것은 긍정적 소재가 많다는 의미로서 지혜가 있으면 그 소재를 사장시킬 수가 없다. 이러한 소재 활용은 결국 분단의 명분을 사라지게 할 것이다. 그러므로 협력할 일은 쉬운 것부터 찾아 협력해 간다면 그 협력이 점점 깊어지고 전방위로 넓혀져서 서로 없어서는 안 될 관계로 바뀌어 결국 하나가 될 것이다."[19]

대수용의 과정을 통해 서로의 요구를 존중하는 단계에 이르면, 남북은 자연스럽게 공동의 실천을 모색하게 된다. 이것이 바로 대협력이다. 대협력은 단순한 선언적 합의가 아니라, 실제로 함께 일하고 성과를 공유하는 단계이다.

남북한 사이에는 협력할 일이 무궁무진하다. 환경 보호, 감염병 방역,

---

[19] 이광정, 『통일의 길』(익산: 원불교출판사, 2003), 27-29.

재난 대응, 에너지 개발, 문화예술 교류 등은 갈등을 최소화하면서도 상호 이익을 극대화할 수 있는 분야이다. 이러한 협력은 정치·군사 문제처럼 민감하지 않으면서도, 신뢰를 쌓는 데 결정적 역할을 한다.

협력은 '함께 살아가는 지혜'이다. 인간이 홀로 살아갈 수 없듯이, 국가도 고립 속에서 지속될 수 없다. 협력은 단순한 경제적 거래를 넘어, 서로의 삶을 공유하고 존중하는 과정이다. 협력이 축적되면 남북은 점차 서로에게 없어서는 안 될 존재가 된다.

대협력의 과정에서 중요한 것은 작은 것부터 시작하는 것이다. 큰 정치적 프로젝트는 실패할 위험이 크지만, 작은 협력은 성공을 통해 신뢰를 구축할 수 있다. 예컨대 공동 산림 복원 사업, 농업 기술 교류, 보건의료 지원 등은 협력의 성과를 가시적으로 보여주는 좋은 사례가 될 수 있다.

이러한 협력의 경험이 쌓이면, 남북은 실질적으로 하나의 운명 공동체로 기능하게 된다. 분단의 명분은 점차 사라지고, 협력의 관계가 강화될수록 통일은 불가역적 현실로 다가온다. 따라서 대협력은 통일을 실질적으로 가능하게 하는 핵심 단계이다.

6. 대합의(大合意): 통일의 결단과 세계평화

"이상의 일들이 잘 진행된다면 서로가 합의할 과제가 생길 것이다. 이에 그 합리적 방안에 대한 대합의의 결단이 있어야 한다. 분단의 흔적조차 모두 찾아내 청산해야 한다. 이러한 성숙한 모습에 온 세계마저 감탄하게 될 것이며 나아가 세계평화까지도 창출될 것이다."**20**

　대해원에서 시작해 대협력까지의 과정을 거치면, 남북은 마침내 대합의의 단계에 도달한다. 마지막 단계인 대합의는 남북이 구체적 과제에 대해 최종적으로 합리적 방안을 모색하고 결단을 내리는 과정이다. 이는 단순한 협정이 아니라, 미래 공동체 건설을 위한 집단적 서약이다.

　대합의는 정치 제도의 통합, 경제 시스템의 조율, 사회문화 제도의 정비 등 복잡한 과제를 포함한다. 그러나 이때 중요한 것은 승자와 패자의 구도가 아니라, 모두가 수용할 수 있는 공동의 합리성을 마련하는 것이다.

　대합의는 제도적 합의 이전에 '마음을 합치는 것'이다. 문서상의 협정은 언제든지 파기될 수 있지만, 마음의 합의는 사람들의 삶과 공동체 속에 내면화된다. 따라서 대합의는 제도와 정책의 합의뿐 아니라, 민중의 마음속에 뿌리내려야 한다. 대합의가 이루어지면, 남북은 분단의 흔적을 청산하고 새로운 공동체로 나아갈 수 있다. 이 단계에서 남북의 모습은 세계사적으로도 큰 의미가 있다. 분단을 극복한 성숙한 통합 모델은 세계 평화와 인류 공존의 가능성을 열어줄 것이다.

　결국, 대합의는 통일대도의 마지막 관문이며, 동시에 세계 평화로 확장되는 출발점이다. 남북이 합리적이고 성숙한 합의를 이루어낸다면, 이는 한반도만의 성취가 아니라 인류 전체의 미래에 기여하는 보편적 가치가 될 것이다.

20　이광정, 『통일의 길』(익산: 원불교출판사, 2003), 29-31.

IV. 마음공부 통합모델: 통일대도 구현의 실천적 경로

한반도 통일 문제는 제도적 차원에서의 협약이나 정치적 결단만으로는 온전히 성취될 수 없다. 그 배경에는 세대에 걸쳐 축적된 집단적 트라우마와 원한, 상호 불신과 혐오가 자리하고 있기 때문이다. 따라서 통일의 과제는 무엇보다 인간 마음의 차원에서 해소되어야 하며, 이를 위해 마음공부의 원리를 통일 담론과 접목하는 새로운 접근이 필요하다. 본 장에서는 본래 마음, 나는 마음, 내는 마음의 삼분 구조를 바탕으로 본성[쏘]·현상[圓]·작용[正]이라는 마음공부 통합모델을 제시하고, 이를 통일대도의 여섯 단계와 연결하여 실천적 경로의 방안을 모색해 보고자 한다.

1. 마음의 세 가지 구조와 마음공부 통합모델

마음에 관한 여러 가지 이론과 모델은 동서양을 막론하고 종교·철학·심리학 등에서 다양하게 제시되었다. 마음문학에서도 기존의 연구 성과를 사회적으로 확산하기 위해선 무엇보다 마음에 대한 정의, 마음의 구조와 작용 원리에 대한 해명 그리고 이에 근거한 마음공부 모델 정립이 선행되어야 함이 강조되었다.21 필자는 마음에 대한 기존의 통찰을 기반으로 마음의 구조를 크게 '본래 마음', '나는 마음', '내는 마음' 세 가지로 나누어 살펴보고자 한다.

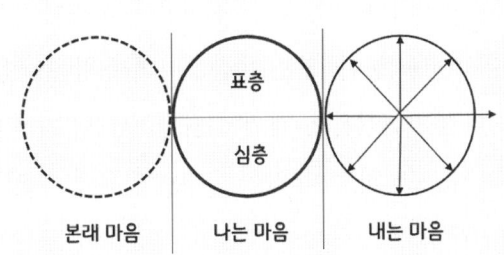

〈마음의 세 가지 구조〉

'본래 마음'은 분별 이전의 자리로 누구나 평등하게 갖추고 있는 마음 바탕을 말한다. 여기서 한 가지 주의해야 할 점은 본래 마음의 실상이 본래 텅 비어 있다는 전제이다. 다시 말해 본래 마음이라 이름을 붙였다고 해서 그에 해당하는 본래 마음이라는 실상이 따로 존재하지 않는다는 것이다. 따라서 혹자는 본래 마음에 대해 '오직 모를 뿐'이라 말하기도 한다. 이는 본래 마음에 대해 인지할 수 없다는 무능(無能)의 선언이 아니라 근본적인 불능(不能)의 확인이다. 일반적으로 본래 마음에 대해 불교 전통에서는 '공(空)'으로, 유교적 심성론에서는 '본연지성(本然之性)'으로 설명된다. 그러나 이는 단순한 허무적멸의 자리가 아니라 '공적영지(空寂靈知)'의 자리

---

21 이와 관련된 주요 논문으로는 「마음인문학 연구의 범주와 방법」(김도종, 『원불교사상과 종교문화』 49, 2011), 「'마음'의 한 정의, 마음인문학과의 관계에서」(이기흥, 『철학연구』 23, 2012) 등이 있다.

로, 언제든 상황에 따라 무궁한 가능성을 현실화할 수 있는 역동성을 품고 있다. 나아가 수행상에서 본래 마음을 회복한다는 것은 곧 집착과 원한의 응어리를 풀고, 분별 이전의 자리에서 타자를 동등하게 바라보는 눈을 회복하는 것이다.

다음으로 외경과의 접촉을 통해 발생하는 감각과 지각 작용과 같은 '나는 마음'과, 의지 작용을 통한 '내는 마음'으로 구분할 수 있다. 이 두 마음은 외경에 반응한 분별심이라는 점에서는 같지만, 전자가 외경의 접촉에 의한 잠재의식의 수동적 반응이라면, 후자는 외경에 대한 의지적이고 능동적인 반응이다.[22] 그러므로 '나는 마음'과 '내는 마음'은 마음공부의 과정에서 구분될 필요가 있다.

'나는 마음'은 표층과 심층의 의식으로 구분할 수 있다. 표층 의식은 그 이면에 있는 심층 의식의 영향을 받는다. 불교에서는 오근(五根)이 오경(五境)을 만나 생긴 오식(五識), 의근(意根)의 대상인 법경(法境)을 만나 생긴 육식(六識)을 표층 의식이라 한다. 반면 말나식[七識]과 아뢰야식[八識]은 심층 의식이라 할 수 있다. 심층 의식에는 표층 의식의 활동이 기억되고 저장되기도 하며, 반대로 외경에 대한 반응을 일으키기도 한다. 이때 심층 의식은 직접 현행(現行)하여 표층으로 그 모습을 드러내기도 한다. 그러므로 외경을 만나 마음이 표층 의식으로 드러날 때, 우리는 이에 대한 도덕적 가치판단을 멈추고 이를 자각하고 관찰하며 수용하여야 한다. 이러한 과정을 통해 심층 의식에 어떠한 관념과 상(相)이 자리 잡고 있는지를 파악할 수 있기 때문이다. '내는 마음'은 의지적 행위와 결단의 차원이

---

22 고시용·장진영, 『마음인문학 개론』(경기: 공동체, 2019), 148-149.

다. 이는 인간이 단순히 외부 자극에 반응하는 존재를 넘어, 스스로 선택하고 행동하는 주체임을 보여준다.

상술한 바와 같이 마음의 작용은 크게 '본래 마음', '나는 마음', '내는 마음'으로 구분해 볼 수 있다. 본래 마음이 어떤 상황을 접하기 전 분별이 없는 고요한 마음이라면, 나는 마음은 어떤 상황을 접함에 따라 자연스럽게 일어나는 마음을 말하며, 내는 마음은 어떤 상황에서 본인의 의지에 따라 취사선택하는 마음을 말한다. 본래 마음은 평상시 선(禪)·명상 등을 통해 확인할 수 있고, 이것들을 통해 어떤 상황에도 흔들리지 않는 내면의 힘을 기를 수 있다. 나는 마음은 상황에 따라 본인의 의지와는 상관없이 자연스럽게 일어나는 마음이기 때문에, 도덕적 가치판단을 하지 않고 일어나는 마음 그대로를 온전히 바라보고 수용하는 자세가 필요하다. 그러나 내는 마음은 다르다. 내는 마음은 본인의 의지에 따라 선택하는 것이기 때문에 그에 따른 결과는 반드시 스스로가 책임져야 한다. 따라서 시비이해(是非利害)의 정확한 판단에 따라 올바른 취사를 해야 한다. 마음인문학의 마음공부 통합모델은 마음의 세 가지 구조와 작용 원리에 따른 것으로, 앞서 논의한 본래 마음·나는 마음·내는 마음은 마음공부의 대상이라는 측면에서 본성·현상·작용으로 전환된다.[23] 장진영은 마음공부 통합모델을 알아차림의 세 측면을 중심으로 아래와 같이 제안한다.

---

23 장진영, 「마음공부 통합모델: 마음챙김의 세 측면을 중심으로」, 『한국종교』 54(2023), 384-387.

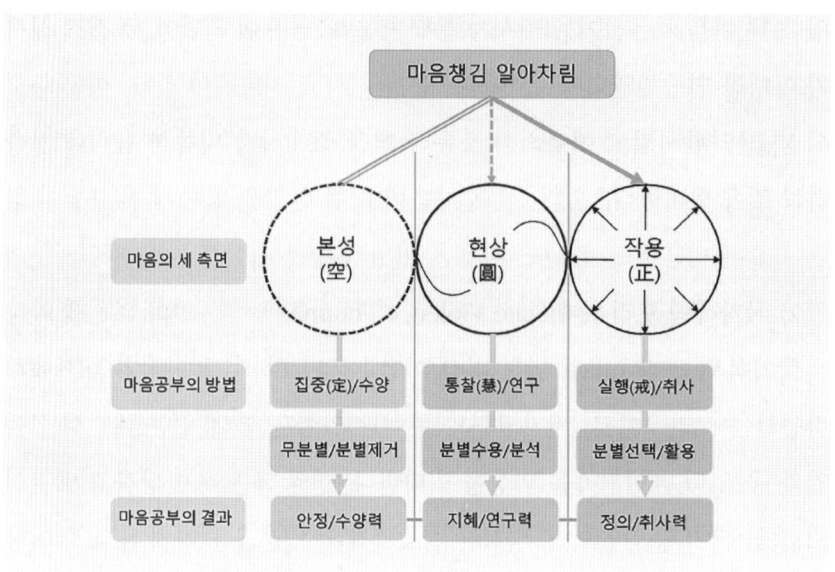

〈마음공부 통합모델(본성-현상-실행)〉

　본성적 측면에서는 분별 이전의 자리를 지키고 회복하는 집중 공부가 핵심이 된다. 집중을 통해 마음은 산란함을 멈추고 고요해지며, 삼매(三昧)에 들어 평온과 안정을 얻게 된다. 이는 마음의 근원을 바로 세우고, 번뇌와 집착에 휘둘리지 않는 기반을 마련하는 공부라 할 수 있다.

　현상적 측면에서는 분별이 나타나는 자리이므로 통찰 공부가 중심이 된다. 이 단계에서 수행자는 일어나는 분별을 억누르거나 제거하려 하지 않고, 있는 그대로 관찰하고 수용한다. 그러한 과정을 통해 드러나는 지혜는 곧 "분별을 허상으로 실체화하고 그것에 집착한 것이 고통의 근본 원인이었다"는 사실을 깨닫는 것이다. 다시 말해, 통찰은 현상에 대한 집착을 내려놓고 그것을 있는 그대로 비추어 보게 하는 공부이다.

　다음으로 작용적 측면에서는 올바른 목적을 세우고 선한 의지로써 옳은 것은 취하고 그른 것은 버리는 실행 공부가 요청된다. 이 단계에서는 마음의 결단이 행동으로 구체화되며, 삶의 현실 속에서 자신과 타자, 사회 전체에 영향을 미친다. 실행은 단순한 개인적 행위가 아니라 인과(因果)의 법칙에 따라 결과를 낳으며, 공동체적 차원에서도 은혜를 확산시키는 힘을 가진다. 그러므로 올바른 실행을 위해서는 무엇이 정의롭고 무엇이 불의한가를 분명히 분별하고, 정의는 취하며 불의는 버리는 실천적 지혜가 반드시 수반되어야 한다. 여기서 한 가지 명심해야 할 점은, 이 모든 과정의 주체가 바로 '본성적 알아차림'이라는 것이다. 본성적 알아차림은 마음공부 전체에 관통하여 작동하며, 집중·통찰·실행의 각 단계가 그 위에서 성립한다.

마음공부 통합모델이 실제로 적용되는 과정을 간략히 설명하면 다음과 같다. 우리는 일상에서 다양한 상황을 마주할 때, 먼저 그때그때 일어나는 몸과 마음의 현상을 있는 그대로 알아차리며 공부심을 챙긴다. 이는 곧 현상 알아차림이다. 이 과정에서 각자의 근기와 공부 정도에 따라 두 가지 길이 나타난다. 하나는 알아차림의 순간에 곧바로 회광반조(回光返照)하여 현상 이면의 본성을 직시하는 것이다. 이것이 본성 알아차림이다. 다른 하나는 근본적으로 본성적 알아차림에서 벗어나 있지 않지만, 습관과 욕심에 끌리거나 가림을 받아 단번에 해결하지 못하고 점진적 단계를 거쳐 회복해 가는 길이다. 이 경우 일어난 마음은 사실 이전에 경험되거나 학습된 내용, 혹은 문화적으로 전승된 요소들이 심층의식에 자리하고 있다가 특정 상황에 반응하여 드러난 것이다. 그러므로 이러한 마음의 현상을 억압하거나 왜곡하지 않고, 있는 그대로 알아차리고 수용하는 공부가 필요하다.

한편, 본성을 회복하는 공부 과정에서는 불필요한 분별과 집착을 제거하는 한편, 상황에 따라 반드시 필요한 분별을 명확히 분석하여 취사선택을 해야 한다. 이는 단순히 내면적 평정에 머무는 것이 아니라, 몸과 마음을 작용하여 자신과 세상 모두에 긍정적 영향을 미치는 실천으로 나아가게 한다. 결국 실행 공부는 인과의 원리에 따라 삶과 세계에 실제적 결과를 남기며, 자신과 공동체 모두에게 은혜가 되는 선택을 가능케 한다.

2. 본성의 차원과 통일대도의 기초: 대해원과 대사면

분단의 고통은 세대를 거듭하며 집단적 트라우마로 전승되어 왔다. 전쟁에서 가족을 잃은 상실감, 이산가족의 아픔, 이념 검열로 인한 억압과 차별, 정치적 숙청과 보복의 경험은 집단적 원한(怨恨)으로 응고되었다. 이 원한은 단순한 감정의 차원이 아니라, 사회적 세(勢)를 형성하여 남북의 적대 구조를 재생산하는 힘이 되었다. 남과 북은 각자 피해자임을 강조하면서 동시에 상대를 가해자로 규정하는 서사를 구축하였다. 결과적으로 피해의식과 적대의식이 맞물려 형성된 원한의 응어리는 세대를 넘어 이어지고 있다.

따라서 통일 논의는 단순한 제도적 통합이나 정치적 협상이 아니라, 원한의 구조적 해소라는 심층 과제를 포함해야 한다. 마음인문학적 관점은 분단 문제의 근본을 정치·군사적 차원이 아니라 인간 마음의 차원에서 바라본다. 마음이 응어리져 원한으로 굳어질 때, 그것은 사회적 갈등의 뿌리가 되며, 제도적 분단을 정당화하는 이데올로기의 토양이 된다. 그러므로 통일의 첫 단계는 마음 차원에서의 원한 해소, 즉 대해원과 대사면으로부터 시작해야 한다.

마음공부는 인간 마음의 본래 자리, 곧 본성(空)을 회복하는 것을 근본으로 한다. 본성은 모든 분별과 집착을 초월한 자유의 차원으로, 그 자체로는 선악이나 이념의 대립이 없는 자리이다. 그러나 인간은 역사적 경험과 사회적 맥락 속에서 욕망과 분노, 억울함과 집착을 쌓으며 본래의 마음에서 멀어지게 된다.

불교에서는 이러한 본성을 '공(空)'이라 부르며, 집착을 버리고 무아(無我)의 지혜를 실현하는 것을 수행의 핵심으로 삼았다. 유교에서는 인간의 성(性)이 본래 선하다고 보고, 사욕과 편견을 제거하여 천리(天理)를 따르는 공부를 강조했다. 이러한 전통은 모두 본성을 회복하는 것이 인간 갈등을 해소하고 공동체를 화합시키는 기초임을 공통적으로 강조한다.

본성의 차원에서 마음공부는 집중(定)과 수양(修養)을 통해 내면을 평정케 하고, 무분별지(無分別智)를 길러 타자에 대한 편견과 집착을 내려놓게 한다. 본성을 회복한 상태에서만 인간은 자신의 원한을 직시하고, 타자를 용서하며, 새로운 관계를 형성할 수 있다. 그러므로 통일대도의 기초 단계인 대해원과 대사면은 본성의 회복과 긴밀히 연결된다. 본성을 회복하지 못한다면 원한은 해소될 수 없으며, 용서 또한 공허한 말에 그칠 수밖에 없다.

한반도의 원한은 해방 전후의 좌우 대립과 한국전쟁의 비극에서 비롯되었다. 전쟁으로 가족을 잃은 상실감, 이산가족의 절망, 정치적 숙청과 사상 탄압, 낙인과 차별은 세대 간 전승되며 집단 무의식으로 내재화되었다. 이러한 원한은 단순한 과거사가 아니라 현재의 불신 구조를 강화하는 동력이 되었다.

　대해원은 이러한 원한을 무조건 잊자는 것이 아니다. 오히려 원한을 드러내고 직시하며 그것이 더 이상 현재를 지배하지 못하도록 하는 과정이다. 이를 위해 마음공부에서는 집중과 명상, 자성반조, 공감과 공유의 과정을 강조한다. 마음을 고요히 하여 감정을 객관적으로 관찰하고, 자기 안에 뿌리내린 분노와 억울함을 성찰하며, 나아가 타자의 고통을 함께 느끼고 기억을 나누는 과정을 통해 원한의 독성을 완화할 수 있다.

　본성의 차원에서 대해원과 대사면은 통일대도의 기초이다. 정치적 합의나 경제적 협력이 아무리 진전되더라도, 마음의 원한이 해소되지 않는다면 언제든 불신과 갈등으로 되돌아갈 수 있다. 대해원은 원한의 매듭을 풀어내어 적대의 뿌리를 제거하며, 대사면은 과거를 용서하고 새로운 미래로 나아가는 문을 연다. 이 두 단계는 통일대도의 출발점이며, 이후 대화해·대수용·대협력·대합의로 이어지는 모든 과정의 기반이 된다. 본성의 회복 없이는 통일의 실천적 경로가 성립할 수 없다.

　따라서 본성 차원에서 대해원과 대사면을 실현하는 것은 단순히 도덕적 이상이 아니라 실질적 필요이다. 남북이 진정한 통합을 이루려면 원한의 사슬을 풀고 용서를 선언해야 한다. 마음공부를 통한 내적 수양과 집단적 치유가 이루어질 때, 남북은 서로를 더 이상 적대적 타자가 아니라 공동체적 파트너로 인식할 수 있다. 이는 한반도 차원을 넘어 보편적 의미를 지닌다. 분단과 갈등을 경험하는 다른 지역들에도 마음 차원의 원한 해소와 용서가 평화의 첫걸음이라는 교훈을 제공할 수 있다. 따라서 본성의 차원에서 대해원과 대사면을 실천하는 것은 한반도의 통일을 위한 필수 조건일 뿐 아니라, 세계 평화를 위한 인류적 모형이 될 수 있다.

3. 현상의 차원과 통일대도의 전개: 대화해와 대수용

본성의 차원에서 원한이 해소되고 용서가 선언된다 하더라도 그것만으로 남북 통합이 자동적으로 이루어지는 것은 아니다. 개인적 차원의 내적 수양과 용서가 통일의 토대라면, 그 위에서 구체적인 관계 회복이 전개되어야 한다. 본성이 마음의 바탕을 닦는 작업이라면, 현상은 그 마음이 외부 세계를 인식하고 구체적 관계를 형성하는 차원이다.

분단 이후 남북한은 서로를 적대적 언어로 규정해왔다. 이러한 언어는 상대의 존재를 배제하는 인식의 구조를 고착화했다. 따라서 관계 회복을 위해서는 먼저 언어와 사고의 틀을 바꾸는 화해 과정이 필수적이다. 그러나 단순히 언어적 화해에 그치지 않고, 서로의 요구와 필요를 인정하고 수용하는 적극적 관계 형성이 뒤따라야 한다. 이것이 곧 대화해와 대수용의 과제이다.

현상은 마음이 대상을 비추고 인식하는 차원이다. 본성이 무분별의 자리라면, 현상은 분별과 인식이 작용하는 영역이다. 마음공부에서 현상 차원은 단순한 분별이 아니라 지혜로운 분별을 의미한다. 맹목적 편견이나 왜곡된 인식이 아니라, 상대의 실상을 올바르게 보고 그것을 있는 그대로 받아들이는 것이다. 이를 위해 연구와 통찰, 분별과 수용의 훈련이 필요하다. 연구는 대상을 객관적으로 탐구하고 그 구조를 이해하는 과정이고, 통찰은 단순한 지식이 아니라 본질을 꿰뚫는 지혜를 의미한다. 분별은 옳고 그름, 유익과 해로운 것을 구분하는 능력이며, 수용은 타자의 존재와 필요를 받아들이는 자세이다. 현상 차원의 마음공부는 바로 이러한 과정을 통해 분단의 현실을 직시하고, 그 속에서 화해와 수용의 길을 모색한다.

현상 차원에서 대화해와 대수용은 통일대도의 전개를 의미한다. 본성 차원의 대해원과 대사면이 개인적 내면과 집단 무의식에서의 원한 해소와 용서라면, 현상 차원의 대화해와 대수용은 사회적 관계망 속에서의 구체적 변화이다. 대화해는 언어와 관계를 회복하여 신뢰의 기반을 마련하고, 대수용은 서로의 필요를 인정하고 받아들여 협력의 길을 연다. 이 두 단계는 통일이 추상적 이상에 머무르지 않고 현실 속에서 실질적으로 구현될 수 있음을 보여준다.

또한, 현상 차원의 대화해와 대수용은 통일을 위한 중간 관문이다. 내적 수양만으로는 사회적 갈등이 해소되지 않는다. 반대로 제도적 합의만으로는 마음의 불신이 사라지지 않는다. 내적 수양과 제도적 합의를 이어주는 가교가 바로 대화해와 대수용이다. 앞으로 남북이 진정한 통합을 이루려면 화해의 언어를 회복하고 작은 교류를 확대하며, 서로의 필요를 존중하고 수용하는 훈련을 해야 한다. 이러한 과정이 축적될 때, 남북은 더 이상 적대적 타자가 아니라 공존적 파트너로 자리매김하게 된다. 따라서 현상 차원의 대화해와 대수용은 통일대도의 중추적 단계일 뿐 아니라, 세계적으로도 의미 있는 평화 모델을 제공한다. 서로 다른 체제와 문화가 공존하고 협력할 수 있다는 가능성을 보여주는 사례로서, 이는 인류 공동체의 미래에도 귀중한 교훈이 될 것이다.

4. 작용의 차원과 통일대도의 완성: 대협력과 대합의

본성의 차원에서 원한이 해소되고 용서가 이루어졌으며, 현상의 차원에서 화해와 수용이 전개되었다 하더라도, 이것이 곧바로 통일의 완성을 의미하지는 않는다. 마음의 변화와 관계의 회복이 아무리 중요하다 해도 그것이 구체적 실천과 제도로 제도화되지 않는다면 언제든 퇴행할 수 있다. 인간의 마음은 유동적이고 관계는 가변적이기 때문에, 통일이 되돌릴 수 없는 실재적 성과로 정착되기 위해서는 마음공부의 마지막 차원인 작용을 통해 사회적·제도적 완결이 이루어져야 한다.

작용은 마음의 본성과 현상이 사회적·역사적 현실 속에서 구체적 행위로 발현되는 차원이다. 마음공부의 과정에서 실행·취사·정의 등은 마음공부가 내면적 수양이나 인식 차원을 넘어 사회적 실천과 공동체적 전환으로 나아가는 길을 제시한다. 실행은 마음에서 깨달은 바를 실제 행동으로 옮기는 것이고, 취사는 옳은 것은 취하고 그른 것은 버리는 분별적 실천을 뜻한다. 정의는 공동체 차원에서 올바른 질서를 확립하는 힘이다. 이는 통일대도의 후반부인 대협력과 대합의에 직접적으로 연결된다. 즉 남북의 작은 협력에서부터 큰 공동 사업으로 확장되는 과정을 이끌고, 그것을 제도화하여 돌이킬 수 없는 합의로 정착시키는 원동력이다.

작용 차원에서 대협력과 대합의는 통일대도의 완성을 의미한다. 대협력은 남북이 함께 성과를 만들어내며 신뢰를 축적하는 과정이고, 대합의는 그 성과를 제도화하고 미래 공동체를 향해 결단하는 단계이다. 본성과 현상 차원에서의 노력이 마음과 관계의 회복이었다면, 작용 차원에서의 노력은 그것을 사회적 제도와 공동체 질서로 정착시키는 것이다. 이 단계에서 통일은 더 이상 가능성이나 이상이 아니라 현실로 구현된다.

나아가 작용 차원에서의 대협력과 대합의는 한반도 통일의 완성일 뿐 아니라 세계적 의미가 있다. 남북이 갈등과 분단을 극복하고 성숙한 통합모델을 제시한다면, 그것은 다른 분쟁 지역에도 귀중한 교훈이 될 것이다. 분단을 넘어선 협력과 합의의 경험은 세계평화와 인류 공동체의 미래를 밝히는 등불이 될 수 있다. 따라서 작용의 차원은 통일대도의 마지막 관문이자 동시에 세계 평화로 향하는 출발점이다. 남북이 마음공부를 바탕으로 대협력과 대합의를 실현한다면, 그것은 단순한 민족적 과제를 넘어 인류 보편의 성취로 자리매김할 것이다.

V. 나오는 말

본 논문은 남북한의 통합 문제를 제도적·정치적 협상이나 외부 요인 중심으로 이해해 온 기존 담론에서 벗어나, 인간 마음 차원의 인문학적 통찰을 통해 새로운 접근을 모색하기 위한 시도이다. 한반도 분단은 단순한 지정학적 사건이나 체제 대립의 결과물이 아니라, 민족 공동체 내부에 깊숙이 축적된 심리적 상흔과 집단적 무의식의 작용 속에서 재생산되어 온 현상이라 할 수 있다. 따라서 통일의 과제는 제도적 통합 이전에 마음의 회복, 곧 원한의 해소와 용서, 관계의 회복과 수용, 공동의 협력과 합의를 통해 비로소 완성될 수 있다는 점을 제안하고자 하였다.

무엇보다 분단 트라우마라는 개념은 남북 주민들의 내면에 뿌리내린 적대적 감정 구조를 이해하는 핵심 틀로 작동한다. 전쟁과 이념 대립, 가족해체와 국가폭력의 경험은 단순히 과거의 사건으로 끝난 것이 아니라, 세대를 넘어 전승되며 집단 무의식 속에 깊이 각인되었다. 이러한 트라우마는 남북 간의 적대적 언어와 불신을 고착화시키고, 심지어 남남갈등의 양상으로 변주되면서 현재에도 지속적으로 재현된다. 따라서 통일 논의는 단순한 제도 개혁이 아니라 이와 같은 심리·정서적 구조를 치유하는 작업과 불가분의 관계에 놓여 있다.

이를 위해 본 논문은 '통일대도(統一大道)'라는 여섯 단계적 접근을 제시하였다. 대해원은 마음속 원한의 매듭을 풀어내는 과정이고, 대사면은 과거를 용서하고 미래로 나아가는 결단이다. 대화해는 대화와 관계를 회복하는 행위이며, 대수용은 서로의 요구를 존중하고 받아들이는 적극적 관계 형성이다. 대협력은 신뢰 기반의 공동 실천으로 이어지고, 마지막으로 대합의는 제도적·정치적 완결과 세계평화로 확장되는 결단이다. 이 여섯 단계는 통일을 단순한 이상이 아니라 구체적이고 실천 가능한 경로로 제시하며, 무엇보다 '사람의 마음에서 출발하는 통일'이라는 인문학적 비전을 뚜렷하게 드러낸다.

또한 본 연구는 마음공부 통합모델[본성·현상·작용]을 통일대도에 적용하여 통일대도의 실천적 구현 가능성을 탐색해 보고자 하였다. 본성의 차원에서는 대해원과 대사면을 통해 원한과 분노를 비우고 용서를 선언하는 작업이 강조되었다. 현상의 차원에서는 대화해와 대수용을 통해 상대를 올바로 비추고, 다름을 인정하며 공존의 길을 찾는 과정이 모색되었다. 마지막으로 작용의 차원에서는 대협력과 대합의를 통해 마음공부가 사회적 실천과 제도적 전환으로 구체화됨을 밝혔다. 이는 곧 마음공부가 단순한 개인적 수양을 넘어 사회적 변혁과 공동체적 치유로 확장될 수 있음을 보여준다.

통일대도와 마음공부 통합모델의 결합은 몇 가지 중요한 학문적·실천적 함의를 지닌다. 첫째, 이는 한반도 통일 논의의 방법론적 전환을 제안한다. 기존의 정치·군사·경제 중심의 통일 담론은 제도적 차원에서는 의미가 있으나, 인간 내면의 심리적 상처를 치유하지 못하는 한계가 있었다. 본 연구는 '마음의 통일'을 전제하지 않는 정치적 통합은 공허한 껍데기에 불과함을 강조하였다. 둘째, 이는 통일인문학이라는 학문적 영역의 정체성을 구체적으로 심화시킨다. 통일인문학은 인간다운 삶을 영위할 수 있는 공동체를 탐구하는 학문이며, 본 논문은 이를 마음인문학의 원리와 결합시켜 새로운 이론적 틀을 제시할 수 있는 가능성의 일면을 보여준다. 셋째, 이는 남북 주민들의 실제적 삶과 직결되는 실천적 과제를 부각시킨다. 전쟁 피해자 추모, 이산가족 교류, 문화예술 협력, 경제 공동체 건설 등은 모두 마음공부의 단계적 확장을 통해 구체화될 수 있는 방안들이다.

결론적으로, 남북통일은 제도적 통합 이전에 마음의 통합을 필요로 한다. 마음의 통합이란 곧 원한을 풀고, 용서하며, 화해와 수용을 통해 새로운 관계를 형성하고, 협력과 합의를 통해 공동체를 완성하는 과정이다. 이는 한반도의 특수한 과제이면서 동시에 인류 보편의 과제이다. 세계 곳곳의 분쟁과 갈등 상황에서, 한반도 통일이 제시할 수 있는 가장 큰 교훈은 '마음에서 시작하는 평화'일 것이다.

앞으로의 연구 과제는 이러한 마음공부 통합모델을 실제 교육, 정책, 사회 프로그램 속에 어떻게 구체화할 것인가에 있다. 남북 공동의 교육과정에 마음공부를 접목하거나, 분단 트라우마 치유를 위한 심리·문화적 프로그램을 마련하는 일, 그리고 남북 주민이 참여하는 공동 의례와 기념행사를 제도화하는 일은 중요한 과제로 남아 있다. 이러한 실천이 이어질 때, 통일은 추상적 이상이 아니라 구체적이고 돌이킬 수 없는 현실로 다가올 것이다.

통일은 더 이상 먼 미래의 이상이 아니라, 지금 여기에서 마음을 바꾸고 관계를 회복하며, 실천을 통해 제도화해 나갈 때 현실이 될 수 있다. 그 길은 곧 남북한 주민 모두가 사람답게 살아가는 공동체를 지향하는 위대한 길, 곧 통일대도이다.

참고문헌

고시용·장진영, 『마음인문학 개론』(경기: 공동체, 2019).
이광정, 『통일의 길』(익산: 원불교출판사, 2003).

김누리, 「독일통일 3개 신화: 독일통일 30년과 한반도」, 『통일인문학』 84(2020).
김성민·박영균, 「분단의 트라우마에 관한 시론적 성찰」, 『시대와 철학』 21(2010).
김희정·김선, 「세대별 통일교육의 정서적 접근 방식: 정서조절 방식을 중심으로」, 『통일인문학』 76(2018).
배성인, 「한반도 통일의 새로운 패러다임에 관한 시론적 모색-세 가지 인문학적 접근-」, 『인문사회 21』 7(2016).
엄창호, 「남북통일 문제에 대한 인문치료적 고찰」, 『인문과학연구』 45(2015).
이병수, 「분단 트라우마의 성격과 윤리성 고찰」, 『시대와 철학』 22(2011).
이병수, 「분단 트라우마의 유형과 치유 방향」, 『통일인문학논총』 52(2011).
이병수, 「남북관계에서 소통과 치유의 문제」, 『한민족문화연구』 43(2019).
장진영, 「마음인문학의 회고와 전망」, 『마음공부』 1(2020).
장진영, 「마음공부 통합모델: 마음챙김의 세 측면을 중심으로」, 『한국종교』 54(2023).

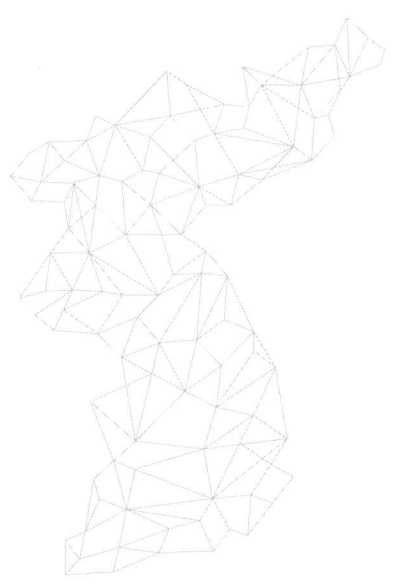

서덕민 _ 원광대학교 미래융합대학 자율전공학부

새들은 바람에 대해 오래 골몰했기 때문에 날 수 있다. 산천어는 맑은 강물에 대해, 해바라기는 정오의 태양에 대해, 현무암은 펄펄 끓는 용암에 대해, 플라타너스는 뿌리의 어둠에 대해 골몰한다. 새와 꽃과 물고기와 돌과 나무가 아름답다면 인간도 그럴 수 있다. 우리는 무엇에 골몰하는가? 무엇에 골몰해야 하는가? 인간은 어떻게 아름다워질 수 있는가?

살아남은 자들의 윤리:
제노사이드 시의 호명 양식과 비유

목차

I. 서론
II. '너'라는 이름의 민주주의
III. '살아남은 자'들의 윤리적 지향
IV. 결론

I. 서론

2024년 소설가 한강의 노벨상 수상으로 한국 현대사의 최대 비극으로 회자되는 두 사건, 즉 제주 4·3사건과 5·18민주화운동에 대한 문학적 형상화에 대한 논의가 활발하게 이루어지고 있다. 문학 비평의 영역을 넘어 역사-현실(정치)-문학이 하나의 장 안에서 논의되고 있다는 점에서 반가운 일이다.

4·3과 5·18은 국가권력이 자행한 대규모 무력 진압과 민간인 학살이라는 점에서 동일한 맥락 안에 있다. 그러나 이 두 사건은 사건이 발생한 역사적 맥락과 사회적 인식 등에서 다소 차이가 있다. 널리 알려진 바와 같이 제주 4·3은 해방 직후 미군정기와 대한민국 정부 수립기의 혼란 속에서 발생하였다. 남로당의 무장봉기와 이를 진압하려는 국가권력 사이의 무력 충돌이 본격화되면서, 제주도민 다수가 이른바 '빨갱이'로 몰려 무차별 학살당했다. 이 사건은 남북분단상황 등 국내외 정치적 상황과 맞물려 오랫동안 공적 담론에서 배제되었다.[1] 이러한 역사적 맥락에서 4·3을 다루는 시는 대체로 생존자와 후대인의 증언, 구술, 그리고 간접적 자료에 의존하는 경우가 많다. 이는 4·3 문학이 제노사이드 문학의 한 형태로서 '증언 문학(testimonial literature)'의 장 안에 있다는 가정을 하게 한다.

---

[1] 4·3사건은 2000년대 들어 '제주 4·3사건 진상 규명 및 희생자 명예 회복 등에 관한 특별법' 제정과 『제주 4·3사건 진상 조사 보고서』 확정 등을 계기로 세간의 관심을 받기 시작했다.

반면 5·18민주화운동에 대한 문학적 재현은 사건 발발과 거의 시차를 두지 않고 진행되었다. 최초의 '5월시'로 평가되는 김준태의 「아아 광주여! 우리나라의 십자가여」2의 경우 1980년 6월 2일 〈전남매일신문〉에 게재되었을 정도로 역사적 시공간이 밀착되어 있었다. 5·18 문학에서 시는 매우 즉시적이고 강력한 저항의 도구로서 역사적 현실과 마주했다는 점에서 4·3시와는 출발점에서 차이가 있다.

언급한 바와 같이 4·3과 5·18 모두 유사한 맥락에서 자행된 국가폭력 사건이지만 시대적 거리와 사회적 기억의 형성 과정 차이가 미학적 전략의 차이를 가져올 수 있다는 전제로 본 논의는 전개된다. 이러한 차이가 시의 미학적 지향과 내용에 어떠한 변화를 불러왔는지, 그리고 각각의 사건이 시를 통해 어떤 방식으로 기억되고 재현되고 있는지 검토해 볼 수 있을 것으로 기대한다.

"광주항쟁은 80년대 시의 르네상스의 출발점이었다"3라는 평가를 통해

---

2   김준태의 이 시는 당시 광주의 참상을 매우 격정적으로 묘사하고 있으며, 예수의 수난과 같은 알레고리를 통해 5·18을 형상화하고 있다. 이 시는 최초의 5월시라는 상징성 외에도 "오월시가 보여주게 될 이미지의 보고"라는 평가를 받고 있다.; 김청우, 「오월시의 사건 재현 방식과 정치-시학의 가능성」, 『인문학연구』 62, (조선대학교 인문학연구원, 2021), 343.; 김형중, 「오월문학과 실어증-야콥슨, 바디우, 랑시에르를 중심으로」, (동서인문학45집, 계명대 인문과학연구소, 2011), 79.

3   5월시의 최근 연구 성과를 망라하자면 다음과 같다. 이황직, 「'5월시'의 사회적 형성: 김준태와 황지우의 시를 중심으로」, 『현상과 인식』, (한국인문사회과학회, 1998), 65.; 5월시에 대한 최근의 연구 성과는 아래와 같다.
심선옥, 「1980년대 시 동인지운동과 '5월시'」, 『상허학보』 50, (상허학회, 2017).
정민구, 「문병란의 오월시와 문학적 증언」, 『인문학연구』 58, (조선대학교 인문학연구원, 2019).
김미미, 「'운동으로서 문학'의 미적 범주 연구-오월시 동인의 미적 전략을 중심으로」, 『현대

5월시의 위상을 확인할 수 있다. 주지하는 바와 같이 5월시는 80년대 이후 우리 시사에서 주목할 만한 흔적을 남겼다. 본 연구는 80년 이후 저항의 시대를 관통하고 있는 시인들의 시를 검토의 대상으로 하고 있다. 4·3시에 대한 연구는 2000년대 이후 다양한 성취를 거두었다. 4·3사건이 세간에 널리 알려지며 작품의 양도 비약적으로 늘어났다. 이를 계기로 4·3시를 유형화할 수 있는 여력이 생겼으며, 수사적·미학적 방법론 또한 정밀하게 검토될 수 있었다.[5] 이 연구 역시 이러한 선행 연구에 기대어 있음을 밝혀둔다.

문학이론학회』81, (현대문학이론학회, 2020).
장은영, 「광주항쟁의 시적 재현」, 『동남어문논집』55, (동남어문학회, 2023).
천유철, 「현실의 전위에 나선 시의 언어들: 5·18광주항쟁 '현장'에서 그리고 '직후'에 창작한 김준태의 시를 중심으로」, 『기억과 전망』51, (민주화운동기념사업회, 2014).

[4] 5월문학총서간행위원회, 『5월문학총서1: 시』, (문학들, 2012).; 김준태의 「아아 광주여! …」를 비롯해 169명의 208편에 달하는 5월시가 수록되어 있다.

[5] 권유성, 「제주 4·3시의 현실대응 양상 연구」, 『한국근대문학연구』20(2), (한국근대문학회, 2019).
　　　, 「김수열 시 연구: 몰명의 세계에 이름 붙이기」, 『배달말』63, (배달말학회, 2018).
　　　, 「방언으로 씌어진 경계지대의 역사-제주4·3시 방언 활용의 의미와 효과를 중심으로」, 『영주어문』47, (영주어문학회, 2021).
　　　, 「제주4·3시에 나타난 기억의 보존과 발현 방식-신체 관련 이미지와 비유를 중심으로」, 『백록어문교육』32, (백록어문교육학회, 2023).
강영기, 「4·3시의 의미 흐름과 문학적 형상화」, 『영주어문』9, (영주어문학회, 2012).
문혜원, 「4·3의 시적 형상화 방법과 전망-제주작가회의 발간 시선집의 특징을 중심으로」, 『영주어문』39, (영주어문학회, 2018).
　　　, 「4·3을 소재로 한 시들의 유형과 특징」, 『제주도연구』19, (제주학회, 2001).
조춘희, 「제주 4·3과 시적 재현」, 『시조시학』68, (고요아침, 2018).
하상일, 「김시종의 재일과 제주 4·3의 시적 형상화」, 『한민족문화연구』65, (한민족문화학회, 2019).

본 연구가 주목하고 있는 것은 '살아남은 자'들이 역사 속으로 저물어 간 망자를 부르는 호명의 양식과 그 안에 내포된 윤리의식의 문제이다. 이름의 위상을 되찾는 행위는 환유(換喩)6와 강력히 결부된다. 미토노미(metonymy)는 그리스어 미토노미아(metōnumía)에서 유래한다. 메타(metá/이후 넘어)와 오노미아(ōnumía/'이름'을 뜻하는 접미사)의 결합으로서 환유는, 사라진 개인에 대한 전체적 복원이 아닌 그를 대표하는 가장 강력한 기호로서, '이름'을 되찾거나 바꿔 부름으로써 부재자를 현재의 시간으로 소환할 수 있다. 이름은 곧 그 사람의 삶, 관계, 죽음, 그리고 사건 전체를 상징하는 환유적 표지이기 때문이다.

> 문화적 상징과 종교적 상징은 환유의 특수한 경우이다. 예를 들어 기독교 신앙 속에는 「비둘기로 성령을 대신함」(DOVE FOR HOLY SPIRIT)이라는 환유가 있다. 다른 환유와 마찬가지로 이 상징도 자의적이 아니다. 이 상징은 서양 문화 속의 비둘기에 대한 개념과 기독교 신학 속의 성령에 대한 개념에 토대를 두고 있다. (…) 문화와 종교의 개념체계는 본성상 은유적이다. 상징적 환유는 일상생활은 물론 종교와 문화를 특징짓는 정합적인 은유적 체계들 사이의 결정적인 연결 기제이다. 우리의 물리적 경험에 토대를 둔 상징적 환유는 종교적 개념과 문화적 개념을 이해하는 데 필수적인 수단을 제공한다.7

---

6 김욱동, 『은유와 환유』, (민음사, 2000), 199.
7 G.레이코프, M.존슨, 노양진 역, 『삶으로서의 은유』, (박이정, 2014), 84-85.

인용문을 통해 확인할 수 있듯 문화적·종교적 상징을 가능하게 하는 환유의 작동 방식은 희생자의 이름을 부르고, 부재한 존재를 현재로 불러들이는 행위와 밀접한 관계가 있다. 환유가 특정 사물이나 이미지를 넘어 집단적 의미 체계와 결부되듯이, 호명 또한 개인을 넘어 집단의 기억과 역사적 상처를 환기한다.

이름을 부르는 행위는 단순한 애도의 차원을 넘어 살아남은 자가 망자를 대신하여 목소리를 내고, 공동체 전체의 역사적 경험을 상징화하는 윤리적 실천과정을 표상한다. 상징적 환유와 문학적 호명은 모두 부재를 통해 존재를 드러내고, 부분을 통해 전체를 환기한다는 점에서, 구조적 친연성을 지닌다는 점에서 제노사이드 문학의 양식을 이해하는 핵심 기제라 할 수 있다.

언급한 바와 같이 4·3시와 5월시는 과거의 비극을 기록하는 데 그치지 않고, 문학-독자-세계와의 상호작용을 통해 새로운 의미를 창출하며, 현재적 윤리와 미래적 화합의 가능성을 모색하는 제노사이드 문학으로 자리 잡고 있다. 본 연구를 통해 5월시와 4·3시가 현대 문학에서 갖는 미학적, 윤리적 의의를 더욱 깊이 이해할 수 있을 것으로 기대한다.

II. '너'라는 이름의 민주주의

부재자의 이름을 부르는 행위는 제노사이드 문학의 한 전형을 이룬다. 전술한 바와 같이 무고한 희생자를 호명(呼名)하는 것은 단순한 추모를 넘어, 역사 속에서 지워진 힘 없는 존재의 위상을 복원하려는 적극적인 시도로 해석할 수 있다. 국가 폭력은 '이름'을 말소하고 왜곡하는 행위와 강력히 결부된다. 개인의 물리적·사회적 제거를 위한 이름 말소하기, 가해자의 행위에 정당성을 부여하기 위한 이름 왜곡하기로부터 국가 폭력은 시작된다.

가해자의 관점에서도 국가 폭력의 성공적 귀결은 이름을 바꾸는 행위와 깊이 관계한다. 성공한 반역을 두고 "아무도 감히 반역이라고 부를 수 없다(None Dare Call It Treason)"라고 한 해밍턴의 전언은 국가 폭력과 호명의 문제를 잘 보여준다. 본 연구의 범위와 직접적인 관계는 없지만 김지하의 「타는 목마름으로」는 이러한 논의의 연장선상에서 우선 검토해볼 만한 가치가 있다.

> 신새벽 뒷골목에
> 네 이름을 쓴다 민주주의여
> 내 머리는 너를 잊은지 오래
> 내 발길은 너를 잊은지 너무도 너무도 오래
> 오직 한가닥 있어
> 타는 가슴 속 목마름의 기억이

네 이름을 남 몰래 쓴다 민주주의여

김지하, 「타는 목마름으로」, 부분**8**

유린당한 민주주의는 '너'라는 인칭으로 간절하게 불러야 하는 무엇이다. 1975년 발표한 김지하의 「타는 목마름으로」는 민주주의와 자유에 대한 갈망을 극적으로 형상화하고 있는 기념할 만한 작품으로 평가된다. "화자는 '이름'을 '머리'나 '발길', 즉 이성과 관습이 아닌, '목마름'의 '기억'으로 찾아낸다."**9** 이 시를 두고 류경동은 "대상과의 연관을 기억해 그것의 이름을 회복하려는 방식은 사물과 언어의 내적 조응이 깨진 시대에 서정이 존재하는 방법의 하나이기도 하다."**10**라고 쓰고 있다.

'너'라는 이름으로 '민주주의'를 연호하는 것은 의식-언어-사물의 내적 조응에 대한 갈망의 표현이며, 이름의 말소와 왜곡에 대한 저항이자 부재한 자유를 복원하고자 하는 의지의 표명이다. '너=민주주의'라는 시의 구도와 "남 몰래 쓴다"는 진술을 통해, 이를 호명하는 주체는 민주주의라는 관념적 그릇에 담기게 되며, 민주주의의 복원이라는 소명을 지켜 나가야 하는 역사적 존재로서 명명된다. 이름을 부르는 행위를 넘어 그 이름을 '쓰는' 행위 속에는 역사적 주체로서 현장에 참여하는 자아가 있다.

---

8   김지하, 『타는 목마름으로』, (창작과 비평사, 1982).
9   류경동, 『가명과 별명의 카니발』, (써네스트, 2018), 18.
10 위의 책, 같은 곳.

분수여

도청 앞 우리들의 젊은 광장에서

끓어오르는 분수여

애절한 희생자들

그들이 가고 없는 빈 골짜기의 발자국을 쓸며

새롭게 우리들 마음의 귀를 울려라

천 갈래 만 갈래 솟구치는

오늘 아침 너의 침묵은 우렁차고

너의 침묵은 우레소리와 같구나

우리는 지금

우리들의 아픈 상처를 씻어서

너처럼 싱싱한 꽃으로 피고 싶다

너처럼 백마의 흰 갈기를 타고

무등의 하늘 끝,

끝까지 타오르고 싶다

송수권, 「젊은 광장에서」, 부분[11]

---

[11] 5월문학총서간행위원회, 『5월문학총서1: 시』, (문학들, 2012), 24.

1980년 6월 4일 전남일보(현 광주일보)에 발표된 송수권의 「젊은 광장에서」는 김준태의 시 「아아 광주여! 우리나라의 십자가여!」와 더불어 5월의 역사와 시공간적으로 매우 밀착되어 있다. 이 시는 국가 폭력의 희생자를 호명하는 동시에 그 부름을 집단적 연대와 생명력의 환유적 상징으로 확장시키고 있다.

이 시는 '우리'와 '너'를 반복적으로 호명하며 광주를 집단적 상실-극복의 공간으로 확장시키는 구조로 되어 있다. "우리들의 아픈 상처를 씻어서 / 너처럼 싱싱한 꽃으로 피고 싶다"는 진술에서 '너'는 '분수'이자 희생자, 그리고 그 희생을 통해 드러난 정의와 자유의 여러 이름이라는 것을 알 수 있다. "너처럼 백마의 흰 갈기를 타고 / 무등의 하늘 끝, / 끝까지 타오르고 싶다"는 진술은 무등산이라는 지역적·상징적 공간을 배경으로, 자유와 정의의 회복이라는 문제로 귀결된다. 이는 5월시가 갖는 현장성과 관계한다. 이러한 측면에서 시공간적으로 구체화된 장소(도청 앞 광장, 무등산), 집단적 화자의 목소리(우리-너), 그리고 역사적 사건의 직접적 참조(희생자, 발자국, 침묵)에 주목할 수 있다.

궁극적으로 「젊은 광장에서」는 국가 폭력으로 인해 부재하게 된 존재들을 분수와 꽃, 백마, 무등산 등의 상징적 환유체로 호명함으로써, 상실의 기억을 집단적 미래 비전으로 전환시키려는 의도를 보여준다. 이 시에서 호명은 제노사이드 문학의 한 양식이면서도 집단적 연대와 재생의 시학으로 확장된다. 그리고 이것은 김지하의 「타는 목마름으로」와 같은 시들이 전거가 되었음을 짐작하게 한다.

그때에는

누구의 얼굴에나 네가 있었다.

누구의 눈동자에나 너의 푸르른 깃발이 서로 손목을 잡으면

하나가 되어 펄럭였다

누구나 너를 사랑했다

아무도 너의 이름을 변변히 부르진 못했지만

봄의 벌거벗은 나뭇가지 끝

대담하게 피어나는 목련꽃 속에서

벌판으로 달려가는 바람 속에서

거리로 몰려가는 사람들 속에서

거리로 몰려가는 사람들의 얼굴마다에서

너를 보았다

그러나 너는 지금 어디에 있는가

고개를 숙이고 돌아서는 벗들의 눈동자 속에

퀭하게 비어 있는 자리

너의 푸르른 깃폭은 피 묻어

찢어져 거리의 모퉁이로 짓밟혀가도

너를 껴안던 젊은 가슴은

포승에 묶여 끌려갔다

(중략)

한 번 본 너의 얼굴은

한 번 본 너의 얼굴은

> 우리 가슴속의 하늘
> 몇십 년을 기다리고
> 꿈꾸고 싸우게 한다
> 이름할 수 없는 우리의 여인이여
>
> 김진경, 「한 번 본 너의 얼굴은」, 부분12

1985년 발표된 김진경의 「한 번 본 너의 얼굴은」 역시 '너'라는 환유적 대상을 반복적으로 소환하면서, 그 부재와 상실, 그리고 되찾아야 할 5월의 정신을 형상화한다. "누구의 얼굴에나 네가 있었다"라는 진술을 통해 이 시가 개인을 넘어선 역사적 주체를 호명하고 있다는 것을 알 수 있다. 여기에 더해 '너'는 '목련꽃', '바람', '거리로 몰려가는 사람들의 얼굴' 등과 같은 다른 이름으로 확장되고 있음이 확인된다. 자유와 민주화에 대한 갈망이 생활 세계와 구체적 일상 속에서 환유적으로 재소환 되고 있는 정황을 확인할 수 있다.

1연의 "너의 이름을 변변히 부르진 못했지만" 2연의 "벗들의 눈동자", "푸르른 깃폭은 피 묻어", "포승에 묶여 끌려갔다"와 같은 진술은 「타는 목마름으로」와의 연관성을 확인할 수 있게 하는 대목이다. 이 시에서는 '너=우리의 여인'이라는 형태로 대상을 호명하고 있지만, 이는 궁극적으로 5월의 정신, 혹은 민주주의의 다른 이름일 것이다. "이름할 수 없는 우리의 여인"이라는 진술을 통해 확인할 수 있듯 자유는 아직 도래하지 않은 이름이

---

12 같은 책, 117.

며 이는 불우한 역사에 참여하는 주체의 인식임이 확인된다. 앞서 언급한 작품들 이외에도 '너'를 호명하고, 그 이름을 변주하는 것으로서 국가 폭력에 저항하는 형태를 보이고 있는 작품은 5월시에 빈번하게 등장한다. 대표적인 것을 일별하자면 아래와 같다.

"너는 언제나 거기 있구나 / 너는 언제나 캄캄한 어둠 속에서도"(나종영, 「무등산」, 1985), "너를 떠나 보내야 했던 / 지난 세월동안에도 / 다시 보이지 않는 너로 하여/ (중략) / 너의 이름을 나직이 불러본다"(임동학 「희미한 시간 너머로 우거진」, 1992), "양심에 들볶여 / 너의 넋을 / 내가 입고 / 비로소 너의 죽음을 흉내내 보는 비굴한 모습"(김초혜, 「하늘이여 하늘이여」, 1993), "너를 여기 두고 / 화해의 시대를 외쳤구나 우리는 / (중략) / 우리는 어느새 우리의 상처를 잊었구나 / 민주주의가 온다는 광장에서 한바탕 춤을 춘 뒤"(이시영, 「무명용사의 무덤 곁에서」, 1986), "너의 죽음은 누구를 위한 무엇이었을까?/ (중략) / 너의 묘비에 겨울비는 내리는데 / 이 시대의 눈물 같은 빗물에 젖으며"(민병일, 「국립묘지에서」, 1990), "너의 편지는 오월에 끊겼다 / 햇살 좋은 날을 골라 노란 달걀 얹혀진 / 자장면을 사주라 하던 너의 푸른 소식은"(박관서, 「편지」, 2000), "반나절 광주에 가 닿으면 / 망월동에서 또 반나절 / 네 이름 석 자 쓰다듬으러 왔다"(고영서, 「김덕진 여사의 오월」, 2007)[13]

열거한 진술은 대체로 '너'를 호명하는 것으로 시작해서 이름, 묘비, 민

---

13 같은 책.

주주의, 시대, 죽음 등 거대한 폭력과 그 안에 휘말린 '너'를 다른 이름으로 호명하는 구도를 보여준다. 1980년 이후 최근에 이르기까지 5월의 이름이 '너'라는 인칭으로 호명되고 다양하게 변주되고 있음이 확인된다. 이러한 전형성은 1980년 이후에도 "너의 이름을 남몰래" 써야 했던 국내의 정치적 환경과 무관하지 않을 것이다.

> 관 번호 104: 실현 불가능한 저 증오가 실현 가능한 사랑이 될 때까지
> 검시번호 A-13: 그 비가시적 사랑이 비로소 가시적 부활이 될 때까지
> 묘지 번호 155: 이름 없는 그대여
> 이름 없는 그대여 이름 없는 그대여
> 이름 없는 그대여 이름 없는 그대여
> 이름 없는 그대여 이름 없는 그대여
> 이름 없는 그대여 이름 없는 그대여
> 이름 없는 그대여 이름 없는 그대여
> 이름 없는 그대여 이름 없는 그대여
> 이름 없는 그대여 이름 없는 그대여
> 이름 없는 그대여 이름 없는 그대여
> 이름 없는 그대여 이름 없는 그대여
> 이름 없는 그대여 이름 없는 그대여
>
> 황지우, 「호명」[14]

---

[14] 황지우, 『새들도 세상을 뜨는구나』, (문학과 지성사, 1983), 82.

1983년에 발표한 황지우의 「호명」은 앞서 살펴본 작품들에 나타나는 '이름 부르기' 행위가 갖는 의미를 적극적으로 변주한 작품이다. 시의 도입부에 제시되는 '관 번호 104', '검시번호 A-13', '묘지 번호 155'는 폭력의 피해자가 더 이상 고유한 이름을 가진 인간으로서 존재하지 못하고, 비인간적 식별 기호, 혹은 가해자의 시스템에 사로잡히는 현실을 드러낸다.

　이 번호들은 국가가 폭력의 흔적을 관리하고 은폐하는 방식이자, 말소의 폭력이 제도화된 결과물이다. 즉, 피해자의 존재는 호명되기 이전에 이미 삭제·대체된 상태이며, 그 부재는 언어의 차원에서부터 고착되어 있다. 이어지는 "이름 없는 그대여"의 집요한 반복은 '너'를 끊임없이 호명하며 이름을 바꿔내는 전략과는 전혀 다른 지점에 있다.

　호명은 상대를 불러내어 관계를 맺는 행위이다. 그러나 이 시에서의 호명은 '부를 이름이 없다'는 아이러니 속에서 작동하며, 존재를 불러내는 대신 '존재의 부재'를 불러내는 결과를 낳는다. 이는 거대한 국가 폭력이 남긴 언어적 공허와 무기력함을 전면에 드러내는 전략으로 이해된다. 이러한 폭로를 통해 존재의 부재와 공허를 덮으려는 권력의 시도는 무력화 될 수 있다. 반복적으로 발화되는 '이름 없는 그대여'는 망각을 허용하지 않겠다는 발화자의 선언이자, 지워진 이름과 사라진 세계를 상기시키는 장치이다. 황지우의 「호명」은 회복과 치유의 이름 바꾸기가 아니라 상처와 결핍을 고스란히 남겨두는 증언과 기록의 언어이다.

　이 시는 국가 폭력 이후의 서정이 선언적·형식적 회복을 지향하지 않아도 되며, 때로는 결핍의 지속 자체가 강력한 저항이 될 수 있음을 보여준다. 「호명」은 부재자의 이름을 회복하기보다, 이름 없는 상태를 끝까지 부름으로써 역사 속에서 지워진 자들의 자리를 끈질기게 표시하고, 그 부재가 권력의 산물임을 잊지 않도록 만드는, 집요하고 차가운 저항의 시학을 구현하고 있다.

황지우의「호명」은 양식적 실험을 감행하고 있음에도 앞선 시들과 마찬가지로 '너(그대)'15를 쓰고 있다. "그대여"가 아닌 "그"라고 했을 때, 이 시의 맥락은 크게 달라질 수 있을 것이다. "이름 없는 그(것)"라고 했을 때, 화자가 지칭하는 것은 세계로부터 소거된 3인칭을 의한다. 그러나 "그대"라고 했을 때, 그대는 나와 관계하고 있는 누군가가 된다.

마르틴 부버는 인간 세계의 두 가지 근본적 질서를 '나-너(Ich-Du)'와 '나-그것(Ich-Es)'이라는 쌍으로 구분하고 있다. '나-너'의 근원어(Grundworte)에 바탕을 둔 세계는 참다운 대화(Dialog)가 이루어지는 인격 공동체이며, 다른 하나는 사람을 자기의 욕망을 충족시키기 위한 수단(그것)으로밖에 보지 않는 독백(Monolog)만이 이루어지는 집단이다.16 부버는『나와 너』에서 "경험으로서의 세계는 근원어 '나-그것'에 속하며, 근원어 '나-너'는 관계의 세계를 세운다"17고 썼다. 더 나아가 "근원어 '나-너'는 온 존재를 기울여서만 말할 수 있다"18라고 쓰기도 했다.

어떻게 우리는 말할 수 없는 것을 끌어들여 근원어의 세계와 관계를 맺게 할 수 있을까?

이 모든 영역에 있어서 우리 앞에 현전(現前)하며 생성되는 자(das uns

---

15 국어사전에서는 "주로 글에서, 상대편을 친근하게 이르는 이인칭 대명사"로 보고 있다.
16 마르틴 부버, 표재명 옮김,『나와 너』, (문예출판사, 2004), 194.
17 같은 책, 11-12.
18 같은 책, 8.

gegenwaarting Werdende)를 통하여 영원한 '너'의 옷자락(이사야 6장 1절)을 본다. 모든 것에서 우리는 영원한 '너'의 나부낌을 들으며, 각 영역에서 그 나름의 방법을 따라 우는 모든 '너'에게서 영원한 '너'를 부른다.[19]

결국 5월시에 나타나는 '너'라는 호명은 화자의 간절한 외침, 혹은 5월시의 현장성이라는 맥락만으로는 큰 의미를 가질 수 없다. 5월시가 지칭하는 '너'는 온 존재를 기울여 관계의 장을 만들어 내고자 하는, 정신적 존재들(geistige Wesenheiten)과 더불어 공동체의 위상을 재편해 내고자 하는 열망이 깃들어 있다.

III. '살아남은 자'들의 윤리적 지향

시인 김남주의 번역으로 널리 알려진 브레히트의 시 「살아남은 자의 슬픔」은 제노사이드 이후 살아남은 사람들의 슬픔과 회한, 그리고 그들의 윤리적 지향점을 잘 보여주고 있다.

물론 난 알고 있다, 단지 운이 좋아서

---

19 같은 책, 12-13.

그 많은 친구들보다 오래 살아남았다는 것을. 그런데 오늘 밤 꿈속에서
이 친구들이 날 두고 하는 말을 들었다. 〈더 강한 자들이 살아남는다.〉
그러자 내가 미웠다.[20]

'살아남은 자'들의 부채감은 죽은 자에 대한 애도에 그치지 않는다. "더 강한 자들이 살아남는다"는 진술은 부재한 타자들의 목소리로서 화자의 내면적 죄책감을 드러낸다. 살아남은 자의 윤리적 지향은 죽은 사람들의 목소리를 현실 세계에 재현하는 일이다. 이러한 관점에서 4·3시는 망자들의 이름을 부름으로써 이들을 이른바 몰명(沒名)의 상태에서 벗어나도록 하는 데 초점이 맞춰져 있다.[21]

너븐숭이에 가면, 있다
이름 없는 이름의 이름들이 있다

---

[20] 하이네 외, 김남주 역, 『아침 저녁으로 읽기 위하여』, (푸른숲, 1995).
[21] 권유성, 「김수열 시 연구: 몰명의 세계에 이름 붙이기」, 『배달말』63, (배달말학회, 2018), 375.
4·3시를 다방면으로 연구하고 있는 권유성은 증언 문학으로서 4·3시의 성격을 다음과 같이 언급하고 있다.
제주 문학에서 가장 중요한 문제는 4·3에 대한 기억을 복원하고 기록하는 문제였다. 4·3 문학이 오랜 시간적 지체 이후에야 형성될 수 있었기 때문에 시간의 지층 아래 억압된 관련자들의 기억을 발굴하고 재현하는 작업은 무엇보다도 시급한 문제였다. 따라서 시에 있어서도 증언의 기록을 지향하는 작품들이 상당 부분을 차지하고 있는 현상은 자연스러운 것으로 보인다. (권유성, 「제주 4·3시의 현실대응 양상 연구」, 『한국근대문학연구』 20(2), 2019. 174.)

김상순자 여 3세 1949년 1월 17일 북촌교 인근 밭에서 토벌대에게 총살
당함

김석호자 여 7세 1949년 1월 17일 북촌교 인근 밭에서 토벌대에게 총살
당함

(중략)

이름 없어도 영원히 기억해야 할 이름이
있다, 북촌 너븐숭이에 가면

김수열, 「몰명(沒名)」 부분22

권유성은 「몰명」에 대한 분석을 통해 4·3의 '역사적 실명 상태'가 4·3 희생자의 이름을 끊임없이 호출하게 한다고 쓰고 있다.23 위 시의 배경은 1949년 한날 한시에 430여 명에 달하는 양민을 학살한 제주 조천읍 북촌리이다. 북촌의 너븐숭이는 4·3기념관을 비롯해 희생자들을 기리는 다양한 조형물이 설치돼 있다. 희생자의 명부는 대개 묘비명(墓碑銘)의 형태로 남게 되는데, 이는 역사적 기념물로서 희생자를 기리는 전형적 양식이다.

「몰명」의 경우 희생자들의 이름, 성별, 나이, 사망 일시, 장소, 그리고 사인을 일련의 목록으로 나열한다. 이 명단이 시적 장치로 활용될 수 있는 것은 이름도 없는 2세, 3세에 불과한 어린아이가 이 명단에 포함되었다는

22　김수열, 『꽃 진 자리』, (걷는사람, 2018), 78-84.
23　권유성, 앞의 책, 375, 385.

사실이다.

더불어 건조하고 절제된 어조로 명단을 나열하고 있는 화자의 태도에도 주목할 수 있다. 이러한 어조는 독자가 각 이름의 무게와 의미를 감각하게 만든다. 결구에 "북촌 너븐숭이에 가면"이라는 진술을 통해 이 비극이 과거가 아니라 지금도 존재하는 기억의 장소임을 환기하며, 독자가 실재 공간과 사건을 연결하게 만든다. '기억의 비문'으로서 이 시는 증언 문학의 한 전형으로 이해된다.

> 무자년 사월 제주중학교 학생 이종성 이유 없이 인천소년형무소 수감 형무소에 전염병 돌고 아버지는 밭 팔아 면회 가서 약을 건네고
>
> 전쟁 나고 형무소 열리고 걸어 걸어 남쪽으로 오다가 인민군 만나 북으로 가게 되고
>
> 아우는 형님을 행불인으로 신고하고 고향 들녘에 봉분 없이 비석 세우고 사십 년 넘게 메 한 그릇 술 한 잔 올려왔는데
>
> 육십 하고도 육 년 지나 2014년 2월 금강산호텔 이산가족 상봉장에서 아우는 열 살 터울 형님 리종성을 만나고
>
> 김수열, 「학생이공종성추모비(學生李公鍾筬追慕碑)」, 전문[24]

---

[24] 김수열, 『꽃 진 자리』, (걷는사람, 2018), 78.

제목을 통해 알 수 있듯이 이 작품 역시 비문(碑文)의 형태로 망자를 호명하는 것으로 전개되지만 앞의 작품과는 차이가 있다. 이 시는 개인의 운명을 통해 4·3과 분단의 폭력적 기억을 강하게 환기한다. 학생 이종성의 생애와 죽음 그리고 동생과의 재회에 대한 진술은, 그의 부재를 현재로 끌어와 증언의 장에 세우는 역할을 한다.

주목할 수 있는 부분은 형을 행방불명자로 신고하고, 고향 들녘에 봉분 없이 비석을 세운다는 진술이다. 이 장면은 단순한 추모가 아니라 호명의 역사적·정치적 성격을 드러낸다. '행불인'이라는 국가적 범주의 명명은 이종성의 존재를 역사 속에서 말소해버린다.

반면 살아있는 자로서 아우의 호명 양식은 이와 대별된다. "메 한 그릇 술 한 잔"을 올리는 행위는 사라진 형을 다시 불러내는 의례적 행위로서의 호명이다. 여기서 망자를 향하는 호명은 존재의 의미를 새롭게 부여하는 기제이자, 망각에 저항하는 방법으로 기능한다. 형의 이름을 부르고 비를 세우는 일은 단순한 추모가 아니라, 국가가 삭제한 개인의 서사를 다시 기록하는 증언 행위이다.

더 나아가 "2014년 금강산 이산가족 상봉에서 / 열 살 터울 형님 리종성"과 재회하는 장면은 부재자에 대한 기나긴 호명의 역사를 상기시킨다. 호명의 힘은 '죽은 자'로 간주되던 이를 '살아 있는 자'로 되돌려놓는다. 이는 단순히 한 개인의 불운한 생애를 복기하는 것이 아니라, '이름 부르기'를 통해 상흔을 증언하고 치유하려는 시도로 이해된다.

'학생 이종성'이라는 이름은 억압된 역사 속에서 소거되었지만, 아우의 지속적인 호명과 기록을 통해 다시 살아난다. 이로써 이 시는 한 개인의 비극을 넘어, 부재자를 불러내는 행위의 윤리적 의미를 부각시킨다.

큰아들 열 살 정원이

총 맞고 흙구덩에 떨어져 목숨 끊기면서도

어머니 등에 매달린 두 살 막내 살리려고

"이 아이만 살려줍써!"

"제발 하나만 살려줍써!" 애원할 때

"의지해서 살 사람이나 있냐?" 토벌대 또다시

미친 총질로 정원이 숨통 끊어버리고

이미 숨소리 멈춘 둘째 창학이, 셋째 만강이, 어머니,

볼락볼락 숨 붙은 막내까지

다섯 모자 위로 흙 들이부어 덮어버렸지

그렇게 정원이네 죽어간 지 여섯 달

남원에서 정원이 외할아버지

중문까지 소달구지 끌고 먼 길 걸어와

흙구덩이 파내고 딸, 손자 유골 찾아내고

이미 다 썩어 누가 누군지 모르는 시신들

모기장 두른 채 숨죽이며

밤길 걸어온 곳, 남원읍 태흥3리

주인 없는 공유지에 돌담 두르고 묘를 만드니

어머니 묘 하나에 네 오누이 합장묘 하나

그렇게 다섯 가족의, 모자 쌍묘

이제는 과수원이 돼버린 곳에 덩그러니

> 묘비도 없이, 사람들 그 사연 알지 못하는
>
> 태흥리 모자 쌍묘
>
> 무자년 한 가족 몰살사를 누가 알까
>
> 하늘과 바람, 시간과 역사만이
>
> 무덤 속에서 울고 있는 그들을 기억할까
>
> 김석교, 「태흥리 모자 쌍묘(母子雙墓) 앞에서」[25]

4·3사건으로 희생된 한 가족의 비극적 운명을 사실적으로 증언하고 있다. 이 작품 역시 "열 살 정원이"라는 실명을 매개로 문학적 증언의 기능을 각별히 고려하고 있다. 토벌대의 충격 속에서 정원이는 막내를 살리기 위해 자신의 몸을 희생하고, 결국 숨을 거둔다. 이어서 창학이, 만강이, 어머니까지 모두 한꺼번에 희생되며, 개별적 존재로서의 이름과 흔적은 역사 속에서 지워진다.

외할아버지가 먼 길을 걸어와 유골을 수습하고, 묘비 없는 쌍묘를 조성하는 과정은 호명이 단순한 언어적 행위를 넘어, 공간적 개념과 결합하여 역사적 기억을 구체화하는 방식임을 보여준다. 묘비 없는 쌍묘와 과수원이 된 땅은 사라진 존재의 흔적이지만, 시적 기록 속에서는 '정원이', '창학이', '만강이', '어머니'라는 개별적 이름을 통해 다시 살아난다.

이 작품 역시 앞서 살펴본 김수열의 작품과 마찬가지로 망자를 추념하는 비석, 묘, 이름 부르기라는 형식을 통해 역사적 폭력으로 지워진 이름

---

25 김석교, 『봄날 아침부터 가을 오후까지』, (심지, 2009), 102-103.

과 존재를 복원하는 시적 증언의 형태를 보여준다. 궁극적으로 4·3시의 한 전형을 이루고 있는 이러한 호명 양식은 살아남은 자와 공동체가 수행해야 할 윤리적 책임을 환기하고 있다.

4·3시에서 호명의 문제는 근대적 주체로서 명명권을 남용한 이성 중심주의의 상흔에 대한 치유 행위의 일환으로 규정할 수 있다. 데카르트의 코기토(cogito)로부터 출발하는 근대적 자아는, 하이데거가 지적한 바와 같이 "'대상을 앞에 세우는 자'로서 대상을 닦달하고, 문초하는 자로서 존재하고, 나의 존재는 이 '앞에 세움', '닦달함'으로 규정된다."[26] 결국 대상에 대한 명명권을 남획한 "근대적 자아의 지배권 안에 놓이게 된 세계(인간, 자연, 역사)는 신의 피조물로서 이해되는 것이 아니라 '확실하고 의심 없이, 참되게 움켜잡힌 것'"[27]이 된다. 근대 국민 국가와 '상상의 공동체'로서 민족[28]이라는 이름 역시 이러한 근대적 주체의 기획으로 성립되었음은 주지의 사실이다. 또한 이러한 맥락 안에서 4·3과 5·18의 비극이 촉발되었다는 것 역시 간과할 수 없는 사실이다.

이러한 맥락 안에서 4·3시가 보여주는 호명의 양식은 폭력적 주체에 의해 희생당한 존재에 새로운 이름을 부여하고, 희생자들에게 고유한 개별성과 존재의 다양성이라는 두툼한 층위를 부여하고자 하는 의지를 보여준다. 무엇보다 이러한 시적 호명의 의미는 "상처받을 수 있고 외부적인 힘

---

26   강연안, 『주체는 죽었는가』, (문예출판사, 2004), 81.
27   같은 책, 82.
28   베네딕트 앤더슨, 『상상의 공동체』, 윤형숙 역, (나남, 2007), 6.; 앤더슨은 근대의 기획에 의해 만들어진 국민국가나 민족을 실제가 아닌 '상상의 공동체(Imagined Communities)'로 명명한다.

을 막아낼 수 없는 타자"**29**를 향한 의무의 윤리를 부각시킨다. 국가 폭력으로 인한 학살의 환유적 증언은 "타인의 곤궁과 무력함"을 직시하게 한다. "타인의 곤궁과 무력함에 부딪힐 때 나는 내 자신이 죄인임을, 부당하게 나의 소유와 부와 권리를 향유한 사람임을 인식한다. 타인의 경험은 나 자신의 불의와 죄책에 대한 경험과 분리할 수 없다"**30**는 윤리적 의제를 4·3의 호명 양식은 지향하고 있다.

IV. 결론

이상으로 살펴본 바와 같이 국가폭력으로 인해 지워진 개인과 집단의 존재를 환유적 방식으로 현재화하는 4·3시와 5월시의 시적 재현 양상을 검토했다. 5월시는 '너'라는 호명 대상이 민주주의, 정의, 자유 등 다양한 의미로 변주되며, 시적 화자는 국가 폭력이 행하는 존재의 말소 행위에 도전하는 역사적 주체로 참여한다. 이는 5월시가 역사적 현실에 즉각적으로 대응했던 흔적으로 해석된다. 단적으로 송수권의 「젊은 광장에서」, 김진경의 「한 번 본 너의 얼굴은」 등은 '이름 부르기' 행위를 단순한 회복이나 상

---

29 에마뉘엘 레비나스, 강연안 역, 『시간과 타자』, (문예출판사, 2001), 136.
30 같은 책, 138.

징적 복원 이상의 윤리적 실천으로 확장하며, 부재자를 대신해 역사적 목소리를 내는 모습을 보여준다. 이는 희생자의 존재를 현재로 소환하고, 이를 바탕으로 연대와 미래적 비전을 생성하려는 시적 전략으로 이해될 수 있다.

4·3시는 증언 문학으로서의 기능에 초점을 맞추며 '역사적 실명 상태' 회복에 집중하는 특징을 갖는다. 김수열의 「몰명」, 「학생이공종성추모비」 등에서는 희생자의 이름과 사건 정보를 나열하며 과거와 현재를 연결하는 기억의 장치를 구현한다. 이러한 방식은 개인의 삶과 죽음, 지역 공동체의 상처를 증언함으로써, 국가권력에 의해 말소된 존재의 위상을 재정립하며 이들을 역사적 장으로 소환해 내는 기능을 수행한다.

4·3시와 5월시는 국가폭력의 희생자를 환유적으로 현재화하고, 살아남은 자의 윤리적 지향을 구현하는 문학적 전략을 공유한다. '이름 부르기'로서 환유는 단순한 언어적 장치가 아니라, 역사적 부재와 기억의 상실을 증언하고 공동체적 치유와 미래적 화합을 모색하는 핵심 기제임을 확인할 수 있다. 이렇듯 호명의 수사적 전략은 한국 현대시가 국가폭력과 사회적 상실을 다루는 방식에서 갖는 하나의 양식적·윤리적 지향을 드러내는 것으로써 의미가 있다.

제노사이드 문학에 관한 연구는 오늘날에도 중요한 의제로 남는다. 5·18과 4·3이 아직 진행형으로 남아 있다는 견해에 동의하지 않을 수 없다. 두 사건 모두 정치적·역사적 해석의 장 안에서 여전히 왜곡된 호명이 난무한다. 다행인지는 모르겠으나 이로 인해 문학의 사회적 역할과 소명이 명백하게 부각될 수 있다. 여기서 "혁명의 본질은 읽고 쓰고 번역하는 텍스트의 변환(사사키 아타루)"**31**이라는 말을 상기한다. 이를 바꿔 말하면 폭력은 언제나 텍스트를 바꾸기 위해 우리의 삶과 자유로 육박해 들어온다는 말이 된다. 이를 다시 환언하면 문학이 문학으로써 세계를 지켜내야 한다는 말이 된다.

---

31 사사키 아타루, 송태욱 옮김, 『잘라라, 기도하는 그 손을』, (자음과 모음, 2016), 162.

참고문헌

기초자료

김석교, 『봄날 아침부터 가을 오후까지』, 심지, 2009.
김수열, 『꽃 진 자리』, 걷는사람, 2018.
김지하, 『타는 목마름으로』, 창작과 비평사, 1982.
하이네 외, 김남주 역, 『아침 저녁으로 읽기 위하여』, 푸른숲, 1995.
황지우, 『새들도 세상을 뜨는 구나』, 문학과 지성사, 1983.
5월문학총서간행위원회, 『5월문학총서1: 시』, 문학들, 2012.

저서 및 논문

강영기, 「4·3시의 의미 흐름과 문학적 형상화」, 『인문학연구』 12(2), 2012.
강연안, 『주체는 죽었는가』, 문예출판사, 2004.
김욱동, 『은유와 환유』, 민음사, 2000.
권유성, 「제주 4·3시의 현실대응 양상 연구」, 『한국근대문학연구』 20(2), 2019.
_____, 「김수열 시 연구: 몰명의 세계에 이름 붙이기」, 『배달말』 63, 2018.
_____, 「방언으로 씌어 진 경계지대의 역사 - 제주4·3시 방언 활용의 의미와 효과를 중심으로」, 『영주어문학회』 47, 2021.
_____, 「제주4·3시에 나타난 기억의 보존과 발현 방식 - 신체 관련 이미지와 비유를 중심으로」, 『백록어문학회』 32, 2023.
김미미, 「'운동으로서 문학'의 미적 범주 연구-오월시 동인의 미적 전략을 중심으로」, 『현대문학이론학회』 81, 현대문학이론학회, 2020.
김형중, 「오월문학과 실어증-야콥슨, 바디우, 랑시에르를 중심으로」, 동서인문학 45집, 계명대 인문과학연구소, 2011.
류경동, 『가명과 별명의 카니발』, 써네스트, 2018.
문혜원, 「4·3의 시적 형상화 방법과 전망-제주작가회의 발간 시선집의 특징을 중심으로」, 『영주어문학회』 39, 2018.
_____, 「4·3을 소재로 한 시들의 유형과 특징」, 『제주도연구』 19, 2001.
심선옥, 「1980년대 시 동인지운동과 '5월시'」, 『상허학보』 50, 상허학회, 2017.

이황직, 「'5월시'의 사회적 형성: 김준태와 황지우의 시를 중심으로」, 『현상과 인식』, 한국인문사회과학회, 1998.
장은영, 「광주항쟁의 시적 재현」, 『동남어문논집』 55, 동남어문학회, 2023.
정민구, 「문병란의 오월시와 문학적 증언」, 『인문학연구』 58, 조선대학교 인문학연구원, 2019.
조춘희, 「제주 4·3과 시적 재현」, 『시조시학』 68, 2018.
천유철, 「현실의 전위에 나선 시의 언어들: 5·18광주항쟁 '현장'에서 그리고 '직후'에 창작한 김준태의 시를 중심으로」, 『기억과 전망』 51, 민주화운동기념사업회, 2014.
하상일, 「김시종의 재일과 제주 4·3의 시적 형상화」, 『한민족문화연구』 65, 2019.

번역서

마르틴 부버, 표재명 옮김, 『나와 너』, 문예출판사, 2004.
베네딕트 앤더슨, 『상상의 공동체』, 윤형숙 역, 나남, 2007.
사사키 아타루, 송태욱 옮김, 『잘라라, 기도하는 그 손을』, 자음과 모음, 2016.
에마뉘엘 레비나스, 강영안 역, 『시간과 타자』, 문예출판사, 2001.
G. 레이코프, M. 존슨, 노양진 역, 『삶으로서의 은유』, 박이정, 2014.

이미종 _ 원광대학교 사범대학 교육학과

원광대학교 교육학과에서 '교육철학'과 '교육사'를 주로 강의하고 가끔 '통일교육론' 강의도 한다. 2024학년도 통일교육론 강의에서는 분단이 우리 사회에 미치는 악영향과 그 극복 방안에 대하여 학생들과 함께 고민하였다. 이 논문은 그 과정에 참여했던 학생과 함께 작성한 글이다. 이 과정에서 우리는 이념적 폭력 앞에서 교육이 얼마나 힘이 없는지, 그러나 마음을 바꾸어 더불어 사는 사회를 만들기 위해서는 교육이 가장 근본적이고 강력한 힘이라는 점을 다시 한 번 확인하였다.

문건우 _ 원광대학교 사범대학 교육학과

원광대학교 사범대학 교육학과 학부생이다. 원광대학교 통일교육선도대학 사업단에 참여하여 당면한 통일과 평화의 현실적인 문제에 관하여 깊이 탐색하였다. 교수님의 지도하에 논문을 작성해 보면서 논문이라는 형식에 대한 이해, 논문적 글쓰기를 서술하는 방법 등을 다층적으로 습득할 수 있었다. 부족함에도 끝까지 믿고 응원해 주신 많은 분들께 감사드린다.

오가영 _ 원광대학교 사범대학 교육학과

원광대학교에서 교육학을 전공하고 있는 학부생이다. 원광대학교 통일교육선도대학사업단을 계기로 통일과 평화에 대한 관심이 깊어졌다. 완성된 글을 보니 처음 써보는 논문에 끙끙대던 시간, 국가폭력을 탐구하며 느꼈던 분노와 안타까움, 더 나은 글을 쓰기 위해 고민했던 순간들이 주마등처럼 스쳐 지나간다. 부족하지만 끝까지 믿고 응원해준 많은 분들께 감사드린다.

한국 근현대사회에 나타난 이념적 폭력에 대한 평화교육적 접근:
여순사건을 출발점으로

목차

Ⅰ. 서론
Ⅱ. 여순사건에서 나타난 폭력
   1. 봉기군에 의한 폭력
   2. 진압군에 의한 폭력
Ⅲ. 여순사건 전후의 폭력
   1. 여순사건 이전의 폭력
   2. 여순사건 이후의 폭력
Ⅳ. 한국전쟁 이후 되풀이된 폭력
   1. 직접적 폭력의 재생산
   2. 구조적 폭력의 재생산
   3. 문화적 폭력의 재생산
Ⅴ. 평화로의 이행을 위한 교육적 접근
   1. 이념의 순기능
   2. 이념의 역기능
   3. 이념에 대한 인식 전환
Ⅵ. 요약 및 결론

Ⅰ. 서론

인간은 여전히 폭력의 세기를 살아간다.[1] 20세기에 두 번의 세계대전과 전체주의의 영향을 받은 신생 독립국들에 의하여 폭력이 행해졌다. 인간은 이념, 민족, 종교를 명분 삼아 자신과 다른 이념, 민족, 종교를 지닌 상대를 적으로 규정해 고문, 강간, 학살을 정당화했으며, 그 과정에서 인간의 존엄성은 무시되었다. 이런 참상을 반복하지 않기 위해 2차 세계대전 이후 UN은 세계인권선언과 제노사이드 협약 등을 제정하였으며, 실제로 캄보디아, 유고슬라비아, 르완다에서 나타난 제노사이드를 국제형사재판소로 처벌함으로써 인간의 존엄성이 지닌 가치를 드러냈다. 그렇지만 21세기에도 인간의 존엄성은 여전히 관념에만 존재한다. 러시아·우크라이나 전쟁과 이스라엘·하마스 전쟁에서의 전쟁범죄, 미얀마의 국가폭력과 학살, 수단 내전에서 국가와 반군에 의한 민간인 학살 등 전 세계에 만연한 폭력은 법과 제도가 마련되었음에도 불구하고 인간의 존엄성이 여전히 침해되고 있다는 사실을 상기시킨다. 인간의 역사는 폭력을 장착한 채로 흘러가는 것이다.

한반도의 사람들도 폭력의 세기를 살아간다. 사람들은 일제강점기에 전체주의를 경험하였으며, 그런 상태에서 국제정세에 밀려 어쩔 수 없이 분단되어 미군정의 통치를 받으면서 군사주의의 영향을 받았다. 또한 정

---

[1] 한나 아렌트, 『폭력의 세기』, 김정한 옮김(일산: 이후, 1999).

부 수립 전후 제주 4·3사건과 여순사건이 발생하면서 시민들은 국가와 집단에 의해 학살되거나, 살아남더라도 억압을 받았다. 정부 수립 직후 경험한 폭력은 4·19혁명에서의 군경에 의한 폭력성, 베트남 전쟁의 한국군에 의한 민간인 학살, 5.18 민주화운동에서 국군의 자국민 학살로 대물림되었다. 1987년 6월 항쟁을 거치면서 시민에 의한 직선제 개헌으로 민주화가 성취되었으나, 그럼에도 불구하고 이념, 민족, 종교로 정당화되는 폭력은 반복된다. 만성화된 폭력으로 인하여 사람들은 자연스레 나와 남을 구분하면서 이분법적으로 사고한다. 심지어 국가는 사람들에게 내재된 폭력성을 제거하고 구성원 간에 상생하는 사회를 구축하려 노력하기보다는 정형화된 폭력성을 수단으로 사용함으로써 헌법이 지향하는 민주공화제를 훼손한다. 2017년의 계엄 문건과 2024년의 계엄은 이를 여실히 드러낸다. 국가가 정권을 유지하기 위하여 이념에 의한 폭력을 수단으로 활용하면서 개인에 내재한 폭력성이 증폭된 것이다.

여순사건은 이념에 의한 폭력이 전국으로 확대된 계기였다. 여순사건이 발생하기 전부터 진행되던 숙군이 여순사건을 거치며 본격적으로 이루어졌으며, 여순사건 이후 제정된 계엄법과 국가보안법에 근거해 정치범들이 수감되었다. 더구나 국가에 의해 국민보도연맹사건 등에서 좌익으로 여겨진 시민들이 학살되었으며, 반공이데올로기가 국시로 여겨지면서 지금까지 한국사회에 지대한 영향을 미쳤다. 그리하여 본 연구에서는 여순사건을 출발점으로 하여 한국의 근현대사회에 나타난 대표적인 사건들을 고찰함으로써 그 사건 속에 폭력이 어떤 과정을 통해 장착되었으며 그 폭력의 근본 원인은 무엇인지, 그리고 그 원인을 제거하여 평화로운 사회를 만들기 위해서는 어떤 교육적 조치를 취해야 하는지를 고찰할 것이다.

이후의 연구를 통하여 자세히 드러나겠지만, 한국의 근현대사회에 나타난 폭력은 일제강점기와 미군정기의 제도와 문화, 이념에 의하여 형성된 냉전이라는 국제정세, 정부 수립 직후의 이념 갈등에 의한 혼란에 그 연원이 있다고 말할 수 있다. 물론 이념을 내세워 폭력을 행사한 '개인'에 대한 역사적 처벌도 필요하다. 다만 개인의 행위에만 주목해 가해자와 피해자를 구분하고 가해자에 대한 처벌과 피해자에 대한 명예 회복만 주장하는 것은 제도와 문화에 의해서 불가피하게 행사할 수밖에 없었던 폭력을 이해하지 못하고, 이에 기반해 폭력을 행한 사회 구성원과 폭력을 당한 사회 구성원 간의 사죄와 용서, 이를 통한 관계 회복에 도움이 되지 않는다. 그런 만큼 여순사건은 물론이고 한국 근현대사회에 나타난 다양한 폭력을 이해하기 위해서는 개인의 행위를 포함하여 사회적 차원의 접근이 필요하다.

여순사건에 관한 연구들은 민주화 이후 본격적으로 이루어졌다. 민주화 전까지는 국가의 견해가 포함된 반공주의적 연구가 주를 이루었다.[2] 그러나 87년 민주화 이후 반공주의 시각을 넘어서려는 연구[3], 여순사건에서 군경에 의한 국가폭력에 관한 연구[4], 여순사건과 계엄령·국가보안법과의 관

---

[2] 백기인, 『建軍史』(서울: 국방부 군사편찬연구소, 2002); 김행복, 「軍關聯 事件名稱에 대한 考察 - 제주도 폭동사건, 여·순 반란사건 및 대구 반란사건을 중심으로」, 『군사』 27 (1993), 146-171.

[3] 안종철, 「해방직후 지방정치 연구 전남지역 인민위원회의 성격에 관하여」, 『역사비평』 14 (1991), 169-190.

[4] 노영기, 「여순사건과 국가폭력의 구조」, 『역사학연구』 75 (2019), 215-242; 노영기, 「계엄령과 군법회의―여순사건을 중심으로」, 『역사비평』 148 (2024), 308-339; 김무용, 「여순사건 진압을 위한 대항 게릴라 작전과 민간인 희생화 전략」, 『역사연구』 31 (2016), 245-302.

련성에 관한 연구5, 여순사건과 반공이데올로기의 관련성에 관한 연구6, 여순사건과 빨치산에 관한 연구7 등이 제시되었다. 지금까지의 선행 연구들은 여순사건의 진실을 규명함으로써 희생자와 유가족들의 아픔에 공감하고 여순사건을 사회적으로 알리는 데 기능하였다. 2021년 7월에 「여수·순천 10·19사건 진상규명 및 희생자 명예복원에 관한 특별법」을 국회가 제정한 배경에는 위처럼 여순사건의 진실을 밝힌 다양한 선행 연구가 있었다.

다만 여순사건에 관한 선행 연구에도 한계가 존재한다. 물론 여순사건의 시대적인 배경, 전개 과정, 영향, 여순사건 당시의 인물들을 연구 대상으로 삼으며, 여순사건의 경위를 밝혀 여순사건과 같은 폭력을 경계하기 위해 기억함을 추구한 부분은 연구 토대에 긍정적인 영향을 끼쳤다. 그러나 여순사건을 교육적으로 접근하면서 사회적인 치유와 화합을 촉진하는 선행 연구는 많지 않다. 여순사건을 교육적으로 접근한 선행 연구들도 여순사건에 관한 문학 작품들을 분석하고8, 여순사건에 관한 교과서상의 내

---

5 강성현, 「한국의 국가 형성기 '예외상태 상례'의 법적 구조—국가보안법(1948·1949·1950)과 계엄법(1949)을 중심으로」, 『사회와역사(구 한국사회사학회논문집)』 94 (2012), 87-128.

6 김득중, 「여순사건과 이승만정권의 반공이데올로기 공세」, 『역사연구』 14 (2004), 11-54; 강성현, 「아카(アカ)와 '빨갱이'의 탄생—'적(赤·敵) 만들기'와 '비국민'의 계보학」, 『사회와역사(구 한국사회사학회논문집)』 100 (2013), 235-277; 박찬모, 「'빨갱이'와 이데올로기적 환상」, 『감성연구』 12 (2016), 61-96.

7 이선아, 「여순사건 이후 빨치산 활동과 그 영향」, 『역사연구』 20 (2011), 175-205; 이선아, 「지리산권 빨치산의 형성과 활동」, 『남도문화연구』 28 (2015), 99-130; 임송자, 「여순사건 이후 선무공작을 중심으로 본 지리산지구의 빨치산 진압」, 『한국근현대사연구』 81 (2017), 183-213.

8 전영의, 「역사적 트라우마 치유를 위한 문학생산론 : 조정래의 『태백산맥』을 중심으로」, 『한어문교육』 27 (2012), 251-273.

용들을 분석하며9, 여순사건 관련 장소를 관광자원으로 활용함을 도모하는 연구10, 그리고 여순사건을 마을교육과정과 접목하여 함께돌봄의 측면을 강조한 연구11들 뿐이었다.

평화교육에 관한 연구도 많다. 관련한 연구들은 평화교육과 통일교육 간의 관계를 정립한 연구12, 평화감수성을 촉진하려는 연구13, 평화시민성을 고양하려는 연구14, 인권을 지향하는 평화통일교육에 관한 연구15, 사회통합을 위한 평화통일교육에 관한 연구16 등 다양하다. 심지어 제주 4.3 사건, 5·18민주화운동 등 국가에 의한 폭력과 북한 인권 문제 등을 평화통일교육, 홀로코스트 교육, 역사교육 등에 연관하여 교육적으로 접근하고 교육적

---

9 유상수, 「고등학교『국사』의 여순사건 서술 변천 과정」,『남도문화연구』45 (2022), 67-96.
10 이정훈, 「여순사건 사적지에 대한 다크투어리즘 적용 방안」,『한국지역지리학회지』22(4) (2016), 826-842.
11 이현주, 「함께돌봄과 교육이 공존하는 마을교육공동체: 송산초등학교의 여순 10·19 마을교육과정 사례를 중심으로」, 한국교육사회학회 춘계학술대회 (2025.4.26), 107-134.
12 박형빈, 「도덕과 교육과정에서 통일교육과 민주시민교육 그리고 평화교육의 관계 설정 및 발전 방안」,『도덕윤리과교육』67 (2020), 99-128; 박형빈, 「통일교육의 학문적 정체성 재고: 평화교육, 다문화교육, 민주시민교육, 세계시민교육과의 관계를 중심으로」.
13 『통일교육연구』21(2) (2024), 35-59; 이인정, 「평화·통일 감수성 함양 교육의 목표와 내용 체계에 관한 연구」,『도덕윤리과교육』62 (2019), 1-24; 오덕열, 「평화감수성 함양을 위한 평화교육으로서의 통일교육 연구」,『인격교육』13(1) (2019), 75-107.
14 강순원, 「한반도 평화시민성 교육담론: 분단시대 통일교육에서 평화시대 시민교육으로」,『국제이해교육연구』15(2) (2020), 1-46.
15 윤철기, 「한반도의 인권 실현을 위한 평화·통일교육의 새로운 과제-평화교육의 관점에서-」,『법과인권교육연구』15(3) (2022), 71-104
16 이인정, 「사회통합을 지향하는 평화·통일교육의 목표와 내용체계에 관한 연구」,『도덕윤리과교육』74 (2022), 21-42.

방안을 제시한 연구17도 있다. 따라서 평화교육에 관한 선행 연구와 국가폭력을 교육과 연관 지은 선행 연구들은 상당히 존재한다고 볼 수 있다.

다만 폭력을 평화교육적으로 해석한 연구는 없다. 폭력을 교육하면서 시민성을 고양하고자 하는 연구들은 있지만, 폭력이 발생할 수밖에 없던 시대적 배경, 전개 과정, 영향을 살피고 이와 같은 폭력을 반복하지 않고자 평화교육적으로 접근하여 해석하려는 연구는 본 연구자가 찾아본 바로는 아직까지 발견하지 못하였다. 이에 본 연구에서는 여순사건 당시와 전후의 폭력과 그 원인을 살펴봄으로써 사람들 개개인에 내재한 이념에 의한 폭력성을 고찰하도록 촉진할 것이며, 동시에 역사로 인해 사회에 축적된 이념에 의한 폭력을 극복하여 구성원 간의 평화를 도모할 수 있도록 모색할 것이다. 이를 통해 시민들이 과거의 폭력으로 반목하는 상태를 극복하고 남겨진 폭력의 상흔을 치유하면서 평화로운 사회로 나아갈 실마리를 마련할 것이며, 끝내 인간의 존엄성을 존중하고 법치주의를 실현하는 민주공화국의 기반을 형성할 것이다.

이하 Ⅱ장에서는 여순사건 당시의 갈등과 폭력을 다룰 것이다. 여순사건 당시에 봉기군과 진압군의 폭력이 어떻게 발현되었는지 탐색할 것이다. Ⅲ장에서는 여순사건에서 이념에 의한 폭력이 발생한 시대적 배경과

---

17 이정원, 「다원적 민주시민 교육의 조건인 새로운 '헤게모니' -제주4·3평화인권교육을 중심으로」, 『탐라문화』 61 (2019), 165-196; 강봉수, 「도덕과를 통한 제주4·3교육 방안모색」, 『제주대학교 교육과학연구』 22(1) (2020), 81-109; 윤세병, 「홀로코스트 교육의 동향과 과제」, 『역사교육연구』 45 (2023), 179-243; 정연두, 「'불편한(difficult) 역사'의 역사교육적 의미와 교수·학습 방안」, 『역사와교육』 23 (2023), 215-308; 김효진, 「홀로코스트교육 기반 평화·통일교육 프로그램 개발 연구」, 국내석사학위논문 서울교육대학교 교육전문대학원, (2024), 1-139.

여순사건 직후의 폭력을 살필 것이다. 여순사건 당시 활동한 만주군과 일본군 출신 장교들을 살피며 여순사건에서 나타난 폭력성이 일제강점기의 영향을 받았음을 제시함과 동시에, 여순사건 직후 한국전쟁까지 폭력이 전승된 과정을 탐색할 것이다. Ⅳ장에서는 한국전쟁 이후 분단체제에서 이루어진 직접적 폭력, 구조적 폭력, 문화적 폭력을 살필 것이다. 이를 통해 전쟁 이후 공고화된 이념에 의한 폭력들이 어떠한 양태로 행사되었으며, 행사된 폭력들이 현재까지 어떻게 이어지는지 제시하고자 한다. Ⅴ장에서는 이념의 순기능과 역기능은 무엇인지, 이념의 역기능을 극복함으로써 평화로의 이행을 위하여 어떠한 교육적 조치를 취해야 하는지를 모색할 것이다. 이를 통해 축적된 이념에 의한 폭력의 굴레를 극복하고 평화로운 사회와 개인을 실현할 수 있음을 서술하고자 한다.

Ⅱ. 여순사건에서 나타난 폭력

여순사건은 1948년 10월 19일부터 12월까지 발생한 사건으로 전남·전북·경남·경북 등에서 10,000명 이상 사망하고[18], 군법재판에 1,300명

---

18 김득중, 『빨갱이의 탄생-여순사건과 반공 국가의 형성』(서울: 선인, 2009), 350-354.

~1,500명이 입건되었다.**19** 그 과정에서 나타난 봉기군에 의한 폭력과 진압군에 의한 폭력은 수립된 지 3개월밖에 되지 않은 대한민국의 국가 정체성에 큰 영향을 미쳤다. 시민들은 폭력을 경험하면서 국가와 집단의 폭력에 무감각해졌다. 그렇기에 국가와 시민에 내재된 폭력성을 발견하고 와해하려면 여순사건에서 봉기군과 진압군에 의한 폭력을 살펴보아야 한다.

1. 봉기군에 의한 폭력

1948년 10월 19일, 제14연대 병사들은 여수 신월리 주둔지에서 봉기하였다. 지창수[20]를 비롯한 제14연대 하사관 그룹은 누적된 경찰에 대한 증오와 제주도 파병 거부를 내용으로 연설하여 병사들을 설득함과 동시에 무기고를 점거하며 봉기를 시작하였다. 이에 호응한 병사들은 봉기 직후 주둔지에서 봉기에 저항하는 장교, 부사관, 병사들을 살해하였다. 그 과정에서 연설에 반발하던 부사관 3명을 그 자리에서 사살하였으며, 봉기한 사병들을 제지하던 장교들도 사살하였다. 주둔지에서의 폭력이 잦아든 이후, 봉기에 참여한 14연대 병사들, 즉 봉기군은 여수역과 여수 시내로 이

---

19 김춘수, 「여순사건 당시의 계엄령과 군법회의」, 『제노사이드연구』 6, 128.
20 지창수는 광주 출신으로 여순사건 발발 당시 선임하사관이었으며 남로당원이었다. 여순사건을 계획하고 실행에 옮기기까지 지휘자로 활약했다. 연대 내 40명의 핵심 세포에게 사전 계획대로 무기고와 탄약고를 점령하게 하고, 비상나팔을 불게 하였으며, 연병장에 출동부대 제1대대와 잔류부대 제2, 3대대의 병사들을 집결시킨 후 연설하였다. 임송자, 「여순사건의 주도·참여 세력과 빨치산 활동 (1948.10~1949.2)」, 415-416 참조.

동하였다.**21**

　봉기군은 여수와 순천을 삽시간에 장악했다. 10월 20일 새벽, 봉기군은 종고산에서 시내를 향해 발포하면서 진격하였다. 봉기군은 경찰과 헌병, 출병을 준비하던 제14연대 병사 70명의 저항에 부딪혔으나, 금방 돌파하였다. 비상소집으로 대기하던 100여 명의 경찰관들은 도망치거나 전투과정에서 사망하였고, 봉기군은 여수경찰서를 점령하였다. 이후 김지회**22**가 지휘하는 2개 대대는 순천으로 북진하고 지창수가 지휘하는 1개 대대는 여수에 남았다. 순천으로 향하는 봉기군은 통근 열차 5량에 나눠 타고 나머지는 자동차를 타거나 걸어서 순천으로 진격했다. 14연대 주력은 9시 30분경에 순천역에 도착하였다. 봉기군이 순천에 도착하자, 대기하던 홍순석**23**은 순천에 파견된 제14연대 2개 중대를 이끌고 합류했다. 소식을 접한 순천 경찰은 지서원을 비상소집 하였고, 전남을 관리하는 제8관구 경찰청도 순천 관내에 전투지휘소를 설치하고 부근 지역의 경찰관 230명을 동원하였다. 광주의 제5여단 사령부도 봉기 소식을 듣고 김동희가 지휘하는 4연대 2중대를 파견하였다. 그러나 김동희의 병력마저 봉기군에 합류하면

21　김득중, 『빨갱이의 탄생-여순사건과 반공 국가의 형성』, 75-91.

22　김지회는 함경남도 함흥 출신으로, 1946년 제1연대 사병으로 복무하다가 1947년 1월 13일 조선경비사관학교 제3기생으로 입교하여 1947년 4월 19일 졸업하였으며, 졸업과 동시에 소위로 임관하였다. 그는 남로당원이였으며 여순사건 발발 당시 제14연대 2중대장이었다. 임송자, 「여순사건의 주도·참여 세력과 빨치산 활동 (1948.10~1949.2)」, 『한국민족운동사연구』121 (2024), 414 참조.

23　홍순석은 간도 여길현 출신으로 1943년 만주군 특설부대에 입대했다. 해방 후 제8연대에 입대했으며, 조선경비사관학교 3기생으로 졸업하여 임관했다. 여순사건 발발 당시 순천 주둔 제14연대 선임중대장이었다. 임송자, 「여순사건의 주도·참여 세력과 빨치산 활동 (1948.10~1949.2)」, 414-415 참조.

서 초반 전투에서 경찰관 100여 명이 전사하고, 이후에 지원을 나온 경찰관들마저도 섬멸당했다. 순천에서의 전투에서는 오직 70여 명의 경찰관만 후퇴할 수 있었다.

순천을 장악한 봉기군은 신속하게 인근 지역을 점령하였다. 벌교 방면, 학구 방면, 광양 방면으로 군대를 나누어 순천 관내와 벌교의 지서들을 공격하고, 저항하는 경찰관들을 사살하였다. 그 결과, 22일까지 봉기군은 여수, 순천, 보성, 구례, 광양 등 전남 동부 지역을 빠르게 점령하였다. 다만 학구 방면으로 진로가 봉쇄되면서 기존에 광주를 향하려던 계획은 이루어지지 못하고 백운산으로 후퇴하는 계획으로 변경했다.

봉기군은 학구, 보성, 광양으로 진격하면서 폭력적인 충돌을 일으켰다. 특히 학구에서는 봉기군의 조직적인 진격에 저항하는 지역 군경과의 충돌이 있었고, 이 과정에서 수십 명이 사망하고 많은 부상자가 발생하였다. 봉기군은 정부군과의 충돌을 피해 도시 외곽으로 진격하며 공격적인 행동을 계속 이어갔다. 광주로 향하는 길목에서 봉기군과 정부군 간 충돌이 격화되었으며, 이를 진압하기 위해 정부는 진압군을 보내 공격을 강화하였고, 그 과정에서 민간인들은 더욱 폭력에 노출되었다.

봉기군의 봉기에 합류한 지역 좌익 세력들도 우익 집단에 대한 폭력을 자행하였다. 순천에서는 순천 경찰서장 양계원을 비롯한 경찰관 48명이 학살되었다. 좌익 세력은 양계원을 시내로 끌고 나와 '나는 순천 군민의 고혈을 빠는 서장이요.'라고 외치게 하였으며, 계속해서 외치지 않을 때는 청년 학생들이 주위에서 죽창을 찔렀다고 한다.[24]

---

24 김득중, 『빨갱이의 탄생-여순사건과 반공 국가의 형성』, 155.

봉기군은 진압군의 공격에 반격하면서 10월 19일 이후 여러 차례 전투를 벌였다. 그중 미평 전투는 아주 격렬했다. 10월 24일 오후 3시, 진압군은 봉기군의 거점인 미평면 오암리에 이르러 전투가 벌어졌다. 진압군은 봉기군의 거점을 점거하고 이를 제압하려 했으나, 봉기군의 저항은 거셌다. 이 전투에서 진압군이 패하면서 봉기군은 진압군의 여수 진입을 저지하는 데 성공하였다. 다만 양측 모두 많은 인명피해를 입었으며, 봉기군과 진압군 간의 폭력적인 충돌은 계속해서 이루어졌다.[25]

진압군의 진압이 강화되면서, 퇴각 과정에서 봉기군에 의한 우발적인 우익 학살이 발생하였다. 진압군이 봉기군의 후퇴를 추격하는 과정에서, 봉기군은 우익 세력이나 이들과 연관된 인물들을 폭력적으로 처형·학살하였다. 대표적인 사례로 제14연대 봉기군 주력과 당 지도부가 진압군을 피해 여수를 빠져나가던 10월 24일 밤, 서종현 등 강경파들은 경찰서 유치장에 있던 경찰관 약 50여 명에게 총격을 가해 집단 학살하였다.[26]

더불어, 빨치산 활동과 관련된 폭력도 심화되었다. 진압군의 강력한 진압을 피하려는 봉기군 일부는 산악지대나 외곽 지역으로 이동해 빨치산 활동을 벌였고, 이 지역에서 주민들과의 충돌이 발생했다. 빨치산 활동은 전라남도와 경상남도 일부 지역에서 집중적으로 일어났고, 이를 진압하려는 진압군과의 충돌은 폭력적인 상황을 더욱 심화시켰다. 이러한 활동은 진압군의 진압과 동시에 지역 민간인들 사이에서 폭력적인 보복과 충돌을 초래했으며, 사회 전반에 폭력적인 분위기가 퍼지게 했다.

---

25 김득중, 『빨갱이의 탄생-여순사건과 반공 국가의 형성』, 259-260.
26 김득중, 『빨갱이의 탄생-여순사건과 반공 국가의 형성』, 153.

2. 진압군에 의한 폭력

진압군은 순천과 여수를 비롯한 전라남도 일대에서 봉기군에 대한 대대적인 진압 작전을 펼쳤다. 봉기의 진압 과정에서 진압군은 무차별적이고 폭력적인 진압 방식을 동원했다. 진압군은 봉기군뿐만이 아닌, 지역에 거주하는 민간인까지 학살하는 극단적인 폭력을 자행했다. 이는 단순한 진압을 넘어 인권 침해의 성격을 지녔다. 진압군은 성별과 나이를 불문하고, 조금이라도 좌익 세력으로 의심되면 사살하였다. 이 때문에 봉기군이 점령했을 때보다 진압군의 진압 작전이 수행되었을 때 훨씬 더 많은 사상자가 발생하였다.

1948년 10월 22일, 제5연대장 김백일[27] 중령이 계엄령을 선포하고, 같은 날 이승만 대통령은 이를 추인하였다.[28] 이에 진압군은 사회를 전면적으로 통제하고 시민들을 탄압했다. 계엄령하에 열린 군법회의는 실질적인 재판 없이 오직 계엄사령관의 명령에 따라 주민들의 생사가 결정되었다. 대부분의 재판은 형식적이었으며 공정성이 결여된 채 형식적으로 진행되었다. 잡혀 온 이들은 변론할 기회조차 잃은 채 즉결 처분으로 사형이나 중형을 선고받았다. 이들은 의심만으로 처형되는 경우가 많았다. 그들이 봉기군과 어떠한 관련이 있었는지와 상관없이 무차별적으로 폭력에 시달렸다. 이처럼 계엄령과 군법회의는 정부의 강압적인 통치 수단이자 민

---

27 김백일은 일제강점기 간도특설대의 창설 멤버이자 핵심 장교였으며, 특수부대 훈련을 받은 이력의 소유자였다. 허은, 「냉전분단시대 '對遊擊隊國家'의 등장」, 『한국사학보』 65 (2016), 444 참조.

28 노영기, 「계엄령과 군법회의-여순사건을 중심으로」, 309.

간인에 대한 폭력을 합법화하는 근거가 되었다.[29]

순천·여수 시내로 들어간 진압군은 기관총을 난사하며 봉기군을 제압하는 동시에 주민들을 집 밖으로 몰아내고 민가를 샅샅이 수색했다. 진압군은 봉기군으로 의심되거나 조금의 저항이라도 보이면 사살했다. 심지어 어린 한 학생의 손목에서 화약 냄새가 난다며 끌고 가서 죽이기도 했다.[30]

진압군은 서국민학교에 본부를 설치하고 동정 공설운동장, 진남관, 중앙국민학교, 동국민학교, 서국민학교 등 다섯 군데에 시민들을 모두 모으고 2~3일에 걸쳐 혐의자 색출을 진행하였다. 부역 혐의자를 찾는 일은 그 지역의 경찰, 우익 인사, 우익 단체 청년들이 맡았다. 이들이 가리킨 단 한 번의 손가락질에 시민들은 그 생사가 갈렸다.

"진압군은 서국민학교에서 반군에게 피해를 본 사람들이나 유가족들을 양쪽에 세워 놓고 그 사이로 주민들을 몇 명씩 지나가게 한 다음, (중략) 지적하면 그 지적된 사람을 어디론가 끌고 갔다고 합니다. 그렇게 손가락질을 하는 사람들 중 많은 이들이 10살 정도 된 어린아이들이었다고 합니다. 이런 식으로 색출된 이들은 서국민학교 후정에서 진압군에 의해 즉결 총살당했다고 합니다."[31]

---

29 노영기, 「계엄령과 군법회의-여순사건을 중심으로」, 308-339.
30 김득중, 『빨갱이의 탄생-여순사건과 반공 국가의 형성』, 296-297; 여수지역사회연구소, 『다시 쓰는 여순사건보고서』 (서울: 한국학술정보, 2012) 162-164.
31 진실·화해를위한과거사정리위원회, 『2010년 상반기 조사보고서』, (서울: 진실·화해를위한과거사정리위원회, 2010), 459.

순천과 여수를 점령한 진압군은 순천 시민들을 북국민학교에, 여수 시민들을 서국민학교에 모이게 하였으며, 이곳에서 진압군의 협력자 색출이 시작되었다. 여수에서 진압군은 시민들에게 확성기로 서국민학교에 모이라고 방송했다. 나오지 않으면 봉기군으로 간주한다는 말을 듣고 죽을 수도 있다는 공포심에 시민들 대부분은 서국민학교에 모였다. 진압군은 총을 들고 길거리에서 이탈자를 감시하였고, 줄에서 이탈하면 바로 봉기군으로 간주하였다.[32]

진압군은 강압적인 방식으로 취조하고 학살하였다. 진압군은 운동장에 모인 사람들 가운데 가담자로 판단되는 사람은 학교 건물 뒤편 등에 마련된 즉결처분장에서 개머리판, 참나무 몽둥이, 체인으로 죽이거나 총살했다. 5연대 1대대장이던 김종원은 중앙국민학교 버드나무 밑에서 일본도를 휘두르면서 혐의자들을 즉결 참수하였다. 이와 같은 참혹함을 목격한 미군 고문관 대로우는 그의 보고서에서 여수에서 진압군의 주요한 목표는 '약탈(sacking)'과 '강간(raping)'이었다고 서술할 정도였다.[33]

당시 심사의 기준이 된 것은 교전 중인 자, 총을 가지고 있는 자, 손바닥에 총을 쥔 흔적이 있는 자, 흰색 지까다비를 신은 자, 미군용 팬티를 입은 자, 머리를 짧게 깎은 자였다. 주민들 가운데 흰 고무신을 신고 있는 사람도 봉기군으로 간주되었다. 흰 고무신은 우익 세력인 김영준이 운영하는 천일고무공장에서 만든 것이었는데, 봉기 기간에 인민위원회가 이를 배급했기 때문이었다. 또 14연대 군인들이 입고 있던 군용 표시가 있는 속옷을

---

32 김득중, 『빨갱이의 탄생-여순사건과 반공 국가의 형성』, 299.
33 김득중, 『빨갱이의 탄생-여순사건과 반공 국가의 형성』, 300-301.

입고 있는 사람도 혐의 대상이었다. 진압된 뒤, 겉옷은 버릴 수 있지만, 속옷은 갈아입지 못했을 것이라는 추측에서였다.**34**

이렇듯 다른 사람의 고발, 개인적 감정에 의한 고발, 강요된 자백 등에 의해 심사가 이루어졌다. 단순히 당시 인민위원회에 출입했던 사람이나 밥을 얻어먹으러 좌익을 따라다닌 사람 등 제14연대 봉기 군인이나 좌익과 직접적으로 인연이 없는 사람도 혐의를 받았으며, 사적 감정이 포함된 자의적인 혐의만으로 즉결 처분되거나 형식적인 군법회의를 거쳐 사형, 무기징역, 20년 이상의 징역형을 선고받았다.

이와 같이 여순사건에서는 봉기군과 진압군이 모두 폭력을 행사하면서 이념이나 법률로 그 폭력을 정당화하고자 하였지만, 이들이 자의적이고 불법적인 기준으로 사람들을 죽였다는 사실을 부인할 수는 없다. 봉기군은 그간 누적된 군경 간의 갈등이 폭발하고 제주도민 학살 명령에 반발해 봉기한 후, 여수와 순천을 비롯한 전남 동부 지역과 지리산 인근에서 지역을 점령하고 지역의 군경과 우익 세력을 학살하였으며, 그 과정에서 좌익 세력을 활용함으로써 지역 내의 반목이 깊어지게 하였다. 진압군도 일제강점기와 미군정기 학습한 계엄 상황을 바탕으로 하여 제헌헌법에 반하는 자의적인 폭력을 무분별하게 행사하였다. 그 과정에서 보호되어야 할 민간인들은 도리어 토벌되어야 할 대상으로 전락하여 대규모로 학살되었다. 작전 지역은 말 그대로 초토화되었다. 봉기군의 폭력에 비해 진압군이 자행한 폭력의 규모가 큰 까닭은 진압군이 정부에 속하여 압도적인 화력과

---

34 김득중, 『빨갱이의 탄생-여순사건과 반공 국가의 형성』, 304.

병력을 지녔으며, 장기간에 걸쳐 봉기와 연루되지 않은 민간인들까지 자의적인 판단하에 낙인찍어 즉결 처분과 군법회의에 기반하여 살해하였기 때문이다. 여순사건의 확산은 봉기군의 폭력뿐만 아니라, 진압군의 폭력, 민간인 간의 갈등과 폭력을 포함한 복잡한 폭력의 연쇄적 확산을 낳았다.

진압군의 폭력은 국가의 존재 이유를 묻도록 한다. 개인들의 일탈적인 행동으로 파악할 수 있는 봉기군의 폭력과 달리, 이승만 정부의 제도적 장치 아래 자행된 진압군의 폭력은 국가를 대변한다. 그런 만큼 진압군의 폭력은 보호해야 할 민간인을 학살하는 국가의 양태가 어떻게 나타났는지 질문하게 하며, 정부 수립 직후부터 시민들을 대상으로 무차별적 폭력을 자행한 국가는 이후 어떤 모습으로 폭력을 반복하였는지 살펴보게 하며, 폭력의 굴레를 반복하지 않으려면 미래 세대에게 무엇을 어떻게 교육해야 하는지 모색하도록 한다.

III. 여순사건 전후의 폭력

여순사건에서 나타난 폭력은 이전의 시대적 경험에서 비롯되었으며, 이후의 시대로 이어졌다. 특히 여순사건에서 폭력을 행사한 진압군은 일본군과 만주군 출신이 많은 만큼, 일제강점기에 폭력을 학습하였을 것임을 짐작해 볼 수 있다. 또한 여순사건에서 행사된 폭력은 제도로서 정당화되면서 더 많은 폭력들로 되풀이되었다. 이런 폭력의 경험들은 분단된 한반도에서 남한 내의 이념 갈등이 증폭되는 계기가 되었다. 따라서 여순사건 이전의 폭력과 여순사건 이후의 한국전쟁으로까지 확장된 폭력들을 살핌으로써 여순사건의 배경과 그 후과를 고찰하고자 한다.

1. 여순사건 이전의 폭력

여순사건에서 봉기군과 진압군이 행한 폭력, 특히 진압군의 민간인 학살은 시대를 통해서 학습된 것이다. 정부 수립 직후, 대한민국 정부의 경찰은 일제강점기 당시에 경찰로 복무하던 인물들이 재임용되었으며, 군대도 일제의 장병이나 장교로 활동하던 이들이 다수 존재하였다. 이들은 일제강점기의 즉결 처분에 익숙하며, 이를 근거하는 법률적 제도들을 경험한 상태였다. 이처럼 군경들은 인간성을 부정하는 시대 분위기와 제도적 요소를 체화한 상태에서 1945년 8월 15일에 광복을 맞이하였다. 한반도에서는 광복되었음에도 시민들의 염원을 받아 통일국가가 형성되지 않았으며, 모스크바 삼상회의, 제1·2차 미소공동위원회 회의 결렬, 유엔 소총회 결의의 과정을 거쳐 남한 지역만의 5·10 총선거 강행 등이 전개되었다. 그 과정에서 시민들과 군경은 해방 전후의 혼란한 정치적 격동과 대구 10월 사건 등에서 미군정의 강경한 태도를 경험하였다. 그렇기에 여순사건에서 봉기군과 진압군이 보인 폭력성은 시대적 경험을 바탕으로 자연스럽게 체화되어 발현된 것으로 파악할 수 있다. 따라서 이들이 경험한 폭력을 일제강점기와 해방 전후기에서 모색하려 한다.

일제는 만주국에서 체포된 반만항일자를 법대로 처리함을 원칙으로 하였다. 만주국은 1932년 치안유지와 밀접한 법률인 잠행징치반도법(暫行懲治叛徒法)(이하, 반도법)과 잠행징치도비법(暫行懲治盜匪法)(이하, 도비법)을 반포하였다. 도비법은 만주국에서 무장활동을 한 비적을 처벌하기 위한 특별법이며, 반도법은 반만항일행위를 한 자에 대한 처벌을 규정한 치안유지법률이다.[35] 이중 도비법에서는 다음 두 조문(제7조와 8조)을 통해 군사령관이나 고급경찰관으로 하여금 비적을 재판 없이 자기 판단으로 처형할 수 있는 권한을 인정한다. 이는 즉결 처분에 해당한다.[36]

> 제7조 군대나 부대를 위해 도비를 소토숙청(掃討肅淸)함에 있어서는 임진격살(臨陣格殺)할 수 있는 것 외에 해당 군대의 사령관이 그 재량으로 이를 조치할 수 있다.
> 제8조 고급경찰관이 지휘하는 경찰대 부대를 위해 도비를 소토할 때 임진격살할 수 있는 것 외에 현장에서 도비를 체포하고 사태가 긴박하여 유예를 허할 수 없는 사정이 있을 때는 해당 고급경찰이 그 재량으로 조치할 수 있다.[37]

이는 '임진격살', '재량조치'에 해당하며, 비적에 대한 검거나 체포 등을

---

35 최준파(추이쥔보), 「만주국 치안관계 법령과 조선독립운동」, 『한국독립운동사연구』 84 (2023), 308.
36 유지아, 「중일전쟁 준비를 위한 일본의 만주지역 치안숙정과 군비강화」, 『일본역사연구』 62 (2023), 130-131.
37 유지아, 「중일전쟁 준비를 위한 일본의 만주지역 치안숙정과 군비강화」, 130, 재인용.

넘어 살육해도 좋다는 허가나 마찬가지였다. 그렇기에 관동군과 실질적으로 일본군이 지도하는 현지 경찰은 조항을 남용하여 각지에서 비적으로 간주한 자들에 대한 살육을 반복하였다.**38** 이와 같은 조치는 당시 만주에서 근무하던 조선인들, 특히 간도특설대라는 만주국 군부대에 가담한 조선인들에게 부정적인 영향을 주면서 전승되었을 것이다. 비록 도비법과 반도법이 1941년 12월 27일 폐지되고 치안유지법이 반포되었으나, 치안유지법은 도비법과 반도법의 형량을 유지하면서 적용 범위를 확대한 것이었다.**39**

간도특설대는 1938년 설립된 후 5년간 간도 지역에서 활동한 독립운동가를 색출하거나 항일무장단체를 탄압하였다. 설립부터 대민활동에 주력하였다. 직접 마을에서 선전활동을 전개하거나 그것이 미진하면 마을을 소탕하는 방법을 사용하였다. 항일단체를 색출한다는 명목으로 마을 전체를 소각하거나 민간인을 학살하는 사례들이 즐비하게 이어진다.**40** 간도특설대는 전시 상태의 군인들이었기에 민간인에 대한 살상을 금지해야 함에도 민과 병을 가리지 않았다. 피난 가는 백성들에게 사격하였으며, 임산부의 배를 칼로 찔러 살해하거나, 마을 사람들을 한 곳에 모아놓고 집단 구타를 하기도 하였다. 심지어는 부녀자를 윤간하고 그 남편을 살해하기도 하였다.**41** 이와 같은 간도특설대의 만행은 도비법에 의한 임진격살과 재

---

38 유지아, 「중일전쟁 준비를 위한 일본의 만주지역 치안숙정과 군비강화」, 131.
39 최준파(추이쥔보), 「만주국 치안관계 법령과 조선독립운동」, 320, 재인용.
40 김주용, 「만주지역 간도특설대의 설립과 활동」,『한일관계사연구』 31 (2008), 169-170.
41 김주용, 「만주지역 간도특설대의 설립과 활동」, 190-191.

량조치의 경험, 이를 계승하는 치안유지법의 법적 근거 하에 이루어진 치안숙정에서 비롯된 것이다.

간도특설대의 만행은 이후 여순사건에서 이어진다. 미군 고문관 대로우가 그의 보고서에서 서술한 것처럼 여수에서 진압군의 주요한 목표는 '약탈과 '강간'이었다.⁴² 또한 순천북국민학교와 여수서국민학교 등에서 이루어진 민간인에 대한 즉결처분은 간도특설대, 나아가 일제강점기 군경이 경험한 즉결처분의 경험에서 비롯된 것이라고 볼 수밖에 없다. 특히 여순사건 당시에 간도특설대 출신인 김백일이 사령부를 지휘한 점, 5연대 1대대장으로서 일본도와 권총으로 민간인을 무차별적으로 즉결처분하여 공분을 산 김종원이 일본군 장병 출신인 점 등은 간도특설대와 만주군, 일본군의 폐해가 광복 이후 대한민국 국군에까지 이어진 것으로 파악할 수 있게 한다. 특히 여순사건에서 국방경비법을 민간인들을 대상으로 준용하여 즉결처분을 용인한 것은 일제강점기에서 조선인들이 경험한 도비법, 치안유지법에 따른 임진격살과 재량조치의 후과로 보인다.

일제강점기의 어두운 시대를 벗어나 1945년 8월 15일 한반도는 광복을 맞이하였지만, 시민들의 염원대로 즉시 통일국가가 성립되는 것은 아니었다. 모스크바 삼상회의의 결정으로 신탁통치가 이루어지기로 하였으나, 대중의 격렬한 반발과 정치적 양극화가 극단으로 치달았다. 또한 미·소 공동위원회가 두 차례 개최되었으나, 이마저도 제대로 성사되지 못하고 유엔 소총회에 이관되는 결과를 초래하였다. 그렇게 유엔의 결의로 남한 단독 5·10 총선거가 이루어지기까지 수많은 사회문화적 갈등과 폭력

42 　김득중, 『빨갱이의 탄생-여순사건과 반공 국가의 형성』, 300-301.

이 만연하였다. 다만 이중 사회적 갈등이 제대로 관리되지 못하고 당시 남한을 관리하던 미군정의 계엄령으로까지 이어진 대구 10월 사건이 대표적인 사례다.

2. 여순사건 이후의 폭력

여순사건에서 진압군이 행사한 폭력은 이후 국가에 의해 정당화되었으며, 정당화된 폭력은 재생산되어 전국으로 확산하였다. 이념에 의해 자국민을 적대하고 절멸하는 폭력이 국가에 의해 용인된 것이다. 여순사건이 일어난 지 2달이 채 되지 않은 1948년 12월 1일, 정부는 국가보안법을 제정하였다. 국가보안법은, 1조[43]에서 알 수 있듯이, 위법성 판단기준이 모호하였다. 이는 일제강점기에 제정된 치안유지법의 조문[44]과 대부분 동일하였고, 식민 통치의 잔재이자 국민의 기본권에 위협을 가져오는 특징을 지녔다. 국가보안법 제정 과정에서 문제된 것은 결사와 집단의 목적 자체를 처벌할 수 있다는 조문이었다. 이것은 헌법 제12, 13조에 보장된 집회·결사·양심의 자유와 상충한다. 게다가 이 조항은 제국주의 국가들의 치안 법령과 유사하다. 즉 치안 당국이 추상적인 문구로 사상을 검열한 일제강점기 사상 탄압 관행과 유사한 제국주의 잔재인 셈이다. 그러나 긴급 상황이므로 특별법의

---

43 국가보안법 제1조 국헌(國憲)을 위배하여 정부를 참칭(僭稱)하거나 그에 부수하여 국가를 변란할 목적으로 결사 또는 집단을 구성한 자는 아래에 의하여 처벌한다.
44 치안유지법 제1조 국체를 변혁하거나 사유 재산제도를 부인하는 것을 목적으로 결사를 조직하거나 또는 사정을 알고 이에 가입한 자는 10년 이하의 징역 또는 금고에 처한다.

제정은 불가피하다는 다수 여론을 수용할 수밖에 없었다. 이에 따라 1948년 12월 1일 국가보안법 제정·공포 이후 남한 내 좌익 세력은 급속도로 위축되었고, 1949년 한 해 이 법으로 검거·투옥된 사람이 118,621명에 달하며, 9~10월 사이 132개의 정당·사회단체가 해산되었다.[45]

여순사건 이후 이승만 정부는 보도연맹을 결성하였다. 보도연맹은 좌익전향자를 보호하고 지도함으로써 좌익 활동에 가담한 죄를 씻어주고 온전한 국민으로 만들겠다는 목적을 표방하였다. 그러나 좌익전향자는 보도연맹에 가입했다고 대한민국 국민으로 받아들여지지 않았으며, 가입 이후에도 여전히 반정부혐의자로 취급받았다.[46] 할당제가 도입되면서 지방 관료들은 좌익전향자 외에도 자신과 사이가 좋지 않은 이들을 명단에 기입하였고, 주민들에게 음식을 준다는 명목으로 가입을 종용하였다. 이와 같은 형태로 모집된 보도연맹 가입자들은 전쟁이 발발하자 학살의 대상으로 전락하였다.[47]

한국전쟁이 발발하자 경찰과 군 수뇌부는 요시찰인과 불순분자, 보도연맹원 등에 대한 예비검속과 학살을 지시하였다. 그리고 전쟁 초기 전국에 예비검속과 학살이 조직적·반복적으로 진행되었다. 그 결과 수많은 민

---

[45] 우리역사넷, "제1대 국회, 국가보안법을 제정," https://contents.history.go.kr/front/hm/view.do?levelId=hm_145_0090 (검색일: 2025.8.31.).

[46] 김선호, 「국민보도연맹의 조직과 가입자」, 『역사와 현실』 45 (2002), 326-328.

[47] 김학노, 「우리는 누구인가? 우리 형성의 헤게모니 투쟁으로서 국민보도연맹 사건」, 『한국정치학회보』 57(1) (2023), 90-112; 김태우, 「제노사이드의 단계적 메커니즘과 국민보도연맹사건: 대한민국 공산주의자들의 절멸 과정에 대한 일고찰」, 『동북아연구』 30(1) (2015), 171-206.

간인 인명피해가 발생하였다.**48** 대전, 경산 등에서 형무소 재소자와 요시찰인, 보도연맹원 등이 학살되었다. 이들이 북한과 협력하여 후방에서 전선을 교란할 여지가 있다는 이유에서였다. 좌익에서 전향한 국민조차 전쟁이 발발하자 절멸해야 할 대상으로 지목되었다.

한국전쟁에서는 사법적 폭력이 용인되었다. 한국전쟁 발발 당일, 이승만 대통령은 「비상사태 하의 범죄처벌에 관한 특별조치령(이하, 비상사태특조령)」을 공포하였다. 비상사태특조령은 살인, 방화 등 형법상 중범죄를 대상으로 했지만, 실제로 이적행위, 부역 등의 범주까지 적용 범위를 확장하며 법률로 포장된 폭력의 체계로 작동했다. 특히 군법회의로 민간인을 처벌할 수 있도록 하여, 적법한 사법 절차와 죄형법정주의 원칙을 무시한 채 사형을 선고·집행하는 수단으로 악용되었다. 또한 범죄자를 처벌함에 그치지 않고, 국가에 대한 충성 여부를 기준으로 국민과 비국민을 구분하고, 비국민으로 간주된 자들을 제거하는 수단으로 기능하였다. 그 결과 많은 민간인이 부역자 또는 공산주의자로 낙인찍혀 즉결 처분되거나 군법회의를 통해 사형을 선고받았다. 이는 법과 제도를 통해 민간인에 행사된 이념에 의한 폭력이었다.**49**

---

48 강성현, 「한국전쟁기 예비검속의 법적 구조와 운용 및 결과」, 『사회와역사(구 한국사회사학회논문집)』 103 (2014), 47.

49 이덕인, 「1950년대의 사형제도에 대한 실증적 분석과 비판」, 『형사정책연구』 102 (2015), 5-57; 김득중, 「전쟁과 일상: 주한유엔민간원조사령부(UNCACK) 자료를 중심으로-한국전쟁 전후 정치범 관련 법제의 성립과 운용」, 『사림』 33 (2009), 155-195.

IV. 한국전쟁 이후 되풀이된 폭력

한국전쟁이 1953년 7월 27일 유엔군, 조선인민군, 중국인민지원군 사이의 휴전 협정에 따라 멈춘 후에도 남한 내에서 분단에 의한 폭력은 되풀이되었다. 오히려 전쟁으로 인해 증폭되었다. 해방 직후 이념 갈등과 대구 10월 사건, 여순사건 등에 따라 정부가 주도한 반공 이데올로기가 한국전쟁을 기점으로 조직적이고 제도적인 폭력으로 재생산되어 정형화된 것이다. 이는 한국전쟁 이후 되풀이된 폭력들의 사례를 통해 확인할 수 있다. 전쟁 이후 분단에 의한 폭력의 층위를 분석하기 위하여 여기서는 전쟁 이후 되풀이된 폭력들을 요한 갈퉁의 구분에 따라 직접적, 구조적, 문화적 폭력으로 구분하여 살펴보고자 한다.

1. 직접적 폭력의 재생산

직접적 폭력이란 폭력의 결과를 의도한 행위자 또는 가해자가 존재하는 폭력을 말한다.[50] 신체에 직접 위해를 가해오는 개인적·직접적·현재적인 폭력으로 전쟁, 테러, 린치, 폭행 등이 여기에 해당한다.[51] 직접적 폭

---

50 요한 갈퉁, 『평화적 수단에 의한 평화』, 강종일 외 옮김 (서울: 들녘, 2000), 19.
51 토다 키요시, 『환경학과 평화학』, 김원식 옮김 (대구: 녹색평론사, 2003), 19.

력의 주체는 대체로 명백하다.**52** 전쟁 이후 남한에서는 반공 이데올로기에 근거하여 국가폭력이 적나라하고도 빈번하게 이루어졌다. 그 대표적인 사례로는 5.18민주화운동, 학림사건과 부림사건 등이 있다.

    5.18민주화운동에서 민간인에 대한 계엄군의 폭력도 이념에 의한 직접적 폭력이다. 5.18민주화운동에서 계엄군은 시민들을 향해 총검을 휘두르고 발포하였다. 이로 인해 공식적으로 민간인 166명이 사망하였다.**53** 다만 아직 밝혀지지 않은 실종자와 희생자들을 포함하면 수천 명을 넘을 것으로 예상된다. 5.18민주화운동에서 계엄군이 민간인에게 폭력을 행사한 배경에는 수일 동안 반복된 충정훈련의 여파도 있겠으나, 신군부에서 조직적으로 광주의 시민 봉기를 북한의 사주에 의한 폭동이나 공산주의자들의 선동으로 규정한 데 있다. 이에 따라 광주의 시민을 내부의 적이자 반국가세력으로 간주하여 폭력적인 진압을 정당화하였다. 더구나 계엄군은 전차, 장갑차, 기관총, 헬기 사격 등을 바탕으로 충정작전에서 시민을 대상으로 전투에 가까운 진압을 전개했다. 이와 같은 폭력은 단순 시위 진압이 아니라 정권 유지를 위한 이념적 폭력, 즉 반공 이데올로기에 입각하여 이루어진 전시적 폭력이었다.**54**

    학림사건과 부림사건은 반공 이데올로기에 의해 학생과 지식인들을 비국민으로 매도하고 고문하고 처벌한 사건들이다. 두 사건 모두 1981년 이

---

52 김명희, 「종교·폭력·평화-요한 갈퉁의 평화이론을 중심으로」, 『종교연구』 56 (2009), 126.

53 5.18민주화운동 진상규명조사위원회, 『5·18민주화운동 진상규명조사위원회 종합보고서』(서울: 5.18 민주화운동 진상규명조사위원회, 2024), 1329.

54 최정운, 『오월의 사회과학』(서울: 풀빛, 2005). 70-77.

루어졌으며, 불온서적을 읽고 불온조직을 바탕으로 사회주의 운동을 하였다는 죄목으로 체포되었다. 기소된 상태에서 강제 자백과 증거 조작 등을 당하였다. 이로 인해 학림사건으로 대학생 및 지식인 26명, 부림사건으로 대학생, 교사, 회사원 22명이 정권에 처벌받았다. 두 사건은 모두 정권이 반공 이데올로기를 명목 삼아, 정전이라는 특수한 상황을 이용해 정권에 반하는 인사들을 탄압한다는 전형적인 양상을 드러낸다.[55]

이 외에도 한국에서는 이념에 의한 직접적 폭력이 일상적이고 반복적으로 이루어졌다. 직접적 폭력이 그나마 사그라든 것은 1987년 직선제 개헌 이후 민주화가 행해진 뒤였다. 그러나 직접적 폭력은 전면에 드러나지 않고, 한국사회 속에 잔존하여 누적된 폭력성을 구조적으로 재생산하였다.

2. 구조적 폭력의 재생산

구조적 폭력은 사회구조 자체에서 일어나는 폭력이다. 구조적 폭력은 사람들 사이에서, 사회 집단 사이에서, 사회들의 집단인 동맹이나 지역 사이에 발생하는, 또한 인간 내면의 성격 구조로부터 생기는 간접적이고 정신적인 또는 의도되지 않은 폭력을 말한다. 또한 사회적인 제도나 관습, 경제적 상태, 정치나 법률, 개발 등에 포함되는 피할 수 있는 폭력이다. 구

---

[55] 한국민족문화대백과사전, "학림사건(學林事件)," https://encykorea.aks.ac.kr/Article/E0076183 (검색일: 2025.8.31.); 정승안, 「1980년대 한국의 학생운동과 부림사건의 현재적 의미」, 『항도부산』 40 (2020), 85-88.

조적 폭력은 익명인 경우가 많고, 억압과 착취가 대표적인 형태다.[56] 한국 사회에서 반공 이데올로기와 결합해 나타난 구조적 폭력으로는 민간인을 대상으로 적용된 연좌제와 정권을 유지하고자 불법적인 목적으로 행사된 비상계엄이 있다. 두 사례를 통해 분단 이후 재생산된 구조적 폭력을 살필 수 있다.

연좌제란 본인과 아무런 관련도 없는 사건이나 문제에 대해서 오로지 가족 또는 친족이라는 이유만으로 처벌하거나 불이익 등을 주는 제도를 말한다.[57] 제주 4.3 당시 수형인의 가족으로 내몰려 수시로 감시당한 사례와 사회주의 독립운동가로 활약한 사람의 자녀가 감시의 공포에 시달리다가 조국을 벗어난 사례 등이 있다.[58] 연좌제는 1980년 박정희 정권이 종식되면서 명목상 폐지되었지만, 실제로 전두환·노태우 정권 내내 적용되었다. 이처럼 연좌제는 반공 이데올로기가 가족주의와 결합하여 정권 유지에 방해되는 대상의 가족마저 처벌의 대상으로 상정하는 구조적인 폭력이었다.

한국에서 비상계엄은 본연의 목적을 위해 실시된 적이 드물다. 정권의 안녕을 위해 시위를 진압하고 시민들을 탄압하려는 목적으로 빈번하게 이루어졌다. 1948년 여순사건과 제주 4.3 당시 봉기를 진압하려 계엄령을 선

---

[56] 토다 키요시, 『환경학과 평화학』, 19; 요한 갈퉁, 『평화적 수단에 의한 평화』, 19; 김명희, 「종교·폭력·평화-요한 갈퉁의 평화이론을 중심으로」, 126.

[57] 김은재·김성천, 「연좌제 피해자들의 국가폭력 경험에 대한 사례연구」, 『비판사회정책』 51 (2016), 250.

[58] 김은재·김성천, 「연좌제 피해자들의 국가폭력 경험에 대한 사례연구」, 266-269; 홍창빈, "제주4.3, 남겨진 가족들에게 가해진 '연좌제'....'아, 아버지'," http://www.headlinejeju.co.kr/news/articleView.html?idxno=511231 (검색일: 2025.8.31.).

포한 것, 한국전쟁 당시 계엄령을 선포한 것은 국가의 안전 질서를 보장하기 위한 정책적 선택으로 볼 수 있다는 해석도 있다.[59] 다만 국가 안전을 명분 삼아 정권 유지를 추구했다는 의견도 존재한다.[60] 그러나 1960년 4월 19일 이승만 정권의 4.19혁명 진압을 위한 비상계엄, 1961년 5월 16일 5.16 군사정변을 위한 군부의 비상계엄, 1964년 6월 3일 6.3항쟁 진압을 위한 박정희 정권의 비상계엄, 1972년 10월 17일 10월 유신 관철을 위한 박정희 정권의 비상계엄, 1979년 10월 18일 부마민주항쟁 진압을 위한 박정희 정권의 비상계엄, 1980년 5월 18일 5.18 내란을 위한 신군부의 비상계엄, 그리고 2024년 12월 3일 종북 반국가세력 척결을 위한 윤석열 정권의 비상계엄은 명백한 정치적인 선택이었다. 권력 찬탈과 유지, 반정부 시위 진압 등을 위하여 시민의 기본권을 침해하는 제도로 이용되었다. 이처럼 다수 정권이 비상계엄을 남발한 배경에는 반공 이데올로기에 의하여 북한의 위협과 국내 종북 세력의 준동이라는 실체 없는 적의 상정이 자리한다.

연좌제와 비상계엄과 같은 반공 이데올로기에 의해 각각 개인과 시민 전체를 위협하는 시도들은 시대에 의해 사라졌지만, 그 여파는 아직도 남아 한국사회를 좀먹고 있다. 물리적 폭력과 제도적 폭력은 줄어들었어도, 개인들의 의식 기저에 문화적으로 폭력성이 자리하여 문화적 폭력을 행사하고 있다.

---

59 김무용, 「제헌국회의 계엄령 헌법화와 계엄법안의 차별화」, 『한국사학보』 49 (2012), 351-352.

60 김춘수, 「여순사건 당시의 계엄령과 군법회의」, 149; 노영기, 「계엄령과 군법회의-여순사건을 중심으로」, 329-330; 강성현, 「대한민국 태초에 계엄이 있었다, 1948~1952」, 『역사비평』 150 (2025), 22-27.

3. 문화적 폭력의 재생산

문화적 폭력은 상징적인 것으로 종교와 사상, 언어와 예술, 과학과 법, 대중 매체와 교육의 내부에 존재하며, 직접적 폭력과 구조적 폭력을 '정당화'하는 기능을 수행한다. 다시 말하여 직접적 폭력 행위나 구조적 폭력의 실체가 정당하다거나 최소한 잘못은 아니라고 폭력을 합법화하거나 용인한다. 따라서 문화적 폭력은 직접적 폭력과 구조적 폭력을 정당화·합법화하는 데 사용될 수 있는 문화적 특성을 말한다.[61] 이와 같은 문화적 폭력은 한국사회의 기저에 반공 이데올로기를 바탕으로 축적되어 있다. 한국의 대표적인 문화적 폭력으로는 남녀갈등과 지역 갈등이 있다.

한국사회의 남녀갈등도 전쟁과 분단에서 비롯되었다고 말할 수 있다. 한국사회에서 20~30대 남성과 여성은 서로를 '한남', '페미'로 부르면서 멸시하고 적대하는 경향을 보인다.[62] 이러한 갈등의 기저에는 오랜 기간 누적된 가부장제의 잔재, 사회적 부와 기회의 불균형, 취업난 등 구조적 요인이 자리하지만[63], 한국 특유의 양상은 분단체제와 징병제에서 비롯되었다고 말할 수 있다. 남성들은 군 복무 과정에서 반공 이데올로기와 군사문화에 반복적으로 노출되고, 가혹행위와 위계질서를 정당화하는 경험을 공유한다. 이는 보수적 정치 성향과 반페미니즘 정서를 강화시키는 배경이

61　요한 갈퉁, 『평화적 수단에 의한 평화』, 412; 김명희, 「종교·폭력·평화 - 요한 갈퉁의 평화이론을 중심으로」, 126-127.

62　연지영·이훈, 「혐오가 유머를 만날 때 : 타인 혐오를 증폭시키는 유머와 한국사회의 젠더 갈등에 대한 함의」, 『한국정치학회보』 54(4) (2020), 222.

63　백수진, 「가부장제와 한국의 저출산 문제」, 『젠더와 사회』 20 (2009), 129-144.

되었다.**64** 반면 여성들은 페미니즘 담론을 통해 성평등과 권리 신장을 요구하며 자유주의적 성향을 강화했다. 두 집단의 인식 차이는 온라인과 오프라인에서 혐오 표현과 편견으로 표출되었고, 성평등 정책 논의마저도 감정 대립으로 소모되는 결과를 낳았다. 이처럼 남녀갈등은 단순한 성별 대립을 넘어 분단과 군사문화가 남긴 문화적 폭력이 현재까지 재생산되는 대표 사례라고 말할 수 있다.

지역 갈등도 전쟁과 분단상황에 기인한다. 한국사회의 지역 갈등은 단순한 지방 간의 반목이 아니라, 전쟁과 분단, 그리고 국가폭력의 역사 속에서 구조화된 문화적 폭력이다. 여순사건과 5·18민주화운동 등 특정 지역에서 발생한 사건들은 해당 지역 전체를 '반정부' 혹은 '좌익'으로 낙인찍는 계기가 되었고, 이러한 인식은 정권의 선거 전략 속에서 체계적으로 재생산되었다. 특히 산업화 과정에서 수도권과 영남을 중심으로 한 개발 정책은 지역 간 경제적 불균형을 심화시켰고, 정치권은 이를 이용해 '호남 대 영남'이라는 대립 구도를 고착화하였다. 언론과 교육은 이러한 편견을 반복적으로 주입하여 지역에 따른 정치 성향과 사회적 이미지를 고정시키는 역할을 했다. 그 결과 특정 지역 출신이라는 이유만으로 취업이나 사회적 관계에서 차별을 받는 일이 빈번히 발생했고, 일상 언어 속 멸시와 비하가 정당화되었다. 이러한 지역 갈등은 분단체제 속 반공 이데올로기와 결합하여 정치적 적대와 사회적 배제가 동시에 작동하는 문화적 폭력으로 자리 잡았다.

---

64 윤민재, 「한국사회의 군대문화와 군자살사고에 대한 사회학적 고찰」, 『담론 201』 11(1) (2008), 171-176.

V. 평화로의 이행을 위한 교육적 접근

인류는 오래전부터 현실 너머의 이상적 세계를 상상해 왔다. 불완전한 현실 세계 속에서 인간은 보다 더 나은 세계에 대한 상상과 사유를 멈추지 않았다. 고대 신화에서부터 종교적 교리, 철학적 사유에 이르기까지 인간은 감각적으로 주어지지 않는 '더 나은 세계', 혹은 '이상적 상태'를 떠올려 왔다. 이는 단지 허무한 공상이 아니라, 인간이 자기 삶을 조직하고 변화시키기 위한 내적 동력으로 작용해 왔다. 특히 철학은 이성에 기반한 사유를 통해 현실 너머의 가능성을 모색해 왔고, 그 과정에서 인간은 이념이라는 사유 체계를 만들어냈다. 이념은 본래 중립적인 개념임에도 불구하고, 인간의 해석과 실천 방식에 따라 평화를 증진하는 동력이 되기도 하고, 반대로 폭력과 억압을 정당화하는 수단이 되기도 했다. 이는 여순사건과 한국전쟁 이후 되풀이된 폭력들의 사례를 통해 확인할 수 있다. 이상의 확인을 바탕으로, 이념이 다시는 폭력의 도구로 전락하지 않도록 하기 위하여 이념의 순기능과 역기능을 파악하고, 역기능을 극복하기 위한 교육적 방안을 고찰하고자 한다.

1. 이념의 순기능

　이념(ideology)**65**은 플라톤의 이데아(idea)와 철학적 유사성을 지닌다.**66** 플라톤은 감각적 세계를 넘어선 보편적이고 완전한 진리의 세계를 '이데아'라고 불렀다. 그는 현실의 모든 사물과 행위는 이데아의 불완전한 모사에 지나지 않는다고 보았으며, 인간은 이 이데아를 인식하고 지향함으로써 비로소 참된 앎과 정의, 선에 이를 수 있다고 주장하였다. 이데아는 현실에는 존재하지 않지만, 인간의 사유와 윤리적 판단을 이끄는 이상적 기준이었고, 이는 후대 철학에서의 이념과 유사성을 보인다.**67**

　칸트 또한 이념을 경험에 의해 입증할 수 없는 이성의 산물로 보았다. 그의 저서 《순수이성비판》에서 그는 이념을 '경험에 의해 완전히 주어질 수는 없지만, 이성적으로 사고하고자 할 때 필연적으로 상정하게 되는 대상이나 개념'이라고 정의한다.**68** 즉, 칸트는 이념을 현실 세계에서 직접 관찰할 수는 없지만, 이성적으로 추구해야 하는 '이상적 기준'이라고 본 것이다.

　이렇듯 이념은 시대와 학자에 따라 그 정의가 달라지며, 누가 어떻게

65　이념은 18세기 프랑스 철학자 데스튀 드 트라시(Destutt de Tracy, 1754-1836)가 처음 사용한 말이다. 그는 이념을 '관념들의 과학'이라고 불렀고, 인간이 어떻게 생각하고 인식하는지를 설명하는 철학적 방법론으로 삼았다.

66　이념이라는 개념이 직접적으로 플라톤의 이데아에서 발전했다고 보기는 어렵지만, 어원상으로 연결된 부분이 있어 철학적으로는 관련된 맥락에서 해석되곤 한다.

67　차수봉, 「철학사적 기반으로 출발한 헌법사상에 관한 고찰: 플라톤의 국가철학과 칸트의 규범철학을 중심으로」, 『인문사회 21』, 11(6) (2020), 1315-1324.

68　서정주, 「칸트에 있어서 이성과 이념의 관계」, 『한국동서철학학회』 65(65) (2012), 100-113.

정의하는지에 따라 그 기능이 달라진다. 이념의 순기능적 측면에 주목한 학자로는 안토니오 그람시(Antonio Gramsci)와 루이 알튀세르(Louis Althusser)가 있다. 안토니오 그람시는 이념이 문화적 헤게모니, 즉 지배계급이 문화와 이념을 통해 사회 전체를 지배하는 방식을 형성하여 사회적 합의와 피지배계급의 자발적 동의를 이끌어내는 매개체로 작용한다고 보았다.[69] 이념은 지배계급이 사회적 합의를 이끌어낼 수 있는, 사회 전체를 지배하는 문화를 형성하도록 함으로써 피지배계급으로 하여금 스스로 사회 질서에 참여하도록 만드는 '설득의 장치'라는 것이다. 루이 알튀세르는 이념을 억압이 아니라 개인의 정체성과 행동을 조직하는 '삶의 틀'이라고 보았다. 그는 교육, 가족, 종교, 언론 등 일상적인 제도를 통해 이념이 사회적으로 재생산된다고 보며, 이를 '이데올로기적 국가장치(ISA)'라 명명하였다. 그의 관점에 따르면 인간은 일상에서 재생산된 이념을 통해 특정한 주체로 성장한다.[70]

이념은 인간에게 정체성과 소속감을 제공하며, 특정한 사회적 가치나 정치적 이상을 추구하도록 동기를 부여한다. 예컨대 자유, 평등, 연대와 같은 이념적 가치들은 역사적으로 사회운동과 정치적 변화를 이끌어온 근간이 되었으며, 민주주의의 발전이나 인권운동 등 사회 진보의 중요한 계기를 마련해 왔다. 이러한 점에서 이념은 사회적 통합과 변혁의 원천이 될 수 있으며, 인간의 존엄성과 공동체의 이상을 실현하는 데 긍정적인 역할을 할 수 있다.

---

69 김성국, 『고전산책 안토니오 그람시의 헤게모니 이론』(서울: 나남출판사, 1991), 36-54.
70 루이 알튀세르, 『역사적 맑스주의』, 서관모 옮김 (서울: 중원문화, 1978), 70.

대한민국에서도 이념이 순기능적으로 작용한 사례는 존재한다. 1960년 4·19 혁명은 자유와 민주주의라는 이념을 바탕으로 이승만 정권의 헌법 유린, 부정부패, 부정선거에 항거한 시민들의 집단적 저항이었다.[71] 학생과 시민들은 정의와 진실을 회복하고자 연대하였으며, 이는 이승만 정권의 하야라는 정치적 변화를 이끌어냈다. 1987년 6월 항쟁은 장기간 지속된 군부 독재에 맞서 전국에서 일어난 민주화 운동이었다. 시위 당시 가장 많이 쓰였던 '호헌 철폐, 독재 타도, 민주 쟁취'라는 구호에는 민주적 절차와 시민 주권이라는 이념적 지향이 뚜렷하게 자리 잡고 있었으며, 이는 대통령 직선제 개헌이라는 제도적 성과로 이어졌다. 2016년 촛불집회 역시 자유, 정의라는 민주적 가치에 기초하여 수백만의 시민들이 자발적으로 모인 집단적 운동이었다. 촛불로 목소리를 낸 비폭력 평화 시위였다는 점에서 이념이 시민 주권과 정의 실현을 위한 연대와 실천의 기반이 될 수 있음을 보여준다.[72]

여순사건 역시 이념의 순기능적 측면에서 출발한 사건이었다. Ⅱ장에서 살펴본 바와 같이, 1948년 10월, 여수에 주둔한 제14연대 일부 군인들은 제주4·3사건의 진압 명령을 거부하며 봉기를 일으켰다. 당시 봉기군은 '동족상잔 결사반대'와 '미군 즉시 철퇴'를 외치며 봉기했다.[73] 그들은 조국

---

71 한국민족문화대백과사전, "4·19혁명(四一九革命)," https://encykorea.aks.ac.kr/Article/E0025902 (검색일: 2025.8.31.).
72 최종숙, 「1987년 6월항쟁과 2016년 촛불항쟁에서 정당과 사회운동조직의 역할」, 『사회와 역사』 (117) (2018), 8-25; 오제연, 「한국의 민주화운동과 '3.1운동 기억': 4.19혁명에서 6월항쟁까지」, 『동방학지』 (185) (2018), 45-70.
73 김득중, 『빨갱이의 탄생-여순사건과 반공 국가의 형성』, 75-91; 「애국인민에게 호소함」(제주도출동거부병사위원회), 병사위원회, 『여수인민보』 1948년 10월 24일자.

의 형제를 죽이라는 명령을 받아들일 수 없었으며, 이승만 정부가 조국을 분단시키려고 한다며 분노했다. 물론, 여수와 순천을 장악한 봉기군은 폭력을 행사하였고 이로 인해 지역 경찰관과 주민들이 목숨을 잃었다. 그들의 폭력적인 행동은 잘못되었지만, 그들의 행동 이면에는 당대 정치 현실에 대한 비판적 문제 제기이자 조국의 자주성과 통일을 지향하고자 하는 간절한 이념이 있었다. 이것은 이념의 순기능적 측면이라고 말할 수 있다.

한편, 진압군은 자신들의 역할을 국가 질서를 지키는 것으로 인식하고 있었다. 그들 역시 '국가 수호'라는 이념적 신념 아래에서 움직였으며, 봉기를 위협으로 간주한 체제의 입장에서 충성을 다하고자 했다. 진압군 역시 봉기를 진압하는 과정에서 과도한 폭력을 행사하였지만, 진압군의 행동은 국가를 안정시키고, 군인으로서 명령에 복종하려는 그들의 이념에서 비롯된 것이다. 이 점에서 그들의 행동에도 이념의 순기능적 측면이 있다고 말할 수 있다.

2. 이념의 역기능

그러나 여순사건의 전개 과정은 이념에서 '폭력'이 비롯되었다는 점에서 이념에 과연 순기능적 측면만 있는지 의문을 품게 한다. 이념의 역기능적 측면에 주목한 학자로는 칼 마르크스(Karl Marx, 1818-1883)와 한나 아렌트(Hannah Arendt, 1906-1975) 등이 있다. 칼 마르크스는 이념을 지배계급의 도구로 보았다. 이념을 지배계급이 사회 질서를 정당화하고 자신들의 이익을 보편적 진리로 위장하기 위해 사용하는 '허위의식'[74]으로 본 것이다. 그의 관점에서 이념은 지배계급이 자신들의 이해관계를 사회 전체에 강요함으로써 기존 질서를 유지하려는 수단이었다.[75] 한나 아렌트는 이념이 생각을 멈추게 하며, 인간을 체제의 부속품으로 만든다고 비판하였다. 그의 저서 『전체주의의 기원』에 따르면, 이념은 현실을 단순화시켜 개인을 사유 불능 상태에 빠뜨리고, 이념의 절대화는 인간의 사고와 판단을 마비시키며, 이는 폭력적 전체주의로 이어진다.

이념은 공동체를 조직하고 개인의 삶에 의미를 부여하는 힘을 가지지만, 그것이 절대화되고 폐쇄적인 체계로 작동할 경우, 역기능을 초래할 수 있다. 특히 이념이 타자에 대한 배제나 폭력의 정당화 도구로 변질될 때, 그것은 인간의 존엄성을 훼손하고 사회를 분열시키는 요인이 된다. 이념은 본래 다양한 가능성을 내포한 해석의 틀임에도 불구하고, 특정한 하나의 진리로 고정되는 순간 타인의 존재를 위협으로 간주하고 배제하게 만든다. 이념이 인간을 고양시키는 철학적 기초가 될 수 있음에도, 대한민국의 역사 속에서는 이념을 폭력을 정당화하는 도구로 이용하는 사례가 적지 않다.

여순사건은 이념이 어떻게 폭력적으로 작동했는지를 보여주는 대표적

---

74 마르크스주의 전통에서 이데올로기를 허위의식으로 보는 관점은 매우 보편적이지만 허위의식이란 용어는 마르크스의 저작에 사용된 적이 없다. 허위의식이란 용어는 마르크스가 죽은 지 10년이 지난 1893년 엥겔스가 메링에게 보낸 편지에서 처음으로 사용되었다고 한다. 엥겔스의 허위의식 개념은 마르크스의 이데올로기 개념을 가장 잘 표상한다고 많은 학자들은 평가한다. 박홍원, 「칼 마르크스의 이데올로기 개념: 문화연구와 비판적 미디어 연구에 대한 함의」, 『한국방송학보』 20(2) (2006), 261-272.

75 박주원, 「한나 아렌트와 칼 마르크스의 대의제 민주주의 비판」, 『철학과 현실』 61 (2004), 230-248.

인 사건이다. 봉기군은 자신들의 신념을 실현하기 위해 민간인을 공격하고 지역사회를 장악하였고, 진압군은 '반란 진압'이라는 명분 아래 군사작전뿐 아니라 무차별적인 보복과 학살을 자행했다. 이 과정에서 수많은 민간인이 양측의 '이념의 적'으로 간주되어 희생되었다. 이처럼 여순사건에서 이념은 인간의 생명과 권리를 판단하는 기준이 되었다. 결국 이념은 폭력을 정당화했다.[76]

이념에 의한 폭력은 이후의 한국 현대사에서도 반복적으로 나타났다. Ⅲ장에서 살펴본 바와 같이, 1950년 한국전쟁이 발발하자 정부는 좌익 사상을 가졌거나 그럴 가능성이 있는 이들을 미리 제거해야 한다는 논리로 보도연맹사건을 자행했다. 1949년 정부는 좌익 사상에 동조한 사람들을 전향시키기 위해 국민보도연맹을 설립하였고, 많은 국민이 공산주의자가 아님을 입증하기 위해 국민보도연맹에 가입하였다. 국민보도연맹은 '전향자를 계몽·지도하여 명실상부한 대한민국 국민으로서 받아들이는 것'을 강령으로 내세웠지만, 한국전쟁이 발발하자 정부는 보도연맹원들에 대한 대대적인 예비검속을 진행했고, 과거 좌익세력이었으니 적에게 협조할 수 있다는 혐의만으로 국민에서 배제하여 학살했다. 결국 국민 포섭과 포용이라는 명분을 강조하던 보도연맹은 한국전쟁이 발발하자마자 이념을 이유로 대량 학살을 자행한 것이다. Ⅳ장에서 살펴본 바와 같이 1980년 5·18민주화운동 당시, 민주화를 요구하던 시민들은 군사정권에 의해 '좌익 폭도', '북한의 사주를 받은 반란자'로 몰렸다. 이러한 이념적 낙인은 시민을 향한 무차별적 발포와 학살을 정당화하는 근거로 사용되었다. 수많

---

76 김득중, 『빨갱이의 탄생-여순사건과 반공 국가의 형성』, 75-91.

은 시민이 목숨을 잃었지만, 정부는 이러한 폭력을 '공산주의 세력으로부터 자유를 지키기 위한 조치'로 포장했다. 이념이 또다시 생명을 누르고 진실을 덮는 도구가 된 것이다. Ⅳ장에서 살펴본 1981년 학림사건과 부림사건도 이와 유사한 양상을 보인다. 학생들의 민주화 요구와 지식인들의 권리 요구는 '체제 전복 시도'로 해석되었고, 운동가들은 '주사파', '친북세력'으로 몰려 고문과 불법 감금, 강제 구속을 당했다. 이념이 폭력의 근거가 되고 도구가 되었다는 점에서 우리의 역사는 이념의 역기능적 측면이 발휘된 사건이 더 많았음을 알 수 있다.

결국 이념은 그 자체로 선악으로 나뉘지 않지만, 그것을 지니고 해석하는 인간의 내면과 실천에 따라 순기능을 하기도, 역기능을 하기도 한다. 이념은 본래 인간의 삶을 보다 고귀하게 만들고, 도덕적 완성을 향해 나아가게 하는 지표로서 작동한다. 그러나 그 이념이 특정한 권력의 도구로 전락하거나, 개인의 이기적 목적을 정당화하는 수단으로 변질될 때, 이념은 더 이상 내면의 나침반이 아니라 외부 강제의 규범으로 기능하며, 분열과 폭력을 초래할 수 있다. 그러므로 우리가 해야 할 일은 이념을 맹목적으로 따르거나 배척하는 것이 아니라, 그 본래의 의미를 성찰하고 비판적으로 사고하며 실천하는 자세를 갖추는 것이다.

3. 이념에 대한 인식 전환

역사적으로 반복되어 온 이념에 의한 폭력은 오늘날에도 여전히 다양한 형태로 반복되고 있다. 사회가 발전하고 교육 수준이 향상되었음에도 이러한 폭력이 지속되는 이유는 폭력에 대한 사회 구성원들의 인식이 변화하지 않았기 때문이다. 이념을 비판 없이 수용하고, 이를 절대적인 진리로 여겨 폭력까지 정당화하는 태도는 우리 사회를 '이념 전쟁'의 반복 속에 가두고 있다. 특히, 이념적 신념에 매몰되어 자신의 행동을 사유하지 않고 폭력을 행사하거나, 폭력에 무감각해진 시민들의 태도는 폭력이 구조적으로 재생산되는 기반이 된다.

이러한 이념에 의한 폭력을 방지하기 위해서는 다음과 같은 세 가지 교육적 접근이 필요하다. 첫째, 이념 그 자체에 대한 고찰이 요구된다. 상이한 이념 간의 논의는 민주적 가치의 핵심인 의사 표현의 자유에 기반한 것으로 이념의 차이는 존중되어야 한다. 그러나 기존의 이념 갈등은 이념의 명분 아래 실질적인 이익에 반하는 대상에 대한 적대와 말살의 근거로 기능하였다. 이념의 차이를 담론의 장으로 전환하지 못하고, 상대를 배제하거나 무력으로 제압하는 방식으로 표출되었기 때문에 폭력으로까지 확산된 것이다.[77] 이념의 대립 그 자체가 문제가 아니라, 그 대립을 다루는 방식이 폭력적일 경우에 문제가 있다고 말할 수 있다. 그러므로 민주주의 사회에서는 이념의 대립을 불가피한 현상으로 받아들이되, 그것을 공존과 합의를 위한 담론의 장으로 발전시켜야 한다.

이념의 차이가 갈등으로 표출된 사례는 Ⅳ장에서의 남녀갈등과 지역갈등에서 확인된다. 남녀갈등은 성평등이라는 민주적 가치와 남녀의 권

---

[77] 헌법재판소는 2025년 4월 4일 오전 11시 22분 윤석열 전 대통령에 대한 국회의 탄핵 청구를 헌법재판관 8명 전원 일치로 인용했다. 헌법재판소 결정문 전문에 따르면 '국회를 협치의 대상으로 존중하여야 한다'라고 언급한다. 헌법재판소 2025. 4. 4. 선고 2024헌나8 결정 참조.

리 보장을 위한 논의에서 출발했지만, 점차 서로를 향한 혐오와 배제로 변질되면서 갈등을 조장하고 있다. 마찬가지로 지역 갈등은 특정 지역을 정치적 성향이나 집단적 특성으로 고정화하면서 사회적 단절을 강화하고 있다. 이러한 갈등을 방지하기 위해서는 이념 갈등이 더 나은 사회를 위한 이견 조율과 합의의 과정이라는 인식의 전환이 필요하다.[78]

둘째, 이념의 역사적, 사회문화적 측면에 대한 고찰이 요구된다. Ⅳ장 3절에서 살펴본 바와 같이, 작금의 현실에는 이념에 의한 폭력이 반복적으로 발생하면서 사회적으로 누적되어 온 문화적 폭력이 자리잡고 있다. 과거의 폭력에 대해 성찰하지 않는 사회는 폭력의 굴레에서 벗어날 수 없다. 그 사회에서 사는 개인들의 폭력성만 증가할 뿐이다. 그런 만큼 사회적으로 이념에 의한 폭력이 반복되고 있음을 인식하고, 개개인이 내재할 수밖에 없던 폭력성의 역사적 배경을 탐색해야 한다.

이 점에서 독일의 홀로코스트 교육은 중요한 시사점을 제공한다. 독일 사회는 나치 시기에 자행된 유대인 학살을 단순히 과거의 사건으로 치부하지 않고, 현재와 미래 세대를 위한 성찰의 계기로 삼아 왔다. 학생들은 교육을 통해 나치즘이 어떻게 전체주의적 이념으로 발전했으며, 그 결과 어떤 비극적 폭력이 발생했는지를 배우고 인간의 존엄과 민주적 가치의 의미를 되새긴다.[79]

---

[78] 정청화, 「공공갈등과 합의형성: 심의민주주의 방식의 적용과 한계」, 『한국행정논집』 23(2) (2011), 3-4.

[79] 윤세병, 「홀로코스트 교육의 동향과 과제」, 『역사교육연구』 (45) (2023), 181-202; 김효진, 「홀로코스트교육 기반 평화·통일교육 프로그램 개발 연구」, 서울교육대학교 석사학위논문, (2024), 42-60.

여순사건 또한 평화교육의 자원으로서 기능할 수 있다. 이를 위해 여순사건 전후의 폭력과 여순사건 당시의 폭력을 탐색해야 한다. 여순사건은 이념에 의한 폭력이 전국적으로 확대된 계기였다. 여순사건 이전부터 진행된 군 내부의 숙군 작업은 여순사건을 기점으로 본격화되었고, 이후 제정된 계엄법과 국가보안법은 이념 갈등을 제도적으로 고착화하는 역할을 했다. 오늘날까지 이 법들은 이념 대립의 핵심적인 도구로 기능하고 있다. 이것은 곧 과거의 폭력이 현재에까지 영향을 미치고 있음을 보여준다. 그런 만큼 여순사건에서 나타난 이념에 의한 폭력을 고찰하고, 이를 통해 현대 사회에 내재된 이념적 갈등과 폭력성을 성찰하는 평화교육적 접근이 필요하다.

셋째, 앞서 제시한 두 가지 성찰을 바탕으로 이념의 개인적 측면에 대한 고찰이 요구된다. 이념의 문제는 사회적 갈등 구조에서만 드러나는 것이 아니라, 개인의 내면에서도 작동한다. 특정 이념에 대한 무비판적 수용이나 편향적 해석은 타인에 대한 배제와 혐오로 이어질 수 있으며, 이러한 내면의 폭력성이 축적될 때 사회적 폭력으로 확산된다. 그런 만큼 개인은 이념이 자신의 사고와 감정, 행동에 어떠한 영향을 미치는지 성찰해야 한다.

자기 성찰은 자신의 생각과 감정을 객관적으로 바라보며, 그것이 어떤 이념적 가치와 신념에서 비롯되었는지를 탐구하는 과정이다. 이를 통해 개인은 타인에 대한 부정적 감정이 어떤 이념적 해석이나 편견에서 비롯되었는지를 인식할 수 있고, 내면의 폭력성이 무의식적으로 작동하지 않도록 막을 수 있다. 나아가 메타인지는 자기 성찰을 넘어 '내가 어떻게 이념을 이해하고 받아들이고 있는가'를 점검하게 함으로써, 자신의 사고가 왜곡되거나 편향되지 않았는지를 비판적으로 성찰하게 한다. 이러한 자기 성찰과 메타인지적 성찰은 갈등 상황에서 충동적 반응을 줄이고, 대안적 사고를 촉진하여 폭력적 행동을 억제하는 데 효과적이다.[80] 평화는 자기 성찰과 메타인지를 통한 내면의 성숙에서 비롯되며, 개인이 자신의 내적 폭력성을 직시하고 극복할 때 사회적 평화 또한 가능해진다는 것을 인식해야 한다.

VI. 요약 및 결론

여순사건은 이념 대립이 폭력으로 표출된 대표적 사건이다. 제주 4·3 사건의 진압 명령을 거부한 제14연대 일부 군인들의 봉기로 촉발된 이 사건은 봉기군과 진압군 간의 무력 충돌로 확산되었다. 폭력은 군 내부의 대립에만 그치지 않았다. 봉기군과 진압군의 무력 충돌로 다수의 민간인 사상자가 발생했으며, 살아남았어도 연좌제의 적용으로 대를 이어 고통받았다. 이념의 적대는 군과 군, 군과 민간인, 그리고 이웃 공동체 내부로까지 파급되면서 지역사회 전반을 공포와 불신 속에 몰아넣었다.

여순사건에서 자행된 잔혹성은 일제강점기와 해방 전후 미 군정기 등의 과정에서 누적된 폭력성의 발현이었다. 일제강점기 만주국의 도비법과 치안유지법에 명시되고 효력을 발휘한 임진격살과 재량 조치는 간도특설

---

[80] 황주연·정남운, 「상담자 자기성찰(Self-Reflection)에 대한 고찰」, 『한국심리학회지: 일반』 29(2) (2010), 241-255; 김동일·라수현·이혜은, 「메타인지전략의 효과에 관한 메타분석: 집단설계연구와 단일사례연구의 비교」, 『아시아교육연구』 17(3) (2016), 23-35.

대, 만주군, 일본군 등으로 활동하던 조선인들에게 폭력성을 학습하는 경험을 제공했다. 이런 비인간적인 태도는 이들이 해방 전후기와 정부 수립 이후 군경으로 존치됨으로써 국군과 경찰에게 전승되었다. 더구나 해방 직후 정치적 격동과 미군정의 대구 10월 사건 등에 대한 강경한 정책은 전승된 폭력성을 강화하였다. 누적된 폭력성은 한국전쟁 이후에도 되풀이되었다. 대구 10월 사건과 여순사건 등으로 표출된 갈등은 한국전쟁을 기점으로 정부 주도의 반공 이데올로기 속에서 재생산되었고, 그 결과 폭력은 사회 전반에 직접적·구조적·문화적 폭력의 형태로 자리 잡게 되었다.

일제강점기부터 한국전쟁 이후까지 발생한 수많은 폭력의 기저에는 '이념'이 자리하고 있었다. 이념은 본래 인간 사회를 조직하고 방향을 제시하는 사상적 틀로서 기능할 수도 있지만, 한국 현대사에서는 종종 폭력의 명분으로 작동했다. 여순사건을 비롯해 한국전쟁, 그리고 그 이후의 군사정권 시기에 이르기까지 수많은 사람들은 특정 이념에 동조하지 않는다는 이유만으로 처벌과 배제를 당했다. 가족과 이웃은 서로 다른 정치적 성향을 가졌다는 사실만으로도 의심을 받거나 고통을 겪어야 했고, 목숨을 잃기도 하였다.

건강한 국가일수록 특정 이념의 독점을 경계하고, 서로 다른 이념이 균형을 이루며 상호 협력할 수 있는 사회적 기반이 마련되어야 한다. 이를 위해 본 연구는 이념 그 자체에 대한 고찰, 이념의 역사적·사회문화적 측면에 대한 고찰, 이념의 개인적 측면에 대한 고찰이라는 세 가지 교육적 접근을 제안하였다. 물론 이 접근이 당장 사회를 바꾸는 근본적 해답이 될 것이라고 단언할 수는 없다. 그러나 이러한 고찰의 과정은 이념의 순기능을 회복하고 역기능이 폭력으로 발현되는 것을 방지하며, 개인의 내면에서 시작한 평화가 사회 전반으로 확장되도록 할 것이다.

사회를 변화시키는 것은 혁명으로도 가능하지만, 그것이 최선이 해답은 아니다. 혁명은 폭력을 동반하며 또 다른 갈등과 희생을 남기기 때문이다. 4·19 혁명, 부마민주항쟁, 6월 민주항쟁은 독재와 불의에 맞서 더 나은 사회를 만들고자 했던 숭고한 시민들의 저항이었다. 그러나 이 혁명적 움직임은 대규모의 희생을 전제로 이루어졌다. 4·19 혁명에서는 민주주의를 요구한 학생과 시민들이 군과 경찰의 총칼에 쓰러졌고, 1980년 광주에서는 민주화를 향한 시민들의 외침이 계엄군의 총탄으로 무참히 짓밟혔다. 혁명은 언제나 더 나은 세상을 만들고자 하는 이념에서 출발했지만, 다른 이념이나 기존 권력의 입장에서는 이를 반역과 위협으로 규정하며 폭력으로 대응하였다. 그렇기에 본 연구에서는 사회 변화를 이루는 근본적 힘이 혁명이 아니라 교육에 있음을 강조하였다. 교육은 혁명과 달리 희생을 전제로 하지 않으며, 이념의 본질을 성찰하고 서로 다른 의견을 수용하며 합의를 도출하는 과정을 통해 점진적으로 사회를 변화시킬 수 있다고 믿기 때문이다. 교육은 혁명의 들불처럼 그 힘의 세기를 느낄 수 없지만, 그리고 짧은 시간 안에 그 효과를 확인할 수도 없지만, 작은 목소리로 사뭇 예리한 대안을 제시한다.

　사회의 변화는 어떤 이념이나 혁명에서 시작되는 것이 아니라, 한 사람, 한 사람의 성찰과 변화에서 비롯된다. 내가 달라지면 사회도 달라질 수 있다는 믿음, 그리고 다양한 의견을 존중하며 공존을 모색하는 태도 속에서 평화는 서서히 실현된다. 이런 의미에서 교육은 개인의 내면을 변화시키고 사회적 변화를 가능하게 하는 가장 근본적인 힘이라 할 수 있다. 이념을 넘어서는 교육적 접근을 통해, 우리는 폭력이 아닌 평화로 이어지는 길을 열어갈 수 있을 것이다.

참고문헌

강성현, 「한국전쟁기 예비검속의 법적 구조와 운용 및 결과」, 『사회와역사(구 한국사회사학회논문집)』 103, 2014.

_____, 「대한민국 태초에 계엄이 있었다, 1948~1952」, 『역사비평』 150, 2025.

고경아, 「제주지역 고등학생의 제주4·3 인식과 평화·인권교육 방안」, 『4.3과 역사』 20, 2020.

김동일·라수현·이혜은, 「메타인지전략의 효과에 관한 메타분석 : 집단설계연구와 단일사례연구의 비교」, 『아시아교육연구』 17(3), 2016.

김동춘, 『이것은 기억과의 전쟁이다: 한국전쟁과 학살, 그 진실을 찾아서』, 경기도: 사계절, 2013.

김득중, 『빨갱이의 탄생 - 여순사건과 반공 국가의 형성』, 서울: 선인, 2009.

_____, 「전쟁과 일상: 주한유엔민간원조사령부(UNCACK) 자료를 중심으로 ; 한국전쟁 전후 정치범 관련 법제의 성립과 운용」, 『사림』 33, 2009.

김무용, 「제헌국회의 계엄령 헌법화와 계엄법안의 차별화」, 『한국사학보』 49, 2012.

김명희, 「종교·폭력·평화-요한 갈퉁의 평화이론을 중심으로」, 『종교연구』 56, 2009.

김선호, 「국민보도연맹의 조직과 가입자」, 『역사와 현실』 45, 2002.

김성국, 『고전산책 안토니오 그람시의 헤게모니 이론』, 서울: 나남출판사, 1991.

김은재·김성천, 「연좌제 피해자들의 국가폭력 경험에 대한 사례연구」, 『비판사회정책』 51, 2016.

김주용, 「만주지역 간도특설대의 설립과 활동」, 『한일관계사연구』 31, 2008.

김춘수, 「여순사건 당시의 계엄령과 군법회의」, 『제노사이드연구』 6, 2009.

김태우, 「제노사이드의 단계적 메커니즘과 국민보도연맹사건: 대한민국 공산주의자들의 절멸 과정에 대한 일고찰」, 『동북아연구』 30(1) (2015).

김학노, 「우리는 누구인가? 우리 형성의 헤게모니 투쟁으로서 국민보도연맹 사건」, 『한국정치학회보』 57(1), 2023.

김효진, 「홀로코스트교육 기반 평화·통일교육 프로그램 개발 연구」, 서울교육대학교 석사학위논문, 2024.
김행복, 「軍關聯 事件名稱에 대한 考察-제주도 폭동사건, 여·순 반란사건 및 대구 반란사건을 중심으로」, 『군사』 27, 1993.
권순정·강순원, 「평화교육과 인권교육의 상보성에 관한 연구」, 『국제이해교육연구』 10(1), 2015.
노영기, 「계엄령과 군법회의-여순사건을 중심으로」, 『역사비평』 148, 2024.
대한민국 헌법
루이 알튀세르, 『역사적 맑스주의』, 서관모 옮김, 서울: 중원문화, 1978.
박주원, 「한나 아렌트와 칼 마르크스의 대의제 민주주의 비판」, 『철학과 현실』 61, 2004.
박홍원, 「칼 마르크스의 이데올로기 개념: 문화연구와 비판적 미디어 연구에 대한 함의」, 『한국방송학보』 20(2), 2006.
백기인, 『建軍史』, 서울: 국방부 군사편찬연구소, 2002.
백수진, 「가부장제와 한국의 저출산 문제」, 『젠더와 사회』 20, 2009.
서정주, 「칸트에 있어서 이성과 이념의 관계」, 『한국동서철학회』 65(65), 2012.
여수지역사회연구소, 『다시 쓰는 여순사건보고서』, 서울: 한국학술정보, 2012.
연지영·이훈, 「혐오가 유머를 만날 때 : 타인 혐오를 증폭시키는 유머와 한국사회의 젠더갈등에 대한 함의」, 『한국정치학회보』 54(4), 2020.
오제언, 「한국의 민주화운동과 '3.1운동 기억': 4.19혁명에서 6월항쟁까지」, 『동방학지』 (185), 2018.
요한 갈퉁, 『평화적 수단에 의한 평화』, 강종일 외 옮김, 서울: 들녘, 2000.
우리역사넷, "제1대 국회, 국가보안법을 제정." https://contents.history.go.kr/front/hm/view.do?levelId=hm_145_0090 (검색일: 2025. 8. 31.).
유상수, 「고등학교 『국사』의 여순사건 서술 변천 과정」, 『남도문화연구』 45, 2022.
유지아, 「중일전쟁 준비를 위한 일본의 만주지역 치안숙정과 군비강화」, 『일본역사연구』 62, 2023.
윤민재, 「한국사회의 군대문화와 군자살사고에 대한 사회학적 고찰」, 『담론 201』 11(1), 2008.
윤세병, 「홀로코스트 교육의 동향과 과제」, 『역사교육연구』 45, 2023.
윤철기, 「평화통일교육의 새로운 콘텐츠 개발: 국가폭력 역사와 '기억의 정치'를 중심으로」,『도덕윤리과교육』86, 2025.

이덕인,「1950년대의 사형제도에 대한 실증적 분석과 비판」,『형사정책연구』102, 2015.

이정훈,「여순사건 사적지에 대한 다크투어리즘 적용 방안」,『한국지역지리학회지』22(4), 2016.

이현주,「함께돌봄과 교육이 공존하는 마을교육공동체: 송산초등학교의 여순 10·19 마을교육과정 사례를 중심으로」, 한국교육사회학회 춘계학술대회, 2025.4.26.

임송자,「여순사건의 주도·참여 세력과 빨치산 활동 (1948.10~1949.2)」,『한국민족운동사연구』121, 2024.

정승안,「1980년대 한국의 학생운동과 부림사건의 현재적 의미」,『항도부산』40, 2020.

정인철,「칠레의 국가폭력과 미완의 과거사 청산」,『역사비평』131, 2020.

정정화,「공공갈등과 합의형성 : 심의민주주의 방식의 적용과 한계」,『한국행정논집』23(2), 2011.

정호기,「과거사 교육의 중요성 인식과 제도의 형성 그리고 기념공간: 5,18민중항쟁을 중심으로」,『시민사회와 NGO』8(2), 2010.

진실·화해를위한과거사정리위원회,『2010년 상반기 조사보고서』, 서울: 진실·화해를위한과거사정리위원회, 2010.

전영의,「역사적 트라우마 치유를 위한 문학생산론 : 조정래의『태백산맥』을 중심으로」,『한어문교육』27, 2012.

제주4·3평화재단,『(제주 4·3 70년) 어둠에서 빛으로』, 제주특별자치도: 제주 4·3 평화재단, 2017.

차수봉,「철학사적 기반으로 출발한 헌법사상에 관한 고찰: 플라톤의 국가철학과 칸트의 규범철학을 중심으로」,『인문사회 21』11(6), 2020.

최정운,『오월의 사회과학』, 서울: 풀빛, 2005.

최종숙,「1987년 6월항쟁과 2016년 촛불항쟁에서 정당과 사회운동조직의 역할」,『사회와역사』(117), 2018.

최준파(추이쥔보),「만주국 치안관계 법령과 조선독립운동」,『한국독립운동사연구』 84, 2023.

토다 키요시, 『환경학과 평화학』, 김원식 옮김, 대구: 녹색평론사, 2003.

통일부, 『평화·통일교육: 방향과 관점』, 서울: 통일부 통일교육원, 2018.

한강, 『빛과 실』, 스웨덴: THE NOBEL FOUNDATION 2024, 2024.

한국민족문화대백과사전, "학림사건(學林事件)." https://encykorea.aks.ac.kr/Article/E0076183 (검색일: 2025.8.31.).

_____, "4·19혁명(四一九革命)." https://encykorea.aks.ac.kr/Article/E0025902 (검색일: 2025.8.31.).

_____, "5·18광주민주화운동(五一八光州民主化運動)." https://encykorea.aks.ac.kr/Article/E0038496 (검색일: 2025.8.31.).

한나 아렌트, 『폭력의 세기』, 김정한 옮김, 서울: 이후, 1999.

한만길, 「평화통일교육의 방향과 내용 고찰」, 『통일정책연구』 28(1), 2019.

허은, 「냉전분단시대 '對遊擊隊國家'의 등장」, 『한국사학보』 65, 2016.

헌법재판소 2025. 4. 4. 선고 2024헌나8 결정.

홍창빈, "제주4.3, 남겨진 가족들에게 가해진 '연좌제'…."아, 아버지"." http://www.headlinejeju.co.kr/news/articleView.html?idxno=511231 (검색일: 2025.8.31.).

황주연·정남운, 「상담자 자기성찰(Self-Reflection)에 대한 고찰」, 『한국심리학회지: 일반』 29(2), 2010.

5.18민주화운동 진상규명조사위원회, 『5·18민주화운동 진상규명조사위원회 종합보고서』, 서울: 5.18 민주화운동 진상규명조사위원회, 2024.

전철후 _ 원광대학교 통일교육사업단
성공회대학교에서 사회학을 공부하고, 평화사회학을 연구하고 있다. 원광대학교에서 평화의 이해, 북한사회와 통일, 통일대담 등의 강의와 학교 밖에서의 글을 통해 사람人間과 삶世界에 관한 평화담론을 함께 나눈다.

한국사회 분단폭력 유형으로서 민간인학살 연구:*
임실지역 폐광굴 사건을 중심으로

목차

I. 시론(時論)적 과제

II. 분단폭력의 이론적 논의
    1. 분단폭력이란 무엇인가?   2. 분단폭력은 왜 발생했는가? 분단체제와의 관계성

III. 전북지역 민간인학살의 배경

IV. 임실지역 민간인학살의 원인
    1. 일제 강점기와 토지개혁   2. 해방 공간에서의 계급적 토지 갈등
    3. 해방 공간에서의 2·26 투쟁   4. 여순사건의 영향과 국민보도연맹 사건

V. 임실 폐광굴 민간인학살
    1. 발생 원인 분석   2. 발생 내용 분석   3. 인터뷰 내용 분석

VI. '민(民)'의 평화

---

* 이 논문 또는 저서는 2022년 대한민국 교육부와 한국연구재단의 지원을 받아 수행된 연구임.(NRF-과제번호)(NRF-2022S1A5B5A17050179)

Ⅰ. 시론(時論)적 과제

　호남지역에서는 수복작전 및 빨치산 토벌작전을 폈는데, 그 과정에서 많은 민간인이 희생당했다는 사실이 1960년 당시 국회 조사와 언론의 보도를 통해 알려졌다. 빨치산에 대한 지원활동을 하지 않았음에도 불구하고 호남 일대 산악지역 등 여러 작전지역에 거주했다는 이유만으로 빨치산을 소탕하는 토벌군에 의해 좌익 또는 그 동조자로 지목되어 억울한 민간인학살 피해가 일어났다. 뿐만아니라 이러한 사건으로 인해 유족들 역시 좌익 또는 좌익동조자로서 연좌제에 연루되는 등의 피해를 당해 왔다.

　본 연구는 그동안 제노사이드 측면에서 연구되지 않은 전라북도 임실의 폐광굴 민간인학살 사건을 조사·분석하고, 분단폭력의 분석틀에서 학술적 조명을 하고자 한다. 임실지역 폐광굴에서 발생한 민간인학살의 역사적 기원과 배경, 과정과 의의 등을 살피고, 제노사이드 측면에서 사건의 유형별 분석과 분단폭력의 폭력 유형이 어떻게 작용했는지 밝히는 데 있다. 이에 임실지역의 민간인학살 사건을 분단폭력의 한 유형으로 규정하며, 사건의 현상에 나타난 내재적 분단폭력의 본질을 밝힌다. 분단폭력의 발생 요인은 분단체제라는 구조와 상황이 토대를 이룬다. 분단체제는 국가 안보담론에 바탕하여 적대 감정이 재생산될 수 있는 사회적 구조를 형성하였고, 이는 다층적인 분단폭력으로 이어졌다. 분단폭력의 이론체계에 비추어 임실지역의 민간인학살 사건을 역사적·사회적으로 해석하고, 그 과정에서 나타난 분단폭력의 폭력 유형을 도출한다. 임실지역의 민간인학살 사건에서 '가해자와 피해자' 행위에 대한 면밀한 고찰을 통해 분단폭력 자체의 발현 양상에 관한 연구를 시도하고자 한다.

세부적인 연구의 내용으로는 첫째, 한국전쟁 전후에 발생한 전라북도 임실지역의 민간인학살 사건을 고찰한다. 허버트 허시(Herbert Hirsch)는 "오직 생존자의 경험과 가해자의 동기를 이해해야만 목표를 향해 움직일 수 있다."[1]라고 한다. 사건의 관련자와 피해자의 심층 인터뷰되어진 내용 등을 통해서 당시의 한국사적 상황과 정치적 갈등, 사건의 내용과 과정, 폭력 내용 등을 밝힌다. ①당시 어떠한 학살 사건이 발생하였는가? ②학살 사건은 어떠한 내용적 특징이 있는가? ③학살 사건의 형태적 특징은 무엇인가? ④가해 주체의 특징과 학살과정 및 피해집단의 성격은 어떠한가? ⑤어떠한 사건이 유형별로 나타났는가? ⑥학살 사건 이후 국가는 희생자와 주민 및 가족들을 어떠한 방식으로 감시와 차별을 하였는가? 등의 문제의식을 삼는다.

둘째, 분단폭력의 개념화와 폭력의 유형을 논의한다. 폭력을 어떻게 다루는가는 그 시대의 성격을 말해준다. 분단폭력을 다층적인 유형으로 분류하기 위해서 폭력의 사회학적 논의와 평화학에서 다루어지는 폭력 연구의 이론적 고찰을 한다. 개념은 한 대상에 대한 '최초의 이해'를 담지하며, 그 대상을 이해하는 출발점을 이룬다. 개념은 다각적으로 이해해야 되며 복수적인 이론적 환경 속에서 파악되어야 한다.[2] 만들어지는 주위세계는

---

[1] 허버트 허시, 강성현 옮김, 『제노사이드와 기억의 정치: 삶을 위한 죽음의 연구』, 책세상, 2009, 140.
[2] 미셸 푸코, 이정우 번역, 『담론의 질서』, 서강대학교 출판부, 1998, 83.

다양하고 특정한 유에 따라 유형화되어 있다. 때문에 유형화되어 있지 않은 경험은 존재하지 않는다. 사회문화적 세계나 물리적 세계를 포함하여 처음부터 유형에 의해 경험된다. 이에 유형은 사회적으로 시인된 상호주관적인 체계를 말한다.3 분단폭력은 분단체제라는 역사적 경험과 배경에서 발생되며, 상호주관적인 관계를 형성하고 있다. 분단체제를 토대로 분단폭력의 역사적 기원과 관계성 그리고 사회적 상호작용의 이론적 고찰을 한다.

연구를 수행하는 방법론은 질적 연구 방법으로 진행하였다. 질적 연구는 인간 경험은 고유하고 독특하며, 사회적 세계는 맥락과의 관계에서 해석되고, 인간 행동은 의미 해석에 의한 반응이라는 관점에서 출발한다.4 이에 조사방법으로 첫째, 1차 문헌연구를 실시하였다. 순창·임실지역 민간인학살 사건이 일어났던 동시대의 문서와 서류 등과 당시의 상황을 기록하고 분석한 자료를 수집한다. 둘째, 인터뷰되어진 내용 등을 통해서 당시 사건에 대해 심층적으로 기술하고 설명하였다. 인터뷰 참여자 개개인의 면담 내용의 행간 분석을 통해서 개개의 자료에 함축된 의미, 문화적 가치, 다른 맥락이나 개념 간의 상호 연관성이 무엇인지 면밀히 검토한다.5 이에 순창·임실지역의 민간인학살 사건에 대해서 당시의 한국사적 상황과 정치적 갈등, 사건의 내용과 과정, 피해 내용 등을 전하면서 분단폭력의 특성을 확인하고자 한다.

---

3 기다 외, 이신철 옮김, 『현상학 사전』, 도서출판 b, 2011, 267.
4 신경림 외, 『질적 연구 방법론』, 이화여자대학교출판부, 2004, 110.
5 신경림 외, 위의 책, 93.

II. 분단폭력의 이론적 논의

1. 분단폭력이란 무엇인가?

한반도는 두 개의 국가 내지 사회로 갈라진 현실을 포괄하는 체제를 인식하기 위한 분석틀이 요구된다.[6] 1991년 체결된 '남북기본합의서'에서 남북관계는 "나라와 나라와의 관계가 아니라 통일을 지향하는 과정에서 잠정적으로 만들어진 특수관계"라고 명기하고 있기도 하다. 분단폭력이 관행화되고 구조화된 데는 군사화와 군사주의가 결정적인 역할을 하고 있다. 분단상황에서 자기를 보호하고 지키려는 목적으로 군사력을 증강하고 군사주의를 동원한다. 이런 점에서 분단폭력은 거대하게 형성된 군사대응체제라 한다. 군사화와 군사주의는 분단폭력을 발생시키는 핵심적 요소이다.

김병로·서보혁은 『분단폭력』(2016)에서 분단폭력은 분단이 낳은 폭력적 행위와 구조를 군사화라는 개념으로 살펴보고 있다. 분단이 빚어낸 물리적·구조적·문화적 폭력의 총체를 분단폭력이라고 본다. 그것이 지속되는 이유는 무엇이고, 한반도 주민들의 삶에 구체적으로 어떤 영향을 미쳤는지 종합적으로 살펴보고 있다. 또한, 분단구조에서 성장한 군사주의와 군사화가 그러한 폭력을 어떻게 지속시키고 강화하고 있는지를 분석한다. 분단폭력은 넓은 의미에서 "지리, 체제, 민족의 3중적 분단이 한반도 구성

---

[6] 이순애·서은혜 「백낙청의 분단체체론」, 『오늘의 문예비평』, 오늘의 문예비평, 2001, 175.

원들에게 자행하는 생명유린과 착취 및 정신적 억압행위"로 정의해 보고 있다. 즉, 분단상황에서 자행된 수많은 인권유린과 살상, 억압, 위협적인 말과 행동, 굶주림의 방치 등 사람들의 몸과 마음, 생명에 상해를 입히는 행위를 분단폭력이라 할 수 있다. 분단으로 야기된 폭력적 활동과 구조 그리고 이를 뒷받침하는 문화와 담론을 포괄적으로 지칭한다.[7]

분단폭력은 분단으로 야기된 폭력적 활동과 구조, 그리고 이를 뒷받침하는 문화와 담론을 총칭한다. 분단의 이름으로 자행되는 수많은 폭력적 살상과 인권유린, 억압을 한반도 비평화의 중심 개념으로 사용한다. 분단폭력은 분단과 폭력의 조합어이다. 분단을 폭력과 연결시켜보는 것은 분단이 하나의 거대한 체제로서 이 체제가 만들어내는 물리적 강제력과 적대적 구조 및 담론이 폭력적 성격을 지니고 있음을 드러내고자 하는 것이다. 이에 분단폭력의 발생 원인은 분단이 고착화되면서 하나의 체제로 구조화되는 데 있다.

2. 분단폭력은 왜 발생했는가? 분단체제와의 관계성

백낙청은 "분단체제"[8]는 분단 한반도의 현실이 단순히 남북한 각각의

---

[7] 김병로·서보혁, 『분단폭력』, 아카넷, 2016, 32.
[8] 백낙청, 「분단체제의 인식을 위하여」, 창작과 비평, 1992.; 백낙청, 『분단체제 변혁의 공부길』, 창작과 비평, 1994.; 백낙청, 「반(半)국적 인식을 넘어서: 분단체제론의 형성과 발전」, 『한결같되 날로 새롭게』, 창작과 비평, 2016.; 이순애·서은혜 「백낙청의 분단체제론」, 『오늘의 문예비평』, 오늘의 문예비평, 2001.

'체제'만을 고려한다거나 세계체제와 남북한 체제라는 두 차원의 체제 개념만을 동원해서는 제대로 해명할 수 없다는 인식을 전제로 하고 있다. 백낙청은 "분단체제란 정치적 분열이라는 표면적 상황을 설명하기 위한 것이 아니라 그 내에 존재하는 적대적 상호의존 메커니즘이 한반도 전체는 물론이고 남과 북에 미치는 영향을 설명하기 위한 개념이다."라고 한다. 이러한 한반도 분단체제의 특징은 첫째, 세계체제의 역사에서도 특정한 시기와 동아시아라는 특정한 지역에 자리 잡은 독특한 하위체제로서의 분단체제이다. 둘째, 어느 한쪽이 잠시 '수복' 또는 '해방'을 기다리고 있는 단일사회도 아니며, 그렇다고 남북 두 사회를 기계적으로 수합한 것도 아니다. 이웃나라와는 무언가 본질적으로 다른 두 개의 분단사회를 망라하는 특이한 복합체라는 특징이다. 백낙청은 "분단체제의 진정한 극복이 세계체제의 바람직한 변혁을 위한 중요한 계기가 될 수 있다."라고 한다. 변혁의 전망은 분단체제를 넘어 당연히 그 상위체제인 세계체제까지도 대상으로 삼는 등의 구상이 전개되는 것이다.

이에 김동춘은 백낙청의 분단체제의 논의에 대체로 동의하면서도 분단체제가 전쟁체제의 측면을 과소평가하고 있다고 보고 있다. 김동춘은 "1948년 이후 북한은 사회주의 경제체제를 남한은 자본주의 경제체제를 선택하여 지금까지 오게 되었기 때문에 남북한의 분단은 우선 정치경제적 이데올로기 대립의 성격을 갖고 있다. 즉, 남북한의 분단은 지구적 냉전이 내재화된 것이지만 한반도의 경우 1950년 6·25부터 1953년 7월까지 사실상의 전면전을 겪은 후 휴전상태에 돌입하였기에 다른 나라의 분단과 달리 한반도의 분단은 일상화 제도화 된 내전상태로 볼 수 있다. 한반도 분단은 민족의 재통일과 반대 상태일 뿐만 아니라 평화의 반대인 전쟁 상태라는 점이 강조될 필요가 있다."라고 한다. 한반도 분단체제의 특징에 대해서 "냉전체제 수립 이전부터 내부의 갈등과 전쟁이 있었던 한국의 경우는 냉전의 해소가 분단의 해소, 혹은 남북 평화체제의 수립으로 연결되지 않았다. 한반도에서 남과 북은 내부의 적을 소탕하기 위해 언제나 전쟁 상태를 유지하였고, 한국사회는 '적과 나'의 대립구도의 '비상사태(state of emergency)'를 만성화"하고 있음을 말한다.[9]

분단체제는 분단의 당사자들 사이에 협력과 평화를 만들어내기보다 대개 적대적 대립과 갈등, 폭력을 생산한다. 분리와 분단이 때로는 혹은 일시적으로 평화를 위한 수단이 될 수도 있지만, 대부분 평화롭게 유지되는 것이 아니라 끊임없이 대립과 갈등, 폭력을 조장, 생성하는 경우가 일반적이다. 분단폭력을 분단이 만들어내는 폭력적 활동과 구조, 담론으로 규정할 때 그것은 분단을 명분으로 가해지는 행위 혹은 분단의 이름으로 자행하는 수많은 인권유린과 억압의 행동을 말한다. 한반도 분단체제는 남북한의 구성원들에게 물리적 살상과 몸과 마음에 상처를 남기며 거대한 폭력으로 존재하고 있다. 분단체제를 뒷받침하는 정치적 신념과 이데올로기는 폭력의 정당성을 부여하는 문화적 기제로 작동한다. 이런 점에서 한반도 비평화의 본질은 분단체제에 있으며 분단이 생산하는 폭력, 즉 분단폭력이 한반도 비평화의 근원이라 할 수 있다.

---

[9] 김동춘, 「분단이 낳은 한국의 국가폭력: 일상화된 내전 상태에서의 '타자'에 대한 폭력 행사」, 『민주사회와 정책연구』 23호, 민주사회와 정책연구, 2013.

III. 전북지역 민간인학살의 배경

전쟁이 난 후 인민군이 전북지역에 들어오기 전에 도당 유격대가 군경과 교전을 하거나 무장한 구 빨치산들이 부락으로 내려와 행진을 하곤 하였다.**10** 중부전선으로 남침한 인민군은 금강 상류 공주를 침공한 후 논산, 강경을 거쳐 1950년 7월 18일 오전 용안(익산)지구에 접근하였다. 1950년 7월 19일에 용안지구를 점령한 후 이리로 공격하던 중 유엔공군의 폭격으로 주춤하다가 이리를 점령하였다.**11** 익산을 점령한 인민군 제4사단과 군산, 임피를 통해 군산을 점령한 인민군 제6사단은 계속 남진하였다. 7월 20일 제4사단은 전주에 입성하였고, 이어 김제를 거쳐 정읍과 순창 방면으로 침공하자 부안경찰은 정읍 방면으로 후퇴하여 광주에 도착, 전남 경찰 부대와 합류 각 지구 전투에 참여하였다.**12** 정읍 경찰 일부는 전남 담양으로 혹은 부산 방면으로 후퇴하였다.**13** 7월 23일 제4사단 부대 일부는 정읍을 지나 광주로, 다른 부대는 순창을 지나 남원으로 침략하였다. 제6사단은 장항을 거쳐 군산으로 나아간 후 부안, 고창을 거쳐 광주로 침공하

---

10   이선아, 「한국전쟁 전후 빨치산의 활동과 성격」, 성균관대학교 석사학위논문, 2003, 24.
11   국방부군사편찬연구소, 『소련군사고문단장 라주바예프의 6·25전쟁 보고서』, 2001, 209-211.
12   부안경찰서, 경찰 연혁, 『경찰기본대장』, 1.
13   정읍경찰서, 경찰 연혁, 『경찰기본대장』, 13.

였다.14

　인민군이 점령한 지역은 인민위원회체제로 정비되었다. 면 단위로 인민위원회, 분주소가 구성되어 행정과 치안을 담당하였다. 분주소, 치안대를 중심으로 우익세력에 대한 분류 및 수색, 연행이 진행되었다. 점령 초기에는 군, 경, 청년단원 등 반동분자로 분류된 자들을 중심으로 체포, 연행 및 학살이 진행되다가 퇴각 시기에는 공무원, 반동분자 가족들에 대한 집단희생사건이 익산군 낭산면, 옥구군 미면, 부안군 백산면 등에서 발생하였다. 인천상륙작전을 계기로 1950년 9월 15일부터 인민군의 부분적 철수가 시작되었다. 1950년 9월 20일 군산 앞바다 오식도에 UN군이 상륙하였고, 9월 30일 미 제25사단이 군산을 탈환하였다.15 그리고 1950년 10월 6~8일에 걸쳐 전북지역의 경찰들이 각 지역으로 복귀하였다. 10월 6일에 부안경찰서를 비롯하여 백산지서 등 7개 지서를 수복하였다.16

　전라북도 지역의 민간인학살 배경에는 한국 정부가 군경이 서울을 수복할 당시 호남은 아직 인민군 수중에 있었다. 1950년 7월 20일 이후 호남지역은 인민군이 점령하였고, 9월 28일 이후 서울 인근 수복이 되었으나 호남지역은 여전히 수복을 위한 교전상황이 지속되었다. 1950년 9월 15일 유엔군의 인천상륙작전과 수복 이후 토지개혁 등을 비롯한 북한군의 모든 사업이 중단되었다. 이는 지하당 조직과 빨치산 무장유격투쟁으로의 전환을 급속히 진행하게 된 계기가 되었다. 그리하여 지리산을 비롯한 백운산,

---

14　전북지방경찰청, 『전북경찰60년사』, 2005, 51-57 참조.
15　전북지방경찰청, 위의 책, 62-63 참조.
16　부안경찰서, 위의 책, 1.

백아산, 회문산, 덕유산, 불갑산 등 산악을 중심으로 소위 '해방구'[17]로 불리던 빨치산 유격지구가 형성되었다. 이곳에는 빨치산뿐만 아니라 그 가족 및 친인척, 군경토벌을 피해 들어 온 일반주민들도 합류하였다. 이들 빨치산의 근거지는 주로 산악을 중심으로 형성되었다. 이러한 유격지구는 결과적으로 군경 토벌작전의 주요 작전지역이 되었다. 이 지역으로 모여들었던 인민군 점령기 부역자 가족들을 포함한 토벌을 두려워해 피해온 일반 주민들이 이후 대량학살되는 계기가 되었다.[18]

특히, 순창지역은 회문산을 중심으로 쌍치면과 복흥면에 빨치산이 근거지를 형성하고 있었다. 회문산은 천혜의 요새이자 빨치산 전북도당 유격대 사령부가 위치해 있었다.[19] 노령산맥의 산간에 위치하며 섬진강을 경계로 동쪽은 남원시, 북쪽은 임실군, 서쪽은 정읍시, 남쪽은 담양군과 곡성군에 접하고 있다. 토벌군에 의한 민간인 희생사건이 많았던 쌍치면, 복흥면, 구림면은 회문산을 중심으로 한 해발 200m 이상의 산악지대로 인민군 및 빨치산이 근거지로 삼았던 지역이다. 빨치산 전북도당이 자리 잡았던 회문산 인근 쌍치면, 복흥면, 구림면의 산간지역은 미수복지구로 남아 군경과 빨치산의 교전이 지속되다가 1951년 2월 초순 20연대 2대대가 합류하면서 본격적인 토벌작전이 시작되었다. 순창읍에 진주한 20연대 1

---

[17] 좌익이 사용하는 용어로, 사전적 의미는 '한 국가 안에 저항세력이 중앙권력의 지배를 배제하고 저항의 근거지로 지배하는 지역'으로, 역사적으로는 중국 혁명 과정에서 공산당 정권이 통치했던 지구를 지칭한다. 당시 한국 정부는 이들 해방구를 통상 '미수복지구', '적성지구' 등으로 지칭하였다.

[18] 진실·화해를위한과거사정리위원회, 「순창지역민간인희생사건」, 『2008년 하반기 조사보고서 3』, 2009, 17~19 참조.

[19] 순창군, 『순창군정사지』, 1998, 58.

대대는 12월경 빨치산과 부역자 색출을 위한 백산리, 순화리 등의 마을을 수색하며 혐의가 있는 주민들을 연행한 후 공개 총살하였다. 1951년 3월 23일 토벌군과 경찰은 장재동 주민들을 남녀노소 구분 없이 보복 대상으로 삼아 살해하였고, 일부는 가옥을 소각할 때 가옥과 함께 소사하였다.[20]

임실지역의 청웅면은 서쪽으로 순창 회문산이 있고, 동남쪽에 지리산이 위치해 있다. 호남과 영남 각 도당은 물론 남부군 총사령부가 지리산을 근거지로 후방 교란 작전을 폈고, 회문산에는 조선노동당 전북도당 사령부가 위치해 있었다. 이런 지리적 특성 때문에 청웅면은 수많은 이가 좌익으로 몰려야만 했다. 특히 700여 명이 학살된 임실 청웅면 폐광굴은 그 대표적인 장소이다. 폐광굴은 빨치산의 집결 장소로도 활용했다. 이런 이유로 회문산 대토벌이 전개된 1951년 3월, 폐광굴 토벌작전도 함께 이루어졌다. 1951년 3월 14일, '폐광굴 분화 작전'이 시작됐다. 일면 오소리 작전으로 제11사단 13연대 2대대가 지휘했다. 3월 14일 시작된 분화 작전은 16일까지 지속되었다. 군경은 청웅초등학교에 수용된 입산자와 부역 혐의자 가족들을 모두 폐광굴 입구로 끌어모았다.[21] 당시 생존자 박순남 씨는 "닥치는 대로 사람을 죽였다."라며 "그때는 사람 목숨이 파리 목숨만도 못했다."[22]라고 말한다.

2013년 전라북도 도의회에서는 남원·순창·임실 양민학살 사건 희생자

---

[20] 진실·화해를위한과거사정리위원회, 「순창지역민간인희생사건」, 『2008년 하반기 조사보고서 3』, 2009.

[21] 정찬대, 『꽃 같던 청춘, 회문산 능선 따라 흩뿌려지다: 한국전쟁 민간인학살의 기록』, 한울아카데미, 2017, 251~253 참조.

[22] 정찬대, 위의 책, 259.

명예회복 및 보상 등에 관한 특별법[23]이 발의되었다. 2018년 전주MBC 방송에서는 "민간인 학살 규명 절실"이라는 제목으로 상영되었다. 방송에 의하면 "순창·임실지역은 조선노동당 전북도당이 있던 순창 회문산과 가까운 임실 폐광굴이 있었다. 이곳에서 성인 한 명이 제대로 서 있기도 힘든 어두컴컴한 굴 안에서 마을 주민 수백 명이 숙식을 해결하며 생활하였다. 1951년 빨치산 토벌을 위해 군인과 청년대원들이 몰려들면서 비극은 시작되었다. 굴 입구에 불을 피워 연기가 순식간에 들이쳤고 아이 어른 최대 600여 명이 희생되었다. 그리고 남은 주민들은 빨갱이 가족이라는 오명 속에 숨죽여 살아야 했다."라고 한다. 한국전쟁유족회 전북유족연합회 최정근 사무국장은 인터뷰에서 "나이 드신 분들이 안 계시기 때문에 그냥 묻혀버리는 거예요. 지금 정부에서 적극적으로 추진을 해줘야만 우리 명예도 회복됩니다. 진실화해를 위한 과거사정리위원회 2기 활동이 이르면 내년 시작될 예상되지만, 전북의 민간인 학살은 여전히 주목받지 못하고 있습니다."라고 전했다.

---

[23] 강동원 의원에 따른 특별법 발의의 제안 이유는 "현재 6·25전쟁 전후의 시기에 민간인 희생사건과 관련하여 다수의 특별법이 제정되어 있고, 이에 따라 희생자 및 그 유족의 명예회복 및 보상 등이 이루어지고 있다. 그러나 같은 시기에 국군과 경찰에 의하여 공비토벌 등의 이유로 전라북도 남원시·순창군 및 임실군 일대의 주민들이 불법적으로 희생되고 재산상 피해를 입었음에도 현재까지 이에 대한 올바른 진상규명 및 적절한 보상이 이루어지지 않고 있다. 따라서 남원순창임실양민학살 사건 희생자 명예회복 및 보상 등에 관한 법적 근거를 마련함으로써 남원순창임실양민학살 사건의 올바른 진상규명을 통하여 희생자 및 그 유족의 명예를 회복시켜주고 적절한 보상이 이루어지도록 하려는 것이다."

Ⅳ. 임실지역 민간인학살의 원인

1. 일제 강점기와 토지개혁

일제는 폭압적 무단통치, 이데올로기적 압박과 함께 원료 산지와 상품시장의 확보, 자본수출이라는 제국주의 본래의 요구를 관철하고 식민지 통치의 경제적 기반을 구축하기 위해 경제적 수탈을 강화하였다. 우선 일본은 본국의 자본주의가 성장함에 따라 거기에 필요한 원료 농산물과 식량의 공급처를 식민지 조선에서 구하였다. 이를 위해 일본은 토지조사사업을 실시하여 전체 인구의 80%가 농민인 농촌의 모든 관계를 식민지 통치에 맞게 재편하고, 그 경제적 요구에 알맞게 농업생산 구조를 개편했다. 토지조사사업은 조선 후기 이래 오랫동안 있었던 봉건적 토지 소유관계를 지주의 소유권 중심으로 재편하였는데, 그 결과 지주의 권리는 강화되고 소작권은 크게 약화되었다. 또한 궁장토(宮庄土)·역둔토(驛屯土) 등을 국유지에 편입시켜 그 땅의 농민들을 내몰았다. 1912~1918년 사이의 토지 분쟁사건이 무려 93만 건에 달했는데 그 가운데 99.7%가 소유권 분쟁이었던 것은 일본의 토지 약탈이 얼마나 불법적이었던가를 보여준다. 토지조사사업 시행의 결과 토지세부와 면적이 크게 확대되어 일본은 안정적인 재정 수입원을 확보하였으나, 농민층의 조세 수탈은 강화되었다.[24]

---

[24] 임실군지편찬위원회, 『임실군지』, 제1권 임실의 역사, 2020, 356.

기존의 한국인 자본을 정치·경제적으로 철저하게 억압하고 일본인 자본을 원조하여 자본축적을 도왔으며, 국가자본 형태로 기간 산업을 건설하여 본격적인 자본진출을 위한 기초를 마련하였다. 그것은 바로 식민지 민중의 일방적인 희생과 약탈의 감내(堪耐)를 강요하는 것이었다. 이러한 경제적 약탈과 사회적·정치적 억압 속에서 일본과 그에 기생하는 소수 친일자본가·친일 지주들의 착취는 날로 더해갔고, 대다수 민중들은 전반적으로 몰락의 길을 강요당하였다. 이러한 1910년대의 상황은 일본에 대한 한국 민중의 분노와 저항을 고조시키는 객관적인 조건을 형성하였고, 일본과 한국 민중 사이의 민족적·사회적 모순의 격화는 바로 3·1운동을 폭발시킨 기본 동인이 되었다. 임실군 외의 거주자 중에서 임실에 토지를 소유한 지주들의 경우 소작인들과 분쟁이 일어나는 일이 있었다. 일제 강점기 소작쟁의 건수를 원인별로 살펴보면 가장 많이 차지하는 것은 소작권 이동이었다. 1910년대 실시된 토지조사 사업으로 이전까지 인정되었던 소작인들의 권리[경작권]가 무시되고 소작계약을 해마다 체결해야 했기 때문이었다. 임실군에서도 1920년대 소작권 이동과 관련하여 소작인들이 단체행동을 하게 되었다.[25]

임실은 지형적으로 산악지대와 구릉, 평야가 섞여 있는 지역이다. 따라서 경지면적이 비교적 좁은 편이고, 식민지 초기 일본의 쌀 수탈로부터 어느 정도는 벗어나 있었던 것으로 보인다. 1936년의 지주 명부를 보면, 임실지역에서 100정보 이상의 토지를 소유한 대지주는 총 14명인데, 그 중 임실에 거주하는 지주는 박용만(朴容萬), 김종희(金琮熙) 두 명뿐이고 나

---

[25] 임실군지편찬위원회, 위의 책, 363.

머지는 모두 부재지주이다. 그리고 그중 일본인 지주는 구보다 산업을 소유한 구보타 야스케(久保 田弥助) 한 명뿐이다.**26** 일본은 토지조사사업(1910~1918)을 통하여 토지소유관계를 정비하면서 식민지 지주제를 확립함으로써 쌀 수탈을 위한 제도적 기반을 정비하였다. 이에 따라 국내 제일의 쌀 수탈 대상 지역이었던 전라북도에서는 지주-소작관계가 정착되었다. 1930년대 중반에 이미 전라북도의 토지소유관계가 전체적으로 지주-소작관계를 중심으로 재편되고 있음을 확인할 수 있다. 임실에서도 지주-소작관계가 전국 평균에 비해 훨씬 높게 나타나고 있다.**27**

전체적으로 전라북도의 토지소유관계는 식민지적 토지수탈관계로 재편되었으며, 임실도 예외는 아니었다. 지주-소작관계를 통한 식민지적 수탈이 심화되면서 농민들의 저항이 빈번해졌다. 1930년대의 기간 동안 전라북도 전체에서 발생한 소작쟁의 건수는 19,765건인데, 그 중 임실에서 발생한 것은 1,491건에 달한다.**28** 임실은 전라북도 내 다른 지역에 비해 일본인 지주에 의한 수탈이 상대적으로 적은 편에 속한다는 사실에 비추어 볼 때 이 시기의 소작쟁의가 민족적 저항의식의 표출뿐 아니라 토지 수탈 자체에 대한 저항의식을 드러내고 있는 것이라고 이해할 수 있겠다.**29**

해방 당시 민주주의의 경험은 전무했다. 일본의 식민지배는 봉건체제의 신분제와 제국주의의 식민지 노동의 폭력적 수탈을 버무려 놓은 것이

---

26   임실군지편찬위원회, 위의 책, 402.
27   임실군지편찬위원회, 위의 책, 403.
28   임실군지편찬위원회, 위의 책, 405.
29   임실군지편찬위원회, 위의 책, 406.

어서, 조선 민중은 극심한 토지 수탈과 소작료, 기아 수준의 임금과 초과 노동에 시달려야 했다. 특히 1930년대 후반 이후 일본은 중일전쟁, 진주만 폭격, 그리고 태평양전쟁 등을 벌이면서 세계 제국주의 전쟁 속으로 깊숙이 뛰어들었다. 이에 따라 조선은 모든 자원과 인력을 전쟁에 동원당하면서, 제국주의 침략전쟁의 참화 속에 빠지게 되었다. 일제 말기의 이러한 상황은 우리 민족을 극심한 빈곤과 기아 속으로 몰아넣었다. 일본의 패망과 해방은 우리 민족에게 새로운 자주 국가를 건설해야 하는 과제를 남겼다. 동시에 참혹한 식민지 민중의 처지를 벗어나 독립 국가의 국민으로 살아가기 위하여 가혹한 수탈 체제와 빈곤 상황을 해결해야 하는 문제도 시급한 해결 과제로 남았다.

2. 해방 공간에서의 계급적 토지 갈등

해방 직후 시급한 문제 중 하나는 식민지 지주제의 속박으로부터 농민을 해방시키는 일이었다. 인구의 80% 이상이 농민인 현실에서 농지개혁은 농민의 경제적 자립을 위한 기본 조건일 뿐 아니라, 사회적으로 지주-소작인 간의 신분관계를 해체하여 근대적 사회관계를 형성하기 위해서도 필요한 일이었다. 뿐만 아니라 정치적으로도 근대국가 수립을 위해 토지문제를 둘러싸고 발생하는 계급적 대립관계를 해소하는 것은 시급한 과제였다.

해방 이후 임실지역에서의 농지개혁 상황을 보면, 분배면적은 논 1,735정보, 밭 1,083정보로 총 2,818정보이고 이는 당시 임실군 전체 농지면적

11,320정보의 24.9%에 해당하는 규모였다. 해방 이후 자작지율의 변화를 보면, 일제 강점기부터 농지 개혁 이전인 1948년까지 임실군의 자작지 비율은 전국은 물론 전북에 비해서도 높게 나타나고 있다. 그러나 농지개혁 이후의 상황은 이와 다른 양상을 보인다. 즉 1960년 임실군의 자작지 비율은 전체 농지의 75.5%로 전국의 88.0%, 전북의 90.4%에 비해서 현저하게 낮은 수준을 보이고 있다. 이것은 임실지역에서 농지개혁의 추진과정이 철저하게 이루어지지 못했음을 보여주는 것이다. 특히 일제 강점기 동안 전라북도의 평야지역에 일본인들의 토지수탈이 집중되어 일본인들의 거대농장이 건설되었던 것에 비하여 임실지역 토지에 대한 일본인들의 관심은 상대적으로 약한 편이었다. 이러한 점을 고려하면, 해방 이후 임실지역에서 토지문제를 둘러싼 조선인 지주와 소작인 간의 갈등 관계가 적지 않았을 것임을 짐작해 볼 수 있다.[30]

전북도내 다른 지역에 비해 임실지역에서 대지주의 토지수탈이 심하지 않았던 반면 토지를 둘러싼 갈등관계가 심각했던 것은 면별, 마을별로 중소지주들과 소작인들과의 갈등이 상존하고 있었음을 보여주는 것이라 할 수 있다. 해방 직후 농지분배에 관한 지역농민들의 기대와 요구가 매우 높았던 점을 감안하면, 각 지방의 중소지주들과 소작인 간의 대립과 갈등이 적지 않았을 것이다. 특히 당시의 지주-소작관계는 경제적 소유관계 속에 신분적 차별을 담고 있었기 때문에 해방 공간에서 양자 간의 갈등에는 합리적 개혁 요구뿐만 아니라 감정적 한(恨)도 포함되어 있었을 것이다.[31]

---

30 임실군지편찬위원회, 위의 책, 407.
31 임실군지편찬위원회, 위의 책, 408.

「진실·화해를 위한 과거사정리위원회」에서 진행한 「2008년 한국전쟁 전후 민간인 집단희생 피해자 현황조사」에는 임실군에서 발생했던 신분관계에 의한 갈등 사례가 기록되어 있다. 청웅면 옥전리의 행촌, 명동마을은 토지를 소유한 남양홍씨 집성촌이었다. 청계리의 장씨들과 석두리의 전씨들은 이들의 토지를 소작하고 있었다. 해방이 되자 평소 신분적으로 차별을 받았던 장씨, 전씨들은 대거 좌익 활동에 가담하게 되었다. 이로 인해서 해방 직후 옥전리는 재산 및 인명피해를 입게 되었으며, 정부수립 이후인 1948년 겨울과 1949년 봄에는 경찰과 독립촉성회원들에 의해서 석두리의 주민들이 좌익활동 혐의로 처형당하는 일이 발생하였다. 이와 같이 지방 중소지주들과 소작인들 사이의 갈등은 임실 군내 여러 곳에서 나타났던 것으로 확인된다. 해방 이후 임실 군내 각 지방에서 나타난 지방 지주와 소작인 사이의 신분관계는 좌우 이념 대립의 기초가 되기도 하였다.

3. 해방 공간에서의 2·26 투쟁

1948년 2·7구국투쟁은 남한만의 단독선거를 저지하기 위해 남로당이 조직한 전국적인 무장투쟁 전술이었다. 2·7구국투쟁에서 서울에서는 행동대, 지방에서는 무장부대로서 야산대가 본격적으로 조직되기 시작하였다. 야산대는 남로당의 무장부대의 성격을 띠는 조직으로 남로당원 가운데서 군사경험이나 투쟁경험을 지닌 사람들로 구성되었다. 지방에서는 야산대를 조직·운영하는 도 사령부를 설치하고 남한만의 단독선거에 반대하는 무장투쟁에 돌입하였다. 야산대의 주요 공격대상은 경찰서를 비롯하여 관공서, 언론기관, 우익진영 인사, 선거위원 등이었다. 전라북도 내에서도 2·7투쟁은 도처에서 일어났다. 특히 임실 성수와 삼계, 관촌 그리고 부안 줄포 등지를 중심으로 활발하게 전개되었던 것으로 알려져 있다. 임실에서는 1948년 2월 26일을 기해 일제히 야산대의 봉기가 일어났기에 '2·26사건'으로 더 잘 알려져 있다. 임실에서의 2·26 봉기는 임실 성수면, 삼계면, 관촌면, 신평면, 오수면 등 군내 각지에서 동시에 일어났다.**32**

미군정보고서에 의하면 1948년 2월 하순부터 3월까지 전라북도에서는 30여 건의 시위와 봉기가 발생했다고 기록되어 있다. 가장 규모가 컸던 것 중 하나가 성수면 지서습격 사건이었다. 이 사건에 대해 1997년에 발간된 『임실군지』는 다음과 같이 기록하고 있다.

> 성수는 남로당 임실군당 위원장의 출생지로 평소 좌익세력 동조 주민들이 많았으며 해 방 후 좌익활동도 활발했다. 전국에서 2·7시위와 폭동이 일어나 치안불안이 계속되는 가운데 2월 25일 밤 좌익 청소년이 이끄는 주민 등 5백여 명이 성수지서에서 3km쯤 떨어진 삼청리 회치골에 집결했다. 이들은 죽창과 농기구 등으로 무장했으며 26일 새벽, 성수지서로 몰려가 지서를 포위하고 담을 넘어 습격해 들어갔다. 이에 지서장 박춘성 경사 등 5명의 경찰관이 발포, 7명이 사살되었으나 지서는 점령당했다. 지서장 박 경사와 1명의 경찰관은 탈출했으나 나머지 3명이 이들에 붙잡혀 그중 2명이 현장에서 살해되고 1명은 부상을 입었으며 주민 2명이 살해되었다. 지서 건물과 관사가 방화로 불탔다. 지서 습격을 보고받은 임실경찰서

---

32 임실군지편찬위원회, 위의 책, 410.

에서는 무장경찰 10여 명을 현지에 급파, 죽창과 농기구로 무장한 주민들을 진압하고 그중 2백 87명을 검거하여 조사한 뒤 주모자만 법에 따라 처리하고 단순히 가담한 주민들은 모두 훈방했다.[33]

신평면 최내우의 회고록(1994; 21-22)에 의하면, 2월 26일에 새벽 폭동이 발생했는데 관촌지서에서는 총격전이 벌어져 인명 피해가 있었고, 신평지서도 습격을 받아 경찰을 묶고 총기를 가져갔다고 한다. 이 사건을 계기로 임실지역에서는 지서와 도로, 교량, 전신주 등이 파괴되는 피해를 입었다. 2·26 사건을 계기로 임실지역 내에서 좌익세력의 색출이 본격적으로 시작되었다.

임실지역에서 2·26사건은 두 가지 중요한 의미를 지닌다. 첫째, 2·26사건을 계기로 임실지역 내 좌익세력이 거의 완전히 노출되었다는 점이다. 당시 남로당 지방조직은 비합법체제로 운영되고 있었으므로, 지방 야산대의 무장봉기는 지역 내 남로당원의 실체를 드러내는 계기가 되었다. 더욱이 지역 내에서 2·26사건의 가담자를 체포하여 취조하는 과정에서, 이 사건에 가담하지 않은 세력들도 드러나게 되었을 것이다. 최내우의 회고록에서는 "2·26사건으로 인하여…… 알고 보니, 주민 가운데 반수 이상이 공산당에 가입했었다"라는 사실을 알게 되었다고 기록하고 있다. 이후 이 사건 관계자들은 여순사건과 보도연맹 등 좌익과 관련된 사건이 있을 때마다 감시와 통제의 대상이 되었다.

둘째, 이 사건을 계기로 주민들 내에서 좌-우를 분리시키는 경계가 만들

---

33   임실군지편찬위원회, 『임실군지』, 1997, 251.

어지게 되었다는 점이다. 2·26사건의 처리과정에서 주민들이 어떤 태도를 보였는가가 한국전쟁 당시 좌-우익 세력의 주민들에 대한 보복 여부를 결정하는 데 중요한 계기가 되고 있다. 이 시기에 좌익 가담자들을 보호하고 도와주는 일을 한 동네 주민들에 대해서는 좌익세력들이 부채의식을 지니게 되고, 이들은 한국전쟁기 인공 치하에서 이들을 다치게 하지 않음으로써 빚을 갚는다.

한국전쟁이 시작되어 아직 임실이 점령되기 전인 1950년 7월 경, 신평면에서는 경찰이 2·26사건 가담자들을 연행하였다. 이로 미루어 임실지역 보도연맹사건은 2·26사건과 깊이 연관되어 있을 것으로 보인다. 2·26사건이 남로당 야산대들의 봉기였다는 점에서 2·26사건 가담자들 대부분이 임실지역 보도연맹 가입 대상자들이었을 것이라는 점은 충분히 추정 가능한 일이다.[34]

4. 여순사건의 영향과 국민보도연맹 사건

1948년 제주 4·3항쟁을 계기로 일어난 10월의 여순사건 이후 육지에서 무장투쟁이 조직적으로 시작되었다. 여순사건 세력 중 일부는 벌교, 고흥, 보성 방면으로 진출하였고, 다른 일부는 구례, 곡성, 남원 등으로 북상하였다. 여순사건은 전라북도 남원지역까지 직접적인 영향을 미친 것으로 알려져 있다. 그러나 남원보다 북쪽에 위치한 임실지역에는 봉기 당시 직

---

[34] 임실군지편찬위원회, 위의 책, 413.

접적 영향을 미치지는 않았지만, 간접적인 영향은 적지 않았던 것으로 확인된다. 여순 봉기 세력이 진압되면서 봉기에 참여한 군인들과 무장한 민간인들을 중심으로 장기적인 항쟁을 전개하기 위하여 지리산, 백운산 등에 거점을 마련하였다. 봉기 세력들은 무장 유격대를 편성하여 호남 유격지구, 지리산 유격지구, 태백산 유격지구, 영남 유격지구 등을 형성하였다. 이 중 전라북도 지역에 영향을 미친 지리산 유격지구는 이후에 남한 유격대의 총본산이 되었다. 이곳을 중심으로 남쪽의 백운산과 북쪽의 덕유산, 그리고 서쪽의 회문산이 연결되어 무장유격대 활동의 주무대가 된다. 이 세력은 전라북도의 무주, 장수, 임실, 남원 등에 영향을 미쳤다. 여순사건 당시에 지리산에 입산한 세력의 규모는 5백여 명, 민간인 1천여 명에 달했다고 한다.[35]

좌익세력은 1949년 7월부터 좀 더 조직적인 대규모 무장투쟁을 전개하기 위하여 인민유격대를 조직하여 지구별로 3개 병단을 편성했는데, 오대산 지구(제1병단), 지리산 지구(제2병단), 태백산 지구(제3병단)가 그것이다. 여순봉기 이후 지리산으로 입산한 1천 5백여 명이 지리산 지구 제2병단(사령관 이현상)의 주력을 이루는 것으로 추정된다. 이들은 1949년 겨울에 실시된 군경의 동계토벌작전으로 큰 타격을 입고 흩어졌는데, 이 중 일부가 임실 덕치면 회문산으로 근거지를 옮겼다. 이들은 대부분 소규모 부대로 생존을 위한 보급투쟁 등을 전개하였으며, 전쟁 직전 지리산에 1백여 명, 회문산 일대에 60여 명이 활동하고 있었다. 전쟁 직전인 1950년 5월 15일 임실군 신덕면 오방리 주민 4명과 6월 20일 임실읍 이인리 주민 3

---

35 임실군지편찬위원회, 위의 책, 413.

명 등이 경찰에 대한 협조 혐의로 이들에 의해 살해되었고, 이들의 토벌에 나선 경찰전투대에 의해 임실읍 정월리 음지 마을 주민 5명이 빨치산에 협조한 혐의로 사살되었다.**36** 1994년에 실시된 「전라북도의회 6·25양민학살진상실태조사특별위원회」의 조사 결과에 따르면, 이 사건이 임실지역에서 발생한 최초의 주민 희생으로 기록되어 있다. 그로부터 약 14년이 지난 2008년 「진실·화해를 위한 과거사정리위원회」의 임실지역 조사에서는 임실지역 내에서 여순 봉기 관련 민간인 피해자가 14명이 있었던 것으로 조사되었다.

주목해 봐야 할 점은 국민보도연맹 사건의 피해자가 단지 보도연맹원에 국한된 것이 아니었다는 사실이다. "전쟁이 나 상황이 불리하게 되니까 보도련맹원이나 지서에서 미움을 받은 사람들이 끌려가 죽음을 당했지. 그때에는 법도 질서도 없었어. 용둔마을 이장이었던 이통년 씨는 보련가입자도 아닌 우익인데 경찰의 미움을 받아 끌려가 같이 죽었다"**37**고 전했다. 임실지역에서도 보도연맹사건의 피해자가 나타나고 있다. 그러나 이것조차도 면별, 마을별로 자기 주변의 피해자에 대한 진술만이 이루어질 뿐이지, 군 전체에서 얼마나 어떻게 죽임을 당했는지는 알고 있는 사람이 나오지 않는다.

임실지역에서는 성수면 오류리에서 7명이 1950년 7월 21일과 22일(음력 6월 7, 8일)에 임실 경찰서로 끌려가 청웅면 두우리 모래재에서 살해되었다고 한다. 오수면 대정리에서도 예비 검속으로 끌려가 2명이 살해당했

---

36   임실군지편찬위원회, 위의 책, 414.
37   김태광, 「'보도연맹' 사건」, 『말』 1989, 2월호, 46.

으며, 삼계면 후천리와 홍곡리, 그리고 임실읍 이인리에서도 예비검속에 의한 희생자가 각각 1명씩이 있는 것으로 확인되었다. 이처럼 임실군에서도 여러 지역에서 보도연맹사건 희생자에 대한 증언이 나타나고 있다. 그러나 몇몇 제보자들의 단편적인 증언 이외에 정확한 피해 현황을 알아낼 수 있는 자료는 전혀 없는 형편이다.[38]

구 분	사건발생일	희생장소	희생자 수	가해조직	비 고
전쟁 전	1948.2.26.	성수지서	7	경찰	287명 연행
전쟁 전	1948.12.		40	임실경찰서	
보도연맹	1950.7.20.	말티재, 모래재		임실경찰서	
인공	1950.9.27.	방공호 등		임실내무서	
토벌	1950.10.~1951.4.	옥정리 배소고지 등	410	11사단	
토벌	1951.3.14.~16.	청웅면 폐금광 등	370	임실경찰서 등	11사단 지휘
토벌	1951.5.1.	여시골		8사단	

〈표 1〉 임실지역 민간인학살의 유형

---

[38] 임실군지편찬위원회, 위의 책, 416.

V. 임실 폐광굴 민간인학살

1. 발생 원인 분석

 1950년 9월 28일 전라북도 전역이 국군과 유엔군에 의해 수복된 후, 임실군에 경찰이 돌아와 치안을 맡게 된 것은 10월 2일이었다. 그리고 1950년 10월 4일부터 1951년 5월 11일까지 두 차례에 걸쳐 전라북도에서의 토벌작전을 위해 토벌부대가 편성되어, 각각 제11사단 화랑부대와 제8사단이 토벌작전을 담당하였다. 그리고 1951년 11월 30일부터 1952년 3월까지 전국적인 토벌작전을 전개하여 전라북도에서는 수도사단과 제8사단이 주로 토벌작전을 전개하였다. 이후에는 부분적으로 토벌작전이 계속되었는데, 전라북도에서 토벌작전이 공식적으로 종료된 것은 1952년 8월 4일이었다.
 수복 기간에 군경에 의한 토벌작전의 특징은 첫째, 대규모 집단살해 사건과 개별적인 피해가 섞여 있다는 점이다. 대규모 집단살해 사건은 주로 1950년 10월부터 이듬해 3월경에 집중되어 있다. 군경이 빨치산 소탕을 위하여 마을에 들어와 마을을 불태우고, 마을 사람들을 잡아가거나 사살했다는 점이다. 이 시기에 마을에서 나타나는 민간인 피해 중에는 군경이 아닌 지방 우익들에 의해 입은 피해들도 적지 않게 나타나고 있다는 점이다. 둘째, 작전이 전개되는 지역을 중심으로 피해가 집중되는 경향을 보여주고 있다. 토벌작전 초기에는 주로 회문산 등을 중심으로 그 주변 지역

인 덕치, 청웅, 운암, 임실읍 등지에서 집중적으로 피해가 나타나고 있다. 그러다가 회문산에 자리 잡고 있던 전북도당유격대가 성수산-팔공산으로 이동하고, 군경의 작전지역도 옮겨가면서 점차 피해지역이 인근 지역으로 확대되고 있다. 1950년 회문산 부근에 집중되어 있던 민간인 피해가 1951년에는 강진, 청웅을 거쳐 성수면 등지로 이동하고 있다. 특히, 이 시기에 발생한 군경에 의한 민간인 피해는 임실지역에서 가장 대규모 민간인 피해 사건으로 기록되고 있다.[39]

1950년 10월 남한 지역이 수복된 이후 빨치산 토벌작전이 전개되면서 군경에 의한 민간인 피해가 본격적으로 나타나기 시작하였다. 1950년 10월 초부터 1952년까지 군경과 빨치산 유격대 전선이 이동하면서 민간인 피해 지역도 달라졌다. 토벌작전 초기에는 전북도당 유격대가 자리하고 있던 회문산 주변에 피해가 집중되다가, 점차 전선이 성수산, 팔공산으로 이동함에 따라 피해지역도 그쪽으로 옮겨가는 것이다.[40] 또한, 전쟁 당시의 시기에는 양측에 가담하고 있던 개인들의 사적인 감정이나 보복 등에 의한 피해가 적지 않았을 것으로 추정된다.

청운면은 한국전쟁 이전부터 이념 간의 대립이 있었다. 전학순은 남로당 임실군 인민위원회장으로서 일찍이 사회주의에 심취한 인물이었다. 석두리, 남산리, 옥석리를 중심으로 좌익사상이 청웅면 전체에 급속도로 퍼져나가면서 양반촌이라고 불리던 옥전리는 수탈을 당하기 시작했다. 이는 전통적인 신분갈등이 표면에 드러나기 시작했다. 평소에 신분적으로 천대

---

39 전북대학교, 『전북 임실군 한국전쟁 전후 민간인 집단희생 관련 최종결과보고서』, 53.
40 전북대학교, 위의 책, 62.

받고 경제적으로 소외되던 계층의 마을사람들이 사회주의 사상을 쉽게 받아들일 수 있었던 것은 무산계급의 세상이 온다는 공산당의 선전이 주효했기 때문이다. 주민들 사이에서 좌우의 갈등이 심화되어갈 즈음 한국전쟁이 시작되었고, 9·28 수복 전까지 그 여파로 청웅면의 좌익활동은 유독 강성을 띠게 되었다. 청웅면 내 지방좌익들은 수복까지 약 3개월 동안, 지역에 산재해 있던 좌익활동가들을 규합하고 조직화하여 우익세력들의 횡포가 심했다고 한다. 인민군이 물러가고 수복이 된 청웅면은 다시 군경과 빨치산의 전쟁에 돌입하게 되었다. 청웅면은 회문산과 근접해 있었고 산세가 험해서 후퇴하지 못한 일부의 인민군이 숨어 들어가 있었다. 지역에서 좌익 활동을 하던 사람들도 처벌이 무서워서 입산을 하기도 하였다. 이때가 '낮에는 군경, 밤에는 빨치산이 통치했다.'라고 알려진 시기이다.[41]

1950년 말 무렵부터 청운면내에서 본격적인 빨치산 토벌작전이 펼쳐졌고, 작전이 마무리 될 무렵 부흥광산사건이 일어났다. 이 사건은 임실 군내에서 민간인 피해 규모가 가장 큰 비극적인 사건으로 기록된다. 부흥광산이라고 불리는 폐광의 입구는 여러 곳에 있었다. 그 가운데 하나가 임실과 순창 사이 도로변 청웅면 남산리에 있었다. 폐광굴은 굴이 깊고 수많은 갱도가 있으며 안에 들어가면 물도 있고, 넓은 공간도 있어서 은신처로는 안성맞춤이었다. 1951년 3월 14일 국군 제11사단 13연대 2대대 병력과 임실경찰서 전투경찰 등 군경 토벌대가 광산 일대를 포위하고 굴 입구에 불을 질러 연기를 굴 안으로 몰아넣는 오소리 작전을 폈다. 굴 안의 사람들은 대부분 질식사했으며 연기를 이기지 못해 굴 밖으로 뛰어나온 사람들

---

41 전북대학교, 위의 책, 81.

도 마침내는 사살되었다. 질곡의 현대사 속에서 무고한 사람들이 '사상', '이념'이라는 이름 때문에 죽어갔음이 분명하다. 마을 주민들은 "그 당시 대부분의 사람은 어떤 사상이 있거나 해서 좌익활동이나 우익활동을 했던 사람은 없어요. 먹고 살기 위해서, 아니면 처한 상황에 따라서 그랬던 것이에요. 다들 저마다의 사정이 있었을 것이에요. 그렇게 생각해요."[42]

2. 발생 내용 분석

임실군 청웅면 남산리(강진면 부흥리) 폐금광에 피난하던 370여 명의 주민들이 희생당했다. 1951년 3월 14일~16일 임실경찰서와 국군 11사단 3연대 2대대 7중대는 청웅면 남산리(강진면 부흥리) 폐금광에 피신해 있던 주민 박완 등을 폐금광 안팎에서 질식사 또는 총살했으며, 국군 11사단은 현장 생존자 50여 명을 연행하여 10여 일 후 강진면 회진리에서 총살했다. 임실읍이 수복되고 1951년 2월 9일 군경에 의한 회문산 토벌작전이 진행되면서 청웅면, 강진면, 덕치면 등에서 남산리의 폐금광으로 피신하기 시작했다. 폐금광은 청웅면 남산리 방향과 강진면 부흥리 방향으로 난 큰 입구 2개를 포함하여 모두 32개의 입구가 있었고, 내부에는 마치 벌집처럼 많은 작은 굴들이 퍼져 있었다. 피난민들은 가족끼리 모여 마을에서 가져온 식량으로 끼니를 해결하며 군경의 토벌작전을 피했다.

당시 토벌과정에서 연행한 부역주민 가족들은 청웅국민학교에 수용되

---

42 전북대학교, 위의 책, 82.

어 있었는데, 경찰은 이들을 동원하여 함께 양쪽의 굴 입구에서 3월 14일부터 3일간 고춧대와 솔잎을 태우기 시작했다. 그러자 연기를 견디지 못한 사람들이 밖으로 뛰쳐나왔고, 이들은 무차별 총격을 받았다. 불이 꺼지고 연기가 가라앉자 경찰은 직접 내부에 들어가 질식사한 사람들은 버려두고 숨이 붙어 있는 50여 명의 사람들을 밖으로 끌어내어 함께 작전했던 11사단 군인들에게 인계하였다. 당시 작전에 참여했던 국군은 폐금광에서 살아남은 주민들을 자신들이 주둔하고 있던 강진면 갈담리로 끌고 와 10여 일에 걸쳐 조사한 후, 강진면 회진리 장동마을과 덕치면 회문리 망월마을의 경계부근인 속칭 멧골이라는 곳에서 총살시켰다.

이 사건에 대해서 임실경찰서는 1951년 3월 14일 06시부터 15일 22시까지 청웅면 남산리의 적과 교전하여 217명을 사살하고 24명을 생포하였으며 일부 무기를 포획하였다며 상부에 보고하였고, 내무부 치안국은 1952년에 『대한경찰전사』를 편찬하면서 회문산의 빨치산이 청웅면 남산리 폐금광에 숨어들어 모두 25명의 빨치산이 숨어 있는 곳을 발견한 청웅지서 경찰들이 3월 14일에 작전을 전개하였는데, 4개의 입구를 제외한 나머지 28개의 입구를 폐쇄시킨 후 먼저 무조건 항복을 권고하였고, 빨치산이 이에 응하지 않아 오전 9시부터 입구에서 소나무 가지를 태우는 분화작전을 시작하였다. 연기가 들어가자 이를 참지 못한 빨치산들이 출구로 나왔고, 이때 좌우 양쪽 고지에 미리 매복시켜 두었던 경찰들이 집중사격을 가하여 사살당한 시체가 출입구를 폐쇄시킬 정도였다. 당시 경찰은 임실경찰서장 기우대(寄宇大)가 지휘하였고, 전과로는 217명을 사살, 79명을 생포하였다고 기록하였다.

『한국전쟁사 5』에서 2월 25일 07시 임실경찰서장 송우대(기우대의 오기) 경감이 지휘하는 경찰부대는 임실군 청웅면 남산리 주변에 집결한 임실군당, 덕치, 삼계, 청웅, 강진, 면당 등 공비 250명을 확인하고 청웅면에 소재한 금광동굴에 유도하여 기지로서 적이 탈출치 못하도록 28개 통로를 폐쇄하고 4개소에서 장기 유인공격하여 3월 14일 17시에 적을 완전히 격멸하는 대성과를 올렸다며, 사살 217명 포로 79명 등으로 기록하고 있다. 그러나 이날 살해당한 주민들은 국군 11사단의 토벌작전을 피해 피난하던 주민들이었으며, 위 기록에서 포로로 표기하고 있는 살아남은 주민들은 다시 11사단 국군에 끌려가 모두 총살당했다.

3. 인터뷰 내용 분석

임실읍이 수복되고 군경에 의한 회문산 토벌작전이 진행되면서 청웅면, 강진면, 덕치면 등지에서는 인민군 점령기에 좌익활동을 했거나 부역한 자, 그리고 그 가족들과 군경의 피해를 두려워한 주민들이 남산리의 폐금광으로 피신하기 시작했다.

"피난 들어간 거여. 동네 사람들이 들어가니까 겁에 질려 들어가게 된 거지. 그때는 무조건 죄가 있든지 없든지 그냥 쏘아 죽이고 하던 때라 무조건 굴속으로 피한 거야."(박○○)

"당시 면당위원장을 하던 사람과 몇몇 면당유격대 사람들이 그 안에서 죽기는 했데요. 그 사람들이 총을 갖고 있었던 건 확실해요. 그 안에서 발견

됐다는 총이 그 사람들이 갖고 있던 총일 겁니다."(전○○)

피난민들이 마을을 다녀가면서 군경은 폐금광에서 마을로 이어진 피난민들의 흔적을 발견하여, 양쪽의 입구를 포함한 32개의 입구 모두를 확보한 군경은 먼저 안에 있는 사람들에게 밖으로 나와 자수할 것을 권유하였다.

"경찰들이 빨치산 가족들을 데려다가 굴속을 향해서 '이제 곧 불을 땔 거니까 누구야 나와라. 자수하면 살려준단다.' 그렇게 했는데 반응이 없었어요. 아무도 안 나왔어요. 경찰도 불을 땔 건데 자수하면 살려준다고 경고방송을 했던 걸로 기억해요. 근데 아무도 안 나와서 결국 불을 땠죠."(이○○)

"첩보원들을 통해 같은 마을에 살던 학교 동창 박완이 폐금광 내부에 있다는 사실을 알고 그에게 밖으로 나오라고 소리쳤지만, 박완은 군경이 자기들을 살려주겠느냐며 나오지 않았다."(진○○)

"당시 굴속에 있던 사람들 가족을 구고리 청웅국민학교에 모두 모아놓고 있었는데, 그 사람들을 폐광으로 데려가서 자기 가족을 불러서 나오게 했어요. '누구야, 자수해라. 자수하면 살려준단다.' 이런 식으로. 근데 한 명도 안 나왔어. 근데 나중에 보니까 거기서 불러도 하나도 들리지 않겠더라고. 워낙 굴이 깊어서."(한○○)

당시 청웅면소재지인 구고리의 청웅국민학교에는 입산자와 부역혐의자의 가족들 혹은 피난처에서 잡혀 온 주민들이 수용되어 있었는데, 군경은 그들을 동원하여 자신의 가족을 불러내도록 하였다. 그러나 피난민들은 밖으로 나올 수가 없었다. 이는 피난민들이, 자수하면 살려준다는 군경의 말을 믿지 않았던 점도 있고, 또 폐금광의 내부가 너무 깊고 넓어 바깥의 말이 내부까지 전해지기 어려웠던 점도 작용했던 것 같다.

군경은 수용소에서 데려온 주민들과 함께 양쪽의 입구에서 3월 14일부터 3일간 마른 고춧대와 솔잎을 태우기 시작했고, 연기를 못 견디고 밖으로 뛰쳐나오는 사람들에게는 무차별 총격을 가했다.[43]

"군경이 불을 때자, 연기가 굴 안으로 들어오기 시작했는데, 굴 안에 있던 애들이 먼저 죽더랍니다. 엄마 따라 들어온 젖먹이들이나 조금 더 큰 애들이 있었데요. 그런 애들이 먼저 죽었고, 또 폐가 안 좋은 사람들이 그다음으로 죽었고. 그렇게 연기가 들어오니까 숙부는 안 되겠다고 생각하고 있었는데, 마침 연기가 굴속에서 바깥으로 빠져나가는 작은 틈 같은 게 보이더랍니다. 그래서 그 틈 쪽을 향해 힘을 쓰니까 그 굴 벽이 깨지면서 사람 하나 빠져나갈 정도의 구멍이 생겼데요. 우리 숙부가 체격이 굉장히 좋고 힘도 좋았거든요. 그래서 그 구멍으로 빠져나오니까 지키고 있던 군경이 총을 쏘기 시작하더래요. 그때 구멍 밖으로 눈이 쌓여 있어서 구멍을 나와서는 그 눈 위를 쭉 미끄러져 백련리 마을까지 내려갔데요. 그렇게 총을

---

[43] "매캐한 연기가 굴속으로 들어가자(62시간) 과연 공비들이 뛰쳐나왔고 이들은 문자 그대로 일망타진당할 수밖에 없었다."(전라북도 경찰국, 꽃피는 산하-6.25의 흔적을 찾아서-, 한병우 증언, 1980, 330-332); "3일간 계속된 오소리작전으로 굴 안의 사람들은 대부분 질식사했으며 연기를 이기지 못해 굴 밖으로 뛰어나온 사람들은 사살되었다."(임실군지편찬위원회, 임실군지, 1972, 258.)

쏘는데도 다행히 맞지 않았다고 하더군요."(정○○)

불이 꺼지고 연기가 가라앉자, 경찰은 직접 내부에 들어가 질식사한 사람들은 버려두고 숨이 붙어 있는 사람들을 밖으로 끌어내어 함께 작전했던 군인에게 인계하였다. 당시 작전에 참여했던 국군은 폐금광에서 살아남은 주민들을 주둔하고 있던 강진면 갈담리로 끌고 와 10여 일에 걸쳐 조사한 후, 강진면 회진리 장동마을과 덕치면 회문리 망월마을의 경계 부근인 속칭 멧골이라는 곳에서 총살시켰다.

"연기가 갑자기 들어오면서 정신을 잃었죠. 내 생각에는 물을 찾아 헤매기도 했던 모양이에요. 그러다가 갑자기 공기가 들어오는 느낌이었어요. 그러다가 어느 정도 지나서 경찰들이 들어와 산 사람들을 끄집어내더군요. 나도 그때 아직 안 죽은 상태라 끌려 나왔어요. 그때 연기를 많이 마셔서 그런지 그 이후로 계속 폐가 안 좋았어요."(박○○)

"그때 우리가 안에 들어가서 확인을 했는데, 다들 지방민들이었어요. 가족이 있는 경우도 있었고. 밖으로 살아서 나온 사람도 상당히 많았는데, 그 사람들이 나오면 콧물이 땅바닥에 닿을 정도로 길게 늘어뜨린 채 나왔어요. 처음에는 20~30명 정도 나왔는데, 점점 그 숫자가 줄었어요. 그렇게 살아서 나온 사람들은 군인들에게 다 인계했어요."(이○○)

"경찰들이 앞에 들어가고 청년단이 뒤를 따라갔지. 시체가 여기저기 널려 있었는데 비린내가 많이 나더라고. …(중략)… 안으로 들어가니까 조그만 구멍을 담요로 막아놓은 곳이 있어서 그걸 빼내서 보니까 그 안에 우리 작은 외숙하고 그 친구 그리고 다른 사람 하나가 있더군요. 며칠을 먹지도 못하고 연기에 고생을 해서 사람 얼굴이 아니더군요. 그 세 사람을 다 데리고 밖으로 나오니까 산 위에서 보초 서든 군인들이 데리고 갔어요."(한○○)

『한국경찰대 일일보고서 1』의 보고서에 의하면 생포자가 55명 더 늘었고, 노획 무기는 '일부'에서 '경기 2정, 장총 5정, 따발총 4정, M-1 1정, 카빈총 2정, M-1 실탄 118발, 수류탄 10개'로 늘어났다.[44] 20여 년이 흐른 1974년 임실경찰서는 경찰기본대장 의 '경찰연혁'을 작성하면서, 이 사건에 대하여 '1951년 3월 15일 임실군 청웅면 남산리 광산에 완전무장과 비무장 241명이 잠복 중임을 탐지. 아(我) 병력 70명이 포위 작전을 전개, 완전섬멸. 사살 217명, 생포 24명, 경기 2정, 소총 16정'이라고 기록하였다.[45]

작전에 참여했던 청웅면 치안대장 한병우는 전라북도 경찰국이 발간한 『꽃피는 산하-6.25의 흔적을 찾아서-』에서, '1월경 회문산의 빨치산이 지리산과 덕곡산으로 이동하던 중 이동 경로 상에 위치한 남산리 폐광에 집결하였고, 이를 확인한 경찰이 15일 후 1차로 불을 피워 빨치산을 잡으려 하였으나, 연기가 들어오는 것을 확인한 빨치산들은 이미 다른 통로로 폐광을 빠져나가 버렸다. 그 뒤 3월 8일 덕치, 삼계, 청웅, 강진의 좌익들과 부

---

44 내무부치안국 대한경찰전사발간회, 대한경찰전사, 제1집, 민족의 선봉, 1952, 223~224 참조.
45 임실경찰서, 경찰기본대장, '경찰연혁', 1974.

역자들이 폐광에 집결하고 있다는 정보를 듣고, 경찰과 치안대 그리고 주민들을 동원하여 모두 300여 명을 모아 3개 조로 편성한 뒤 굴 주위를 포위하고 3월 14일 새벽 6시 30분에 작전을 개시하였다. 이번에는 도망갈 구멍을 막기 위해 모두 32개 입구 중 4개 만을 남긴 채 나머지는 봉쇄하고, 그 입구에서 불을 지르는 작전이었다. 불을 지르기 전에 먼저 손을 들고 나오면 생명은 보장하겠다고 항복을 권고하는 방송을 몇 차례 하였고 일부 가족들을 들여보내 안에 있는 사람들이 나오게도 하였으나 반응은 없었다. 결국 경찰과 치안대는 62시간에 걸쳐 불을 붙였고, 그 결과 사살 275명, 생포 79명, 무기와 탄약 다수 노획 등의 전과를 올렸다'라고 증언하였다. 한병우는 또 자신이 당시 청웅지서 주임이었던 임학종과 함께 이 작전을 계획하였고, 또 임실경찰서장 기우대의 승인도 이미 받은 상태였다고 증언하였다.[46]

VI. '민(民)'의 평화

베버나 레닌이 강조한 것처럼 모든 국가는 폭력기구를 구비하고 있다. 임실 폐광굴에서 발생한 민간인학살은 신체형, 혹은 공개처형 등의 방법

---

[46] 전라북도 경찰국, 꽃피는 산하-6.25의 흔적을 찾아서-, 한병우 증언, 1980, 330~332.

은 바로 형벌의 경제학으로서는 설명할 수 없는 보복적 처벌이라고 볼 수 있을 것이다. 폭력이란 본질적으로 감정개입적이고, 예측불가능하며, 보복적인 성격을 지니고 있다. 냉전 기간 '법의 지배'보다는 내부의 적을 향한 폭력의 행사가 더 노골화되었다. 국가의 지배계급은 노동운동을 비롯한 여타 저항운동을 완전히 없애거나 어용화하고, 국가폭력 네트워크를 제도화하거나 공고화하고 반대자에 대해 직접 테러를 가하거나, 비밀리에 살해하였다.

자국에 반대하거나 비판하는 모든 세력을 잠재적인 반국가 세력으로 규정하면서 '위기'를 명분으로 하여 '반국가'의 혐의를 가진 민(民)을 제거하는 데 초점을 두고 있다. 안보국가로서의 민중의 복리보다는 국가의 안보에 일차적인 강조점을 두고 있으며, 민(民)을 끊임없이 의심하는 경향이 있다. 그것은 냉전적 세계질서가 국가의 기능 혹은 성격을 통해 각 사회의 운영원리로 '내재화된 것'이라고 볼 수 있다.[47]

한국전쟁을 거치면서 남과 북 내부에 상대를 극도로 적대시하는 이념적·사회적 기초가 만들어졌다. 남과 북에서 기득권을 형성한 세력이 정전체제라는 비상한 상황을 활용해 이러한 이념적·사회적 기초를 계속 강화시켜 왔다. 이러한 한반도 분단의 특징을 포착하여 '분단체제'라는 개념이 등장하였다. 이남주는 "분단은 하나의 국민국가를 주장하는 정치공동체가 분열되어 있는 표면적 상태를 지칭하는 반면, '분단체제'는 분열되어 있는 개별 실체들의 행위에 분단이 지속적으로 일정한 규칙성을 부여하는 체제로 작용하는 상황을 가리킨다."라고 한다.

---

47 김동춘,「국가폭력과 사회계약: 분단의 정치사회학」,『경제와 사회』36호, 1997, 113.

분단체제하에 남과 북은 정신적·제도적 그리고 물리적 영역에서 상대에 위협이 될 수 있는 요인을 계속 생산해 왔다. 남과 북이 모두 자기 내부에 존재하는 위협 요인들을 제거하거나 그것이 사회에 미치는 영향을 결정적으로 약화시키지 못하면 평화공존도 어렵다. 한반도 분단체제는 남북한의 구성원들에게 물리적 살상과 몸과 마음에 상처를 남기며 거대한 폭력으로 존재하고 있다. 분단체제를 뒷받침하는 정치적 신념과 종교적 해석은 폭력의 정당성을 부여하는 문화적 기제로 작동한다. 이런 점에서 한반도 비평화의 본질은 분단에 있으며 분단이 생산하는 폭력, 즉 분단폭력이 한반도 비평화의 근원이라 할 수 있다. 탈냉전 이후 한반도는 갈등과 통합, 적대와 평화가 공존하는 중층적 비평화 구조를 형성하고 있다.[48]

분단의 폭력적 구조와 결과는 무엇보다 한국전쟁에 의해 발생했다. 전쟁은 특정한 형태의 폭력, 즉 하나의 행위자인 정부에 의해 편성된 폭력이다. 이런 점에서 1950~1953년의 한국전쟁은 남북한 정부에 의해 한반도 구성원들에게 가해진 전형적인 형태의 분단폭력이다. 수많은 살육과 집단학살의 고통을 당한 사람 자신은 물론이거니와 직접적이고 물리적인 고문과 협박을 당한 사람들, 그 과정을 고통스럽게 목격하고 경험한 사람들, 억압과 공포의 분위기를 겪어내야 했던 많은 사람들은 모두 분단폭력의 피해자들이다.[49] 갈퉁은 "폭력은 인간의 신체뿐 아니라 정신과 영혼에도 흔적을 남긴다."라고 한다. 분단폭력은 '분단의 희생자'들을 만들어 냈고, 그들에게 자행되었던 폭력은 가족들은 물론 일반주민들에게도 엄청난 심

---

[48] 김병로·서보혁, 『분단폭력』, 아카넷, 2016, 61.
[49] 김병로·서보혁, 위의 책, 43.

리적 불안과 정신적 트라우마를 받음으로써 많은 피해자를 양산해 냈다. 분단의 극복은 남북한의 정치 군사적 통일만을 의미하는 것이 아니라, 분단 아래 국가폭력의 희생자들을 국가나 사회가 구성원으로 복귀시키고 그들의 상처를 치유하는 것을 포함한다.[50]

본 연구가 지니는 학문적·사회적 의의는 첫째, 한국사회의 민간인대량학살 연구의 확산이다. 민간인대량학살을 연구하는 연구자도 부족하지만, 대부분의 사례연구는 제주4.3사건과 국민보도연맹 사건에 집중되어 있다. 호남지역도 '해방구'로 불리며, 이데올로기의 정당화로 많은 민간인 피해가 있었던 지역이었다. 기존의 선행연구에서는 국가폭력, 제노사이드 등의 분석틀로 연구가 이루어졌다면, 본 연구는 분단폭력이라는 새로운 관점에서 순창·임실지역의 민간인대량학살 사건에 대한 학술적 논의와 평화적 가치와 요소가 무엇이지 제시한다.

둘째, 상처에 대한 공감이다. 1951년 빨치산 토벌을 위해 군인과 청년 대원들이 몰려들면서 비극은 시작되었다. 특히, 임실지역은 폐광굴 입구에 불을 피워서 어른, 아이 등 최대 600여 명이 희생되었다. 그리고 남은 주민과 가족들은 빨갱이 가족이라는 오명 속에서 2차 분단폭력을 경험하게 된다. 이 사건에서 발생한 분단폭력의 유형을 피해자 관점에서 파악하고 그 원인을 사회구조적 차원으로 드러내려 한다. 본 연구가 조금이나마 피해자들의 아픔에 공감하며, 당시 민간인학살 사건에 대해 학술적·문화적으로 사회에 알릴 수 있는 계기가 될 수 있다.

50　김동춘, 「분단이 낳은 한국의 국가폭력: 일상화된 내전 상태에서의 '타자'에 대한 폭력행사」, 『민주사회와 정책연구』 23호, 민주사회와 정책연구, 2013, 137.

셋째, 한반도발 평화연구의 특수성과 지구적 보편성 확립의 가능성에 대해 전개한다. 한반도발 평화연구는 분단 상태인 한반도의 특수한 문제를 해결하는 데 초점을 두면서도, 21세기 전 지구적 차원에 부딪치는 평화 관련의 쟁점들에 대한 깊이 있는 대안과 보편적 상상력을 제공해 줄 수 있다.[51] 분단체제와 분단폭력을 중심으로 한 평화연구의 한국적 특수성을 살펴본다. 또한, 최근 생태계 파괴를 범죄화 해야 한다는 인식의 에코사이드(echocide, 생태계대량학살) 등과 같은 지구적 차원의 폭력문제와 연계하여 평화담론의 지구적 보편성의 문제의식을 제시한다.

넷째, 평화사회학으로서 융합 학문적 가능성을 제시한다. 특히, 폭력 연구는 그 자체의 내적 질서, 구조, 동학을 가질 뿐 아니라, 폭력이라는 사건은 애초에 그것을 넘어서서 완전히 새로운 사회적 관계, 거시구조, 세계인식과 정체성을 창출하는 생성적 힘을 갖고 있다. 폭력에 대한 체계적인 사회학적 분석을 가능하게 하는 특징은 ①고전사회학의 근대사회론에서 폭력이라는 요소가 어떻게 자리매김 되었는지에 대한 지식과 결합된다. ② 폭력과 정치-경제적 지배관계 사이의 상관성에 대한 관심은 폭력현상의 고유한 내적 동학과 질서에 대한 이론적 해명과 결합된다. ③폭력적 행위, 제도, 문화들과 근대성의 다른 요소 간의 체계적 상관성을 인식할 때야, 비로소 폭력은 근대성의 일탈적·주변적 현상이 아니라 근대의 한 부분으로 인정될 수 있다.[52] 이처럼 기존의 사회과학에서의 폭력 연구를 통해서

---

51 이찬수, 『평화와 평화들』, 모시는 사람들, 2016. 177.
52 신진욱, 「폭력 연구와 사회학전 전통」, 『한국사회학회 심포지움 논문집』, 한국사회학회, 2004. 28.

평화적 요소와 가치를 재생산해 내며, 평화사회학 연구의 구조와 행위이론 등이 제시될 수 있다.

다섯째, 한국전쟁 이후 사회적 약자와 극빈층들은 젠더 및 섹슈얼리티와 결부되어 장애가 있거나 범죄 가능성이 높은 사람으로 인종화되었다.[53] 분단의 역사와 그 이후 독재정권과 유신체제에서 건강한 국가 만들기라는 폭력구조는 착취와 타자화의 대상을 만들었다. 이는 서구 근대화 과정에서 발생한 우생학을 근거로 통제와 폭력이 작동되었다. 이 역시도 분단체제 속에서 이데올로기적 타자화와 인종화로 발생된 분단폭력의 유형이다. 젠더와 섹슈얼리티의 시각에서 국가체제와 결합되어 분단폭력이 어떻게 구조화 되었는지 등의 다른 분단폭력 유형화의 확장을 기대할 수 있다.

---

53 황지성, 「건강한 국가와 우생학적 신체들」, 『낙태죄를 둘러싼 성과 재생산의 정치』, 후마니타스, 2018. 232.

참고문헌

문헌류

4대국회 양민학살 사건 진상조사 특별위원회, 『양민학살사건진상조사보고서』, 1960. 6.
국방부 군사편찬위원회, 『지역전사연구(순창사건)』, 2002.
국방부 전사편찬위원회, 『한국전쟁사』, 1967.
국방부, 『한국전쟁사』, 1971.
국방부군사편찬연구소, 『소련군사고문단장 라주바예프의 6·25전쟁 보고서』, 2001.
김영택, 『한국전쟁과 함평양민학살』, 사회문화원, 2001.
육군본부, 『한국전쟁사료』, 1985~1987.
임실경찰서, 경찰기본대장, '경찰연혁', 1974.
임실군지편찬위원회, 『임실군지』, 1997.
임실군지편찬위원회, 『임실군지』, 2020.
전라북도의회 6.25 양민학살실태조사특별위원회, 「6.25 양민학살진상실태조사 보고서』, 1994.
전북지방경찰청, 『전북경찰60년사』, 2005.
전사발간회, 대한경찰전사, 제1집, 민족의 선봉, 1952.
전사편찬위원회, 『대비정규전사 1945-1960』, 1988.
정읍경찰서, 경찰 연혁, 『경찰기본대장』
진실·화해를위한과거사정리위원회, 「순창지역민간인희생사건」, 『2008년 하반기 조사보고서 3』, 2009.
진실·화해를위한과거사정리위원회, 『호남지역 군 작전 중 발생한 민간인 희생사건-11사단 20연대 작전지역을 중심으로』, 2009. 11.
한림대학교 아시아문화연구소, 『빨치산 자료집』, 1996.

단행본류

강상중, 임성모 옮김, 『내셔널리즘』, 이산, 2004.

기다 외, 이신철 옮김, 『현상학 사전』, 도서출판 b, 2011.
김동춘, 『이것은 기억과의 전쟁이다』, 사계절, 2013.
김동춘, 『전쟁과 사회』, 돌베게, 2006.
김병로·서보혁, 『분단폭력』, 아카넷, 2016.
김상기, 『제노사이드 속 폭력의 법칙』, 선인, 2008.
미셸 푸코, 이정우 번역, 『담론의 질서』, 서강대학교 출판부, 1998.
박명림, 『한국 1950 전쟁과 평화』, 나남출판, 2002.
백낙청, 『분단체제 변혁의 공부길』, 창작과 비평, 1994
볼프강 조프스키, 이한우 옮김, 『폭력사회』, 푸른숲, 2010.
서보혁, 『한국 평화학의 탐구』, 박영사, 2019.
스탠리 코언, 조효제 옮김, 『잔인한 국가, 외면하는 대중』, 창비, 2009.
신경림 외, 『질적 연구 방법론』, 이화여자대학교출판부, 2004.
신기철, 『전쟁범죄-한국전쟁 민간인 학살의 본질을 말하다』, 금정굴인권평화재단 인권평화연구소, 2015.
요한 갈퉁, 이재봉외 옮김, 『평화적 수단에 의한 평화』, 들녘, 2000.
이삼성, 『한반도의 전쟁과 평화』, 한길사, 2018.
이찬수, 『평화와 평화들』, 모시는 사람들, 2016.
전북대학교, 『전북 임실군 한국전쟁 전후 민간인 집단희생 관련 최종결과보고서』
정찬대, 『꽃 같던 청춘, 회문산 능선 따라 흩뿌려지다: 한국전쟁 민간인학살의 기록』, 한울 아카데미, 2017.
지그문트 바우만, 정일준 옮김, 『현대성과 홀로코스트』, 새물결, 2013.
최성철, 『폭력의 역사학』, 서강대학교출판부, 2019.
최호근, 『제노사이드 : 학살과 은폐의 역사』, 책세상, 2005
허버트 허시, 강성현 옮김, 『제노사이드와 기억의 정치: 삶을 위한 죽음의 연구』, 책세상, 2009.

논문류
강성현, 「4·3과 민간인 학살 메커니즘의 형성」, 『역사연구』 11호, 역사학연구소, 2002.

강성현, 「전향에서 감시·동원, 그리고 학살로—국민보도연맹 조직을 중심으로」, 『역사연구』14호, 역사학연구소, 2004.

강성현, 「제노사이드와 한국현대사: 제노사이드의 정의와 적용을 중심으로」, 『역사연구』18호, 역

고재식, 「체제의 폭력과 반체제의 폭력」, 『철학과 현실』6호, 1990.

김동춘, 「국가폭력과 사회계약: 분단의 정치사회학」, 『경제와사회』36집, 비판사회학회, 1997.

김동춘, 「분단이 낳은 한국의 국가폭력: 일상화된 내전 상태에서의 '타자'에 대한 폭력행사」, 『민주사회와 정책연구』23호, 민주사회와 정책연구, 2013.

김상봉, 「폭력과 윤리: 4.3.을 생각함」, 『인문학연구』32집, 인천대학교 인문학연구소, 2019.

김종군, 「분단체제 속 국가폭력과 분단 트라우마의 혼재: 속초지역 사례」, 『통일인문학』74집, 건국대학교 인문학연구원, 2018.

김치완, 「4·3의 기억 주체와 방식에 대한 철학적 접근」, 『인문학연구』23집, 제주대학교 인문과

김희봉, 「인간 폭력의 근원과 의미」, 『현상과 인식』76호, 한국인문사회과학회, 1998.

박만순, 「한국전쟁기 청원군에서의 민간인학살」, 『제노사이드연구』4집, 한국제노사이드연구회, 2008.

박명림, 「분단질서의 구조와 변화: 적대와 의존의 대쌍관계동학」, 『국가전략』3권, 1997.

박명림, 「전쟁과 인민 : 통합과 분화와 학살」, 『아시아문화』16호, 한림대학교 아시아문화연구소, 2000.

배동인, 「폭력에 대한 사회학적 고찰」, 『한국사회학』21집, 한국사회학회, 1987.

백낙청, 「반(半)국적 인식을 넘어서: 분단체제론의 형성과 발전」, 『한결같되 날로 새롭게』, 창작과 비평, 2016.

백낙청, 「분단체제의 인식을 위하여」, 『창작과 비평』, 1992.

서철원, 「집단살해방지협약」, 『국제인권법』1호, 국제인권법학회, 1996.

신진옥, 「폭력 연구와 사회학전 전통」, 『한국사회학회 심포지움 논문집』, 한국사

회학회, 2004.
이선아, 「한국전쟁 전후 빨치산의 활동과 성격」, 성균관대학교 석사학위논문, 2003.
이순애·서은혜 「백낙청의 분단체체론」, 『오늘의 문예비평』, 오늘의 문예비평, 2001.
이재승, 「『제주4·3사건진상조사보고서』에 대한 평가」, 『민주법학』 25호, 2004.
장원석, 「제노사이드의 사회이론」, 『평화연구』 20집, 고려대학교 평화와민주주의 연구소, 2012.
최정기, 「한국전쟁기 영암지역에서의 민간인학살-사건의 형태분류 및 피해내용 분석을 중심으로」, 『제노사이드연구』 3집, 한국제노사이드연구회, 2008.
최호근, 「전쟁과 제노사이드」, 『역사와경제』 56집, 부산경남사학회, 2005.
한홍구, 「과거 청산과 국가 폭력, 시민 저항」, 『아시아저널』 10호, 5.18기념재단, 2009.
허호준, 「제주 4·3 항쟁과 제노사이드」, 『4·3과 역사』 4호, 제주4.3연구소, 2004.
황지성, 「건강한 국가와 우생학적 신체들」, 『낙태죄를 둘러싼 성과 재생산의 정치』, 후마니타스, 2018.
홍 민, 「분단과 예외상태의 국가: 분단의 행위자-네트워크와 국가폭력」, 『북한학연구』 8집, 동국대학교 북한학연구소, 2012.

사회과학분야

최은미 _ 원광대학교 미래융합대학 자율전공학부

원광대학교 자율전공학부에서 학생 주도 전공설계와 프로젝트 기반 학습을 탐색하는 교육자다. 통일교육은 처음엔 큰 관심 분야가 아니었지만, 학습자의 진심 어린 경험을 통해 '함께 살아가는 감각'의 교육적 의미를 새롭게 성찰하게 되었다. 현재는 성인학습자 친화 교육모델, 평생학습 기반 대학운영, 지역사회 연계형 PBL을 주요 연구 주제로 삼고 있다.

대학생 통일교육 경험의 의미 탐색: 현상학적 접근

목차

I. 서론
   1. 연구의 필요성 2. 연구 목적

II. 이론적 배경
   1. 우리나라 통일교육의 전개 과정 2. 대학 통일교육의 현황과 과제
   3. 경험학습 이론과 통일교육 적용 4. 현상학적 연구의 이론적 토대

III. 연구방법
   1. 연구설계 2. 연구참여자 3. 자료수집
   4. 자료분석 방법 5. 연구의 신뢰성과 타당성 확보

IV. 연구결과
   1. 참여 동기와 기대 2. 학습 경험 3. 인식 변화
   4. 프로그램 운영 평가 5. 개인의 가치관 및 진로 선택에 미친 영향

V. 논의 및 해석(Discussion)
   1. 초기 참여 동기에서 학습 몰입으로의 전환
   2. 참여형 학습 경험의 중요성과 학습 효과
   3. 통일 및 북한 인식의 재구성
   4. 프로그램 운영에 대한 학생들의 평가와 개선 과제
   5. 개인 가치관 및 진로 설계에 미친 영향
   6. 종합 해석 및 시사점

Ⅰ. 서 론

1. 연구의 필요성

한반도의 분단은 70년이 넘는 시간 동안 동아시아의 지정학적 긴장을 유발하며, 남북한 간의 정치적·사회적 대립을 심화시켜왔다. 이러한 분단의 지속은 남북 모두에게 경제적, 인도적, 문화적으로 막대한 비용과 손실을 초래하고 있다. 특히 평화와 통일이라는 당면 과제는 한반도의 안정과 미래 발전을 위해 반드시 해결해야 할 국가적·민족적 과제이다. 통일은 단순히 분단된 영토의 결합이 아니라 사람과 사람, 문화와 체제의 융합이라는 복합적이고 다층적인 과정을 필요로 한다. 이 과정에서 통일교육은 남북한 간의 갈등을 해소하고 평화 공존의 기반을 마련하는 중요한 역할을 한다. 통일교육은 단순히 지식을 전달하는 것을 넘어, 청년층의 통일 의식과 평화 감수성을 높이고, 북한과 통일에 대한 올바른 이해를 통해 미래의 통일 준비를 견인하는 핵심 교육적 도구이다. 그러나 현 시대의 대학생들은 전쟁을 경험한 세대가 아니며, 분단상황을 일상적인 현실로 받아들이기 때문에 통일에 대한 필요성과 당위성에 대해 회의적이거나 무관심한 경향을 보이고 있다.

최근 연구에 따르면 젊은 세대일수록 통일에 대한 실질적 관심과 필요성을 덜 느끼는 것으로 나타난다.[1] 통일을 바라보는 시각 역시 과거와 달

---

[1] 박형준(2024), 「대학 통일교육 현황과 개선 방안 연구: 건국대학교 글로컬캠퍼스 사례를 중

라져, 전통적으로 강조되어 온 민족적·감성적 통일관보다는 경제적 실익과 실용적 관점이 주류를 이루고 있다.[2] 이러한 변화는 청년 세대가 현실적 문제를 중요시하고 통일에 대한 사회적·개인적 부담을 우려하기 때문으로 해석된다. 특히 대학생들은 통일이 정치·경제적으로 막대한 비용을 초래할 것이라는 우려 속에서, 통일의 당위성에 대해 확신하지 못하는 경우가 많다. 이러한 상황에서 대학생들에게 통일의 필요성을 전달하고 그들의 통일 의식을 고취하기 위해서는 체계적이고 실질적인 통일교육이 필요하다. 대학생은 사회의 중추적 역할을 담당할 미래 세대로서, 통일 한국의 비전을 구체화하고 실현할 주체이기 때문이다. 따라서 통일교육이 이들에게 어떤 의미로 다가가고, 그들의 인식과 태도에 어떤 영향을 미치는지 심층적으로 이해하는 것은 통일교육의 실효성을 높이기 위한 필수적 과제이다.

기존의 통일교육 연구는 주로 양적 연구에 의존하며, 교육 효과를 수치화하거나 정책적 측면에만 초점을 맞추는 경향이 강했다. 또한 통일교육의 교육과정과 교수법 개선에 대한 연구는 많았으나, 실제로 교육을 경험한 학생들의 주관적 경험과 인식 변화 과정을 심층적으로 탐구한 연구는 부족한 실정이다.[3] 이러한 접근의 한계로 인해, 통일교육이 학생들의 인식 변화에 미치는 구체적 영향과 그들의 경험에서 도출되는 개선점은 명확히

심으로」, 『통일교육연구』, 21(2), 87-111.

2 방민권(2017), 「인터넷 커뮤니티를 통한 통일의식 연구: Colaizzi의 현상학적 질적 연구 분석 방법을 중심으로」, 『윤리교육연구』, 45(1), 275-319.

3 방민권(2017), 「인터넷 커뮤니티를 통한 통일의식 연구: Colaizzi의 현상학적 질적 연구 분석 방법을 중심으로」, 『윤리교육연구』, 45(1), 275-319.

드러나지 않았다.

본 연구는 이러한 한계를 극복하기 위해 현상학적 접근을 활용하여 대학생들의 통일교육 경험을 심층적으로 탐구하고자 한다. 질적 연구는 학생들의 통일교육 경험과 인식 변화를 그들의 목소리를 통해 드러내고, 이를 통해 통일교육이 청년 세대에 미치는 본질적 의미를 탐색할 수 있다. 특히 현상학적 연구는 연구자가 참여자의 경험을 있는 그대로 이해하고 경험의 본질을 도출하는 데 초점을 두기 때문에, 통일교육의 실질적 효과와 개선 방향을 제시하는 데 큰 의의를 가진다. 급변하는 글로벌 환경과 남북관계 속에서, 통일교육은 더 이상 과거의 일방적 지식 전달에 머물러서는 안 된다. 청년 세대의 눈높이에 맞춘 통일교육이 필요하며, 이를 통해 학생들이 평화와 통일을 실현하는 주체로서의 역량을 키울 수 있어야 한다. 본 연구는 통일교육의 경험이 대학생들에게 어떤 인식 변화를 가져오는지 분석함으로써, 향후 보다 체계적이고 실효성 있는 통일교육 프로그램을 개발하는 데 기여할 것이다.

이처럼 대학생들의 통일교육 경험에 대한 질적 탐구는 통일교육의 방향성과 실천적 대안을 모색하기 위한 중요한 기초자료를 제공할 것이다. 본 연구는 대학생들의 생생한 경험과 내면적 변화를 바탕으로 통일교육이 나아가야 할 새로운 패러다임을 제시하고자 한다.

2. 연구 목적

한반도의 평화와 통일은 대한민국 사회가 지속적으로 해결해야 할 시대적 과제이자 미래 세대가 주도적으로 준비해야 할 중요한 국가적 과제이다. 이에 따라 통일교육은 남북한의 갈등 해소와 상호 이해를 촉진하며, 통일을 실현하기 위한 기반을 마련하는 중요한 교육적 수단으로 강조되고 있다. 그러나 현행 통일교육은 초·중·고등학교에서 윤리 또는 사회 교과를 통해 기초적인 수준으로 제공될 뿐, 대학 교육 과정에서는 통일과 관련된 체계적이고 심화된 학습 기회가 현저히 부족한 실정이다. 이러한 교육적 공백은 대학생들로 하여금 통일에 대한 무관심과 실용적 필요성에 대한 회의적 태도를 형성하게 한다.

특히 통일세대라 불리는 대학생들은 미래 사회를 이끌어갈 주체로서 통일의 비전을 실현해야 할 중요한 역할을 지니고 있다. 그러나 통일을 경험하지 못한 이들에게 통일은 추상적이고 먼 이야기로 여겨지며, 일부 대학생은 통일의 경제적 비용과 사회적 혼란을 우려하는 부정적 시각을 보이기도 한다. 이러한 통일에 대한 인식의 한계를 극복하기 위해서는 대학생들의 실제 경험을 바탕으로 한 통일교육의 효과와 의미를 심층적으로 탐구할 필요가 있다.

이에 본 연구는 통일교육을 경험한 대학생들의 목소리를 바탕으로 그들의 경험과 인식 변화를 질적으로 분석함으로써 통일교육이 청년 세대에게 미치는 의미와 효과를 파악하고자 한다. 연구는 특히 비대면 플랫폼을 통해 이루어진 통일교육에 초점을 맞추어, 디지털 시대의 새로운 교육 방식이 대학생들의 통일에 대한 이해와 태도 형성에 어떤 영향을 미치는지를 탐구한다. 본 연구의 목적은 다음과 같다.

첫째, 대학생들이 통일교육을 경험하면서 느끼는 개인적, 인지적, 정서적 변화를 심층적으로 분석한다. 통일교육 이전에 통일에 대한 관심과 인식이 부족했던 대학생들이 교육을 통해 어떤 변화를 경험했는지, 통일과 북한을 바라보는 태도가 어떻게 달라졌는지를 구체적으로 파악하고자 한다.

둘째, 통일교육이 대학생들의 북한에 대한 태도와 사회적 책임감에 미치는 영향을 탐구한다. 이는 통일교육이 단순히 통일의 필요성을 전달하는 것을 넘어 남북한 간의 평화 공존과 인도적 협력을 위한 미래 리더로서의 역량을 대학생들에게 함양할 수 있는지를 분석하는 데 중점을 둔다.

셋째, 대학생들이 통일교육 과정에서 경험한 긍정적 요소와 개선이 필요한 부분을 탐색하여 통일교육의 질적 향상을 위한 기초자료를 제공한다. 대학생들이 통일교육을 통해 얻은 인식 변화뿐만 아니라 교육의 내용, 형식, 접근법 등에서 부족하다고 느낀 점을 분석함으로써, 향후 효과적이고 실질적인 통일교육 프로그램 개발을 위한 방향성을 제시하고자 한다.

넷째, 비대면 통일교육의 효과성을 분석하여 디지털 시대에 적합한 통일교육 모델을 제안한다. 코로나-19 팬데믹 이후 비대면 교육이 보편화됨에 따라 온라인 플랫폼을 활용한 교육 방식이 학생들의 학습 경험에 어떤 영향을 미쳤는지를 분석하고, 새로운 교육적 접근법의 가능성과 한계를 탐구한다.

본 연구는 대학생들의 통일교육 경험을 심층적으로 탐색하고 그 의미를 규명함으로써, 통일교육의 본질적 가치와 실효성을 제고하는 데 기여하고자 한다. 이를 통해 통일교육이 단순한 지식 전달에 그치는 것이 아니라 대학생들의 평화 의식, 통일 감수성, 사회적 책임감을 키우는 교육적 장으로 자리 잡을 수 있기를 기대한다. 나아가 본 연구의 결과는 정책 입안자, 교육 기관 및 통일교육 실무자들에게 실질적인 통일교육 개선 방향을 제시하는 기초자료로 활용될 것이다.

II. 이론적 배경

1. 우리나라 통일교육의 전개 과정

우리나라 통일교육은 해방 이후 시대적 상황과 정부의 정책 기조에 따라 단계적으로 변화·발전해 왔다. 교육부와 연구자들은 통일교육의 전개 과정을 대체로 반공교육기(1950년대), 통일·안보교육기(1960~1970년대), 통일교육 체계화기(1980년대), 민족공동체 중심기(1990년대), 평화·공존 지향기(2000년대 이후)의 다섯 시기로 구분한다.

첫째, 1950년대는 한국전쟁 직후로, 통일교육은 사실상 '반공교육'의 성격을 띠었다. 이승만 정부는 '북진통일론'을 국가적 기조로 설정하고, 북한을 체제적·이념적 적대 대상으로 규정하였다. 교육의 핵심 목표는 공산주의에 대한 적개심을 고취하고 국민의 사상 무장을 강화하는 것이었으며, 교과서와 국가 주도의 학습 자료를 통해 북한에 대한 부정적 이미지를 학습자들에게 주입하였다.[4]

둘째, 1970년대는 박정희 정부가 주도한 '평화통일 3대 원칙(자주, 평화, 민족대단결)' 제시를 계기로 통일교육의 방향성이 일부 전환되었다. 남북 간 대화 필요성을 제기하면서도 여전히 국가안보를 최우선 가치로 삼았다. 이 시기에는 국민의 사상 통제를 목적으로 한 반공교육이 병행되

---

[4] 김진환(2021), 『한국 정부의 통일교육: 역사, 현황, 방향. 통일과 평화』, 13(2), 433-479.

었으며, 1972년에 설립된 통일연수소(現 통일교육원)를 중심으로 교사 연수와 학교 중심의 통일교육 체계가 본격화되기 시작했다.**5**

셋째, 1980년대에 들어서면서 정부 주도의 국민정신교육 정책에 대한 비판과 함께 통일교육의 내용과 체계화를 위한 다양한 시도가 이루어졌다. 특히 1987년 민주화 이후에는 학생 중심의 비판적 사고와 참여를 중시하는 교육적 접근이 시도되었고, 남북관계에 대한 이해를 높이고 통일에 대한 사회적 합의를 형성하는 데 초점을 두었다.

넷째, 1990년대는 국제 정세 변화가 통일교육에 큰 전환점을 마련한 시기였다. 독일의 통일, 동구권의 붕괴, 그리고 1991년 남북기본합의서 체결을 계기로, 기존의 반공 중심 교육에서 벗어나 '민족 공동체 형성'을 핵심 목표로 하는 새로운 통일교육 체계가 정립되었다. 제6차 교육과정(1992)에서는 '통일·안보교육'이라는 명칭이 '통일교육'으로 공식 변경되었으며, 통일교육의 방향도 자유민주주의 기반의 통합 의식 강조로 전환되었다.

마지막으로, 2000년대 이후는 「통일교육지원법」(2000) 제정을 계기로 제도적 기반을 확립하였다. 통일부는 '통일교육원'을 중심으로 학교와 지역 사회를 아우르는 다양한 교육 프로그램을 개발하였고, 평화공존, 인권, 다양성 존중 등의 보편적 가치를 교육 목표에 반영하였다. 2010년대를 기점으로 통일교육은 더 이상 단순한 제도 비교나 안보 중심 교육에 머물지 않고, 평화감수성, 갈등 해결능력, 민주시민 역량 강화로 방향을 전환하는 모습을 보였다.**6**

---

5 한국민족문화대백과사전(2025), '통일교육원' 항목, 『한국민족문화대백과사전』.
6 한만길(2019), 「평화통일교육의 방향과 내용 고찰」, 『통일정책연구』, 28(1), 135-157, 통일

이와 같이 우리나라 통일교육은 반공 이념 중심의 주입식 교육에서 평화·공존의 가치를 포괄하는 참여형 학습으로 점차 변화해 왔다. 이러한 변화는 단순히 교육 내용의 확장에 그치지 않고, 학습자 중심의 체험형 학습, 디지털 매체 활용, 남북 문화 교류 경험 등을 통합하는 방향으로 이어지고 있다. 그러나 여전히 대학생 세대에서 통일교육 참여 기회는 제한적이며, 기존 교과 과정이 정치·군사 중심의 거시적 서사에 치중되어 학생들의 흥미와 실질적 몰입을 유도하는 데 한계가 있다는 점에서 새로운 접근이 요구된다.

2. 대학 통일교육의 현황과 과제

현행 「통일교육지원법」 제8조 제3항에서는 대학 통일교육을 '권장형'으로 규정하고 있다. 과거에는 국민윤리 과목 및 교양 필수 과목을 통해 대학생들에게 통일교육을 제공했으나, 1990년대 이후 해당 과목의 폐지와 함께 현재는 일부 대학에서 교양선택 과목 또는 특강 형태로 제한적으로 운영되는 실정이다.[7] 이러한 변화는 사회·정치적 환경의 변화뿐 아니라 대학 교육과정의 자율화 및 학생들의 학습 수요 다변화와 밀접한 관련이 있다. 대학에서 운영되는 통일교육은 운영 주체 및 방식에 따라 크게 네 가지로 구분된다.

연구원.
7 황인표(2018), 「대학교 통일교육의 현황과 과제」, 『윤리연구』, 1(121), 165-195.

첫째, 학과 중심형이다. 북한학과, 통일학과 등 관련 전공을 개설하여 학과 차원에서 심화 교육을 제공하는 방식이다. 통일 관련 이론·정책·사례를 심층적으로 다루는 장점이 있으나, 전공 학생 중심으로 한정되어 있다는 한계가 있다. 둘째, 교양 선택형으로 비교과 프로그램 또는 일반 교양 강좌로 편성되어 학생들이 선택적으로 수강할 수 있는 형태이다. 최근 많은 대학에서 가장 보편적으로 채택하고 있는 방식이지만, 필수성이 낮아 수강 인원이 제한적이라는 문제가 있다. 셋째, 정부·기업 지원형으로 통일부, 한국교육개발원, 기업 재단 등에서 주관하는 공모형 프로그램을 대학이 도입하는 사례이다. 통일아카데미, 통일포럼, 통일논문 공모전 등이 대표적 예로, 실습 중심의 프로그램을 통해 학생들의 참여를 유도하는 효과가 있다. 넷째, 대학 자체 프로그램형으로 각 대학에서 자체적으로 기획한 비교과 특강, 통일캠프, 학술제, 현장 체험 등 개별 맞춤형 프로그램을 운영하는 방식이다.

대학별 특성과 학생 수요를 반영할 수 있으나, 전담 인력 및 예산 부족으로 지속성이 떨어진다는 문제가 지적된다. 현행 대학 통일교육은 구조적 한계를 드러내고 있다.[8] 첫째, 강의식 중심 교육으로 인한 학습 몰입도 저하로 대부분의 대학 통일교육은 일방향적 강의 중심으로 운영되어 학생들의 학습 몰입과 흥미를 유도하기 어렵다. 참여형 학습 기회가 부족해 학습 효과가 제한적이다. 둘째, 정치·군사 중심의 편향성 문제로 교육 내용이 안보 담론과 군사 전략 등 거시적·정치적 주제에 편중되어 있어 학생들이 공감할 수 있는 실생활 기반 학습으로 연결되지 못한다. 셋째, 인문·

---

8 김진환(2019), 「대학 통일교육 발전 방안 연구」, 『통일교육원 정책연구보고서』.

사회계열 전공 학생을 중심으로 교육 기회가 집중되어 이공계열 학생의 참여가 저조하다. 이는 학과 커리큘럼 편제, 관심도 격차, 강좌 선택 제한 등이 복합적으로 작용한 결과이다. 넷째, 체험형·참여형 콘텐츠 부족으로 현장 탐방, 사례 기반 프로젝트, 토론 및 체험 프로그램과 같은 학습자 주도형 콘텐츠가 부족해 학습자 중심 교육으로의 전환이 미흡하다.

이러한 한계를 극복하기 위해 통일부를 중심으로 대학생 맞춤형 프로그램이 점차 확산되고 있다. 대표적인 예로 통일아카데미, 통일포럼, 통일논문 공모전 등이 있으며, 이는 토론과 체험, 캠페인 기획 등 실천적 학습을 강화하는 방향으로 설계되었다. 그러나 프로그램의 지속 가능성, 운영 예산, 학습자 수요 간의 괴리를 해소하기 위해 대학과 정부 간 보다 긴밀한 협력체계가 필요하다.

3. 경험학습 이론과 통일교육 적용

현재 대학 통일교육의 효과성을 높이기 위해서는 단순한 지식 전달 중심 교육에서 벗어나 학습자의 직접적 경험, 성찰, 적용을 강조하는 참여형 학습으로 전환할 필요가 있다. 특히 Z세대 학습자의 특성을 고려할 때, 개인의 실질적 이익과 체험을 중시하는 학습 환경을 제공하는 것이 중요하다. Kolb는 학습 과정을 구체적 경험(Concrete Experience) → 반성적 성찰(Reflective Observation) → 추상적 개념화(Abstract Conceptualization) → 능동적 실험(Active Experimentation)의 네 단계로 설명한다. 이 네 단계는 선형적 진행이 아니라 순환적 과정을 통해 학습자가 스스로의 경험을 탐색하고 의미화하며, 이를 실제 상황에 적용하는 통합적 학습 구조를 의미한다. 통일교육에서 구체적 경험(Concrete Experience)은 학생들이 통일과 관련된 실제 상황을 직·간접적으로 체험하는 것을 의미한다. 예컨대, 북한 이탈 주민과의 대화, DMZ 현장 학습, 남북 교류 사례 분석 등은 학생들이 통일 문제를 추상적 개념이 아닌 현실적 과제로 받아들이게 한다. 반성적 성찰(Reflective Observation)을 경험한 학습자는 이를 개인적·사회적 맥락에서 성찰하는 과정을 거친다. 토론, 학습 저널링, 소감문 작성 등을 통해 학습자는 통일 문제를 자신의 가치관, 정체성, 사회 인식과 연결해 재해석하게 된다. 손선화 외(2022)는 토론형 통일교육 프로그램에 참여한 대학생들이 기존의 '북한=위협'이라는 단일적 시각에서 벗어나 경제·문화 교류를 통한 공존 가능성을 인식하게 되었다고 보고하였다.[9] 이는 성찰 활동이 학습자의 관점을 다각화하는 데 핵심적 역할을 한다는 것을 보여준다. 추상적 개념화(Abstract Conceptualization)의 경험과 성찰을 통해 학습자는 자신만의 개념적 틀을 구축하게 된다. 이는 단순히 지식을 암기하는 수준을 넘어, 통일 관련 정책·사회 구조·역사적 맥락을 통합적으로 이해하는 단계다. 예를 들어, 남북관계 변화를 주제로 한 사례 연구, 독일 통일과정 비교 분석, 동북아 국제 정세 토론 등은 학습자가 복잡한 통일 문제를 구조적으로 이해하도록 돕는다. 능동적 실험(Active Experimentation)인 Kolb 이론의 핵심은 경험을 실천으로 연결하는 데 있다. 대학 통일교육에서 학생들은 통일정

---

9 손선화·류상일 & 엄영호(2022), 「Z세대 통일의식에 영향을 미치는 요인 연구: 부산지역 대학생들을 중심으로」, 『Crisisonomy (한국위기관리논집)』, 18(4), 125-141.

책 제안서 작성, SNS 기반 캠페인 기획, 통일교육 콘텐츠 제작 등의 프로젝트에 참여함으로써, 학습을 현실에서 실행해 볼 기회를 갖는다.

Kolb의 경험학습 모형을 대학 통일교육에 접목하면 다음과 같은 효과를 기대할 수 있다.

- 참여 동기 강화: 개인적 흥미를 기반으로 학습을 설계해 학습자의 몰입도를 높임.
- 통합적 사고력 향상: 경험→성찰→개념화→실험 과정을 통해 복합적 문제 해결 능력 배양.
- 실천 역량 강화: 통일 관련 사회참여 프로그램과 연결하여 실질적 행동 변화를 유도.
- Z세대 맞춤형 교육 모델: 자기주도적 학습 선호와 실용적 가치 중시 경향을 반영한 교육 가능.

즉, 경험학습을 기반으로 한 통일교육은 학생들로 하여금 통일 문제를 단순한 국가적 담론이 아니라, 개인적 삶과 공동체적 책임이 연결된 과제로 인식하게 만드는 효과적인 접근이라고 할 수 있다.

4. 현상학적 연구의 이론적 토대

현상학(Phenomenology)은 참여자의 '주관적 경험'을 있는 그대로 기술하고, 그 경험 속에서 드러나는 의미 구조를 해석하는 데 초점을 두는 질적 연구 방법이다.**10** Husserl(1970)은 현상학을 "사태 자체로 돌아가라(Zurück zu den Sachen selbst)"는 철학적 기치 아래, 연구자가 선입견을 배제하고 참여자의 경험을 있는 그대로 탐구할 것을 강조하였다. 이러한 접근은 대학생 통일교육 경험을 연구하는 본 연구의 목적과 부합한다. 단순히 교육 효과를 수치화하는 것을 넘어, 학생들이 통일교육을 어떻게 경험하고 인식하는지, 그리고 그 경험이 개인의 사고와 정체성에 어떤 변화를 가져오는지를 심층적으로 이해할 수 있기 때문이다. Husserl의 현상학은 연구자가 기존의 가치판단과 해석을 일시 중단하는 판단중지(Epoche) 개념을 핵심 원리로 제시한다. 이는 연구자가 자신의 해석 틀을 배제한 채 참여자의 경험을 있는 그대로 수용하고 기술하는 과정을 의미한다. 예컨대, 대학생들이 통일교육에서 '북한에 대한 고정관념을 재구성하는 과정'을 이야기할 때, 연구자는 자신의 정치적 입장이나 가치관을 개입시키지 않고 학생들의 서술 속에서 드러나는 의미 구조를 파악해야 한다. 이를 통해 '통일'이라는 사회적 담론이 아니라, 참여자의 실제 경험 세계(Lifeworld)를 탐구하는 것이 가능해진다.**11**

   본 연구에서는 Giorgi(2009)의 기술적 현상학적 분석 절차(Descriptive Phenomenological Method)를 적용하였다.**12** Giorgi는 Husserl의 철학을 토대로 심리학적·교육학적 현장에 적합한 분석 절차를 제시하였으며, 구

---

10 Husserl, E. (1970). Logical Investigations. Routledge

11 Moustakas, C. (1994). Phenomenological Research Methods. Thousand Oaks, CA: Sage.

12 Giorgi, A. (2009). The Descriptive Phenomenological Method in Psychology. Pittsburgh, PA: Duquesne University Press.

체적 단계는 다음과 같다.

- 전체적 읽기(Reading for a Sense of the Whole): 인터뷰 전사 자료를 반복적으로 읽어 경험의 흐름과 맥락을 이해한다.
- 의미 단위 구분(Delineating Meaning Units): 참여자의 서술에서 학습·감정·인식의 변화를 나타내는 구간을 세분화한다.
- 심리학적 변환(Transformation into Psychological Language): 참여자의 진술을 학문적 언어로 전환해 개념적 틀을 형성한다.
- 본질 구조 도출(Synthesis of Essential Structure): 개별 의미 단위를 통합해 현상의 본질을 설명하는 주제를 도출한다. 예를 들어, 한 학생이 "통일교육을 듣기 전에는 무관심했지만 북한 주민의 삶을 알게 된 후 나의 시각이 바뀌었다"라고 말한다면, 이는 '통일 무관심 → 정보 제공 → 관점 변화'라는 본질 구조로 분석될 수 있다.

현상학적 접근을 대학생 통일교육 연구에 적용하면, 먼저 학습자의 경험에 기반한 실증적 이해가 가능하다. 기존의 통일교육 관련 논의가 정책 중심의 거시적 담론에 치중되어 있었다면, 현상학은 개별 학습자가 실제 교육 현장에서 체감하는 경험을 심층적으로 탐구할 수 있는 방법론을 제공한다. 이를 통해 교육과정 속에서 학습자가 어떤 의미를 부여하며, 학습 과정에서 어떠한 정서적·인지적 변화를 겪는지 구체적으로 파악할 수 있다.

또한 현상학적 분석은 통일교육의 효과성을 탐색하는 데 중요한 도구가 된다. 참여자의 경험 서사를 중심으로 교육 전후의 인식 변화, 학습 동기의 형성, 정체성 발달 과정을 면밀히 분석함으로써, 통일교육이 학습자에게 어떠한 실질적 영향을 미치는지를 검증할 수 있다. 단순히 학습 성취도나 지식 습득 수준을 측정하는 것에 그치지 않고, 교육 경험이 학습자의 태도와 가치관에 미치는 심층적 변화를 밝혀낼 수 있다는 점에서 의의가 크다. 마지막으로 현상학적 연구는 교육 현장 개선에도 기여할 수 있다. 분석 과정에서 도출된 학습자의 요구와 학습 환경에서의 어려움은 향후 통일교육 프로그램을 설계하는 데 실질적 근거로 활용될 수 있다. 학습자의 목소리를 반영한 교수·학습 전략, 참여형 교육 콘텐츠 개발, 세대 특성에 맞춘 교육 방식 개선 등 실천적 대안을 마련할 수 있게 되며, 이는 대학 통일교육의 질적 향상으로 이어진다.

III. 연구방법

1. 연구설계

본 연구는 대학생의 통일교육 경험을 심층적으로 이해하기 위해 현상학적 연구방법을 활용하였다. 현상학적 연구는 특정 현상에 대한 참여자의 주관적 경험을 분석하고, 그 속에서 공통적이고 본질적인 의미를 도출하는 데 초점을 둔다.[13] 이는 연구자가 외부자의 시선에서 해석하는 것이

---

13 J. W. Creswell & C. N. Poth, Qualitative Inquiry and Research Design: Choosing Among Five Approaches, Sage Publications, 2016.

아니라, 참여자의 관점에서 경험 세계를 탐구하는 과정을 의미하며, 따라서 통일교육에 참여한 대학생들의 경험과 인식 변화를 총체적으로 이해하는 데 적합하다.[14]

현상학적 연구 설계는 다음 세 가지 특징을 기반으로 한다. 첫째, 경험의 본질을 규명하기 위해 참여자가 특정 상황에서 체험한 경험을 중심으로 그 의미를 탐구한다. 둘째, 연구자의 해석이나 선입견을 최소화하고, 참여자의 언어와 시선을 그대로 반영하여 자료를 수집·분석한다. 셋째, 경험의 구체성과 심층성을 확보하기 위해 심층 인터뷰와 참여 관찰 등 질적 연구 기법을 활용한다.[15]

본 연구의 목적은 대학생의 통일교육 경험을 토대로, 통일교육이 개인의 통일관, 북한에 대한 인식, 사회적 책임감 형성에 미친 본질적 의미를 규명하는 데 있다. 이를 위해 Giorgi(1994, 1997)의 현상학적 분석 절차를 적용하여 자료를 수집하고 분석하였다.[16] 특히 심층 인터뷰를 통해 참여자들의 구체적인 경험을 생생하게 기록하고, 이를 토대로 통일교육의 효과와 한계를 다각적으로 이해하고자 하였다.

---

14 Fossey, E., Harvey, C., McDermott, F., & Davidson, L. (2002). Understanding and evaluating qualitative research. Australian and New Zealand Journal of Psychiatry, 36(6), 717-732.

15 Eddles-Hirsch, K. (2015). Phenomenology and educational research. International Journal of Advanced Research, 3(8), 251-260.

16 Giorgi, A. (1994). A phenomenological perspective on certain qualitative research methods. Journal of Phenomenological Psychology, 25(2), 190-220.

2. 연구참여자

본 연구의 참여자는 경기도 소재 K대학교에서 2023학년도 통일교육 교과목 또는 비교과 프로그램을 이수한 대학생 6명으로 구성되었다. 참여자는 성별, 전공 계열, 통일교육 참여 기간을 기준으로 선정하였다. 남학생 3명, 여학생 3명으로 성별을 균형 있게 구성했으며, 전공은 인문·사회계열 4명, 자연과학·공학계열 2명으로 다양성을 확보하였다. 또한 최소 1학기(약 4개월)에서 최대 1년간 통일교육에 참여한 학생을 대상으로 심층 면담을 진행하였다.

연구참여자	계열	학년	참여현황	면담횟수 및 시간
A	인문대학	3	비교과, 교과	총 2회/ 3hr
B	사회과학대학	4	비교과, 교과	총 2회/ 2hr
C	창의공과대학	3	교과	총 3회/ 2.5hr
D	소프트웨어경영대학	3	비교과	총 3회/ 3hr
E	사회과학대학	4	비교과, 교과	총 3회/ 2.5hr
F	인문대학	3	교과	총 2회/ 2hr

연구대상자는 목적표집(purposive sampling) 방식으로 선정되었으며, 다양한 경험을 가진 학생들을 대상으로 통일교육 참여 동기, 학습 경험, 인식 변화를 최대한 풍부하게 탐색할 수 있도록 구성하였다.[17]

---

[17] Patton, M. Q. (2015). Qualitative Research & Evaluation Methods. Sage Publications.

3. 자료수집

본 연구에서는 반구조화 심층 인터뷰(semi-structured in-depth interview)를 활용하였다. 인터뷰는 참여자의 자유로운 경험 서술을 유도하기 위해 개방형 질문(open-ended questions)을 중심으로 설계하였다. 예시 질문은 다음과 같다.

"통일교육에 참여하게 된 계기는 무엇인가요?"
"교육 과정에서 가장 기억에 남는 경험은 무엇인가요?"
"통일교육을 받기 전과 후, 통일에 대한 인식은 어떻게 달라졌나요?"
"통일교육 중 어려움이나 한계로 느낀 점이 있었나요?"
"이 경험이 개인의 가치관이나 진로 선택에 어떤 영향을 주었나요?"

인터뷰는 2024년 12월부터 2025년 5월까지 1인당 2회 이상 실시되었으며, 1회당 평균 60~90분 동안 진행되었다. 모든 면담은 참여자의 동의하에 녹음되었고, 이후 전사(transcription) 과정을 거쳐 분석에 활용하였다.[18]

4. 자료분석 방법

본 연구에서는 Giorgi(2009)가 제시한 현상학적 기술적 분석 절차를 적용하여 대학생들의 통일교육 경험을 분석하였다. 먼저, 전사된 면담 자료를 반복적으로 읽으며 참여자의 진술을 전체적으로 이해하는 데 주력하였

18　Kvale, S. (2007). Doing Interviews. Sage Publications.

다. 이를 통해 연구자는 자료 속에서 드러나는 맥락적 흐름과 의미 구조를 파악하고, 각 참여자가 경험한 본질적 현상에 대한 총체적 감각을 형성하였다.

다음으로, 자료를 세밀히 검토하여 통일교육 경험과 관련된 핵심적인 진술을 의미 단위(meaning units)로 구분하였다. 의미 단위 도출 과정에서는 참여자가 사용한 언어를 가능한 한 그대로 유지하며, 연구자의 주관적 해석을 최소화하는 데 중점을 두었다. 이후 도출된 의미 단위들을 개념화하여 범주화(categorization)하고, 참여자 간 공통적으로 드러나는 경험의 패턴을 도출하였다. 마지막으로, 이러한 범주를 종합하여 대학생 통일교육 경험의 본질적 구조를 설명하는 서사를 완성하였다.

분석의 신뢰성을 높이기 위해 두 명의 연구자가 독립적으로 자료를 분석한 뒤, 분석 결과를 상호 검토하여 의견을 조율하는 과정을 거쳤다. 이러한 연구자 삼각검증(peer debriefing)을 통해 분석의 객관성과 일관성을 확보하였다.

5. 연구의 신뢰성과 타당성 확보

본 연구는 질적 연구의 엄밀성을 확보하기 위해 Lincoln과 Guba(1985)가 제시한 네 가지 기준을 적용하였다. 첫째, 신뢰성(credibility)을 확보하기 위해 연구자가 도출한 분석 결과를 참여자에게 공유하고, 그들이 직접 검토한 뒤 피드백을 반영하는 참여자 확인(member checking) 절차를 수행하였다. 이 과정을 통해 연구자의 해석이 실제 참여자의 경험과 일치하는지 검증하였다.

둘째, 전이가능성(transferability)을 높이기 위해 연구 맥락과 참여자의 특성, 그리고 통일교육 프로그램의 구체적 내용과 환경을 상세히 기술하였다. 이를 통해 유사한 조건을 가진 다른 교육현장에서 본 연구의 결과를 적용할 수 있도록 하였다.

셋째, 의존성(dependability)을 확보하기 위해 연구 설계, 자료수집, 분석, 해석의 전 과정을 체계적으로 기록하고, 연구자 간 교차 검토 과정을 거쳤다. 이를 통해 분석 과정에서 발생할 수 있는 해석상의 편차를 최소화하였다.

마지막으로, 확증가능성(confirmability)을 위해 연구자는 연구 전 과정에서 자신의 선입견과 편향을 배제하기 위해 노력하였다. 이를 위해 판단중지(Epoche) 원칙을 유지하며 참여자의 언어와 경험을 있는 그대로 기술하는 데 집중하였고, 분석 및 해석 과정에서의 결정 과정을 투명하게 제시하여 연구 결과의 객관성을 높였다.

Ⅳ. 연구결과

1. 참여 동기와 기대

참여자들은 통일교육의 필요성에 대한 인식은 가지고 있었지만, 실제 참여 전에는 구체적 지식이 부족하거나 단순 호기심에서 출발한 경우가 많았다. 그러나 프로그램을 경험하면서 학습 내용의 깊이와 현장 체험의 강도가 예상보다 크다는 점을 깨달으며 초기 기대 이상으로 긍정적인 학습 효과를 체감하였다.

참여자 A (인문대학)
"사실 처음엔 통일에 대해 큰 관심은 없었어요. 교수님께서 교양 수업으로 들어두면 좋겠다고 하셔서 별 생각 없이 신청했는데, 막상 강의를 듣다 보니 제 전공(인문학)과 연결되는 부분이 많더라고요. 통일 문제를 단순한 정치 이슈로만 생각했는데, 언어·문화적 관점에서 바라보니 제 분야와도 관련이 있다는 걸 새롭게 알게 됐어요. 강의 중 북한 주민들의 언어 사용 사례를 다룬 부분이 특히 인상 깊었고, 남북한 문화 차이에 대한 연구 주제를 스스로 찾아보게 되더라고요."

참여자 B (사회과학대학)
"K-MOOC 통일교육 강좌를 친구가 추천해줘서 호기심에 시작했어요. 사회학을 전공하다 보니 남북관계나 갈등 문제에도 어느 정도 관심이 있었는데, 강의에서 경제·사회 전반을 다루니까 더 깊이 있게 공부할 수 있었어요. 처음엔 '그냥 교양 학점 채우자'였는데, 생각보다 내용이 알차서 끝까지 듣게 됐어요. 특히 남북 경제협력 사례와 접경지역 주민들의 생활 이야기를 들으면서, 제 전공 수업에서 배운 사회 구조 이론과 비교해 보는 재미도 있었어요."

참여자 C (창의공과대학)

"공대생이라 통일 이슈랑 별 상관없을 거라고 생각했는데, 수업을 듣고 나서 생각이 완전히 바뀌었어요. 북한의 과학기술 현황이나 산업구조 같은 내용을 다루는 부분이 특히 흥미로웠어요. 전공 수업에서 배우는 공학기술과 연결되는 지점이 있다는 걸 알게 되니까 오히려 더 열심히 참여하게 됐어요. 교수님께서 북한 전력 인프라와 통신망 자료를 보여주셨는데, 같은 기술이라도 제약 환경에 따라 완전히 다르게 운영된다는 사실이 놀라웠어요."

참여자 D (소프트웨어경영대학)

"4·28 북한아카데미 접경지역 탐방에 참가했는데, 사실 그게 제일 큰 계기였어요. 소프트웨어 전공인데도 'DMZ에서 IT 인프라가 어떻게 구축돼 있는지' 직접 보고 싶었거든요. 현장에서 설명을 들으면서 수업에서 배운 이론과 연결되는 걸 체감하니까, 강의에서 얻은 지식이 훨씬 입체적으로 다가왔어요. 군사 분계선을 눈앞에서 보고, 해설사분이 전해주신 실제 사례를 들으니 한반도 분단 현실을 몸으로 느낄 수 있었어요."

2. 학습 경험

참여자들은 교과와 비교과 프로그램을 통해 통일에 대한 다양한 시각을 접하며, 단순한 지식 습득을 넘어 참여형 학습 경험의 효과를 강조하였다. 특히 역할극, 모의 토론, 접경지역 탐방, 통일퀴즈대회, K-MOOC 강좌 등 다양한 학습 방식은 몰입감과 흥미를 높이며 학습 효과를 극대화하는데 기여하였다.

참여자 E (사회과학대학)
"수업에서 '한반도 평화 프로세스' 역할극을 했는데 제가 북한 측 대표 역할을 맡았어요. 처음엔 너무 어색했는데, 자료를 찾아보고 발표 준비를 하면서 북한 입장에서 생각해 보는 경험을 했다는 게 정말 값졌어요. 사회과학 전공자로서 정책과 이해관계를 실제로 분석해 볼 수 있었고, 단순히 책에서 배우는 지식보다 훨씬 실감 나게 다가왔어요."

참여자 A (인문대학)
"통일퀴즈대회가 제일 기억에 남아요. 처음엔 단순히 게임처럼 즐기려고 참가했는데, 막상 문제를 보니까 제가 모르는 게 너무 많더라고요. 그래서 친구들과 팀을 짜서 공부를 더 열심히 하게 됐고, 준비 과정에서 북한 사회·문화에 대한 지식도 많이 쌓았어요. 오히려 수업 시간보다 더 집중해서 배우게 된 계기였어요."

참여자 B (사회과학대학)

"남북 접경지역을 방문한 경험이 가장 인상 깊었어요. 북한 땅을 바로 눈앞에서 볼 수 있다는 게 너무 신기했죠. 철조망 너머를 직접 보니까 책에서 배우는 것과는 전혀 다른 감정이 들더라고요. 사회복지 전공이라 '통일 이후 북한 주민 지원'에 관심이 있었는데, 현장을 직접 보고 나니 그 필요성을 더 강하게 실감하게 됐어요."

참여자 D (소프트웨어경영대학)

"4·28 북한아카데미 접경지역 탐방에 참여했던 게 제게 가장 큰 전환점이었어요. 사실 소프트웨어 전공이라 통일 문제랑 크게 관련 없을 거라고 생각했거든요. 그런데 DMZ에서 실제 군사 분계선을 눈으로 보고, IT 인프라 구축에 대한 설명을 직접 들으면서 생각이 완전히 바뀌었어요. 특히 현장에서 교수님이 '통일 이후 데이터 교류와 기술 협력이 중요한 역할을 할 것'이라고 설명해주셨는데, 그 부분이 굉장히 인상 깊었어요. 수업에서 배운 내용이 현장 경험과 연결되니까 지식이 더 오래 남더라고요."

참여자 F (인문대학)

"K-MOOC에서 진행한 통일 관련 강의를 수강했는데, 영상 콘텐츠랑 자료가 잘 정리돼 있어서 혼자 공부하기에도 좋았어요. 처음에는 단순히 학점 때문에 시작했는데, 북한 주민의 생활상이나 문화적 차이에 관한 강의가 나올 때 정말 흥미로웠어요. 또 온라인 토론방에서 다른 학교 학생들과 의견을 나누는 활동도 있었는데, 남북관계를 바라보는 관점이 사람마다 다르다는 걸 체감했어요. 나중에 교수님께서 주신 참고자료를 읽으면서 저 스스로 생각을 더 확장할 수 있었던 게 가장 큰 수확이에요."

3. 인식 변화

참여 전후로 학생들의 통일 및 북한 인식에는 뚜렷한 변화가 있었다. 초기에는 통일 문제를 정치적 갈등이나 경제적 부담으로만 바라보며 무관심하거나 부정적인 태도를 보였지만, 교과·비교과 프로그램과 다양한 학습 경험을 통해 통일의 인도적·경제적·사회문화적 의미를 새롭게 이해하게 되었다. 특히 현장 체험, 심층 토론, K-MOOC 강의 등 참여형 학습이 인식 전환을 촉진한 주요 요인이었다.

참여자 E (사회과학대학)
"처음엔 솔직히 통일에 부정적이었어요. 경제적 부담이 크고, 우리 세대랑 직접적으로 상관없는 문제라고 생각했거든요. 그런데 수업에서 북한 주민들의 생활과 인권 문제를 배우고 나니 생각이 완전히 바뀌었어요. '통일'이라는 게 단순한 정치 문제가 아니라, 결국 사람과 사람을 잇는 문제라는 걸 알게 된 거예요. 인도적 시각에서 바라보니까 통일 필요성에 공감하게 됐어요."

참여자 C (창의공과대학)
"K-MOOC에서 남북 경제협력을 다룬 강의를 듣고 진짜 충격받았어요. 공대생이라 통일은 저랑 크게 상관없다고 생각했는데, 기술 교류와 공동 개발 가능성 이야기를 접하고 나니 시선이 완전히 달라졌어요. 오히려 제 전공과 연결되는 지점이 많다는 걸 알게 되니까, 통일이 우리 세대의 기회가 될 수도 있겠다는 생각이 들었어요."

참여자 A (인문대학)

"통일을 그냥 정치 싸움 정도로만 생각했어요. 그런데 강의에서 남북 주민들의 삶과 문화 차이를 배우다 보니, 훨씬 인간적인 문제라는 걸 깨달았어요. 특히 남북 문화 교류 사례를 접하면서 '언젠가는 서로를 이해할 수 있겠구나' 하는 희망이 생겼어요. 통일은 단순히 제도적 통합이 아니라, 사람 간의 이해와 공감에서 시작된다는 걸 알게 된 거죠."

참여자 D (소프트웨어경영대학)

"수업 전에는 뉴스에서 보던 대립 구도만 생각했어요. 남과 북은 늘 싸우고 갈등하는 존재라고만 여겼죠. 그런데 수업에서 학자들의 다양한 분석을 접하다 보니, 통일 문제를 훨씬 입체적으로 보게 됐어요. 정치, 경제, 기술, 문화가 서로 얽혀 있는 복합적인 문제라는 걸 알게 됐고, 제 전공인 소프트웨어 분야에서도 통일 이후 데이터 공유나 보안 협력이 필요할 수 있다는 걸 깨달았어요."

4. 프로그램 운영 평가

참여자들은 통일교육 프로그램의 다양성과 체험형 학습 구성에 대해 전반적으로 만족을 표했다. 교과와 비교과가 연계되어 학습 효과가 증대되었다는 긍정적인 평가가 있었으며, DMZ 탐방·역할극·퀴즈대회 등 다양한 방식이 흥미를 높였다는 반응이 많았다.

그러나 일부 학생들은 강의 난이도, 운영 방식, 특정 콘텐츠의 접근성,

정치적 편향성 등에 대해 개선 필요성을 지적하기도 했다. 특히, 제한적인 참여 기회와 사전 안내 부족, 교수자별 설명 수준 차이 등에서 아쉬움을 토로했다.

참여자 B (사회과학대학)
"통일교육 주간에 열린 체험 부스가 정말 좋았어요. '평화의 벽 만들기', '남북 언어 비교 체험' 같은 활동이 준비돼 있었는데 단순히 강의만 듣는 것보다 훨씬 몰입할 수 있었거든요. 다만 일부 부스가 빨리 마감돼서 못 해본 게 아쉬웠어요. 다음엔 사전에 세부 프로그램 정보를 공지해주면 좋겠어요."

참여자 A (인문대학)
"교수님 설명이 체계적이어서 이해하기 편했어요. 하지만 한 번은 특정 정치적 시각을 강하게 강조하는 부분이 있어서 조금 불편했어요. 통일교육에서는 다양한 관점을 균형 있게 다루는 게 중요하다고 생각해요. 다른 학교 사례나 국제 비교 자료 같은 걸 더 보완하면 좋을 것 같아요."

참여자 D (소프트웨어경영대학)
"DMZ 현장 탐방 프로그램이 정말 인상적이었어요. 단순히 강의로만 배웠던 걸 직접 보고 들을 수 있었거든요. 하지만 솔직히 사전 안내 자료가 조금 부족했어요. 현장에서 군사 시설, 역사적 배경 같은 용어가 나왔을 때 이해가 늦어 따라가기 힘든 순간도 있었어요. 사전에 브리핑 자료나 관련 영상을 제공해주면 훨씬 효과적일 것 같아요."

참여자 C (창의공과대학)

"전공 특성상 과제도 많고 시간도 빠듯해서 비교과 프로그램은 참여 기회가 거의 없었어요. 그런데 나중에 보니까 K-MOOC 수강생 전용 콘텐츠나 실습 자료가 따로 있더라고요. 교내 학생들에게도 동일하게 열어줬으면 해요. 기회가 한정돼 있으니까 참여를 희망해도 아예 접속조차 못한 경우가 많았거든요."

참여자 E (사회과학대학)

"통일퀴즈대회가 정말 기억에 남아요. 준비 과정에서 공부도 많이 됐고 팀원들과 협력하는 재미도 있었어요. 다만 문제 난이도가 너무 높아서 일반 학생들이 접근하기 어려운 부분이 있었던 것 같아요. 초급·중급 난이도를 구분하거나, 사전 학습 자료를 제공해주면 훨씬 더 많은 학생들이 즐겁게 참여할 수 있을 거예요."

5. 개인의 가치관 및 진로 선택에 미친 영향

통일교육 경험은 참여자들의 가치관, 직업관, 미래 진로 선택에 다양한 방식으로 영향을 미쳤다. 일부 학생들은 인도적·사회적 책임감에 대한 인식을 강화했고, 일부는 통일 관련 정책·국제협력 분야로 진로를 확장하는 계기를 얻었다. 특히, 직접 체험형 학습과 심층 토론을 병행한 학생일수록 진로 방향에 대한 구체적 변화를 보고하는 경향이 나타났다.

참여자 A (인문대학)

"예전에는 통일 문제를 그냥 뉴스에서만 접했는데, 수업을 들으면서 언어와 문화가 단절된 상황을 실감했어요. 저는 국문학을 전공하고 있어서 한글과 남북 언어 차이에 관심을 갖게 됐고, 나중에 통일 관련 콘텐츠 제작이나 문화 번역 쪽으로 진로를 고민해보게 됐어요. 제 전공과 연결해서 사회적으로 기여할 수 있는 방법을 찾게 된 거죠."

참여자 B (사회과학대학)

"원래는 공공기관 취업을 생각하고 있었는데, 이번 강좌를 들으면서 남북교류와 관련된 정책 쪽으로 관심이 생겼어요. 특히 경제협력이나 사회복지 체계 구축 같은 주제가 제 전공과 밀접하게 연결되더라고요. 통일은 막연한 국가적 과제가 아니라 제가 직접 참여할 수 있는 분야라는 걸 깨달으면서 직업 선택의 폭이 넓어졌어요."

참여자 C (창의공과대학)

"공대생이라 통일 문제랑은 전혀 상관없을 줄 알았거든요. 그런데 강의에서 북한 과학기술 현황과 산업 구조를 다룬 부분을 보고 생각이 달라졌어요. 남북 기술 협력이나 공동 연구 가능성이 많다는 걸 알게 된 후, 관련 분야에서 제 전공을 활용할 방법을 고민하기 시작했어요. 오히려 제 커리어에 새로운 가능성이 열렸다는 느낌이에요."

참여자 D (소프트웨어경영대학)

"DMZ 탐방에서 군사 기술과 정보통신망 구축 이야기를 직접 들었을 때,

제 전공과도 충분히 연관될 수 있겠다고 생각했어요. 그전까지는 소프트웨어 개발자로 기업에 취업할 생각만 했는데, 남북 간 디지털 인프라 구축이나 데이터 교류 같은 공공 프로젝트에도 기여해보고 싶다는 새로운 목표가 생겼어요."

참여자 E (사회과학대학)
"처음엔 학점 때문에 들은 수업이었는데, 배우다 보니 통일교육이 제 가치관에 큰 변화를 주더라고요. 특히 북한 주민 인권이나 복지 문제를 다루면서, 제가 할 수 있는 역할이 뭘까 고민하게 됐어요. 이제는 국제기구나 NGO에서 인도적 지원 활동을 해보는 것도 진지하게 생각 중이에요."

참여자 F (인문대학)
"K-MOOC 강좌를 들으면서 문화 교류와 통합이 얼마나 중요한지 실감했어요. 전에는 통일을 단순히 '정치적인 이벤트'로만 봤는데, 교육을 받으면서 문화 콘텐츠와 스토리텔링의 필요성을 느꼈어요. 제 전공을 활용해서 한반도 문화 콘텐츠를 기획하거나, 통일 이후 문화 이해를 돕는 일을 하고 싶다는 생각이 들었어요."

V. 논의 및 해석(Discussion)

본 연구는 경기도 K대학의 통일교육 교과·비교과 프로그램에 참여한 대학생들의 학습 경험을 심층적으로 분석하여, 통일교육이 학습자의 인식 변화, 학습 동기, 학문적 확장, 가치관 및 진로 선택에 미치는 영향을 탐구하였다. 본 장에서는 연구결과를 토대로 참여자들의 경험을 해석하고, 통일교육의 교육적 시사점을 논의하고자 한다.

1. 초기 참여 동기에서 학습 몰입으로의 전환

연구참여자 대부분은 프로그램 참여 전 통일에 대한 구체적 지식이나 관심이 부족했으며, 교양 학점 취득, 주변의 추천, 단순한 호기심 등의 가벼운 동기에서 출발하였다. 그러나 실제 프로그램을 경험한 이후 학습자의 몰입도가 눈에 띄게 상승하는 경향이 관찰되었다. 특히 전공과 통일교육을 연결해 사고할 수 있었던 점이 학습 지속성을 강화한 중요한 요인으로 나타났다.

예를 들어, 인문대학 학생(A)은 처음에는 단순히 교양 학점 취득을 목적으로 수강했으나, 강의 과정에서 언어·문화적 맥락에서 바라본 남북 문제를 접하며 자신의 전공 지식과 통일 이슈가 유기적으로 연결될 수 있음을 깨달았다. 사회과학대학 학생(B) 역시 처음에는 친구의 추천으로 강의를 수강했으나, 남북한 사회 구조와 경제 협력 가능성을 학습하면서 관심과 몰입이 자연스럽게 증대되었다. 반면 공학계열 학생(C)은 통일과 자신의 학문 분야가 무관하다고 생각했으나, 북한의 과학기술 현황과 산업구조를 다루는 수업을 통해 전공 지식과 접점을 발견하며 오히려 학습 동기가 강화되었다.

이러한 결과는 통일교육이 학습자의 기존 흥미나 전공 분야와 무관하게, 학문적 확장성을 제공할 수 있음을 보여준다. 향후 프로그램 설계에서는 학습자의 전공·진로 특성을 반영한 맞춤형 통일교육 콘텐츠 개발이 필요하다는 점을 시사한다.

2. 참여형 학습 경험의 중요성과 학습 효과

본 연구에서 두드러진 특징은 참여자들이 단순한 지식 습득을 넘어, 참여형 학습 경험의 효과를 강하게 인식하고 있다는 점이다. 역할극, 모의토론, 접경지역 탐방, K-MOOC 강좌, 통일퀴즈대회 등 다양한 학습 방식은 학습자들의 흥미와 몰입을 높이는 데 중요한 역할을 하였다.

사회과학대학 학생(E)은 '한반도 평화 프로세스'를 주제로 한 역할극에서 북한 측 대표 역할을 맡으며, 상대방 시각에서 문제를 바라보는 경험을 할 수 있었다고 강조하였다. 이는 기존의 일방적 강의식 수업보다 학습자의 비판적 사고와 공감 능력을 동시에 자극하는 효과를 보여준다. 또한 소프트웨어경영대학 학생(D)은 DMZ 접경지역 탐방에서 수업에서 배운 이론을 실제 현장과 연결할 수 있었고, 이를 통해 학습 내용을 체계적으로 재구성할 수 있었다고 언급했다. 이러한 경험은 학습자의 인지적 이해와 정서적 공감을 동시에 강화하는 효과가 있다.

아울러 온라인 기반의 K-MOOC 강좌 역시 교내 교육의 한계를 보완하는 중요한 학습 도구로 작용하였다. 학습자들은 시공간 제약 없이 심화 학습을 진행할 수 있었고, 오히려 전통적인 강의보다 더 풍부한 사례와 자료를 접하며 자기주도적 학습 역량을 강화할 수 있었다. 따라서 향후 통일교육은 오프라인 강의 중심에서 벗어나, 체험형·토론형·온라인 학습을 유기적으로 통합한 혼합형(Blended) 설계가 필요하다.

3. 통일 및 북한 인식의 재구성

참여 전후 학생들의 인식 변화는 본 연구에서 확인된 가장 주목할 만한 성과 중 하나이다. 초기에는 통일을 부정적으로 인식하거나 무관심한 태도를 보인 학생들이 적지 않았지만, 프로그램 참여 후에는 인도적·경제적·사회문화적 관점에서 통일의 필요성과 가능성을 재인식하는 변화가 관찰되었다. 예컨대 사회과학대학 학생(E)은 "처음에는 통일이 우리 세대와 상관없는 문제"라고 생각했으나, 북한 주민들의 인권 실태를 배우면서 시각이 크게 달라졌다고 말했다. 창의공과대학 학생(C)은 남북 기술 협력의 가능성을 학습한 후, 통일을 국가적 비용 부담이 아닌 미래 성장 동력으로 바라보게 되었다. 또한 인문대학 학생(A)은 교육을 통해 통일을 정치적 갈등 문제가 아니라, 남북 주민들의 삶과 문화적 교류의 문제로 이해하게 되었다고 진술하였다.

이러한 변화는 통일교육이 단순한 정보 전달을 넘어, 학습자의 가치관과 세계관을 변화시키는 '정의적 학습(Affective Learning)'의 기능을 수행할 수 있음을 보여준다. 따라서 향후 프로그램에서는 단순한 통계와 이론을 넘어서 북한 주민의 실제 삶, 남북 간 교류, 경제 협력 사례 등 정서적 공감을 유도할 수 있는 콘텐츠 강화가 필요하다.

4. 프로그램 운영에 대한 학생들의 평가와 개선 과제

연구참여자들은 통일교육 프로그램에 전반적으로 높은 만족도를 보였으나, 일부 개선점도 제기하였다. 가장 빈번하게 언급된 문제는 학습 난이도, 정치적 중립성, 참여 기회의 제한 세 가지였다.

첫째, 일부 학생들은 강의 내용과 자료가 전문적이고 난해하여 학습 부담을 호소했다. 특히 비전공 학생들의 경우, 경제·정치·국제관계 이슈를 처음 접하다 보니 학습 속도가 따라가지 못한다는 의견이 있었다. 둘째, 일부 수업에서 특정 정치적 입장이 강조된다는 우려가 제기되었으며, 학생들은 다양한 시각을 균형 있게 다루는 교수법을 선호하는 경향을 보였다. 셋째, 교내 학생과 K-MOOC 학습자 간 학습 콘텐츠 접근성 격차도 문제로 나타났다. 일부 비교과 프로그램이 특정 대상에게만 제공되어 학습 기회의 형평성 문제가 제기된 것이다.

따라서 향후 통일교육은 학습자의 배경지식 수준을 고려한 난이도 차별화, 다양한 학습자의 접근성을 보장하기 위한 콘텐츠 개방화, 정치적 중립성을 확보하는 균형 잡힌 교수법 설계가 요구된다.

5. 개인 가치관 및 진로 설계에 미친 영향

흥미로운 점은 통일교육이 학습자의 개인적 가치관, 직업관, 진로 선택에도 직접적인 영향을 미쳤다는 것이다. 사회과학대학 학생(E)은 수업을 통해 북한 주민 인권 및 사회복지 이슈에 관심을 갖게 되어, 향후 공공기관 또는 NGO 진출을 고려하게 되었다. 창의공과대학 학생(C) 역시 남북 공동 연구 및 과학기술 협력의 가능성에 흥미를 느끼며 통일 관련 R&D 분야로 진로를 확장할 가능성을 탐색하고 있었다. 인문대학 학생(A) 또한 남북 문화 교류 프로그램 기획 및 콘텐츠 번역 분야로 진로를 넓히고자 하는 동기를 얻었다.

이는 통일교육이 단순한 학문적 지식 전달을 넘어, 학습자의 삶의 방향성과 미래 설계에까지 파급 효과를 미칠 수 있음을 보여준다.

6. 종합 해석 및 시사점

본 연구를 통해 확인된 가장 중요한 사실은 통일교육이 단순히 북한과 통일 관련 지식을 전달하는 차원을 넘어, 학습자의 사고방식·가치관·미래 지향성에 전방위적인 영향을 미친다는 점이다. 프로그램에 참여한 학생들은 교과·비교과 학습을 통해 통일 문제를 다양한 시각에서 접근하게 되었으며, 이를 통해 인식의 확장과 학문적 연결성을 동시에 경험하였다. 특히 기존에 통일을 정치·외교적 갈등의 문제로만 인식하던 학생들이, 교육을 통해 통일을 사회문화적·경제적·인도적 과제로 재해석하게 된 점은 주목할 만한 변화라 할 수 있다.

본 연구에서는 다양한 학습 방식—역할극, 모의토론, K-MOOC 강좌, 접경지역 탐방, 통일퀴즈대회 등—이 학생들의 몰입과 학습 효과를 극대화하는 데 기여한다는 사실이 드러났다. 특히 직접 체험과 토론을 결합한 참여형 학습 경험은 학생들에게 단순한 지식 전달 이상의 의미를 제공하며, 학습자가 통일 문제를 자기 문제로 재구성할 수 있도록 도왔다. 이러한 참여적 학습은 기존 수동적 강의 중심 교육에서 벗어나, 학습자 주도적 사고와 비판적 분석 능력을 키우는 데 중요한 역할을 한다.

향후 통일교육의 효과성을 제고하기 위해 다음과 같은 발전 방향을 제안할 수 있다. 첫째, 학습자의 전공 및 진로와 유기적으로 연계된 맞춤형 콘텐츠 개발이 필요하다. 본 연구에서 공학, 경영, 사회과학 등 다양한 전공의 학생들이 각자의 학문 분야와 통일 이슈 간 연결점을 발견하면서 몰입도가 높아졌다는 점은, 전공 특화형 프로그램 설계의 필요성을 강하게 시사한다. 둘째, 온라인·오프라인을 유기적으로 결합한 혼합형(Blended) 학습 설계가 요구된다. K-MOOC와 같은 온라인 플랫폼을 통해 다양한 자료와 심화 학습 기회를 제공하면서도, 현장 체험과 집단 토론을 결합해 학습 효과를 극대화할 수 있는 모델이 필요하다. 셋째, 학습자의 정서적 공감을 촉진할 수 있는 스토리텔링 기반 교수법의 도입이 중요하다. 단순한 통계 자료나 정책 중심의 강의보다, 북한 주민의 실제 생활, 남북 교류 현장, 통일 이후 사회 변화에 관한 사례를 다루는 것이 학습자의 몰입과 공감 능력을 더욱 높인다. 넷째, 통일교육을 단기적 지식 습득 차원을 넘어 학습자의 진로 탐색과 미래 설계로 연결하기 위한 장기적 로드맵 구축이 필요하다. 예를 들어, 통일 관련 공공기관, 국제기구, 과학기술 협력 분야

등 다양한 경로를 제시함으로써 학습자가 자신의 학문과 통일 이슈를 연결할 수 있는 기회를 제공해야 한다.

결론적으로, 본 연구에서 확인된 통일교육의 효과는 단순한 이론적 학습을 넘어 학습자의 사고 전환, 정체성 형성, 사회적 실천으로 이어질 수 있는 잠재력을 보여준다. 이러한 통합적 접근은 대학 통일교육의 새로운 패러다임을 제시하며, 향후 통일교육 정책 및 프로그램 설계에 실질적인 기초 자료로 활용될 수 있을 것이다.

참고문헌

김진환(2019), 「대학 통일교육 발전 방안 연구」, 『통일교육원 정책연구보고서』.
김진환(2021), 『한국 정부의 통일교육: 역사, 현황, 방향. 통일과 평화』, 13(2).
박형준(2024), 「대학 통일교육 현황과 개선 방안 연구: 건국대학교 글로컬캠퍼스 사례를 중심으로」, 『통일교육연구』, 21(2).
방민권(2017), 「인터넷 커뮤니티를 통한 통일의식 연구: Colaizzi의 현상학적 질적 연구 분석 방법을 중심으로」, 『윤리교육연구』, 45(1).
손선화·류상일 & 엄영호(2022), 「Z세대 통일의식에 영향을 미치는 요인 연구: 부산지역 대학생들을 중심으로」, 『Crisisonomy(한국위기관리논집)』, 18(4).
한국민족문화대백과사전(2025), '통일교육원' 항목, 『한국민족문화대백과사전』.
한만길(2019), 「평화통일교육의 방향과 내용 고찰」, 『통일정책연구』, 28(1), 통일연구원.
황인표(2018), 「대학교 통일교육의 현황과 과제」, 『윤리연구』, 121(1).
통일부(2023), 『대학 통일교육 지원사업 보고서』.
Creswell, J. W., & Poth, C. N. (2016). Qualitative Inquiry and Research Design: Choosing Among Five Approaches. Sage Publications.
Eddles-Hirsch, K. (2015). Phenomenology and educational research. International Journal of Advanced Research, 3(8).
Fossey, E., Harvey, C., McDermott, F., & Davidson, L. (2002). Understanding and evaluating qualitative research. Australian and New Zealand Journal of Psychiatry, 36(6).
Giorgi, A. (1994). A phenomenological perspective on certain qualitative research methods. Journal of Phenomenological Psychology, 25(2).
Giorgi, A. (2009). The Descriptive Phenomenological Method in Psychology. Pittsburgh, PA: Duquesne University Press.
Husserl, E. (1970). Logical Investigations. Routledge.
Kvale, S. (2007). Doing Interviews. Sage Publications.
Moustakas, C. (1994). Phenomenological Research Methods. Thousand Oaks, CA: Sage.
Patton, M. Q. (2015). Qualitative Research & Evaluation Methods. Sage Publications.

서은철 _ 원광대학교 사범대학 체육교육과

원광대학교 사범대학 체육교육과에 재직하고 있고, 사회과학(체육학, 스포츠 분야) 현상을 계량연구(잠재변수모형, Rasch 모형 등)를 통해 분석하는 데에 관심이 있다. 이러한 전문성을 바탕으로 학부 및 대학원에서 체육측정평가, 체육통계, 체육학연구법 등을 강의하고 있으며, 계량방법론(요인분석, 메타분석, 다층모형 등) 관련 워크샵 및 초청 강연을 통해 지식을 공유하고 있다.

예비교사의 인성 및 인권인식 군집과 통일역량의 관계

목차

I. 서론
II. 연구방법
   1. 분석 자료
   2. 측정도구
   3. 자료분석
III. 연구결과
   1. 인성지각, 인권인식, 통일역량의 일차원성
   2. 인성지각, 인권인식의 군집분류
   3. 인성지각, 인권인식 군집에 따른 통일역량의 현실수용도
IV. 논의
V. 결론 및 제언

Ⅰ. 서론

우리 사회에 있어 통일은 남한과 북한의 서로 다른 체제와 이념이 융합하여 통일국가를 수립하는 것을 의미한다. 즉, 통일은 자유민주주의, 시장경제, 구성원의 가치관 이해, 영토의 통합, 국민의 이념 통합 등을 기반으로 새로운 민족 공동체를 형성하는 과정이라 볼 수 있다(이창식, 황연경, 2016). 즉, 통일은 단순히 과거의 분단된 과거를 회복한다는 차원을 넘어 다양한 가치의 융합을 통한 수십 년간 단절되었던 남북한 사회·문화 공동체를 재건하는 거시적 과업이다(통일연구원, 2014). 이 과정에서 발생할 이질적인 가치관의 충돌과 사회적 갈등을 슬기롭게 해결하고 통합된 미래를 열어가기 위해서는, 사회 구성원 개개인이 갖추어야 할 통일역량(Unification Competency) 함양이 중요하다고 볼 수 있다(이지영, 김희영, 2022; 통일연구원, 2014). 이때 미래 세대의 가치관과 태도 형성에 교사가 결정적인 역할을 수행한다는 것은 여러 문헌에서 확인되었고(구정화, 이바름, 2024; 김선혜, 정희영, 2021), 특히 학교 현장에서 통일교육을 실질적으로 담당하게 될 사범대학생, 즉 예비교사는 통일 시대의 주역인 학생들을 길러내는 핵심 주체라는 점에서, 이들의 통일역량 수준을 진단하고 함양 방안을 모색하는 것은 매우 중요한 연구 과제라 할 수 있다(김선혜, 정희영, 2021; 이지영, 김희영, 2022; 하진봉, 2020).

그러나 현재 교원양성기관의 교육과정은 예비교사들의 통일역량을 체계적으로 함양하는 데 일부 한계를 보이고 있다(구정화 등, 2023; 김선혜,

정희영, 2021). 통일교육이 단편적인 지식 전달에 머무르거나, 일부 교과에 국한되어 운영되는 경우가 많아 예비교사들이 통일 문제를 자신의 삶과 연관된 과업으로 인식하는 데에 어려움을 겪고 있다(이지영, 김희영, 2022). 이에 따라 이 연구는 예비교사들이 통일을 수용하고, 통일 관련 실천적 행동 의도(즉, 통일역량)를 높이는 내재적 특성은 무엇인가를 알아보고자 한다.

통일역량이란 우리가 성공적인 통일 사회를 이룩하기 위한 안정적이고 지속적인 내재적 특성(예, 지식, 기술, 능력 등)의 함양 정도라 볼 수 있다(이창식, 황연경, 2016). 이창식과 황연경(2016)은 통일과 시민성의 개념을 통합한 통일시민성의 관점에서 통일역량을 설명하였는데, 이는 통일에 대해 이해하고 올바르게 판단하는 능력과 사회 구성원으로서 자신의 권리뿐만 아니라 전체 시민사회의 권리도 함께 이해하고 공유하는 태도를 의미한다(Burke & Stets, 2009; Heater, 2005). 이 관점에서 통일역량은 통일 사회에서 발생할 수 있는 공동체가 지닌 문제점을 해결하는 실천적 참여 능력을 강조하는데(박형빈, 2021), 이는 국가와 사회에 개인의 권리 존중과 보장을 요구하면서도 시민으로서 의무를 다하는 것을 나타낸다(박형빈, 2021; 이창식, 황연경, 2016).

이 연구에서는 선행연구(김선미, 남경희, 2003; 박형빈, 2021; 이지영, 김희영, 2022; 이창식, 황연경, 2016; Burke & Stets, 2009; Deardorff, 2009; Heater, 2005; Morais & Ogden, 2011)에 근거하여 예비교사의 교육 실천과 밀접하게 관련된 핵심 영역으로 통일문화 수용성, 그리고 통일시민성 실천의지를 통일역량을 구성하는 주요 요인으로 개념화하였는데, 구체적인 근거는 다음과 같다. 첫째, 통일문화 수용성은 문화적 차이에 대한 수용과 존중, 그리고 이를 극복한 통일사회라는 공동체에 대한 유대감을 형성하는 태도를 의미한다(이창식, 황연경, 2016). 즉, 통일문화 수용성은 통일사회가 도래할 때 서로의 다른 문화에 대한 정서적 동일성, 사회적 친밀감을 나타냄과 동시에(이규림, 김영옥, 2012), 서로 다른 문화에 대한 맥락을 상호 이해하고, 효과적인 의사소통을 수행할 수 있는 유능감의 개념 역시 포함한다(이미경, 2014; 추병완, 2009). 둘째, 통일시민성 제고를 위한 실천 의지는 통일에 관한 관심, 통일에 대한 바람직한 인식을 의미하고, 세계평화와 인류 공영에 이바지하는 통일의 역할론에 대한 긍정적인 태도를 반영한다(Morais & Ogden, 2011). 또한 현재와 미래에 있어 통일과 직접적으로 연결되는 사안에 대한 수용 태도, 남북한의 동질성과 이질성을 융합한 하나의 민족체제에 대한 수용 정도를 포함한다(이창식, 황연경, 2016). 따라서 이 연구에서 정의하는 통일역량은 다른 문화가 공존하는 통일사회에 대한 존중과 공감, 그리고 통일 이후 발생할 수 있는 다양한 상황에 대해 효과적으로 행동하는 능력을 의미한다고 볼 수 있다(이창식, 황연경, 2016; UNESCO, 2015).

   이렇게 통일역량은 미래 사회의 통일을 맞이하는 데에 있어 필수적인 역량이라 볼 수 있는데, 이러한 통일역량을 시간적으로 선행하여 설명하는 개념, 차원, 요인 등은 무엇인가에 대한 논의 역시 제시되었다(김기숙, 2015; 박광득, 2015; 이미련, 곽윤경, 2018; 최원, 2015). 이 연구는 그중에서도 교사의 전문성과 직결되는 개인의 내재적 특성, 즉 인성(Personality)과 인권인식(Human Rights Awareness)에 초점을 맞추고자 한다. 먼저, 인성은 타인과 더불어 살아가는 데 필요한 공감, 소통, 책임, 존중 등의 가치를 아우르는 개념이다(김기숙, 2015; 박찬석, 2015). 즉, 인성은 결국 혼자만의 삶이 아니라 더불어 사는 삶을 추구하고, 민주적 사회, 사회적 형평성, 생태적 지속가능성을 지속하게 하는 개인의 기본적인 역량이라는 것이다. 이러한 인성은 통일사회에서 필연적으로 발생할 다양한 갈등을 교육 현장에서 긍정적으로 조율하고, 다양한 배경을 지닌 학생들을 포용하기 위한 예비교사의 교육적 근간이라 볼 수 있다(김기숙, 2015). 이 연구에서 '인성' 대신 '인성지각(Perceived Personality)'이라는 용어를 사용하는 이유는, 측정도구가 예비교사 스스로 자신의 인성 수준을 어떻게 인식하고 있는가를 응답하는 자기보고식 척도의 특성을 반영하기 위함이다. 다음으로 인권인식은 모든 인간의 존엄성과 권리를 동등하게 존중하는 태도로, 통일 문제를 단순한 체제 통합의 관점을 넘어 '사람'의 문제로 바라보게 하는 핵심 기제이다(정경환, 2012). 특히 북한 주민의 인권 문제에 대한 깊은 이해와 감수성은 예비교사가 미래 세대에게 편향되지 않고 인류 보편적 가치에 기반한 통일관을 교육하는 데 있어 필수적인 자질이다(박광득, 2015). 실제로 기존 연구들은 통일과 연관되어 북한의 인권 문제를 제시하였고, 이에 따라 사회 구성원의 인권에 대한 인식이 민족 통일에 대한 필요성을 심화하는 데에 있어서 영향을 미친다고 보고하였다(김강녕, 최이조, 2003; 박광득, 2015; 정경환, 2012). 따라서 예비교사가 지닌 인권인식 수준은 통일에 대한 태도 및 실천의지와 밀접한 관련을 맺을 것으로 예측할 수 있다.

기존 연구들은 철학적 담론을 통해 인성과 인권이 통일역량에 중요함을 선언적으로 제시해 왔다(김기숙, 2015; 최원, 2015). 그러나 예비교사 집단 내에 인성지각과 인권인식 수준이 어떻게 분포하며, 이러한 개인차가 통일역량을 수용하는 방식에 구체적으로 어떠한 차이를 만들어 내는

지 실증적으로 규명한 연구는 부족했다. 이에 따라 이 연구는 예비교사를 대상으로 인성지각, 인권인식이 실제 통일역량을 설명하는가를 경험적 관점에서 검증하는 데에 목적이 있다. 이 연구는 기존 연구와의 차별성을 확보하기 위해 다음과 같이 접근하고자 한다. 첫째, K-means 군집분석을 활용하여 인성지각과 인권인식을 기준으로 유사한 특성을 공유하는 예비교사들의 잠재적 집단을 유형화한다. 둘째, Rasch 평정척도모형을 적용하여 각 집단이 통일역량의 세부 항목에 대해 느끼는 심리적 거리, 현실 수용도의 차이를 분석한다. 이러한 과정을 통해 이 연구는 예비교사들의 특성을 고려한 통일교육 프로그램 개발의 경험적 기초자료를 제공할 수 있고, 통일에 관한 관심과 실천적 태도, 그리고 통일역량과 연계된 다양한 가치의 확산에 기여한다는 점에서 학술적·실천적 의의를 지닌다.

II. 연구방법

1. 분석 자료

이 연구에서 분석한 자료는 원광대학교 시민교육사업단에서 진행한 '전국 사범대학 시민교육역량 심화 연구'의 원자료를 사용하였다(박은숙 등, 2023). 이 자료의 응답자는 교육부·한국연구재단의 교원양성대학 시민교육 역량강화사업에 선정된 6개 사범대학에 재학하고 있는 예비교사이며, 2022년 11월 약 한 달 동안 설문조사가 진행되었다. 이 연구에서 '전국 사범대학 시민교육역량 심화 연구' 원자료를 적용하는 이유는 전국 단위 예비교사를 대상으로 표집한 자료이면서, 인성지각, 인권인식, 통일역량의 원 척도 정보를 보유하고 있으므로, 실제적인 예비교사의 통일역량을 설명할 수 있는 근거의 도출이 가능하다고 판단하였기 때문이다. 분석 자료의 인구통계학적 특성은 다음과 같다.

변수	구분	인원(명)	비율(%)
소속 대학	경상국립대학교	107	10.2
	성신여자대학교	157	15.0
	영남대학교	266	25.5
	원광대학교	270	25.9
	조선대학교	130	12.5
	충북대학교	114	10.9
성별	남학생	277	26.5
	여학생	767	73.5
학년	1학년	265	25.4
	2학년	256	24.5
	3학년	309	29.6
	4학년	214	20.5
합계		1,044	100

〈표 1〉 분석 자료의 인구통계학적 특성

2. 측정도구

이 연구에서 적용한 측정도구는 예비교원 시민교육역량 척도이다(박은숙 등, 2021, 2022). 이 척도는 예비교사의 시민교육역량으로 제시한 인성, 인권, 다문화, 통일, 진로, 환경·생태, 디지털(미디어) 등 총 7개 역량으로 구성되어 있는데, 이 연구에서는 그중에서 연구문제에 해당하는 인성지각, 인권인식, 통일역량을 측정하는 문항을 적용하였다. 예비교원 시민교육역량 척도의 특징은 시민교육사업단 사업이 진행되는 다년 동안 인성, 인권, 통일 등을 연차별로 공통으로 측정하였고, 이때 탐색적 요인분석(exploratory factor analysis)과 문항반응이론(item response theory)을 적용하여 구인타당도(construct validity) 증거를 누적하여 제시해 왔다는 점이다. 따라서 이 연구에서 적용하는 척도는 예비교사의 인성지각, 인권인식, 통일역량을 측정하는 데에 있어 적절한 타당도 정보를 지니고 있다고 볼 수 있다. 아울러 각 문항의 응답반응은 '전혀 그렇지 않다(1점)'에서 '매우 그렇다(5점)'까지 5점 Likert 척도로 구성되어 있으며, 구체적인 문항 내용은 다음 〈표 2〉와 같다.

3. 자료분석

예비교사의 인성지각, 인권인식 군집분류에 따른 통일역량 수용도를 분석하기 위하여, K-means 군집분석과 Rasch 평정척도모형(Rating Scale Model: RSM)을 적용하였다. 분석 프로그램은 jamovi 2.3.16의

SnowCluster, snowIRT, snowRMM Modules(Seol, 2022a, 2022b, 2022c)를 적용하였고, 통계적 유의수준은 α=.05로 설정하였다. 구체적인 분석 방법은 다음과 같다.

구인	문항 번호	문항 내용
인성 지각	ps1	내가 다른 사람들만큼 가치 있고 소중한 사람이라고 생각한다.
	ps2	미래의 목표를 위해 지금 하고 싶은 것을 참을 수 있다.
	ps3	어떤 일에 실패하게 되면 책임감 있게 그 원인을 꼼꼼히 생각해서 다시 도전한다.
	ps4	다른 사람과의 대인관계가 원만하고 너그러운 편이다.
	ps5	일단 주어진 일에 대해서는 최선을 다하고 적극적으로 리더십을 발휘한다.
	ps6	다른 사람의 기분이나 느낌을 잘 파악하고, 다른 사람의 마음을 이해하려고 노력한다.
	ps7	다른 사람의 질문에 친절하게 경청 및 반응하고 도움을 줄 수 있다.
	ps8	다른 사람의 조건(성적, 외모 등)에 상관없이 누구나 공정하고 평등하게 대한다.
	ps9	어떤 일을 할 때 윤리의식을 갖고 공과 사를 구분할 수 있다.
인권 인식	hr1	다른 사람의 권리를 침해하지 않는 한, 자기 의사, 개성을 자유롭게 표현할 수 있다고 생각한다.
	hr2	인종, 피부색, 장애 유무에 따라 다른 사람을 차별하지 않는다.
	hr3	집안 환경(재산, 부모님의 지위 등)에 따라 다른 사람을 차별하지 않는다.
	hr4	나는 학생회 활동, 동아리 활동, 학칙 개정 등 학생자치활동 및 학교 운영에 적극 참여할 수 있다.
	hr5	나는 어려운 상황에 있는 취약집단(다문화, 탈북민, 난민, 미혼모, 한부모 가정 등)의 인권 보호에 관심이 많다.
	hr6	죄를 지은 사람이라도 기본적인 인권은 보장받아야 한다.
	hr7	사회적 소수자(연령, 성, 장애, 인종, 국적, 종교 등)들의 불평등과 부당함은 개선되어야 한다.
	hr8	인권보호를 위해 성매매자, 성폭력, 가정 폭력 가해자를 단속 처벌해야 한다.

구인	문항 번호	문항 내용
통일 역량	un1	통일은 남북 어느 한 집단이 아닌 남북한이 함께 이루어가야 하는 것이라 생각한다.
	un2	남북통일이 세계평화와 인류공영을 이루는데 이바지 할 것이라고 긍정적으로 생각한다.
	un3	통일에 대해 관심이 많고, 통일 교육이 확대되어야 한다.
	un4	탈북자가 한국사회에 잘 적응할 수 있도록 나눔과 봉사활동에 참여해 북한이탈주민에게 도움을 주고 싶다.
	un5	내가 속해 있는 모임에 탈북자가 들어오는 것을 허용하고 공감적인 태도로 대할 것이다.
	un6	남북한에 대해 객관적이고 정확한 지식과 정보를 알고 싶고, 이에 관한 특강교육에 참여하려고 한다.
	un7	통일교육 활동에 참여하여 분단상황에 대한 현장답사 프로그램 및 체험 활동을 경험할 기회를 갖고 싶다.

〈표 2〉 측정도구의 문항 정보

인성지각, 인권인식을 유사하게 지각하는 예비교사의 집단군, 즉 군집을 추출하기 위하여 K-means 군집분석을 적용하였다. K-means 군집분석에서는 데이터를 군집화할 군집수 k를 지정해야 하는데, 이 연구에서는 군집을 2, 3, 4 등 다양하게 지정하여 군집을 추출하고, 다음과 같은 근거에 의거하여 군집 수(k)를 결정하였다. 첫째, 각 군집에 할당된 사례 수가 지나치게 편중되지 않고 비교적 균등하게 분포하는지 확인하여 군집의 안정성을 평가했다. 특정 군집의 사례 수가 현저히 적을 경우, 해당 군집의 대표성이 부족하다고 판단하였다. 둘째, 각 군집의 변수별 평균값인 cluster centroids 그래프를 시각적으로 검토하였다. 각 군집의 프로파일이 뚜렷한 패턴 차이를 보여 명확하게 해석될 수 있는지 확인하였고, 만약 여러 군집의 프로파일이 서로 교차하거나 유사하여 변별력이 떨어진다면 해당 군집(k)은 부적합하다고 판단하였다(Seol, 2022a). 이러한 과정을 거쳐 예비교사의 인성지각, 인권인식을 지각하는 수준에 따른 잠재적 집단을 추출한 후에, 추출된 집단의 특성을 판단하기 위해 인성지각과 인권인식을 구성하는 문항별 평균차이 검증을 실시하였다(One-Way ANOVA, Post-Hoc Test: Games-Howell).

다음 절차로 추출된 인성지각, 인권인식의 군집에 따라 통일역량의 현실 수용도를 판단하기 위해 Rasch RSM을 적용하였다. RSM은 Likert 범주에 대한 문항에 대한 난이도(item difficulty), 응답자의 능력(person ability)을 추정할 수 있고, 이를 동일한 척도로 표준화하는 과정(conjoint scaling)을 통해 문항 난이도와 응답자 능력의 상호 대응 정도를 판단할 수 있다(Andrich, 1978). 특히 문항 난이도는 Likert 범주의 경우에 하나의 범주(category)에서 다음 범주로 반응하는 데에 대한 확률을 의미하므로, 심리적 곤란도로 해석이 가능하다(Bond & Fox, 2007). 따라서 문항 곤란도가 높다는 것은 특정 문항 내용에 대해 응답자가 현실 상황에서 동의하기 어려운 정도, 즉 현실 수용도를 의미하게 된다. 아울러 RSM은 응답자의 반응이 적절하지 않거나, 해당 문항이 잠재변수(latent variable)에 의해 설명되지 않을 경우를 적합도 지수를 통해 변별한다. 대표적인 적합도 지수는 Infit, Outfit이 있는데, 이때 Outfit 지수는 특정 이상값(outlier)에 민감하게 반응하기 때문에 안정적이지 못하다는 지적을 받고 있으므로, 이 연구에서는 Infit 지수를 통해 개별 문항이 예비교사의 응답에 적절하게 반응하였는가를 먼저 검토하였다. 이러한 Infit 지수는 수용기준은 상황에 따라 다양하게 제시되고 있는데, 이 연구는 척도의 타당화보다는 현실수용도를 분석하는 데에 무게를 두기 때문에, 상대적으로 덜 엄격한

Linacre(2011)의 기준(.5~1.5)을 좋은 적합도로 간주하였다.

한편, 일반적으로 Rasch RSM과 같은 문항반응이론(item response theory)을 적용하기 위해서는 일차원성(unidimensionality)이 만족했는가를 확인해야 한다. 즉, 각 문항은 하나의 요인(통일역량)에 의해서만 설명되어야 한다는 논리인데, 이를 검증하기 위해서 이 연구는 표준화된 잔차를 활용한 주성분분석(Principal-Components Analysis of Residuals)을 적용하였다. PCAR의 일차원성 만족에 대한 수용 기준은 주요인의 고윳값(eigenvalue)이 1.5 이상 혹은 설명분산이 최소 20% 이상인 경우로 한정하였다(Bond & Fox, 2007). 아울러 인성지각과 인권인식의 구인타당도(construct validity) 증거를 제시하기 위해서도 일차원성 만족 여부를 확인하였다.

III. 연구결과

1. 인성지각, 인권인식, 통일역량의 일차원성

이 연구에서는 인성지각과 인권인식의 군집분류에 앞서 해당 척도의 구인타당도 증거를 검토하기 위해, 그리고 통일역량 문항에 대한 Rasch RSM을 적용하기 위해 PCAR을 적용하여 요인 구조의 일차원성 여부를 판단하였다. 즉, 분석하는 문항들이 오직 하나의 잠재특성(통일역량)에 의해서만 설명되는가를 확인하기 위해 주요인의 고윳값(eigenvalue)이 1.5 이상 혹은 설명분산이 최소 20% 이상으로 나타나는가를 검증하였다.

각 요인의 일차원성 만족 여부를 검토한 결과, 인성지각, 인권인식, 통일역량 모두에서 주요인의 고윳값이 1.5 이상으로 나타났고, 설명분산 역시 20% 이상으로 나타났다. 따라서 이 결과는 이 연구에서 적용하는 인성지각, 인권인식, 통일역량 각 구인이 일차원성을 만족한 것을 의미하므로, 구인타당도 증거를 충족하는 것으로 나타났다.

구인	주요인의 eigenvalue	설명분산(%)
인성지각	4.046	44.953
인권인식	4.888	61.104
통일역량	4.011	57.293

〈표 3〉 구인의 일차원성 만족 검토 결과

2. 인성지각, 인권인식의 군집분류

인성지각, 인권인식을 유사하게 지각하는 예비교사의 군집을 추출하기 위하여 K-means 군집분석을 적용하였다. 군집을 다양하게 지정하여 추출하고, 각 군집에 관한 추출 사례수, 인성지각과 인권인식의 군집별 문항 평균을 그래프로 비교하면서 적합한 군집을 탐색하였다.

먼저 인성지각에 대한 K-means 군집분석을 적용한 결과, 군집수 k에 따라 인성지각의 추출 사례수는 비교적 균등하게 나타났다. k=2, k=4의 경우가 군집별 사례수가 가장 균등하게 나타났으나, k=4의 인성지각 문항별 클러스터 중심(centroids)은 cluster 2와 cluster 3이 상호 교차하기 때문에〈그림 3〉, 실제로 cluster 2와 cluster 3은 구분이 제한되는 것으로 나타났다. 또한 k=2의 경우 군집별 사례수가 가장 균등하게 나타났으나, k=3의 인성지각 문항별 클러스터 중심이 명확하게 구분되는 형태로 나타났기 때문에, 추출된 군집의 해석은 k=3의 정보가 더욱 많다고 볼 수 있다. 따라서 이 연구에서는 인성지각의 군집추출이 다른 군집에 비해 추출된 사례수의 균등성이 제한되지만, 해석적으로 군집의 정보가 더 명확한 k=3으로 결정하였다.

군집추출		k=2	k=3	k=4
추출 사례수	cluster 1	530	145	266
	cluster 2	514	521	339
	cluster 3	-	378	323
	cluster 4	-	-	116

〈표 4〉인성지각의 군집추출 결과

추출된 군집의 해석을 위해 cluster에 따른 인성지각의 문항별 평균을 비교하였다. 이를 위해 일원변량분석(One-Way ANOVA)을 실시하였고, 사후검증은 Games-Howell 방법을 적용하였다. 분석 결과, 추출된 군집에 따라 인성지각을 구성하는 9문항은 모두 통계적으로 유의한 것으로 나타났다. 사후검증 결과를 살펴보면, cluster 1, cluster 2, cluster 3으로 갈수록 평균이 높았고, 그 차이는 모두 $p<.001$ 수준에서 통계적으로 유의한 것으로 나타났다.

요인	문항명	F	p	Post-Hoc		
				cluster 1 n=145	cluster 2 n=521	cluster 3 n=378
인성지각	ps1	203.662	<.001	cluster 1 < cluster 2 < cluster 3		
	ps2	145.415	<.001	cluster 1 < cluster 2 < cluster 3		
	ps3	263.899	<.001	cluster 1 < cluster 2 < cluster 3		
	ps4	307.688	<.001	cluster 1 < cluster 2 < cluster 3		
	ps5	321.387	<.001	cluster 1 < cluster 2 < cluster 3		
	ps6	296.551	<.001	cluster 1 < cluster 2 < cluster 3		
	ps7	408.833	<.001	cluster 1 < cluster 2 < cluster 3		
	ps8	243.801	<.001	cluster 1 < cluster 2 < cluster 3		
	ps9	428.852	<.001	cluster 1 < cluster 2 < cluster 3		

〈표 5〉 인성지각의 군집추출에 따른 문항별 일원변량분석 결과

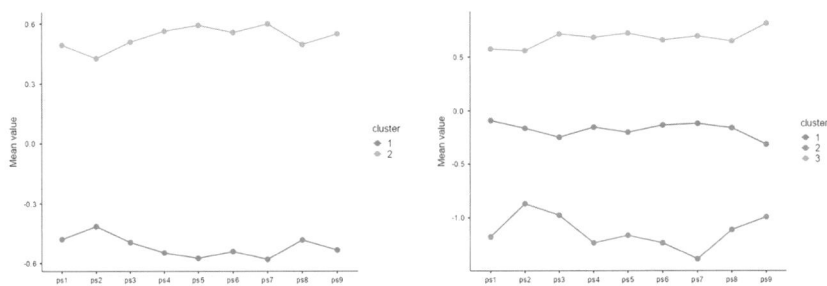

〈그림 1〉 인성지각 k=2 문항별 cluster centroids 〈그림 2〉 인성지각 k=3 문항별 cluster centroids

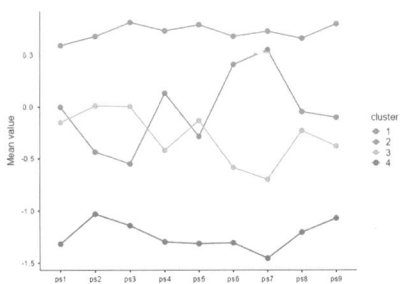

〈그림 3〉 인성지각 k=4 문항별 cluster centroids

다음으로 인권인식에 대한 K-means 군집분석을 적용한 결과, 군집수 k에 따라 인권인식의 추출 사례수는 k=4를 제외하고 비교적 균등하게 나타났다. k=4의 인권인식 문항별 클러스터 중심(centroids)은 cluster에 따라 구분되는 것으로 나타났지만 〈그림 6〉, cluster 1의 사례수(n=40)가 다른 cluster에 비해 현저하게 낮으므로, 군집별 균등성을 만족하지 못하였다. 또한 k=2의 경우 군집별 사례수가 균등하게 나타났으나, k=3의 인권인식 문항별 클러스터 중심이 명확하게 구분이 되는 형태로 나타났기 때문에, 추출된 군집의 해석은 k=3의 정보가 더욱 많다고 볼 수 있다. 따라서 이 연구에서는 인권인식의 군집추출은 추출된 사례수가 균등하면서 해석적으로 군집의 정보가 더 명확한 k=3으로 결정하였다.

군집추출		k=2	k=3	k=4
추출 사례수	cluster 1	580	366	40
	cluster 2	464	287	258
	cluster 3	-	391	358
	cluster 4	-	-	388

〈표 6〉 인권인식의 군집추출 결과

추출된 군집의 해석을 위해 cluster에 따른 인권인식의 문항별 평균을 비교하였다. 이를 위해 일원변량분석(One-Way ANOVA)을 실시하였고, 사후검증은 Games-Howell 방법을 적용하였다. 분석 결과, 추출된 군집에 따라 인권인식을 구성하는 8문항은 모두 통계적으로 유의한 것으로 나타났다. 사후검증 결과를 살펴보면, cluster 1, cluster 2, cluster 3으로 갈수록 평균이 높았고, 그 차이는 모두 p<.001 수준에서 통계적으로 유의한 것으로 나타났다.

요인	문항명	F	p	Post-Hoc		
				cluster 1 n=366	cluster 2 n=287	cluster 3 n=391
인권인식	hr1	635.065	<.001	cluster 1 < cluster 2 < cluster 3		
	hr2	720.980	<.001	cluster 1 < cluster 2 < cluster 3		
	hr3	828.620	<.001	cluster 1 < cluster 2 < cluster 3		
	hr4	539.400	<.001	cluster 1 < cluster 2 < cluster 3		
	hr5	537.144	<.001	cluster 1 < cluster 2 < cluster 3		
	hr6	870.887	<.001	cluster 1 < cluster 2 < cluster 3		
	hr7	630.451	<.001	cluster 1 < cluster 2 < cluster 3		
	hr8	611.906	<.001	cluster 1 < cluster 2 < cluster 3		

〈표 7〉 인권인식의 군집추출에 따른 문항별 일원변량분석 결과

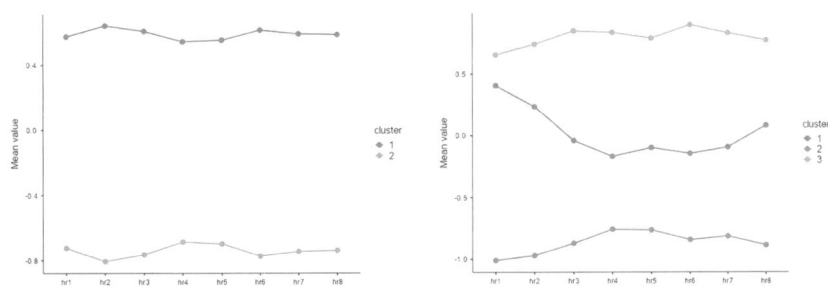

〈그림 4〉 인권인식 k=2 문항별 cluster centroids   〈그림 5〉 인권인식 k=3 문항별 cluster centroids

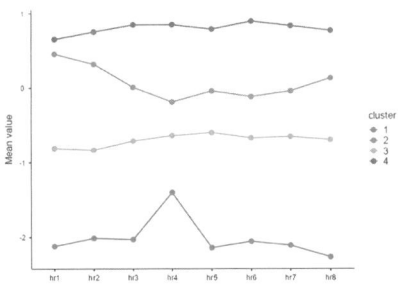

〈그림 6〉 인권인식 k=4 문항별 cluster centroids

3. 인성지각, 인권인식 군집에 따른 통일역량의 현실수용도

예비교사의 인성지각 군집에 따른 통일역량의 현실수용도를 분석하기 위해 Rasch RSM의 추정값인 문항 적합도와 곤란도를 산출하였다〈표 8〉. 먼저 인성지각 군집별 통일역량의 문항 적합성은 모두 양호한 것으로 나타났다. 즉, cluster 1의 Infit 범위는 .796~1.241, cluster 2의 Infit 범위는 .866~1.252, cluster 3의 Infit 범위는 .821~1.404 값으로 나타났으므로, 적합기준(.5~1.5)을 만족하는 것으로 나타났다. Rasch RSM에서 Infit 지수의 기댓값은 1이고, 1보다 작을수록 예측이 쉬운 문항을 의미한다. 반대로 1보다 클수록 구인에 의해 설명이 제한되거나 문항 내용에 문제가 있음을 나타내므로, 인성지각 군집에 따라 집단을 구분했음에도 각 문항은 통일역량이라는 잠재 개념을 잘 반영하고 있는 것으로 나타났다.

인성지각 군집에 따른 통일역량의 현실수용도를 문항 곤란도를 통해 분석한 결과, 모든 군집에서 문항 곤란도의 순위는 유사한 것으로 나타났다. 즉, 모든 군집에서 un1(통일은 남북 어느 한 집단이 아닌 남북한이 함께 이루어가야 하는 것이라 생각한다), un5(내가 속해 있는 모임에 탈북자가 들어오는 것을 허용하고 공감적인 태도로 대할 것이다) 문항은 상대적으로 낮은 곤란도를 나타내었고, un6(남북한에 대해 객관적이고 정확한 지식과 정보를 알고 싶고, 이에 관한 특강교육에 참여하려고 한다), un7(통일교육 활동에 참여하여 분단상황에 대한 현장답사 프로그램 및 체험활동을 경험할 기회를 갖고 싶다) 문항은 상대적으로 높은 곤란도를 나타내었다. 또한 전체적인 문항 곤란도의 평균(Theta Mean)은 cluster 1 -.897, cluster 2 -1.576, cluster 3 -2.825 값으로 나타났는데, 이는 cluster

3 군집이 다른 군집에 비해 통일역량의 모든 문항에 대한 곤란도를 상대적으로 가장 낮게 지각하고 있음을 의미한다. 이와 동일한 맥락으로 인성지각 군집추출에 따른 통일역량의 평균 차이를 분석한 결과 〈표 9〉, 통계적으로 유의한 차이가 있는 것으로 나타났다(F=94.931, p<.001). 사후검증 결과를 살펴보면 cluster 1, cluster 2, cluster 3 군집이 각각 구분되었고, cluster 3 군집이 가장 높은 통일역량을 보이는 것으로 나타났다.

문항	cluster 1(n=145)				cluster 2(n=521)				cluster 3(n=378)			
	Theta	S.E.	Rank	Infit	Theta	S.E.	Rank	Infit	Theta	S.E.	Rank	Infit
un1	-2.197	.141	7	1.222	-2.952	.078	7	1.216	-4.009	.108	7	1.404
un2	-.900	.131	4	1.069	-1.803	.071	5	1.004	-3.170	.091	5	1.013
un3	-.581	.128	3	.918	-1.387	.069	3	.877	-2.689	.085	3	.847
un4	-.951	.131	5	.796	-1.665	.070	4	.883	-2.913	.088	4	.864
un5	-1.516	.135	6	.932	-2.294	.073	6	.866	-3.622	.099	6	1.101
un6	-.209	.126	2	.865	-.650	.065	2	.915	-1.856	.078	2	.821
un7	.072	.124	1	1.241	-.285	.064	1	1.252	-1.522	.076	1	1.216

〈표 8〉 인성지각의 군집추출에 따른 통일역량의 현실수용도

요인	인성지각 군집	n	Mean	SD	F	p	Post-Hoc
통일역량	cluster 1	145	2.484	.647	94.931	<.001	1 < 2 < 3
	cluster 2	521	2.787	.561			
	cluster 3	378	3.272	.675			

〈표 9〉 인성지각의 군집추출에 따른 통일역량의 차이

다음으로 예비교사의 인권인식 군집에 따른 통일역량의 현실수용도를 분석하기 위해 Rasch RSM의 추정값인 문항 적합도와 곤란도를 산출하였다〈표 10〉. 먼저 인권인식 군집별 통일역량의 문항 적합성은 모두 양호한 것으로 나타났다. 즉, cluster 1의 Infit 범위는 .760~1.380, cluster 2의 Infit 범위는 .835~1.314, cluster 3의 Infit 범위는 .877~1.350 값으로 나타났으므로, 적합기준(.5~1.5)을 만족하는 것으로 나타났다. 따라서 인권인식 군집에 따라 집단을 구분했음에도 각 문항은 통일역량이라는 잠재 개념을 잘 반영하고 있는 것으로 나타났다.

인권인식 군집에 따른 통일역량의 현실수용도를 문항 곤란도를 통해 분석한 결과, 모든 군집에서 문항 곤란도의 순위는 동일한 것으로 나타났다. 즉, 모든 군집에서 un1(통일은 남북 어느 한 집단이 아닌 남북한이 함께 이루어가야 하는 것이라 생각한다), un5(내가 속해 있는 모임에 탈북자가 들어오는 것을 허용하고 공감적인 태도로 대할 것이다) 문항은 상대적으로 낮은 곤란도를 나타내었고, un6(남북한에 대해 객관적이고 정확한 지식과 정보를 알고 싶고, 이에 관한 특강교육에 참여하려고 한다), un7(통일교육 활동에 참여하여 분단상황에 대한 현장답사 프로그램 및 체험활동을 경험할 기회를 갖고 싶다) 문항은 상대적으로 높은 곤란도를 나타내었다. 또한 전체적인 문항 곤란도의 평균(Theta Mean)은 cluster 1 -.985, cluster 2 -1.787, cluster 3 -2.758 값으로 나타났는데, 이는 cluster 3 군집이 다른 군집에 비해 통일역량의 모든 문항에 대한 곤란도를 상대적으로 가장 낮게 지각하고 있음을 의미한다. 이와 동일한 맥락으로 인권인식 군집추출에 따른 통일역량의 평균 차이를 분석한 결과〈표 11〉, 통계적으로 유의한 차이가 있는 것으로 나타났다($F=159.908$, $p<.001$). 사후검

중 결과를 살펴보면 cluster 1, cluster 2, cluster 3 군집이 각각 구분되었고, cluster 3 군집이 가장 높은 통일역량을 보이는 것으로 나타났다.

문항	cluster 1(n=366)				cluster 2(n=287)				cluster 3(n=391)			
	Theta	S.E.	Rank	Infit	Theta	S.E.	Rank	Infit	Theta	S.E.	Rank	Infit
un1	-2.393	.093	7	1.380	-3.192	.110	7	1.159	-3.939	.108	7	1.350
un2	-1.251	.087	5	1.096	-1.956	.094	5	1.040	-2.984	.088	5	1.017
un3	-.802	.085	3	.861	-1.665	.091	3	.863	-2.479	.081	3	.880
un4	-.939	.085	4	.760	-1.921	.093	4	.841	-2.907	.087	4	.959
un5	-1.497	.088	6	.918	-2.596	.101	6	.906	-3.658	.101	6	.965
un6	-.146	.081	2	.898	-.767	.085	2	.835	-1.867	.076	2	.877
un7	.130	.079	1	1.088	-.413	.083	1	1.314	-1.477	.073	1	1.243

〈표 10〉 인권인식의 군집추출에 따른 통일역량의 현실수용도

요인	인권인식 군집	n	Mean	SD	F	p	Post-Hoc
통일역량	cluster 1	366	2.519	.566	159.908	<.001	1 < 2 < 3
	cluster 2	287	2.915	.576			
	cluster 3	391	3.298	.624			

〈표 11〉 인권인식의 군집추출에 따른 통일역량의 차이

IV. 논의

　현시대에 있어 남북한 통일은 단순히 물리적 통합으로 진행하기에는 거시적·미시적 차원의 다양한 문제들이 존재한다. 이 때문에 통일을 준비하는 데에 있어 가장 중요한 것은 사회 구성원들의 통일역량이 어떻게 형성되어 있는지, 그리고 통일역량을 변화시킬 수 있는 기저는 무엇인지에 대한 논의라 볼 수 있다. 이에 따라 이 연구는 문화적 차이에 대한 수용과 존중, 그리고 이를 극복한 통일사회라는 공동체에 대한 유대감을 형성(통일문화 수용성), 다른 문화가 공존하는 통일사회에 대한 존중과 공감, 그리고 통일 이후 발생할 수 있는 다양한 상황에 대해 효과적으로 행동하는 능력(통일시민성 실천의지)으로 통일역량을 정의하였다. 이러한 통일역량을 심층적으로 분석하기 위해 예비교사의 인성지각, 인권인식을 군집으로 분류하였고, 추출한 군집에 따라 통일역량의 차이를 분석하여 인성지각, 인권인식이 통일역량에 어떠한 영향을 미치는지를 판단하였다. 특히 이 연구는 학교 현장에서 교육을 담당하여 시대적으로 요구되는 시민성과 통일역량의 확대와 공유를 수행할 수 있는 예비교사를 대상으로 진행하였기에, 앞으로의 통일에 관한 관심과 실천적 태도, 그리고 통일역량과 연계된 다양한 가치를 향상할 수 있는 기초자료를 제시한다는 장점이 있다. 이 연구의 주요 결과에 따른 논의는 다음과 같다.

　첫째, 인성지각과 인권인식의 군집을 분류한 결과, 인성지각과 인권인식 모두 세 개의 군집이 추출되는 것으로 나타났다. 문항별 클러스터 중심과 일원변량분석을 통해 추출된 군집을 해석한 결과, 세 개의 군집은 평균을 중심으로 인성지각과 인권인식을 각각 낮은(low), 중간(middle), 높은(high) 수준으로 지각하는 집단으로 나타났다. 이러한 결과는 예비교사들이 동질적인 집단이 아니며, 이들의 내재적 특성에 상당한 개인차가 존재함을 의미하고, 현재 교원양성기관에서 이루어지는 획일적인 인성 및 인권 교육 접근법에 문제가 있음을 시사한다. 특히 '낮음' 집단으로 분류된 예비교사들에게는 통일에 대한 지식 교육에 앞서, 타인의 다름을 이해하고 존중하는 태도, 즉 인성과 인권에 대한 기초 소양 교육이 우선적으로 필요함을 시사한다(이지혜, 2018). 반면, 이미 높은 수준의 인성과 인권인식을 갖춘 '높음' 집단에게는 이들의 역량을 실제 교육 현장에서 학생들의 눈높이에 맞게 풀어낼 수 있는 구체적인 통일교육 프로그램 교수방향과 실천 전략을 이끌어줄 수 있는 심화 교육이 필요하다고 판단된다.

하지만 실제 교원양성기관에서는 예비교사들의 인성에 대한 정보를 판단하기 어려운 실정이다. 현재 교육부는 교직 적성·인성검사에 대한 적격 여부를 교원 무시험검정의 준거로 설정하고 있고, 이에 따라 예비교사는 교원양성기관에서 2회 이상의 교직 적성·인성 검사를 통과해야 한다. 하지만 이 검사는 2회 이상 통과 유무에만 초점이 맞춰져 있기 때문에, 실제적인 인성의 정도를 판단하기에는 무리가 있고, 인성외 현제를 알 수 없다는 문제가 있다. 또한 교원양성기관의 전공 교육과정 내에서는 인성과 관련된 교육이 실제로 이루어지는 경우가 제한되고, 교양 교육과정의 경우 인성 관련 교과가 개설되는 사례가 있으나, 예비교사들의 실제 인성을 높일 수 있는 동기에 의거한 교육을 진행하기에는 무리가 있다. 그렇다면 인권은 어떠할까? 구정화 등(2023), 구정화와 이바름(2024), 정진성 등

(2014)의 연구에서는 예비교사를 대상으로 인권교육이 충분히 이루어지지 않고 있음을 지적한 바 있다. 하지만 인권교육은 타인의 권리 또한 자신의 권리와 동일하게 중요함을 알게 하기에, 미래의 학습자에게 인권에 대한 논의를 제공하기 위해서는 예비교사 역시 인권에 대한 이해도가 높아야 할 것이다. 따라서 이 연구의 결과를 통해 예비교사를 대상으로 인성과 인권을 제고시킬 수 있는 다양한 교육체계의 도입을 교원양성기관 차원에서 도입해야 할 필요를 제기하고, 단순히 교육을 통해서가 아닌 인성적으로 완성된 예비교사, 그리고 인권에 대한 이해와 실천을 도모하는 예비교사로 양성할 수 있는 구체적인 방안 역시 마련해야 할 것이다.

둘째, 인성지각, 인권인식 군집에 따른 통일역량의 현실수용도를 살펴본 결과, 먼저 군집에 따라 집단을 분류했음에도 불구하고 통일역량 문항군은 모두 적합한 것으로 나타났다. Rasch 모형에서의 문항 적합도는 1을 기댓값으로 하여 1보다 클수록 문항 내용을 모호하게 인식하거나 혼란을 느끼는 것을 나타낸다(Hong & Wong, 2005). 반대로 1보다 작을수록 능력이 높은 응답자에게 동의하기가 매우 쉬운 문항이거나, 능력이 낮은 응답자에게는 동의하기가 매우 어려운 문항임을 의미한다(Bond & Fox, 2007). 비록 Linacre(2011)의 기준에 따라 모든 문항은 적합하게 나타났지만 인성지각과 인권인식 군집에 따라 분류했을 때, 통일역량의 un1문항(통일은 남북 어느 한 집단이 아닌 남북한이 함께 이루어가야 하는 것이라 생각한다), un7문항(통일교육 활동에 참여하여 분단상황에 대한 현장답사 프로그램 및 체험활동을 경험할 기회를 갖고 싶다)은 Infit 지수가 상대적으로 높은 값을 나타내었다. 즉, 예비교사는 남북한 주도와 관련된 배경지식이나 국제 정세, 특강교육 참여나 현장답사 프로그램 및 체험활동의 경험에 대해서는 혼란을 느끼는 것으로 나타났다. 이러한 결과가 나타난 것은 각 대학교의 교원양성기관에서 통일교육 활동이나 프로그램 등이 개설되지 않아서 발생했을 수도 있고, 혹은 개인적인 통일역량 관련 참여형 프로그램에 대해 긍정 혹은 부정에 해당하는 집단이 양분화되어 나타난 현상일 가능성이 있다(서은철, 2016; Bond & Fox, 2007).

다음으로 인성지각, 인권인식 군집에 따른 통일역량의 문항 곤란도(현실수용도)를 살펴보면, 인성과 인권을 높게 지각할수록 문항 곤란도가 상대적으로 낮게 나타났다. 또한 인성지각과 인권인식의 군집분류에 따른 통일역량의 차이를 일원변량분석을 통해 분석한 결과, 이 역시 인성지각과 인권인식이 높은 집단일수록 통일역량의 평균이 높은 것으로 나타났다. 이러한 결과는 인성과 인권에 대한 수준이 높을수록 통일역량 역시 높음을 의미하므로, 인성과 인권은 통일역량을 설명하는 원인변수로 기능함을 나타낸다. 또한 이 결과는 통일역량을 제고하는 데에 있어 인성의 중요성(김기숙, 2015; 박광득, 2015; 이미련, 곽윤경, 2018; 최원, 2015), 그리고 인권교육의 필요성(김강녕, 최이조, 2003; 박광득, 2015; 정경환, 2012)을 주장한 기존 연구들과 동일한 맥락에 해당한다고 볼 수 있다. 인성과 인권에 대한 개인차가 통일역량을 설명한다는 것은 결국 예비교사들의 인성과 인권을 제고시키기 위한 교원양성기관의 관련 프로그램이나 세미나의 개설 및 효율적인 운영이 필요함을 시사한다. 즉, 인성, 인권, 통일역량을 각각 분류하는 것이 아니라, 하나의 프로그램 내에서 인성, 인권, 통일역량을 함께 다루는 시민교육의 일환으로 연결하여 교육이 이루어져야 한다는 것이다. 따라서 '사회 정의와 교사의 역할' 혹은 '갈등 해결과 평화 교육'과 같은 통합적 주제의 교과목을 개설하여, 예비교사들이 인권 감수성을 바탕으로 통일 문제를 성찰하고, 이를 교육 현장에서 실천할 수 있는 인성적 역량을 기르도록 지원해야 한다. 하지만 교원양성기관 자체적으로 이러한 교육 과정이나 프로그램을 운영하기에는 예산과 학사운영 등의 문제로 제한될 수 있다. 따라서 이러한 제한점을 해소하기 위해 시민교육, 통일교육 등과 관련된 정부 기관이나 관련 기관 등의 지원사업을 수행하는 방안도 함께 고민해야 할 것이다.

한편, 통일역량의 현실수용도를 개별 문항별로 살펴보면, 인성지각과 인권인식 군집 모두 un1(통일은 남북 어느 한 집단이 아닌 남북한이 함께 이루어가야 하는 것이라 생각한다), un5(내가 속해 있는 모임에 탈북자가 들어오는 것을 허용하고 공감적인 태도로 대할 것이다) 문항은 상대적으로 낮은 곤란도를 나타내었다. 반대로 un6(남북한에 대해 객관적이고 정확한 지식과 정보를 알고 싶고, 이에 관한 특강교육에 참여하려고 한다), un7(통일교육 활동에 참여하여 분단상황에 대한 현장답사 프로그램 및 체험활동을 경험할 기회를 갖고 싶다) 문항은 상대적으로 높은 곤란도를 나타내었다. Rasch RSM에서 문항 곤란도가 낮다는 것은 문항 내용이 응답자의 현실에 비추어 볼 때 쉽게 동의하는 경향을, 반대로 문항 곤란도가 높다는 것은 동의하기 어려운 경향을 나타내므로(서은철, 2016; Hong & Wong, 2005), un1, un5 문항을 통해 예비교사는 주변 국가나 국제 정세의 영향이 아닌 자주적인 남북한의 평화통일 구축, 그리고 탈북자에 대한 거부감이 아닌 수용, 존중, 공감적 태도를 형성하고 있음을 알 수 있다. 반대로 un6, un7 문항을 통해 예비교사는 남북한 관련 전문지식과 특강, 통일교육 관련 현장 프로그램 경험에는 현실적으로 수행하기 어렵거나, 참여에 대한 동기가 부족한 것으로 나타났다. 이러한 결과는 예비교사들의 통일역량에 있어 태도-행동의 괴리가 존재함을 나타낸다(이규림, 김영옥, 2012; 이미경, 2014; 추병완, 2009; 이창식, 황연경, 2016; Morais & Ogden, 2011). 즉, 예비교사는 통일문화 수용성에 대해서는 긍정적인 태도를 나타내고 있지만, 통일시민성 실천의지는 그리 크지 않다는 점이다. 이러한 현상은 이미 임용 시험 준비와 학업 부담을 안고 있는 예비교사들에게 통일 관련 일회성 특강이나 별도의 통일체험활동이 핵심적인 교직역량과 무관한 부가적인 활동으로 인식될 가능성이 크다는 것을 유추할 수 있다. 따라서 이들에게 통일시민성 실천의지를 함양시키기 위한 접근은 기존의 일회성 특강이나 체험 방식을 적용하는 것이 큰 도움이 안 된다는 것을 의미하므로, 통일교육이 별도의 독립된 프로그램으로 제공되기보다는 예비교사들의 핵심 전공 및 교직 과목에 자연스럽게 반영될 수 있도록 교육과정의 변화를 고민할 필요가 있다. 이러한 실천적 태도는 결국 미래의 교육 현장에서 만나게 되는 다양한 학생들과 공유하게 됨으로써, 사회문화적인 차원에서 통일역량을 모든 구성원이 함양하게 하고, 결과적으로 통일로 향한 발걸음을 더욱 가볍게 하는 계기가 될 것이다.

V. 결론 및 제언

이 연구는 예비교사들을 대상으로 그들의 내재적 특성인 인성지각과 인권인식이 통일역량을 설명하는 관계를 검증하는 데에 목적이 있다. 이를 위해 전국 6개 사범대학생 1,044명의 데이터를 활용하여 K-means 군집분석과 Rasch 평정척도모형을 적용하였다. 주요 연구 결과를 요약하면 다음과 같다. 첫째, 예비교사들은 인성지각과 인권인식 수준에 따라 동질적인 집단이 아닌, 뚜렷한 개인차를 보이는 세 개의 잠재 집단(낮음, 중간, 높음)으로 유형화되었다. 둘째, 예비교사의 인성지각과 인권인식 수준은 통일역량을 정적으로 설명하는 것으로 나타났다. 즉, 자신의 인성을 긍정적으로 인식하고 타인의 인권을 존중하는 태도를 지닌 예비교사일수록 통일역량 수준이 높게 나타났다. 셋째, 예비교사들은 통일의 당위성이나 탈북 학생 수용과 같은 정서적·태도적 측면은 쉽게 받아들이지만, 관련 교육 프로그램에 직접 참여하는 실천적·행동적 측면에는 부담을 느끼는 태도와 행동의 차이가 나타났다.

이 연구를 수행하는 과정에서 발생한 주요 제한사항은 다음과 같다. 첫째, 이 연구는 2022년에 수집한 자료를 사용하였으므로, 현시점의 예비교사의 통일역량을 설명하기에는 시간적 차이가 존재한다는 단점이 있다. 하지만 이 자료는 전국 단위 6개 사범대학생을 대상으로 시민교육 역량이라는 특화된 목적으로 수집한 대규모 데이터이기 때문에, 본 연구 주제인 예비교사의 통일역량을 분석하기에 가장 적합하고 신뢰도가 높은 자료라고 판단하였다. 또한 예비교사의 통일에 대한 핵심적인 인식은 단기간에 급변한다고 볼 수 없으므로, 이 연구에서 도출한 결과를 수용하기에는 큰 무리가 없다고 판단된다. 둘째, 인성지각, 인권인식, 통일역량은 매우 다양한 요인으로 구성되어 있을 가능성이 높지만, 이 연구는 하나의 차원으로 해석했다는 단점이 있다. 이는 단일차원이라는 특성에 따른 해석의 명료성을 제시한다는 장점을 보유하지만, 반대로 어떠한 인성·인권의 수준이 통일역량의 특정 차원과 연결되는가에 대해서는 구체성이 제한된다. 따라서 후속 연구에서는 예비교사의 특성이 내재된 인성, 인권, 통일역량에 대한 요인구조를 판단할 필요가 있고, 이에 기반한 인과관계를 재확인해야 할 것이다. 셋째, 이 연구는 인성과 인권이 통일역량을 설명한다는 증거를 제시하였지만, 예비교사의 인성지각, 인권인식을 향상시킬 수 있는 특정 변수에 대한 검증 혹은 방안 등에 대해서는 논의하지 못하였다. 즉, 실제 인성과 인권이 통일역량을 설명한다면, 이러한 통일역량을 실제로 높이기 위해서는 인성과 인권 역시 향상시킬 수 있는 접근은 무엇인가에 대한 연구가 필요하다고 볼 수 있다. 따라서 후속 연구에서는 예비교사의 인성, 인권을 설명하는 이론적 모델을 구조화하여 검증할 필요가 있고, 특히 종단연구방법론을 적용하여 설명력을 높일 수 있는 모형을 제시할 필요성을 제안한다.

참고문헌

구정화·송성민·송현정·이바름·박새롬·이채영, 『교대·사범대 등 교원양성기관에서의 인권교육 실태 및 개선방안 연구』, 서울: 국가인권위원회, 2023.

구정화·이바름, 「예비교사를 위한 인권교육 강좌 내용 체계 연구」, 『법교육연구』 19(1), 2024.

김강녕·최이조, 「북한의 인권실태와 우리의 대응」, 『통일전략』 3(2), 2003.

김기숙, 「심미적 체험을 통한 통일인성교육 기초 연구: 코메니우스의 인간본성을 중심으로」, 『기독교교육정보』 46, 2015.

김선미·남경희, 『청소년의 세계시민자질에 관한 연구』 연구보고 03-R 16, 서울: 한국청소년정책연구원, 2003.

김선혜·정희영, 「예비유아교사의 통일·통일교육 인식」, 『통일교육연구』 18(1), 2021.

김창현, 「청소년들의 통일안보 현장체험학습의 효과에 관한 연구」, 『정책개발연구』 14(1), 2014.

박광득, 「북한인권문제와 민족통일의 상관성 연구」, 『통일전략』 15(1), 2015.

박은숙·서은철·소인미·김예형·김애경, 『전국 사범대학 시민교육역량 조사연구』, 파주: 양서원, 2021.

박은숙·서은철·소인미·김예형·김애경, 『전국 사범대학 시민교육역량 심층분석』, 파주: 양서원, 2022.

박은숙·서은철·소인미·김예형·김애경, 『전국 사범대학 시민교육역량 심화 연구』, 파주: 양서원, 2023.

박찬석, 「도덕과의 인성교육과 통일교육 융합에 관한 연구」, 『초등도덕교육』 47, 2015.

박형빈, 「Martha Nussbaum의 세계시민주의와 평화·통일교육:통일철학과 통일심리학 기반 통일시민성 교육 가능성 탐색」, 『학습자중심교과교육연구』 21(21), 2021.

서은철, 「장애인 엘리트선수에 대한 코치-선수 상호작용 척도의 적합성: Rasch 모형의 적용」, 『한국체육측정평가학회지』 18(1), 2016.

이규림·김영옥,「유아교사의 다문화감수성, 다문화교육 이해 및 태도의 관계: 다문화 교수 효능감의 매개효과」,『유아교육연구』32(3), 2012.

이미경,「대학생 통일의식 제고를 위한 통일교육 방안 모색」,『한국동북아논총』70, 2014.

이미련·곽윤경,「간호대학생의 인성, 가치관 및 통일안보의식」,『예술인문사회융합멀티미디어논문지』8(7), 2018.

이지영·김희영,「예비유아교사의 통일인식과 유아교사 양성과정에서 유아통일교육에 대한 요구」,『인문사회21』13(3), 2022.

이지혜,「예비교사용 인성 측정도구의 개발 및 타당화」,『학습자중심교과교육연구』18(2), 2018.

이창식·황연경,「청소년 통일역량 설문문항 개발 및 효과검증」,『통일문제연구』28(2), 2016.

정경환,「국제인권레짐과 북한인권문제 간의 상관성에 관한 연구」,『통일전략』13(1), 2012.

정진성·유성상·박병진·김영중,『고등교육기관에서의 인권교육 실태조사』, 서울: 국가인권위원회, 2014.

최원,「인권의 정치의 관점에서 본 분단과 통일」,『통일인문학』61, 2015.

추병완,「학교 통일교육에서 다문화교육 접근의 타당성」,『도덕윤리과교육』29, 2009.

통일교육원,『2014통일교육지침서』, 서울: 통일부 통일교육원, 2014.

Andrich, D. "Rating formation for ordered response categories", Psychometrika 43. 1978.

Bond, T. G., & Fox, C. M., Applying the Rasch model: Fundamental measurement in the human sciences. New York: Routledge, 2007.

Burke, P. J. & Stets, J. E., Identity theory. New York: Oxford University Press, 2009.

Deardorff, D. K., "Understanding the challenges of assessing global citizenship", in The handbook of practice and research in study abroad: Higher education and the quest for global citizenship, eds. R. Lewin. New

York: Routledge, 2009.

Heater, D., What is citizenship?. Cambridge: Polity Press, 2005.

Hong, S., & Wong, E. "Rasch rating scale modeling of the Korean version of the Beck Depression Inventory", Educational and Psychological Measurement 65(1). 2005.

Linacre, J. M., A user's guide to WINSTEPS MINISTEP Rasch-model computer programs. Chicago: Winsteps.com, 2011.

Morais, D. B., & Ogden, A. C. "Initial development and validation of the global citizenship scale", Journal of Studies in International Education 15(5). 2011.

Seol, H. snowCluster: Cluster Analysis [jamovi module]. GitHub, 2022a.

Seol, H. snowIRT: Item Response Theory for jamovi [jamovi module]. GitHub, 2022b.

Seol, H. snowRMM: Rasch Mixture, LCA, and Test Equating Analysis [jamovi module]. GitHub, 2022c.

UNESCO. Global citizenship education: Topics and learning objectives. Paris: UNESCO, 2015.

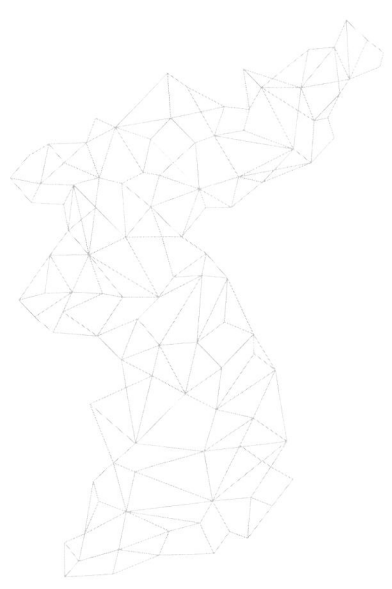

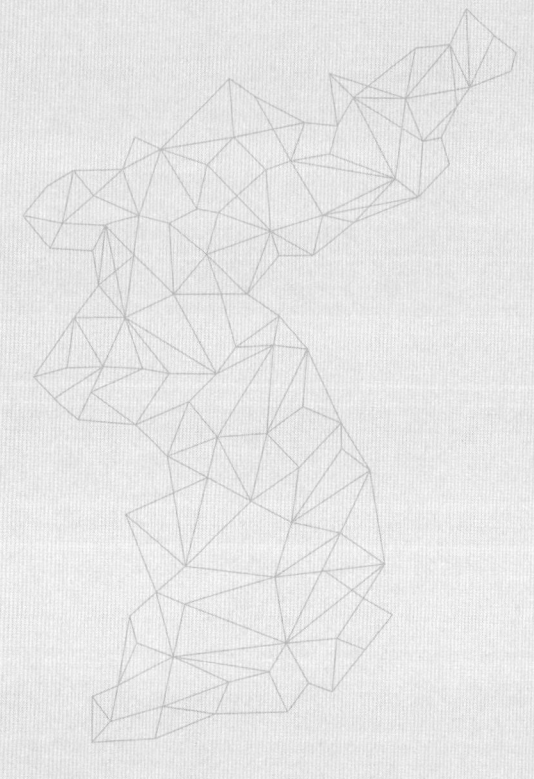

이혜진 _ 원광대학교 미래융합대학 자율전공학부
사회복지와 교육을 전공하고 교육복지 실천가로 학교에서 아이들을 만났다. 현재는 원광대 자율전공학부과 교양교과에서 학생들을 만나고 있다. 인간의 성장과 공동체의 나눔에 관심을 가지고 학습자 경험과 마을교육공동체 등을 연구하고 있다. 수처작주 입처개진(隨處作主 立處皆眞), 내가 머무르는 곳에서 주체가 되고자 노력하며, 북한배경학생도 새롭게 머무는 이 사회에서 주체가 될 수 있기를 희망한다.

키워드 네트워크 분석을 활용한 북한배경학생 교육 관련 연구 동향 분석

목차

I. 서론

II. 선행연구 검토
　1. 북한배경학생의 개념 및 특성
　2. 북한배경학생 교육 연구의 주요 흐름
　3. 키워드 네트워크 분석 활용 연구

III. 연구 방법
　1. 데이터 수집
　2. 데이터 정제
　3. 데이터 분석

IV. 연구결과
　1. 연도별 북한배경학생 교육 연구 논문 발간 추이
　2. 키워드 네트워크 분석 결과

V. 논의 및 결론

I. 서론

최근 통일부가 '보호 사각지대'에 놓인 제3국 출생 탈북민 자녀들을 위한 법적 보호 체제를 강화한다고 밝혔다. '북한이탈주민의 보호 및 정착지원에 관한 법률(이하 북한이탈주민법)'에 따르면 북한이탈주민이란 '북한에 주소, 직계가족, 배우자, 직장 등을 두고 있는 사람으로서 북한을 벗어난 후 외국 국적을 취득하지 아니한 사람'이므로 그간 제3국 출생 북한이탈주민의 자녀는 대학 특례 입학과 학비 지원 등에서 제외되었다.[1] 교육부가 외국에서 태어난 북한이탈주민의 자녀 또한 우리 사회의 일원이므로 북한 출생 여부와 관계없이 '탈북' 학생 범주에 포함하여 교육지원을 하고, 일부 시·도 교육청의 경우 한국에서 태어난 북한이탈주민 자녀도 탈북학생 교육지원 대상에 포함하고 있었지만, 원칙적으로 제3국 출생과 남한 출생은 통일부 정착지원 및 교육부 교육지원 대상이 아니었기 때문이다.[2] 실제 국내 입국 탈북 청소년 전체의 70% 이상을 차지하는 제3국 출생 탈북민 자녀들은 북한에서 태어나지 않았다는 이유로 현행법상 보호 대상에서 제외되어 '제도적 투명인간'으로 남아 있다는 지적도 제기되었다.[3]

---

1 이제훈, "통일부, 탈북민 '제3국 출생 자녀'에도 대입 특례 지원", 『한겨레』, 2024.8.8.
2 한국교육개발원 탈북청소년교육지원센터, "탈북학생이란?", https://www.hub4u.or.kr (검색일: 2023.11.5.).
3 정영교·박현주, "유령아이도 아닌데 투명인간 됐다… 법 때문에 차별 받는 이들[사각지대 탈북민 2세들]", 『The JoongAng』, 2024.7.12.

통일부의 북한이탈주민법 개정은 현행제도 운영과정 상에서 위와 같이 나타난 '북한을 배경으로 하는' 청소년에 대한 교육적 지원의 미비점을 개선 보완하고자 한 것이라 볼 수 있을 것이다.

이렇듯 우리 사회는 다양한 북한배경학생[4]에 대한 교육적 요구에 대처하고자 노력하고 있다. 교육은 그들이 우리나라 학교에 적응하여 자신의 잠재력을 발휘하고 건강한 시민으로 기능하기 위해 반드시 필요하기 때문이다.[5] 또한, 교육은 실제 통일이 이룩되는 경우에 경험하게 될 일정기간의 사회적인 혼돈상황과는 별개로 즉각적인 시스템이 운영되어야만 하는 분야이기에 중요하기도 하다.[6]

북한배경학생에 대한 교육이 효과적으로 운영되기 위해서는 정책적 노력과 함께 이를 뒷받침할 수 있는 연구가 수행되어야 한다. 이들의 학교 적응 및 학업 성취 현황을 파악하는 실태 조사, 효과적인 교육 정책 및 교수-학습방법, 효과 검증 등과 관련된 연구들이 실시되고 이를 바탕으로 지원 방안들이 도출되어야 한다. 그간 탈북청소년교육 관련 연구는 '학교'와 '적응', '학습'을 중심으로 다양한 영역에서 연구가 수행되었다. 이제 누적된 연구 성과를 체계적으로 종합하는 연구 동향 분석이 필요하다. 연구 동향 분석으로 기존 연구의 동향 및 경향성을 파악하여 연구의 흐름 및 주제를 밝혀내고, 향후 수행되어야 할 연구과제와 방향성을 모색함으로써, 해

---

[4] '북한배경학생'에 대한 개념화는 선행연구 검토에서 진행한 후, 이후 III장부터 용어를 일원화하여 사용하고자 함.

[5] 김부경·김대희, 「쓰기 학습에 대한 북한이탈 중학생의 요구 분석 연구탈북청소년교육 연구동향」, 『열린정신 인문학 연구』 17(3) (2016), 145.

[6] 박혜랑, 「탈북청소년교육 연구동향」, 『학습자중심교과교육연구』 18(24) (2018), 656.

당 영역의 학문적 발전과 현장에서의 전략적 활용을 위한 시사점을 제공할 수 있기 때문이다.

이 연구에서는 북한배경학생 교육 연구 분야에서 '무엇(subject)'을 연구해 왔는가와 관련된 연구 동향을 텍스트 마이닝의 기법 중 하나인 키워드 네트워크 분석으로 탐색하고자 한다. 텍스트 마이닝(Text Mining)은 비형식적이고 비구조화된 텍스트로부터 필요하고 유용한 정보를 추출하는 기술이고, 키워드 네트워크 분석은 텍스트로부터 특정 개념 간의 관계를 파악 후 네트워크를 구성하여 계략적인 특성을 분석하는 방법이다.[7] 키워드 네트워크 분석은 미시적인 단어들의 분석을 통해 거시적인 방향성을 이해할 수 있다는 점에서 의의가 있다.[8]

본 연구는 국내 북한배경학생 교육 관련 학술지 논문의 초록에 대한 네트워크 분석을 통하여 관련 연구 동향을 분석하고자 한다. 이를 통해 북한배경학생 교육 분야 연구 현황을 조망함으로써, 향후 북한배경학생 교육 관련 연구의 심화 및 정책적 실천을 위한 시사점을 제시하고자 한다.

---

[7] 오윤경, 「키워드 네트워크 분석을 활용한 피부 미용 분야 연구 동향 분석」, 『한국미용학회지』 28(6) (2022), 1309.

[8] 최지은, 「키워드 네트워크 분석을 활용한 영유아 놀이 관련 연구 동향 분석」, 『학습자중심교과교육연구』 19(14) (2019), 607.

II. 선행연구 검토

1. 북한배경학생의 개념 및 특성

　북한배경학생은 일반적으로 북한이탈학생, 탈북학생, 북한이주학생, 새터민학생 등 다양한 용어로 지칭된다. 이는 북한배경학생의 상위 범주인 '북한이탈주민'이 가지는 개념 때문이다. 북한이탈주민은 혈통적으로 '동포', 법률상 '주민', 경제난과 억압을 피해 국경을 넘은 '난민', 한국의 소수집단 관점의 '이주민' 등으로 그 개념이 복잡하고, 대상의 속성도 중층적일 뿐만 아니라 시기와 상황에 따라 특성이 변화하기 때문이다.[9]

　북한배경학생은 한국교육개발원의 탈북교육청소년지원센터에서 제시하고 있는 용어이다. 정책적으로는 북한이탈주민 중 청소년 연령대에 있는 이들을 '탈북청소년'으로, 학교에 다니는 학생들을 '탈북학생'으로 명명하고 있지만, 한국교육개발원에서는 '북한배경학생' 용어를 사용한다. 북한배경학생은 부모 중 1인 이상이 북한이탈주민인 가정의 자녀 중 학교에 재학 중인 학생으로 북한, 제3국(중국 등), 또는 국내 출생을 모두 포함한다. 한 연구에서는 '탈북청소년'이라는 범주가 지나치게 좁은 규정이며, 이로 인해 다양한 출생 배경과 이동 경로를 지닌 북한이탈주민 자녀를 모

---

[9] 이화숙·원순옥, 「'북한에서 온 집단'에 대한 '명칭' 분석 - '행위'와 '정체성'을 중심으로」, 『현대사회와 다문화』 6(2) (2016), 150-178.

두 포괄하기 어렵다는 점을 비판적으로 검토하였다. 해당 연구는 한국교육개발원의 '2주기 북한배경청소년 교육 종단연구' 자료를 바탕으로, 해당 범주에 속하는 학생들이 고향을 떠난 배경, 고향에 대한 인식, 정체성 형성, 그리고 주변인의 범주화 방식 등의 맥락에서 나타내는 다양한 특성이 '탈북청소년'이라는 용어로는 온전히 설명될 수 없음을 밝히고 있다. 또한, '북한출생' 또는 '제3국 출생'이라는 세부 범주 역시 이들의 경험을 충분히 대변하지 못함을 지적하였다. 이로써, 연구자는 '북한배경청소년'이라는 보다 포괄적이고 중립적인 분류 용어의 필요성을 강조하며, 동시에 이러한 인위적인 범주화가 편견이나 배제로 이어지지 않도록 교육환경을 설계해야 함을 강조하였다.[10] 이후 한국교육개발원은 실제 탈북청소년지원센터의 홈페이지에서 '탈북학생'을 '북한배경학생'으로 설명하고 있다.

위와 같은 용어 개념의 복잡성과 정책적 현실의 범주를 고려할 때, '북한배경학생'은 가치중립적인 용어로 차별과 편견, 고정관념을 배제한 명칭이면서 현실적으로 증가하고 있는 '북한에서의 삶'의 경험이 없는 북한이탈주민의 자녀들을 포괄할 수 있는 용어가 될 수 있을 것으로 보인다.

2. 북한배경학생 교육 연구의 주요 흐름

북한배경학생 교육 연구의 시작이라 할 수 있는 2005년부터 2010년까

---

10 김정원, 「'탈북청소년'이라는 범주화에 대한 비판적 검토」, 『통일교육연구』 19(1) (2022), 161-189.

지의 연구는 북한이탈청소년의 남한 사회 및 학교 적응과 중도탈락 요인을 중심으로 이루어졌다. 이 시기의 연구는 북한이탈학생의 남한 학교 경험을 탐색하고 그 과정에서의 어려움과 위험 요인을 규명하는 데 초점을 두었다. 연구방법으로는 질적 연구가 다수였다. 북한이탈학생의 남한학교 적응, 탈북 청소년의 사회화 과정, 학업중단 북한이탈청소년의 적응과정 등 주로 북한이탈학생의 남한 교육 경험을 탐색하는 연구였다. 이 외에도, 북한이탈청소년의 학교중도탈락 의도에 영향을 미치는 요인을 밝히는 양적 연구와 북한이탈청소년의 사회과교육 활성화 방안을 제시한 문헌연구 등도 수행되었다.

2011년부터 2015년까지는 탈북학생이 1,000명이 넘어갔던 시기로 관련 연구의 수 역시 크게 증가하였다. 북한이탈학생에 대한 구체적이고 실천적인 지원 방안을 모색하는 연구가 다양하게 이루어진 시기로, 주로 교육과정 및 교과교육 교사의 인식 및 역할, 학업중단 예방, 제도적 지원에 관한 논의가 이루어졌다. 연구방법은 혼합 연구, 설문조사 기반 양적 연구, 문헌연구 등이 다양하게 활용되었다.

2016년부터 2024년까지를 보면 교과교육 지도와 관련된 연구가 지속적으로 이루어지는 한편 북한이탈청소년의 심리·정서적 측면과 진로지도, 고등교육, 대안교육, 사회적 통합을 논의하는 연구들이 진행되었다. 이 기간에는 교과 및 적응 지원 프로그램의 효과성을 검증하는 실증연구가 다수 수행되었고, 북한이탈학생 범주를 제3국 출생까지 확대한 연구들이 등장하였다. 코로나19 이후 교육환경의 변화가 반영되면서 팬데믹 시대 북한이탈주민 자녀의 교육격차에 대한 통일전담교육사 대상의 질적연구가 수행되기도 하였다.

지금까지 20년간 이루어진 북한배경학생 교육 관련 연구는 이들의 학습자적 특성을 이해하고, 교육적 지원 및 실천적 대안을 모색하는 데 기여를 해왔다. 그러나 이러한 개별적 연구의 성과를 넘어, 이제는 축적된 연구들을 데이터에 기반해 종합적으로 검토하고, 주요 쟁점과 흐름을 도출하여 거시적 관점에서 정리할 필요가 있다. 이는 북한배경학생의 범주가 확장되고 정책 환경이 변화하는 현 시점에서, 향후 연구 방향 설정과 교육 실천을 위한 발전적 시각과 실천적 통찰을 제공할 수 있을 것이다.

3. 키워드 네트워크 분석 활용 연구

키워드 네트워크 분석(keyword network analysis)은 텍스트 마이닝과 사회연결망 분석을 결합한 방법으로, 연구 논문에서 제시된 핵심어 간의 동시 출현 빈도와 관계망을 구조적으로 파악하여 특정 분야의 연구 경향과 지적 구조를 도출하는 분석 방법이다. 키워드 간의 관계망을 분석하는 것은 단순 빈도분석이나 내용분석을 넘어 연구 분야의 흐름과 핵심 의제를 총체적으로 이해하는 데 유용하다. 실제로 최근 다양한 학문 영역에서 키워드 네트워크 분석이 기존에 전통적으로 수행하여 왔던 동향 분석의 한계를 보완하는 방법으로 활용되고 있다.[11]

사회 및 산업 분야에서는 키워드 네트워크 분석을 통하여 새로운 연구

---

11 구경수·최연실, 「텍스트 마이닝과 키워드 네트워크 분석을 통한 한국 가족치료 연구동향 분석: 한국가족치료학회 학술지(1993-2019)를 중심으로」, 『가족과 가족치료』 28(1), (2020), 85-110.

의제를 규명하고 있다. 예를 들어, 항공사의 ESG 활동을 다룬 연구는 기업의 사회적 책임과 지속가능경영을 키워드 네트워크로 분석하여 기업활동과 관련된 학술적 담론 형성의 가능성을 보여주었고[12], 피부미용 분야 연구에서는 2011년 이후 500여 편의 논문을 대상으로 '화장품', '피부관리실', '만족도', '서비스' 등의 키워드가 중심에 위치함을 밝힘으로써, 학문적 발전과 산업적 수요가 긴밀히 결합된 구조를 제시하였다.[13] 이처럼 사회·산업 영역에서의 활용은 연구자들이 기존의 연구를 통합적으로 조망할 수 있는 틀을 제공하며, 학문적 지식이 산업 현장과 연결되는 과정에서 필요한 정책적·실천적 함의를 도출하는 데 기여하고 있다.

복지 및 심리 영역에서도 키워드 네트워크 분석은 기존의 선행연구를 체계적으로 정리하는 데 효과적으로 적용되고 있다. 한국 가족치료 연구를 대상으로 한 분석에서는 '의사소통', '청소년', '해결중심 단기치료'와 같은 키워드가 중심을 이루고, 네트워크 구조는 '후기 가족치료', '다양한 가족 이슈', '질적 연구 방법', '부부·가족관계'의 네 가지 군집으로 구분될 수 있음을 밝혔다.[14] 또한 국내 코칭 연구를 대상으로 한 연구에서는 '코칭프로그램', '코칭리더십', '자기효능감', '조직몰입'이 주요 키워드로 나타났으며, 이를 통해 코칭이 단순한 상담 기법을 넘어 조직성과와 리더십 개발의

---

12 이지애·최경옥,「빅데이터를 활용한 국내항공사 ESG활동 연구」,『한국관광레저학회』35, (2023), 255-273.

13 오윤경,「키워드 네트워크 분석을 활용한 피부 미용 분야 연구 동향 분석」,『한국미용학회지』28(6), (2022), 1308-1317.

14 구경수·최연실,「텍스트 마이닝과 키워드 네트워크 분석을 통한 한국 가족치료 연구동향 분석: 한국가족치료학회 학술지(1993-2019)를 중심으로」,『가족과 가족치료』28(1), (2020), 85-110.

전략적 도구로 활용되고 있음을 보여주었다.15 이와 같이 복지·심리 분야에서의 적용은 키워드 네트워크 분석이 다양한 연구 주제의 흐름을 종합하고, 그 상호 관계를 시각화하여 제시함으로써 관련 연구자와 실무자에게 의미 있는 시사점을 제공하고 있다.

교육 분야에서도 키워드 네트워크 분석은 활발하게 이루어지고 있다. 유아교사 연구를 분석한 선행 연구에서는 '직무만족', '직무스트레스', '교사효능감' 등이 빈도와 연결 강도에서 높은 비중을 차지하며, 교사 연구가 직무환경, 조직문화, 리더십, 회복탄력성과 밀접히 연관되어 있음을 보여주었다.16 영유아 놀이 연구에서는 '놀이성', '또래상호작용', '실외놀이' 등이 중심적 키워드로 나타났고, '놀이성 지지를 위한 가정-기관 소통'을 중요한 군집으로 제시함으로써 유아교육 현장에서 놀이의 교육적 가치와 사회적 맥락이 결합해 있음을 확인할 수 있었다.17 또한, 학업저성취 대학생 연구에서는 '학사경고', '효과성', '질적연구'가 중심성 측면에서 의미를 가지며, 대학생의 학업부진 문제와 관련된 다양한 상담·지원 프로그램 연구가 연결망 속에서 중요한 위치를 차지하는 것으로 나타났다.18 키워드 네트워크 분석을 통하여 도출된 결과가 교육 현장에서 관련 정책 마련을 위한 기

---

15 노동원·황평강·송영수, 「키워드 네트워크 분석을 통한 국내 코칭 연구 동향 분석」, 『HRD연구』 23(2), (2021), 91-121.
16 정혜영·정혜영·손유진, 「키워드 네트워크 분석을 통한 유아교육 연구동향 분석」, 『생태유아교육연구』 14(2), (2015), 283-308.
17 최지은, 「키워드 네트워크 분석을 활용한 영유아 놀이 관련 연구동향 분석」, 『학습자중심교과교육연구』 19(14), (2019), 605-626.
18 이예디나·고혜정, 「키워드 네트워크 분석을 활용한 학업저성취 대학생 관련 연구 동향 분석」, 『교육혁신연구』 33(1), (2023), 343-361.

초자료로 활용될 수 있음을 보여준다. 이처럼 교육 분야에서의 적용은 유아기부터 대학생에 이르기까지 전 생애적 교육 맥락에서 관련 연구 경향을 구조적으로 조망하고, 향후 교육정책 마련을 위한 방향성을 제시한다는 점에서 의의가 크다고 할 수 있겠다.

이상의 논의를 종합하면, 키워드 네트워크 분석은 특정 학문 분야의 연구성과를 종합적으로 분석하고 주제 간의 상호관계를 규명함으로써, 학문적으로는 새로운 문제의식과 연구 질문을 제기하고, 실천적으로는 정책 기획 및 의사결정에 기여할 수 있을 것이다. 따라서 키워드 네트워크 분석은 북한배경학생 교육 관련 연구의 동향을 체계적으로 파악하고, 학문적·정책적 의제를 도출하고자 하는 본 연구에 적합한 연구 방법이라 할 수 있을 것이다.

III. 연구 방법

북한배경학생 교육 관련 연구 동향 분석은 〈표 1〉과 같이 자료 수집, 데이터 정제, 데이터 분석의 과정을 거쳐 수행된다.

단계	절차
데이터 수집	연관 논문 수집, 중복 및 미부합 자료 제거, 영어 키워드 한글 전환, 키워드 추출
데이터 정제	불용어 제거, 복합어 병합, 맥락적 통합
데이터 분석	빈도 및 TF-IDF 분석, 네트워크 분석, CONCOR 분석

〈표 1〉 연구 단계 및 연구 절차

1. 데이터 수집

본 연구의 데이터는 한국교육학술정보원에서 제공하는 데이터 베이스(Research Information Sharing Service, RISS)를 통해 학술지 키워드로 검색하여 수집하였다. 상세 검색을 통해 현재까지 발간된 등재 학술지 논문 중에서 키워드를 '탈북학생(청소년)교육(학습)', '북한이탈학생(청소년)교육(학습)', '북한이주학생(청소년)교육(학습)', '새터민학생(청소년)교육(학습)', '북한배경학생(청소년)교육(학습)'의 20가지로 검색하였다. 키워드가 영어로만 제시된 경우는 연구 내용이 제대로 반영될 수 있게 하려고 한글

제목과 영문 제목을 비교하고 본문을 검토하여 한글로 전환하였다.

학술지를 선정한 이유는 학술지는 해당 학문 분야의 이론적 및 실제적 관심을 보여주고,[19] 과거부터 현재까지의 특정 학문 분야의 이론적 및 실제적 관심, 이론체계와 연구방법을 보여주는 기록물이므로,[20] 해당 분야의 연구 추세나 동향을 파악하는 데 타당성 및 현실성을 높일 수 있기 때문이다.[21]

데이터를 추출하는 방법은 제목, 주제어, 초록, 전체 본문 등 다양한데 이 연구에서는 초록을 추출하였다. 예비조사 결과, 제목 및 주제어는 연구자가 자신이 수행한 연구의 목적이나 핵심 주제, 결과를 가장 선명하게 드러낼 수 있도록 제시한 것이긴 하나 연구 범위를 지나치게 축소하거나 포괄할 수 있어 키워드 추출이 한정되는 경향을 보였다. 또한, 전체 본문은 연구와 관련된 일반적 서술이 다수 포함되어 연구의 핵심과 직접적 관련이 없는 키워드가 과도하게 추출되어 주제 적합도가 낮게 나타났다. 이에 연구의 목적과 방법, 결과 등은 압축적으로 드러내면서 비관련 정보는 최소화할 수 있는 초록 데이터를 수집하여 연구에 활용하였다.

처음 검색된 논문은 148편이었고 이 중 중복 및 주제 미부합 자료(북

---

[19] 김계원·정종진·권희영·이윤주·김춘경, 「상담심리학의 최근 연구동향: 상담 및 심리치료 학회지 게재 논문 분석(2000-2009)」, 『한국심리학회지: 상담 및 심리치료』 23(3), (2011), 523.

[20] 구경수·최연실, 「텍스트 마이닝과 키워드 네트워크 분석을 통한 한국 가족치료 연구동향 분석: 한국가족치료학회 학술지(1993-2019)를 중심으로」, 『가족과 가족치료』 28(1), (2020), 86.

[21] 정혜영·정혜영·손유진, 「키워드 네트워크 분석을 통한 유아교육 연구동향 분석」, 『생태유아교육연구』 14(2), (2015), 286.

한이해교육, 통일인식 교육 등)를 제거하여 최종 120편의 논문을 수집하였다.

2. 데이터 정제

수집된 데이터를 분석에 적합하게 가공하기 위해 정제 절차를 진행하였다. 본 연구에서는 ㈜The IMC TEXTOM(https://www.textom.co.kr) 프로그램의 텍스트 마이닝 기능을 활용하여 다음과 같이 진행하였다.

1차적으로 데이터 전처리를 하기 위하여 형태소 분석을 하였다. 형태소 분석은 TEXTOM 내 MeCab-IMC으로 진행하였다. MeCab-IMC은 원문의 띄어쓰기 형태가 아닌 사전을 참조하여 분석하기 때문에 일관성이 높은 결괏값을 제공할 수 있다.

2차적으로, 1차에서 정제된 키워드 중 주제와 관련이 없거나 의미 없는 불용어를 삭제하였다. 연속적으로 나타나는 키워드를 알 수 있는 N-gram 정보를 통해 '질적 연구'를 '질적 연구' 등과 같이 복합어 병합을 진행하고, 유사어와 외래어는 수정 또는 통합하였다.

3차적으로, 연구 목적에 부합되는 키워드가 도출될 수 있도록 동시 출현 빈도가 높은 키워드의 원문 내 의미, 상위어 병합의 맥락적 적절성 등을 검토 후 제거하였다.

3. 데이터 분석

분석 프로세스는 다음과 같다.

첫째, 정제된 데이터에서 TF(Term Frequency) 및 TF-IDF(Term frequency - Inverse Document Frequency)를 산출하였다. TF는 어떤 단어가 문서 내에서 얼마나 많이 나타났는지 빈도를 측정하는 값이고, TF-IDF는 여러 문서로 이루어진 문서군에서 어떤 단어가 문서 내에서 얼마나 중요한 단어인지를 나타내는 통계적인 수치로 의미가 있다.[22] 본 연구에서는 상위 50개의 TF 및 TF-IDF를 산출하고 이를 워드 클라우드로 시각화하였다.

둘째, 네트워크 분석을 진행하였다. TEXTOM으로 추출된 빈도 상위 50개의 키워드 간 구조적 배열을 수치로 산출하여 1-Mode Matrix로 구성하고 UCINET 6 프로그램에 입력하여 전체 네트워크 속성 및 구조를 분석하였다. Freeman이 개발하여 공개한 UCINET 6 프로그램은 사회네트워크 분석에서 전통적으로 가장 많이 사용하는 SNA(Social Network Analysis) 패키지로 시각화 분석에 유용한 도구이다.[23]

셋째, CONCOR 분석(CONvergence of iteration CORrealtion Analysis)을 실시하였다. 덴드로그램을 통해 도출된 위계적 단계를 근거로 클러스터를 구분하고 그 결과를 가시화하였다. 본 연구의 클러스터 시각화에는

---

22 Qaiser, S., & Ali, R., "Text mining: Use of TF-IDF to examine the relevance of words to documents", International Journal of Computer Applications. 181, (2018).
23 김도연, 「텍스트 마이닝 기법을 활용한 공유주택 관련 뉴스기사 분석」, 『한국주거학회논문집』 34(1), (2023), 159-169.

UCINET 6의 NetDraw 프로그램을 활용하였다. 또한, 영향력이 있는 키워드들을 알아보기 위하여 중심성 분석 결과를 확인하였다. 연결 중심성은 주위의 키워드와 얼마나 많이 연결되었는지를 분석하고 위세 중심성은 네트워크 속 키워드들의 영향력을 측정하는 것으로, 북한배경학생 교육을 연구한 논문에서 주요하게 논의된 키워드를 확인할 수 있게 해 준다.

IV. 연구결과

1. 연도별 북한배경학생 교육 연구 논문 발간 추이

본 연구의 대상이 되는 120편의 연도별 발간 추이는 [그림 1]과 같다. 북한배경학생의 교육과 관련된 연구는 2005년 김미숙의 '북한이탈학생의 남한학교 다니기'를 시작으로 1~2편씩 수행되었고 점차 증가 추세를 보이다 최근 감소 추세를 보인다. 2009년부터 탈북청소년의 숫자가 1,000명을 넘어서면서 이때부터 교육부가 전국적인 차원에서 개별 탈북청소년들을 위한 교육 지원 정책을 수립하여 집행하였는데 북한배경학생 교육 연구도 이후 증가하는 모습을 보였다.

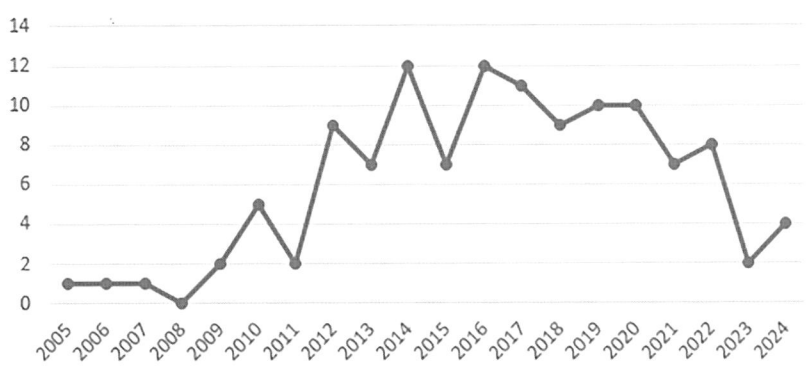

〈그림 1〉 '북한배경학생 교육' 관련 연구 논문 발간 추이

2. 키워드 네트워크 분석 결과

1) 빈도분석 결과

본 연구는 2005~2024년 동안 국내 등재 학술지에 게재된 논문의 초록 120개에서 추출된 키워드를 분석하였다. 상위 빈도 50개 키워드와 그 빈도를 제시하면 다음 〈표 2〉와 같다. '한국(199)', '경험(164)', '교사(159)', '학습(138)', '분석(118)', '제시(112)', '영어교육(109)', '문화(93)', '지원(91)', '필요(87)' 키워드가 상위 10위 안에 속하는 것으로 나타났다.

특정 문서 내에서 키워드의 중요성을 나타내는 TF-IDF를 살펴보면 TF 결과의 키워드와 거의 유사하게 나타났는데, 이는 빈도분석을 통해 도출된 키워드가 TF-IDF의 가중치를 고려한 결과와 비교해도 중요한 요소라고 해석해 볼 수 있다. 그리고 '영어교육', '수학교육', '국어교육', '과학교육'의 교과교육과 '대안학교', '통합교육' 등의 교육형태는 TF 순위보다 특히 높게 나타났고, '어휘', '학업중단', '시민', '역할' 등은 TF-IDF 순위에만 등장하였다.

	TF						TF-IDF			
R	Keyword	N	R	Keyword	N	R	Keyword	W	R	Keyword	W
1	한국	198	26	인식	52	1	영어교육	251.89	26	인식	110.33
2	경험	164	27	교육방법	52	2	한국	251.35	27	어려움	108.91
3	교사	159	28	차이	46	3	교사	221.74	28	과학교육	105.14
4	학습	138	29	언어	46	4	경험	208.19	29	통합교육	103.94
5	분석	118	30	특성	45	5	학습	192.45	30	어휘	102.75
6	제시	112	31	정책	44	6	수학교육	172.03	31	능력	101.68
7	영어교육	109	32	능력	44	7	대안학교	161.39	32	초등학교	100.71
8	문화	93	33	관계	44	8	분석	156.95	33	정책	99.88
9	지원	91	34	초등학교	42	9	진로	156.63	34	요인	99.73
10	필요	87	35	출생배경	42	10	영향	154.03	35	언어	99.21
11	적응	81	36	통합교육	40	11	문화	152.41	36	교육방법	99.08
12	대안학교	81	37	요인	40	12	필요	140.74	37	출생배경	97.06
13	이해	79	38	문제	39	13	프로그램	140.36	38	특성	97.05
14	학업성취	74	39	방향	39	14	제시	137.34	39	간호	95.46
15	수학교육	69	40	대학	39	15	국어교육	136.89	40	관계	93.35
16	진로	69	41	질적연구	37	16	이해	134.68	41	차이	90.28
17	실천	66	42	교육지원	37	17	지원	131.58	42	교육지원	85.58
18	프로그램	64	43	활용	36	18	적응	127.73	43	방향	85.50
19	통일	59	44	과학교육	35	19	학업성취	126.15	44	문제	84.11
20	영향	58	45	변화	35	20	교육과정	124.85	45	가정	84.11
21	국어교육	56	46	바탕	35	21	통일	117.55	46	변화	82.65
22	교육과정	55	47	개발	32	22	수업	114.57	47	학업중단	82.37
23	수업	54	48	질	30	23	대학	114.04	48	시민	79.66
24	어려움	53	49	지도	30	24	실천	114.03	49	역할	79.00
25	교육내용	52	50	관점	30	25	교육내용	112.15	50	단계	78.77

* R(순위), N(단어 출현 빈도), W(단어 중요도 반영 가중값)

〈표 2〉'북한배경학생 교육' 관련 연구 키워드의 TF 및 TF-IDF

2) 네트워크 분석 결과

첫째, 상위 TF 50개의 중요 키워드의 연결 분포와 출현 빈도수를 반영한 네트워크는 [그림 2]와 같다. 시각화는 Ucinet 6의 NetDraw 기능을 활용하였다. 총 50개의 중요 키워드를 Node로 나타냈을 때, 각 노드 사이의 네트워크 연결선(ties)은 2,362개로 나타났고, density는 0.964, 네트워크 평균연결거리(Average Distance)는 1.036으로 확인되었다. 특정 키워드가 평균적으로 1.036 단계의 연결을 거치고 있는 것을 볼 때 네트워크 내 키워드가 긴밀하게 연결되어 있음을 알 수 있다.

둘째, 네트워크를 구성하고 있는 키워드를 여러모로 분석하여 주요 이슈를 분석하기 위하여 연결 중심성, 근접 중심성, 위세 중심성, 매개 중심성을 분석하였다(〈표 3〉).

연결 중심성은 네트워크상에서 한 노드가 다른 노드들과 얼마나 많은 연결을 가지고 있는지 알아볼 수 있는 지표이다. 주요 키워드의 연결 중심성을 확인한 결과, 1~6위는 '한국', '경험', '교사', '학습', '분석', '제시' 등이 나타났는데 이는 빈도 순위와 일치한다. '영어교육', '문화', '필요' 등도 10위 안에서 공통적으로 나타난다. 빈도 순위와 비교할 때 상대적으로 연결 중심성이 높게 나타난 키워드로는 '이해', '실천', '출생배경' 등이 있었다.

위세 중심성은 네트워크 내에서 가장 영향력이 있는 중심 노드를 찾는 데 유용한 지표로, 전반적으로 빈도 순위와 유사하게 나타났다. '이해', '인식', '언어' 등의 키워드가 상대적으로 높은 순위로 나타났다. 빈도 순위보다 위세 중심성이 높게 나타난 단어들은 노드의 중요성 측면에서 의미를 가진다.

근접 중심성은 다른 키워드와 근접하게 위치할수록 높게 나타나는데 본 연구에서는 '한국', '경험', '교사', '학습', '분석' 등 상위 25개의 키워드가 1,000으로 가장 높게 나타났다. 주제의 확장을 설명하는 노드인 매개 중심성도 근접 중심성과 같이 25개의 동일한 키워드들이 가장 높은 값으로 분석되었다. 이와 같은 근접 중심성과 매개 중심성의 결과로 25개의 키워드가 서로를 연결하고 매개하는 형태로 네트워크를 구성하고 있다는 것을 확인할 수 있었다.

4개의 중심성을 분석한 결과, '한국', '경험', '교사', '학습', '분석', '제시'는 공통적으로 1~6순위를 나타냈는데 이는 북한배경학생 교육 연구의 동향에서 나타난 두드러진 이슈라고 할 수 있겠다.

한편, 연결 중심성에서 나타났던 '영어교육', '국어교육', '통일'의 키워드는 근접 중심성 및 매개 중심성에서는 30위권 순위 안에 없었고, '언어', '능력'은 상대적으로 더 높은 순위를 보였다.

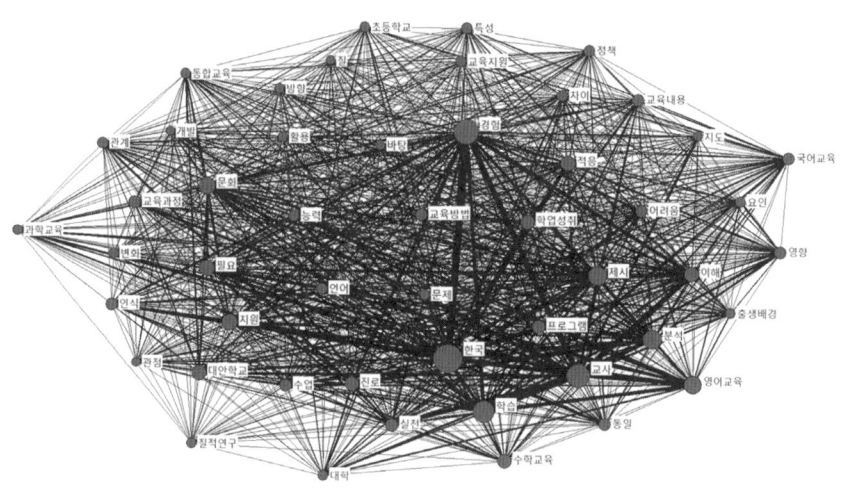

〈그림 2〉'북한배경학생 교육' 관련 연구 키워드 네트워크 시각화

순위	키워드	연결중심성	키워드	위세중심성	키워드	근접중심성	키워드	매개중심성
1	한국	0.259	한국	0.319	한국	1.000	한국	0.095
2	경험	0.240	경험	0.319	경험	1.000	경험	0.095
3	교사	0.233	교사	0.297	교사	1.000	교사	0.095
4	학습	0.201	학습	0.259	학습	1.000	학습	0.095
5	분석	0.186	분석	0.227	분석	1.000	분석	0.095
6	제시	0.170	제시	0.221	제시	1.000	제시	0.095
7	문화	0.145	이해	0.198	문화	1.000	능력	0.095
8	필요	0.143	영어교육	0.190	지원	1.000	문화	0.095
9	영어교육	0.142	필요	0.189	필요	1.000	지원	0.095
10	이해	0.142	문화	0.186	적응	1.000	필요	0.095
11	지원	0.137	지원	0.180	이해	1.000	적응	0.095
12	실천	0.114	실천	0.155	학업성취	1.000	어려움	0.095
13	진로	0.108	적응	0.145	진로	1.000	이해	0.095
14	적응	0.107	진로	0.143	실천	1.000	학업성취	0.095
15	프로그램	0.101	프로그램	0.138	프로그램	1.000	교육방법	0.095
16	대안학교	0.098	인식	0.131	교육과정	1.000	진로	0.095
17	수업	0.094	대안학교	0.128	수업	1.000	실천	0.095
18	학업성취	0.093	학업성취	0.124	어려움	1.000	프로그램	0.095
19	인식	0.093	수업	0.121	교육방법	1.000	활용	0.095
20	어려움	0.088	어려움	0.121	언어	1.000	문제	0.095
21	교육내용	0.080	교육내용	0.107	능력	1.000	바탕	0.095
22	교육과정	0.077	교육과정	0.105	문제	1.000	교육과정	0.095
23	영향	0.076	교육방법	0.097	방향	1.000	수업	0.095
24	국어교육	0.075	언어	0.097	활용	1.000	방향	0.095
25	교육방법	0.074	영향	0.096	바탕	1.000	언어	0.095
26	차이	0.072	국어교육	0.094	대안학교	0.990	개발	0.088
27	언어	0.071	차이	0.094	인식	0.990	차이	0.077
28	통일	0.069	통일	0.093	차이	0.990	대안학교	0.077
29	능력	0.069	관계	0.092	출생배경	0.990	인식	0.077
30	출생배경	0.068	출생배경	0.090	변화	0.990	질	0.071

〈표 3〉 '북한배경학생 교육' 연구 관련 키워드 네트워크 중심성 분석

3) CONCOR 분석 결과

CONCOR 분석은 전체 네트워크 구조에서 유사한 위치에 있는 노드 간 관계를 고려하여 연관성이 높은 키워드를 하나의 군집으로 묶는 방법이다. 분석을 위해 빈도 기준 상위 50개의 키워드로 일원모드(1-mode) 매트릭스를 구성하고, 구조적 등위성을 확인하기 위한 덴드로그램([그림 3])을 도출하였다. 덴드로그램 결과를 바탕으로 50개의 키워드를 [그림 4]와 같이 총 8개의 군집으로 유형화하고, 각 군집으로 묶인 등위적인 단어들의 관계를 고려하여 군집명을 명명하였다.

군집 1은 '초등학교', '수학교육', '교육내용', '특성', '차이', '문제'의 6개 키워드로 구성되었다. 이 유형은 남북 교육내용 차이와 이에 따른 문제나 드러나는 특성과 관련이 있어 '교육내용 차이 탐색 연구'로 명명하였다. 군집 2에는 '방향', '질', '활용', '프로그램', '적응', '바탕', '교육방법', '지원', '분석' 키워드 9개가 포함되었다. 적응을 위한 교육방법이나 프로그램 분석, 지원, 활용 등의 키워드를 포함하고 있어 '적응 지원 방향성 연구' 군집이라 표현하였다. 군집 3의 경우, '진로'를 중심으로 '영향', '요인', '관계'의 키워드 4개가 묶여 '진로 관련 요인 연구'로 구분하였다. 군집 4는 '언어', '국어교육', '영어교육', '능력'의 4개 키워드가 포함되어 있어 '언어역량 교육 연구'로 명명하였다. 군집 5는 '한국', '학업성취', '학습', '수업', '대학', '어려움', '질적연구'의 7개 키워드로 구성되었다. 한국에서의 학습이나 수업 참여시 경험하는 어려움을 알아보는 연구 키워드로 볼 수 있어 '한국 학습경험 탐색 연구'로 지칭하였다. 군집 6은 '통일', '통합교육', '관점', '문화'가 포함된 구성으로 '통합교육 담론 연구' 군집으로 분류하였다. 군집 7은 '정책', '교육지원'의 키워드를 고려하여 '교육정책 지원 연구'로 명명하였다. 군집 8은 군집 중

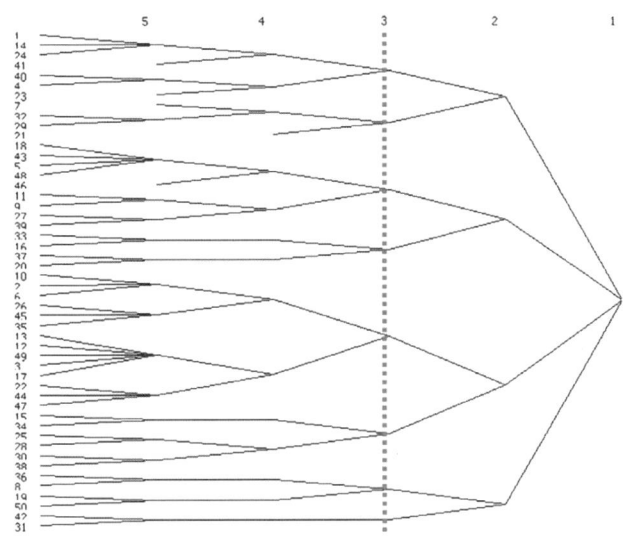

〈그림 3〉 구조적 등위성 확인을 위한 덴드로그램

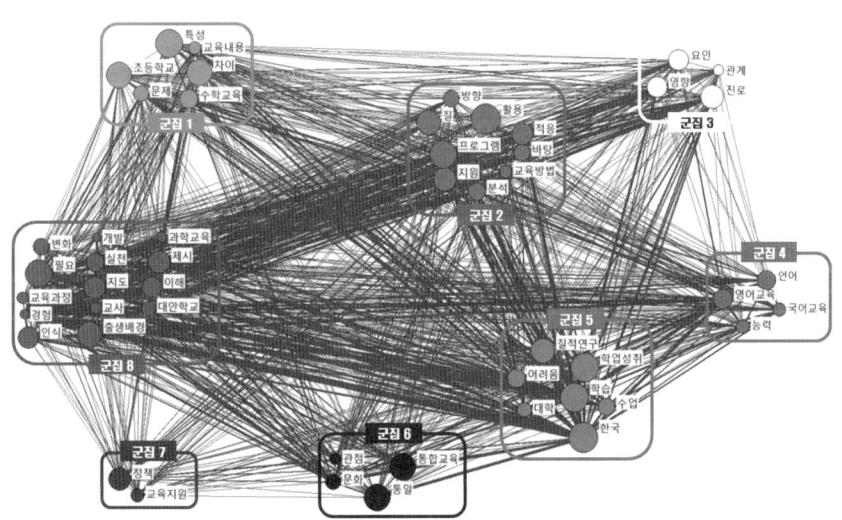

〈그림 4〉 CONCOR 분석 시각화

가장 많은 14개의 키워드로 구성되었다. '변화', '필요', '교육과정', '경험', '인식', '개발', '실천', '지도', '교사', '출생배경', '과학교육', '제시', '이해', '대안학교'가 포함되었다. 북한배경학생이 처한 맥락을 고려한 교사의 대응 및 실천과 관련되어 있다고 판단하여 '교사의 대응 및 실천'으로 구분하였다.

V. 논의 및 결론

본 연구는 2005년~2024년 국내 등재 학술지에 게재된 북한배경 청소년 교육 관련 논문 120편의 초록을 대상으로 텍스트 마이닝(빈도·TF-IDF)과 네트워크 분석 및 CONCOR 군집 분석을 시행하였다.

빈도분석 결과를 살펴보면, 상위 50개의 키워드 가운데 '한국(199)', '경험(164)', '교사(159)', '학습(138)', '분석(118)', '제시(112)', '영어교육(109)', '문화(93)', '지원(91)', '필요(87)'가 상위 10위에 속하는 것으로 나타났다. 이러한 결과는 북한배경학생 연구가 주로 한국사회라는 맥락 안에서 학생들의 경험을 탐색하고, 교사와 학습, 교육적 지원의 필요성을 중요한 이슈로 고려했음을 시사한다. 특히, '교사'와 '학습'이 상위권에 자리하고 있는데 이는 북한배경학생의 남한 학교생활에서 교사의 역할과 학습 적응이 의미 있는 변인이었다는 것을 보여준다. 또한, '문화'와 '지원'의 빈번한 출현은 단순한 학업 성취 논의에 그치지 않고, 이들의 문화적 맥락과 제도적 지원 체계가 연구자들의 지속적인 관심을 받아왔음을 드러낸다. TF-IDF 분석 결과 역시 빈도분석과 유사하게 나타났는데, 이는 빈도분석에서 높은 순위를 차지한 키워드가 가중치를 고려했을 때도 핵심적 요소임을 보여준다. 그러나 주목할 점은 '영어교육', '수학교육', '국어교육', '과학교육' 등 교과교육 관련 키워드와 '대안학교', '통합교육' 등 교육 형태와 관련된 키워드가 단순 빈도보다 TF-IDF에서 상대적으로 높은 순위를 기록했다는 것이다. 이는 특정 논문 맥락 속에서 교과 중심 교육과 교육 제도적 형태가 더 높은 설명력을 지니고 있음을 시사한다. 또한 '어휘', '학업중단', '시민', '역할' 등은 TF-IDF에서만 나타났는데, 이는 북한배경학생 연구가 언어 능력의 미세한 요소, 학업 중단 문제, 시민성 교육, 교사의 역할 등을 특정 맥락에서 심화 논의했음을 보여준다.

네트워크 분석에서 '한국', '경험', '교사', '학습', '분석', '제시'의 키워드가 4개의 중심성에서 공통적으로 상위에 나타났다. 이는 북한배경학생 교육 연구의 전반적인 동향에 있어 핵심이라 할 수 있다. '한국'과 '경험'은 북한배경학생의 남한 사회 및 학교 적응 과정이 연구의 주된 배경 혹은 문제의식이었음을 드러낸다. 탈북청소년의 학업중단 요인을 분석하면서 남한 학교 경험이 중도탈락에 중요한 변인임을 밝혀낸 연구가 그러한 예이다.[24] '교사'는 탈북배경학생의 교육을 담당해야 하는 주체이자 교육과 관련된 중요 변인이고 '학습'은 그들의 교육 과정이자 결과로 고민해야 하는 영역으로 보인다. '분석', '제시'라는 키워드는 단순한 현상적 기술을 넘어, 연구

---

24 김연희, 「북한이탈청소년의 학교중도탈락 영향의 경로구조 연구」, 『한국청소년연구』 21(1), (2010), 33-65.

자들이 실증 분석을 바탕으로 정책적·교육적 제안을 하고자 했음을 반영한다. 이들 6개 키워드는 북한배경학생 교육 연구가 남한 사회 적응 경험을 기초로 교사-학습자의 상호작용을 분석하고, 이를 토대로 교육적 제안을 도출하고자 수행되었음을 보여준다. 연결 중심성에서만 상대적으로 높은 순위를 보인 '이해', '실천', '출생배경'은 연구자들이 특정 주제를 직접적으로 다른 주제들과 연결하여 논의하는 방식에서 강조된 개념들이다. 예컨대 한 연구는 탈북청년이 경험하는 차별을 분석하며 교사의 '이해' 부족이 학생 적응에 부정적 영향을 준다고 주장하였고,[25] 다른 연구는 교사의 '실천'적 대응이 학습자의 학교 적응 과정에서 매개적 역할을 함을 보여주었다.[26] '출생배경' 역시 단순한 개인적 요인이 아니라 사회·문화적 맥락에서 학습 경험을 규정하는 핵심 변수로 나타난다.[27] 위세 중심성에서 두드러진 '인식'과 '언어'는 연구의 영향력 있는 핵심 개념임을 시사한다. '인식'은 교사와 학생의 태도와 이해 수준이 적응 과정에서 중요한 변인이 되었고, '언어'는 북한배경학생의 학습 적응과 관련이 있는 요인으로 다루어지기도 하였다. 근접 중심성과 매개 중심성에서 상대적으로 높은 순위를 보인 '언어', '능력'은 다른 키워드들과의 연결망 속에서 주제를 확장하거나 매개하는 기능을 수행함을 의미한다. 예컨대 '능력'은 한 연구에서 탈북학

---

[25] 정영선, 「북한이탈청년이 인식하는 차별 경험에 대한 현상학적 연구」, 『한국청소년연구』 29(4), (2018), 113-147.

[26] 윤석주·손지희, 「북한이탈청소년학교 교사의 실천적 지식」, 『한국교원교육연구』 31(4), (2014), 197-226.

[27] 신윤정·지은·윤효정·이희재·강유진·전주람, 「북한배경 청소년들의 사회·문화 자본 관련 국내 진로상담연구 동향 및 사회정의옹호상담 적용방안」, 『상담학연구』 22(6), (2021), 413-456.

생의 학업중단에 영향을 미치는 학업능력 요인으로 구체화되었다.28 '언어'는 교과학습뿐 아니라 사회적 관계 형성과 진로 탐색에서도 중요한 매개 변수로 작용한다. 이와 달리 연결 중심성에서 나타났던 '영어교육', '국어교육', '통일'이 근접·매개 중심성에서는 하위권에 나타났는데 이는 이들 주제가 독립적으로는 연구되었지만 전체 네트워크에서 다른 주제를 확장·매개하는 역할은 상대적으로 약했음을 의미한다. 즉, 특정 과목 학습이나 통일 담론은 개별 연구에서는 중요하지만, 네트워크 측면에서는 보편적 연결성을 갖지 못하는 주제였다는 것을 보여준다. 정리하면, 네 가지 중심성 분석 결과에서 공통적으로 나타난 6개 키워드는 북한배경학생 교육 연구의 핵심 프레임을 보여주고, 특정 중심성에서 두드러진 키워드는 연구자들이 강조한 맥락적 요인을 반영하며, 반대로 특정 중심성에서는 낮게 나타난 키워드는 연구 주제가 가지는 제한성을 시사한다.

　북한배경학생 교육 연구와 관련하여 나타난 키워드 네트워크 내에서 이루어지는 관계를 분석하기 위하여 CONCOR 분석을 시행한 결과, 8개의 군집이 나타났다. 8개의 군집은 '교육내용 차이에 따른 학습 특성의 차이 탐색 연구', '적응을 지원하기 위한 방향성 연구', '진로 관련 요인 연구', '언어역량 교육 연구', '한국에서의 학습경험 탐색 연구', '통합교육 담론 연구', '교육정책 지원 연구', '교사의 대응 및 실천'으로 명명하였다. 군집 1 '교육내용 차이에 따른 학습 특성의 차이 탐색 연구'는 '초등학교-수학교육-교육내용-특성-차이-문제'로 묶이며, 남북 혹은 교과 교육내용에 따른 학습 특

28　김연희, 「북한이탈청소년의 학교중도탈락 영향의 경로구조 연구」, 『한국청소년연구』 21(1), (2010), 33-65.

성의 차이를 중심 주제로 바라본다. 군집 2 '적응을 지원하기 위한 방향성 연구'는 '방향-질-활용-프로그램-적응-바탕-교육방법-지원-분석'을 포함하며, 무엇을 어떻게 지원할 것인가에 초점을 둔다. 군집 3 '진로 관련 요인 연구'는 '진로-영향-요인-관계'를 포함한다. 북한배경 청소년의 진로 발달이 개인 내 요인만으로 설명되지 않으며, 사회·문화 자본의 결핍을 보완할 상담 체계가 필요하다고 제안하는 연구[29] 등이다. 군집 4 '언어역량 교육 연구'는 '언어-국어교육-영어교육-능력'으로 구성된다. 이 군집은 언어 역량이 교과 성취와 직결된 핵심 요인임을 유추할 수 있게 한다. 언어역량이 교과 언어, 학습 언어, 생활 언어 측면에서 고려해야 한다는 것도 시사하고 있다. 군집 5 '한국에서의 학습경험 탐색 연구'는 '한국-학업성취-학습-수업-대학-어려움-질적연구'로 나타난다. 이 군집은 '대학-수업-어려움'과 '학업성취-학습'의 연결 등을 통해 북한배경학생의 학습경험을 다층적으로 살펴보아야 함을 시사한다. 군집 6 '통합교육 담론 연구'는 '통일-통합교육-관점-문화'로 묶인다. 이 군집은 통합교육 혹은 분리교육과 관련한 제도와 실천을 위하여 필요한 관점과 문화 준거에 대한 연구자의 지적 관심을 보여준다. 군집 7 '교육정책 지원 연구'는 '정책-교육지원'이 핵심이다. 정책과 교실 수준 실천의 상호보완적 관계와 지향성을 제시하는 연구 경향을 나타낸다. 군집 8 '교사의 대응 및 실천'은 '변화-필요-교육과정-경험-인식-개발-실천-지도-교사-출생배경-과학교육-제시-이해-대안학교'의 폭넓은 키워드를 포함한다. 교사의 전문성 개발 및 맥락적 실천과 관련된

---

[29] 신윤정·지은·윤효정·이희재·강유진·전주람, 「북한배경 청소년들의 사회·문화 자본 관련 국내 진로상담연구 동향 및 사회정의옹호상담 적용방안」, 『상담학연구』 22(6), (2021), 413-456.

연구 의제의 경향성을 보여준다.

한편, 군집 간 관계를 분석해 보면, 연결에 있어 상대적으로 강약의 차이가 있었다. 군집 8 '교사의 대응 및 실천'은 군집 2 '적응 지원성 방향 연구'와는 강한 연결을 보이는 반면, 군집 7 '교육정책 지원 연구'와는 약한 연결을 나타낸다. 군집 8과 군집 2의 강한 연결은 교사의 대응 및 실천 연구가 북한배경학생의 적응 지원에 초점을 두었다는 것과 북한배경학생의 적응 관련 연구에서 교사의 대응 및 실천이 주요한 변인이었다는 것을 유추하게 한다. 군집 8과 군집 7의 약한 연결은 거시적 정책 담론과 미시적 교실 실천 사이의 연계 연구가 부족했음을 보여준다. 군집 간 연결의 강약 관계는 북한배경학생 교육 관련 연구가 교사의 실천과 학생 적응 간의 연계에 집중되어 있었고, 정책과 교실 현장 간의 연계 연구는 상대적으로 부족했음을 보여준다.

종합하면, 빈도분석 결과는 북한배경학생 연구가 주로 '한국사회에서의 경험', '교사와 학습', '지원과 필요'라는 문제의식을 중심으로 전개된 것을 보여주고, TF-IDF 분석은 교과 교육, 교육 형태, 어휘, 학업중단, 시민성 등 세부적 쟁점들이 추가적으로 중요하게 다루어졌음을 밝혀준다. 네트워크 분석은 키워드 간의 상호 연결망을 통해 이슈에 대한 다각적인 해석을 가능하게 하였고, 군집 분석은 연구 주제를 8개 영역으로 구조화하였다. 이는 북한배경학생 연구가 초기의 적응 논의에서 언어, 진로, 정체성, 교과, 정책으로 확장되며 학문적·정책적·실천적 의제를 심화시켜 왔음을 보여준다. 본 연구의 결과는 북한배경학생의 지속가능한 성장과 사회통합을 위한 교육적 지원 방향을 모색하는 데 기초 자료로 활용될 수 있을 것이다.

본 연구는 북한배경학생 교육 연구를 기존의 서술적 동향 분석이 아닌 빅데이터 분석 방법인 키워드 네트워크 분석으로 객관적으로 조망함으로써, 향후 관련 연구에 시사점을 제시하고 교육정책 수립 및 학교 현장에서의 실천을 위한 기초자료를 제공한다는 측면에서 의의가 있다. 그러나 본 연구는 분석 자료가 학술지 논문의 초록에 한정되었기 때문에 학생 개인의 경험이나 교사·학부모의 목소리와 같은 맥락적이고 질적인 요소가 충분히 반영되지 못한 한계를 지닌다. 향후 연구에서는 본문 전체 분석과 질적 연구 결과를 결합하여 보다 입체적인 동향 분석을 수행할 필요가 있다.

참고문헌

고상숙,「수학 학습 성취도에서 나타난 다문화, 탈북, 저소득층 학생들의 학습부진 특성」,『학습장애연구』10(2), 2013.

고수현,「북한이탈청소년 교육복지정책의 산출분석: 교육양극화와 교육복지소외의 관점에서」,『복지상담교육연구』3(1), 2014.

구경수·최연실,「텍스트 마이닝과 키워드 네트워크 분석을 통한 한국 가족치료 연구동향 분석: 한국가족치료학회 학술지(1993-2019)를 중심으로」,『가족과 가족치료』28(1), 2020.

권순희,「북한이탈주민의 한국어 사용·학습 실태 및 정책적 제언」,『새국어생활』22(3), 2012.

김계원·정종진·권희영·이윤주·김춘경,「상담심리학의 최근 연구동향: 상담 및 심리치료학회지 게재논문 분석(2000-2009)」,『한국심리학회지: 상담 및 심리치료』23(3), 2011.

김도연,「텍스트 마이닝 기법을 활용한 공유주택 관련 뉴스기사 분석」,『한국주거학회논문집』34(1), 2023.

김미숙,「북한이탈학생의 남한학교 다니기」,『교육사회학연구』15(2), 2005.

김부경·김대희,「쓰기 학습에 대한 북한이탈 중학생의 요구 분석 연구」,『열린정신 인문학 연구』17(3), 2016.

김연희,「북한이탈청소년의 학교중도탈락 의도에 영향을 미치는 요인」,『한국사회복지학』61(4), 2009.

김연희,「북한이탈청소년의 학교중도탈락 영향의 경로구조 연구」,『한국청소년연구』21(1), 2010.

김영란,「탈북 학생의 국어과 학업성취도 분석: 2011년 초6, 중3, 고2 국가수준 학업성취도 평가 결과를 중심으로」,『새국어교육』96, 2013.

김정원,「'탈북청소년'이라는 범주화에 대한 비판적 검토」,『통일교육연구』19(1), 2022.

김정은,「북한이탈청소년 대상 국어과 학습 어휘의 선정 기준에 대한 연구: 중학교 국어 '돋움 교과서'를 중심으로」,『한국어와 문학』41, 2018.

김지수·서경혜, 「탈북학생이 남한학교의 학습과정에서 겪는 주변화 경험에 대한 내러티브 탐구」, 『교육연구논총』 40(3), 2019.

김희경·신현균, 「탈북 청소년과 남한 청소년의 정신건강 문제 비교: 성별과 연령을 중심으로」, 『한국심리학회지: 여성』 20(3), 2015.

나귀수·박영은·박경미, 「탈북학생과 지도교사의 수학 교수·학습 인식 조사」, 『수학교육학연구』 26(1), 2016.

노동원·황평강·송영수, 「키워드 네트워크 분석을 통한 국내 코칭 연구 동향 분석」, 『HRD 연구』 23(2), 2021.

노석구·오필석, 「탈북 초등학생의 과학 교육 관련 인지적·정의적 특성」, 『초등과학교육』 32(4), 2013.

박길태, 「북한이탈청소년 대안학교의 운영특성에 관한 연구」, 『청소년시설환경』 10(3), 2012.

박혜랑, 「탈북청소년교육 연구동향」, 『학습자중심교과교육연구』 18(24), 2018.

신미영·이병수, 「북한이탈청소년의 학교적응에 관한 질적 연구: 대안학교와 일반학교 비교를 중심으로」, 『담론 201』 17(2), 2014.

신윤정·지은·윤효정·이희재·강유진·전주람, 「북한배경 청소년들의 사회·문화 자본 관련 국내 진로상담연구 동향 및 사회정의옹호상담 적용방안」, 『상담학연구』 22(6), 2021.

양유미·이소영, 「정규중학교에 재학 중인 탈북청소년의 영어학습 실태 분석」, 『외국학연구』 19, 2012.

엄현숙·김향춘·윤철기, 「팬데믹 시대 북한이탈주민 자녀의 교육격차에 관한 연구: 통일전담교육사와의 심층 인터뷰를 중심으로」, 『한국초등교육』 32(4), 2021.

오신유·김태영, 「제3국 출생 탈북민 자녀들의 영어 학습 동기: 회고적 모티그래프와 면담을 통한 사례연구」, 『The SNU Journal of Education Research』 33(1), 2024.

오윤경, 「키워드 네트워크 분석을 활용한 피부 미용분야 연구동향 분석」, 『한국미용학회지』 28(6), 2022.

오주연, 「북한이탈청소년 대안학교의 분리교육 고찰: 통합교육의 필요성을 중심으로」, 『국제이해교육연구』10(1), 2015.

윤석주·손지희, 「북한이탈청소년학교 교사의 실천적 지식」, 『한국교원교육연구』 31(4), 2014.

윤현기, 「제3국 출생 탈북청소년의 힐링캠프 경험을 통한 심리변화 연구: 정체성 교육 중심으로」, 『기독교와 통일』11(2), 2020.

윤현희, 「탈북학생 교육 정책 개선 방향에 관한 탐색적 연구: 상호문화적 탈북학생 교육의 관점에서」, 『교육문화연구』26(5), 2020.

윤황, 「북한이탈청소년의 사회과교육 활성화방안」, 『사회과교육』48(4), 2009.

이정우, 「탈북 청소년의 사회화 과정에 대한 질적 연구: 사회과교육에의 함의」, 『사회과교육』45(1), 2006.

이지애·최경옥, 「빅데이터를 활용한 국내항공사 ESG활동 연구」, 『한국관광레저학회』35, 2023.

이예디나·고혜정, 「키워드 네트워크 분석을 활용한 학업저성취 대학생 관련 연구 동향 분석」, 『교육혁신연구』33(1), 2023.

이화숙·원순옥, 「'북한에서 온 집단'에 대한 '명칭' 분석 - '행위'와 '정체성'을 중심으로」, 『현대사회와 다문화』6(2), 2016.

이향규, 「새터민 청소년의 학교 적응 실태와 과제」, 『인간연구』12, 2007.

이현주, 「탈북청소년을 위한 영어학습: ICT 기반의 원격화상교육을 중심으로」, 『학습자중심교과교육연구』17(22), 2017.

이지혜·신동희, 「앙부일구 활동에서 드러난 탈북 학생들의 과학 학습」, 『한국과학교육학회지』35(1), 2015.

연보라·김경근, 「탈북청소년의 사회자본과 학교적응 간 구조적 관계」, 『교육사회학연구』27(1), 2017.

이제훈, 「통일부, 탈북민 '제3국 출생 자녀'에도 대입 특례 지원」, 『한겨레』, 2024.8.8.

정영교·박현주, 「유령아이도 아닌데 투명인간 됐다… 법 때문에 차별 받는 이들[사각지대 탈북민 2세들]」, 『중앙일보』, 2024.7.12.

정영선, 「북한이탈청년이 인식하는 차별 경험에 대한 현상학적 연구」, 『한국청소년연구』29(4), 2018.

정혜영·손유진, 「키워드 네트워크 분석을 통한 유아교육 연구동향 분석」, 『생태유아교육연구』 14(2), 2015.

차지영·이경은·권유림·정향진, 「새터민 대학생의 한국 간호학 교육적응 경험」, 『질적연구』 17(1), 2016.

최연희, "English Education Context of North Korean Defectors in South Korean Universities: Issues and Policies", 『교과교육학연구』 18(4), 2014.

최지은, 「키워드 네트워크 분석을 활용한 영유아 놀이 관련 연구동향 분석」, 『학습자중심교과교육연구』 19(14), 2019.

허나래·김지영, 「탈북 간호대학생의 학업에 대한 현상학적 연구」, 『학습자중심교과교육연구』 16(4), 2016.

허창수, 「북한이주학생을 위한 교육과정 편성·운영 방안」, 『열린교육연구』 20(3), 2012.

Qaiser, S., & Ali, R., "Text mining: Use of TF-IDF to examine the relevance of words to documents", International Journal of Computer Applications, 2018.

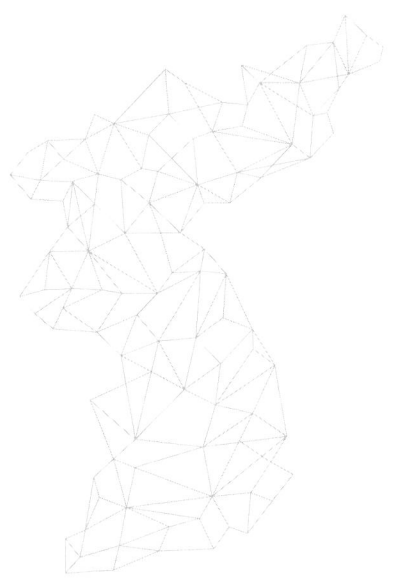

이만제 _ 원광대학교 신문방송전공

원광대학교에서 커뮤니케이션, 콘텐츠, 저널리즘을 강의하고 있다. 한국콘텐츠진흥원에서 꽤 오랫동안 몸 담으면서 미디어와 콘텐츠 현장에서 경험했던 것들을 교육현장에 접합해 보려는 시도를 계속하고 있다. 이산가족으로 살면서 느껴온 분단의 아픔과 통일의 기대를 '미디어와 통일'에 대한 탐구로 이어가보려는 시도를 막 시작했다.

대학생들의 미디어 이용행태가 통일 및 북한 관련 태도에 미치는 영향

목차

I. 연구 목적
II. 문헌연구
   1. 대학생들의 미디어 이용과 북한 관련 콘텐츠 수용
   2. 통일에 대한 태도와 미디어 이용
   3. 북한 및 북한 주민에 대한 태도와 미디어 이용
III. 연구 방법
   1. 연구 문제
   2. 측정 도구
   3. 자료수집 및 분석 방법
IV. 분석 결과
   1. 대학생들의 통일 및 북한 관련 미디어 이용 행태
   2. 북한 및 북한 주민, 통일에 대한 태도
   3. 통일 및 북한 관련 미디어 이용 행태가 통일에 대한 태도에 미치는 영향
   4. 통일 및 북한 관련 미디어 이용 행태가 북한과 북한 주민에 대한 태도에 미치는 영향
V. 결론

Ⅰ. 연구 목적

 남북통일은 장기적으로 준비하고 대비해야 할 국가적 과제이다. 통일을 이루는 데 있어서 중요한 요소 중 하나는 청년들의 북한 및 북한 주민에 대한 인식과 통일 태도라고 볼 수 있다. 청년들은 향후 통일의 주요 역할을 담당하게 될 세대이기 때문에 청년들의 북한 및 통일에 대한 태도는 통일을 준비하거나 통일 이후에 하나의 민족으로 이웃과 이웃 간의 실질적 통일을 이루는 기초라는 점에서 중요하다.

 2022년 통일의식 조사에 의하면 20-30대 청년층들의 통일이 필요하다는 인식이 46.0%로 감소하고 있고 통일이 '전혀 필요 없거나 별로 필요 없다'고 응답한 비율도 26.7%로 조사를 시작한 이래 가장 부정적인 통일 인식을 보이는 것으로 나타났다.[1] 2025년 조사에서는 20대의 '통일 필요 없다'는 응답이 처음으로 과반(50.7%)을 넘어서며, 젊은 세대의 통일에 대한 부정적 인식이 심화되었음이 확인되었다.[2] 2022년 9-10월 19세 이상 전국 8294명을 조사한 '사회통합실태조사'에서 국민들은 북한이탈주민에 대한 포용 수준이 100점 만점에 40.3점으로 국내 거주 외국인(44.6점)보다 낮은 것으로 나타났다. 또한 청년들의 북한주민에 대한 인식은 '자유의 부재, 의식주 보장 실패로 전 세계적으로 인권 수준이 최악이라는 인식'이 두드

---

1 서울대학교 통일평화연구원, 『2022년 한국인의 통일인식 자료집』 (서울: 서울대, 2022).
2 서울대학교 통일평화연구원, 『2025년 한국인의 통일인식 자료집』 (서울: 서울대, 2025).

러지게 나타났다. 북한에 대한 인식은 '협력 지원대상'으로 인식하는 비율(63.5%)이 '적대 경계대상'(28.9%)으로 인식하는 비율보다는 높게 나타났지만 이러한 인식이 세대간에 따라 크게 다른 것으로 조사되었다.[3]

북한 및 통일문제에 대한 청년들의 인식과 태도 형성에 있어 미디어는 중요한 역할을 수행한다. 통일 관련 정보나 뉴스를 접할 창구가 제한된 현실에서 미디어는 통일에 대한 가장 폭넓은 정보 또는 뉴스를 얻을 수 있는 통로로 작용하기 때문이다.[4] 남북이 분단 이래 주민들의 자유로운 방문을 허용하지 않고 있는 상황에서 양측 주민들은 주로 대중매체나 인터넷 미디어를 통해 서로의 체제와 상대 주민 그리고 남북한 통일에 대한 정보를 얻고 인지적 인식을 형성할 수밖에 없다. 남한에서는 기본적으로 군사·안보를 중심으로 북한 소식을 전하는 〈남북의 창〉, 북한 탈북민들이 주로 출연하여 북한의 현실을 전하는 〈이제 만나러 갑니다〉 등의 대중매체 프로그램을 통해 북한 관련 정보를 얻고 있다.

또한 북한 관련 소식을 전하는 방송 뉴스, 신문, 잡지 및 영화, 소설 등을 통해 북한에 관한 정보를 얻고 통일 관련 인식을 배양한다고 볼 수 있다. 청년들이 주로 정보를 얻는 유튜브의 경우 이들 프로그램을 다시 볼 수 있는 내용들이 주를 이루고 있어 한계가 있다. 인터넷 이용이 일상화되는 세계적 변화 속에서도 북한 주민들의 유튜브 콘텐츠 제작이나 송출이 자유롭지 않기 때문에 이를 통한 정보 접촉도 어려운 상황이다. 일부 유

---

3   한국행정연구원, 『2022년 사회통합 실태조사』 (세종: 한국행정연구원, 2022).
4   정영주, 「통일 인식 제고와 미디어의 역할: 통일 관련 미디어 지수의 필요성」, 『언론정보연구』 53-1(2016), 57-104.

튜브 내용을 통해 접할 수 있는 북한 소식은 탈북민이 운영하는 북한 관련 유튜브, 북한의 체제 선전용으로 보이는 콘텐츠가 대부분이다. 양측이 방송 개방을 허용하지 않는 가운데 유튜브마저도 차단되어 서로를 인식할 수 있는 충분한 정보를 얻기 어려운 실정인 것이다.

본 연구는 남북통일과 통일교육을 준비하는 데 있어 통일의 주역으로 성장할 청년들의 북한과 북한 주민에 대한 인식, 통일 태도가 무엇보다 중요하기 때문에 현시점에서 청년들이 어떠한 인식을 하고 있는가를 구체적으로 조사해야 한다는 필요성에서 출발하였다. 특히 북한과 북한 주민에 대한 인식, 통일 태도에 미디어의 영향력이 지대하기 때문에 한국 청년들이 북한 및 통일과 관련하여 어떤 콘텐츠나 정보를 어떤 미디어를 통해 얻고 있는지, 그 콘텐츠나 정보에 대한 반응은 어떠한지를 상세히 추적하는 작업 또한 필요하다. 더 나아가 이들 인식이 일정 부분 미디어 노출로 배양된 인식이라는 이론적 가정에 따라 청년들의 북한 및 통일 관련 미디어 이용이 북한 및 북한 주민에 대한 인식, 통일 관련 인식과는 어떠한 관계가 있는지를 실증적으로 밝혀내고자 한다. 이를 통해 통일을 준비하는 청년들의 통일 관련 인식 개선 교육 방안, 미디어 리터러시 교육 방안을 마련하는데 기초 자료를 제공할 수 있을 것이다.

II. 문헌연구

1. 대학생들의 미디어 이용과 북한 관련 콘텐츠 수용

대학생들은 다양한 동기를 가지고 미디어를 이용한다. 맥퀘일 등은 미디어 이용자들은 정보 추구적 동기, 자기 확인적 동기, 대인적 동기, 오락 동기를 갖고 미디어를 이용한다고 하였다.5 루빈은 텔레비전 시청 동기 연구에서 정보, 학습, 오락, 경제성, 편리성, 동반자의 역할, 휴식, 시간 때우기, 흥분, 대화거리, 습관적 이용, 행동의 지침, 도피, 광고시청, 사회적 상호작용을 제시하였다.6 인터넷이 포함된 뉴미디어의 이용동기는 파파차리시와 루빈(Papacharissi & Rubin, 2000)의 연구에서 대인간 효용요인, 시간 보내기, 정보추구, 편리성, 오락성 등으로 제시되었다.7

이들 이용 동기 연구는 이용 동기에 따라 미디어 이용 의향 등 이용 행태가 달라지는 연구 결과를 제시하고 있다. 미디어 변화에 따른 SNS 미디

---

5 McQuail, D., Blumler, J. G., and Brown, J. R., "The Television Audience: A Revised Perspective," in Sociology of Mass Communications, ed. D. McQuail (Harmondsworth: Penguin, 1972), 135-165.

6 Rubin, A. M., "The Uses-and-Gratifications Perspective on Media Effects," in Perspectives on Media Effects, eds. J. Bryant & D. Zillmann (New Jersey: Lawrence Erlbaum Associates, 1993), 281-301.

7 Papacharissi, Z., Rubin, A. M., "Predictors of Internet Use," Journal of Broadcasting & Electronic Media 44(2) (2000), 175-196.

어 이용 연구는 국내 대학생들이 SNS를 사회관계 네트워크, 정보 추구 목적으로 이용하고 있음을 확인하였다. 대학생들의 미디어 이용행태와 소셜테이너의 정치적 영향을 분석한 연구에서는 뉴미디어 이용이 높은 집단이 올드 미디어 이용이 높은 집단보다 정치 냉담이 적은 것으로 나타났다.[8] 이러한 연구 결과는 미디어 이용이 이용자의 정치적 태도 변화를 유도하는 요인으로 작용하는 것을 보여주고 있다.[9]

또한 미디어는 현실 세상에 대한 상 또는 이미지를 만들어내는데 일정 부분 기여한다. 대중매체뿐만 아니라 다양한 인터넷 미디어에 노출되는 대학생들은 미디어 노출에 따라 북한 및 북한 주민에 대한 인식, 통일 인식을 형성한다고 볼 수 있다. 실제로 대학생들은 대중매체, 인터넷, 온라인 동영상 등을 통해 뉴스와 정보를 얻고 있는 것으로 나타났다. 2023년 매체 이용 행태 조사에 따르면 한국 국민의 TV 수상기를 이용한 방송 프로그램 시청 시간은 하루 평균 2시간 29분이고, TV 수상기 이외의 매체(데스크톱, 노트북, 스마트기기 등)를 이용한 시청은 28분으로 나타났다. 20대 응답자의 경우 필수 매체로 휴대폰을 꼽은 응답자가 91.6%로 나타났다. 텔레비전을 필수 매체로 응답한 응답자는 3.9%에 불과해 20대는 주로 휴대폰을 필수 매체로 인식하고 미디어를 이용하는 것으로 조사되었다.

또 20대의 주 1회 이상 온라인 동영상(OTT) 서비스를 이용하는 비율은 98.1%로 나타났고 음성통화를 제외한 하루 평균 스마트폰 이용시간은 3시

---

[8] 안차수·진홍근, 「대학생의 미디어 이용 행태에 따른 "소셜테이너"의 정치적 영향에 관한 연구」, 『사회과학연구』 26.2(2014), 45-77.

[9] 심성욱·김운한, 「대학생들의 소셜미디어 이용 동기가 소셜미디어 광고 이용 의향에 미치는 영향」, 『한국광고홍보학보』 13-2(2011).

간 19분으로 다른 연령에 비해 높게 나타났다. 스마트폰의 주요 용도는 '뉴스/정보 검색 및 이용' 84%, '커뮤니케이션' 76.5%, '미디어 콘텐츠 시청'이 68.0%로 나타났다. 또 다른 연구에서는 대학생들이 SNS를 사회관계 네트워크, 정보 추구 목적으로 이용하는 것으로 나타났다.[10]

또한 다매체 인터넷 환경 아래에서 미디어 이용조합이 이용자의 사회정치 참여나 수용자 태도를 이해하는 데 의미 있는 요인으로 다루어져 왔다. 조은희(2019)의 연구에 따르면 지상파 텔레비전 뉴스부터 SNS까지 미디어 이용 유형이 4가지로 분류되었다. 군집 1은 9개 미디어를 골고루 자주 이용하는 집단이며, 군집 2는 TV와 포털 위주로 이용하고 그 외 모바일이나 SNS 이용은 저조한 집단이며, 군집 3은 TV 이용은 높지 않지만 포털과 모바일 그리고 SNS를 통한 뉴스 이용이 활발한 집단이며, 군집 4는 포털만 주로 이용하고 그 외 미디어 이용은 저조한 집단으로 나타났다. 어떤 집단에 속하느냐와 관계없이 기본적으로 포털 뉴스를 이용하는 경향이 나타났다. 이들 집단을 세부적으로 다매체 이용 집단(1), TV 이용 집단(2), SNS 이용 집단(3), 저이용 집단(4)으로 명명하였다.[11]

또 이들 미디어에 대한 신뢰의 정도에 따라 군집 1은 모든 매체에 대체로 높은 집단, 군집 2는 지상파 TV, 종합편성채널, 보도전문채널 등 전통적인 TV 뉴스를 신뢰하는 집단, 군집 3은 전통매체에 대한 신뢰가 낮고 포털, SNS, 모바일 등 인터넷에 대한 신뢰가 높은 집단, 군집 4는 9개 미디어 대

10　방송통신위원회, 『2023년 매체이용행태조사』 (과천: 방송통신위원회, 2023).
11　조은희, 「뉴스 미디어의 이용과 신뢰가 가짜 뉴스의 인식, 식별, 수용태도에 미치는 영향」, 『언론과학연구』 19(1) (2019), 180-213.

부분을 신뢰하지 않는 집단으로 분류됐다. 각 집단의 명칭은 다매체 신뢰 집단(1), TV 신뢰 집단(2), 인터넷 신뢰 집단(3), 모두 불신 집단(4)으로 명명했다. 미디어 이용과 신뢰에 따라 가짜 뉴스 인식과 식별, 수용 태도가 서로 다르게 나타나는 것이 연구에서 확인되었다.[12] 이처럼 미디어 이용 집단과 미디어 신뢰 정도에 따라 집단을 구분하면 미디어 이용과 신뢰에 따른 집단별로 북한에 대한 인식과 통일 태도의 관계를 살펴볼 수 있다.

청년세대의 통일 인식을 조사한 연구에 따르면 청년들이 북한에 대한 소식을 접하는 미디어 이용은 텔레비전, SNS, 포털 뉴스 추천에 따른 우연한 정보 획득 및 개인적 흥미에 다른 정보수집이 주를 이루는 것으로 나타났다. 텔레비전, 라디오 등 기존 미디어를 통해서는 주로 북한에 대한 현안 정보, 즉 북한 지도부, 미사일 등과 같이 정치, 사회, 경제면의 뉴스성 기사 정보를 얻고 있었다. 단순 현안이 아닌 통일 전망, 북한 사회 정보 획득은 적극적 정보 검색 방법이 이용되고 있었다. 또 유튜브나 인스타그램 등에서 알고리즘을 활용하여 보내지는 콘텐츠로 북한 인권, 북한 일상생활, 북한 관련 뉴스 등을 접하고 있었다. 텔레비전 프로그램인 '통일전망대', '남북의 창'과 같은 프로그램을 통해 북한에 대한 정보를 접하고 있는 것으로 나타났다.[13] 이처럼 청년들은 다양한 매체를 통해 북한 및 통일 관련 정보를 얻고 있어 미디어를 통해 북한과 통일에 대한 인식을 갖게 된다는 것을 알 수 있다. 특히 북한 관련 미디어의 노출시간, 이용한 콘텐츠의

---

12 조은희, 「뉴스 미디어의 이용과 신뢰가 가짜 뉴스의 인식, 식별, 수용 태도에 미치는 영향」, 180-213.

13 통일연구원, 『청년세대 통일인식 심층조사를 통한 통일교육 방안』 (서울: 통일연구원, 2024).

내용과 신뢰도에 따라 북한과 통일에 대한 인식이 달라질 수 있다는 것을 유추할 수 있다.

또한 북한 및 통일 문제에 대한 국민의 인식과 태도 형성에 미디어가 중요한 역할을 수행하는 점을 고려하여 미디어 통일 지향성 지수가 제안되기도 하였다. 미디어 통일 지향성 지수는 통일을 준비하는 북한 및 통일 콘텐츠의 문제점을 진단하고 지속적인 관찰과 성찰을 통해 통일에 대한 국민의 관심과 지지를 얻어내는 미디어의 책무를 수행하기 위한 방편으로, 지역과 시대 한계를 넘어 통일 미디어의 특성을 관찰하고 비교 분석하자는 목적으로 제안되었다.[14] 장르 공통으로는 '평화통일 가치 추구', '남북 상호존중 가치 추구'가, 보도 분야에는 정확성, 신뢰성, 독창성, 심층성이, 비보도 분야인 예능 장르에는 재미, 즐거움, 유익성, 지수가 제시되었다.

2. 통일에 대한 태도와 미디어 이용

통일 태도 전반을 지칭하는 통일의식은 남북한 통일 문제 이외의 다양한 요인과 밀접하게 관련되어 있다. 남북한 통일 문제가 그와 연관된 여러 가지 상황이나 배경과 불가분의 관계에 있다는 점을 고려한다면, 통일의식은 남북한 통일 자체에 대한 의식뿐만 아니라 북한에 대한 이해와 인식, 남북한 관계에 대한 인식, 통일정책에 대한 평가 등을 포괄하는 총체적 성격을 지닐 수밖에 없을 것이다. 이처럼 통일의식은 일반적으로 국

---

14 정영주, 「통일 인식 제고와 미디어의 역할: 통일 관련 미디어 지수의 필요성」, 57-104.

민이 북한과 통일 문제, 남북한 관계, 대외관계, 대북정책 등에 대해 무엇을 얼마나 알고 있고 어떻게 느끼는가, 실제로 어떻게 행동하고 있는가를 보여준다. 우리가 통일의식이라고 할 때는 통일에 대하여 부여하는 의미, 북한을 바라보는 시각, 통일을 자기 자신과 연관 짓는 통일 유관성, 통일을 위해 자신이 할 수 있는 일이 있다고 생각하는 통일 개입성 등의 내용이 포함된다.[15]

특히 우리 사회의 20대와 대학생들의 통일의식 형성 과정에는 여러 가지 요인들이 작용한다. 그중 하나는 2000년대 이후 상당 기간 지속된 평화적 분단 관리 패러다임의 직·간접적 영향이다. 기존의 분단 관리 패러다임은 통일이 단계적이며 점진적인 장기적 과정을 거쳐 이루어진다는 가정하에 한반도의 평화 정착을 중시하고 남북한 간의 화해와 협력의 선행을 강조하였다. 이와 같은 남북한의 화해와 협력은 남북관계를 규정짓는 최상의 원칙이 되었고 합의통일이나 수렴론 등과 같은 평화적 담론이 통일 논의를 지배해 왔다. 이처럼 분단 관리에 기초한 통일 담론은 무엇보다도 우리 사회에 통일에 대한 무관심과 부정적 인식을 증대시켜 왔다. 통일이라는 명제의 당위성을 평화유지로 대체시킴으로써 국민의 통일 의지를 저해하는 부수적인 효과를 가져왔다는 점과 함께 통일교육에서도 적극적인 통일 논의보다는 현상유지적 가치관이 확산되었다는 주장이 제기되었다. 이러한 사회적 분위기와 통일교육 기조가 상당 기간 지속되면서 결과적으로 대학생들을 포함한 20대의 통일의식 형성 과정에 부정적인 영향을 끼

---

15 변종현, 「20대 통일의식과 대학 통일교육의 과제」, 『통일정책연구』 21-1호(2012), 157-186.

친 것으로 보인다는 분석이 제기되었다.[16]

통일에 대한 사회적 관심이 확대되고 있음에도 통일에 대한 태도의 척도 개발 연구가 진행된 것은 2020년 들어서이다. 통일 태도 척도 개발은 해마다 다양한 기관에서 수행되는 국민통일인식 조사를 통해 국민의 통일 인식을 명확히 파악하고 그 변화추세를 분석하여 올바른 통일 태도를 함양시키는 지표로 삼을 수 있다는 점에서 매우 중요하다. 이준웅(2004)은 '통일은 반드시 이룩해야 한다', '통일이 되지 않는 편이 더 낫다', '우리 사회의 최대 관심은 통일이다'[17]의 3개 항목을 통일 태도 척도로 제시하였지만 통일방법, 통일 후의 변화 등의 하위차원을 일관성 있게 담아내는데 한계점이 있어 보인다.

통일연구원은 통일에 대한 태도를 인지적, 정서적 차원으로 구성하여 종합적으로 척도 개발을 시도하였다. 인지 차원에서는 통일이 일으킬 결과를 '국력 강화'와 '정체성 보존', '평화 증진'의 세 개 하위 차원으로 구분하여 총 아홉 개의 문항으로 측정하였다. 각 문항 점수가 높을수록 개인이 통일에 대해 긍정적 태도를 지닌 것으로 해석된다. 통일에 대한 정서를 묻는 문항은 긍정 정서 5개, 부정 정서 5개의 10개 문항으로 이루어졌다. 긍정 정서는 설레다, 반갑다, 기쁘다, 행복하다, 즐겁다를 제시하였다. 부정 정서는 거부감이 든다, 화가 난다, 불안하다, 무섭다, 역겹다 등 다섯 문항이다.[18]

---

16 변종현, 「20대 통일의식과 대학 통일교육의 과제」, 157-186.
17 이준웅, 「언론 매체 이용 및 해석적 틀이 통일 및 대북 정책에 대한 의견에 미치는 효과」, 『한국언론학보』 48-1(2004), 8-56.
18 박주화 외, 『통일에 대한 태도 척도 개발 및 타당화 연구』 (서울: 통일연구원 2020).

또한 청년세대 통일 인식 심층 조사를 통한 통일교육 방안'(2023) 연구는 청년들의 통일 필요성에 대한 인식을 찬성과 반대로 조사하였다. 찬성 인식은 통일은 반드시 당위적으로 해결해야만 하는 문제, 통일로 인한 이득, 지금 세대보다 다음 세대가 이룰 장기적 과제 등이 나타났다. 당위적 해결 과제라는 인식에는 통일세, 탈북민 수용 등 국가 의무와 헌법에 따른 통일, 북한 주민 삶 개선 등이 언급되었다. 통일 반대 인식은 통일 시 예상되는 경제적 이득에 대한 근거가 부실하며, 통일세 등 개인 부담이 증가할 것이라는 지적이 있었다. 영토 부족, 인구 감소는 통일 없이도 해결할 수 있는 문제며, 통일 이후 중국과의 분쟁, 사회 문제가 우려된다는 인식이 드러났다. 남북은 문화적으로 융합할 수 없으며, 별개의 나라라는 인식, 북한 주민과의 상생이 불가능하다는 전망과, 분단 이후 북한을 독립된 국가로 보는 인식이 나타났다. 또한 통일로 인해 가장 피해를 보는 세대는 2030 청년세대라는 언급과 청년들의 통일 시기는 다다음 세대 이후를 가장 선호하는 것으로 드러났다.[19]

특히 보도나 방송 프로그램을 통한 북한 관련 정보 추구가 통일에 대한 태도, 통일비용 부담에 대한 의지, 통일 후 사회에 대한 전망, 북한 지원 및 남북 방송 교류에 대한 의견에 어떤 영향을 미치는지 살펴본 이준웅(2000)은 〈남북의 창〉이나 〈통일전망대〉와 같은 북한 관련 프로그램을 많이 접한 사람일수록 통일에 대해 긍정적인 태도를 지니고 있으며, 통일비용을 더 많이 부담할 의지가 있고, 북한에 대한 지원과 남북 방송 교류

---

[19] 통일연구원, 『청년세대 통일인식 심층조사를 통한 통일교육 방안』 (서울: 통일연구원, 2024).

를 찬성하는 경향이 높다는 것을 밝혔다.[20] 양미화의 연구에 따르면 텔레비전에서 북한 및 통일 관련 보도를 접한 횟수가 많은 학생이 통일을 위해 참여하겠다는 응답이 높은 것으로 나타났다[21] 이처럼 북한 및 통일 관련 미디어 이용이 통일 태도에 영향을 미치고 있기 때문에 이에 대한 실증적 조사가 필요하다.

3. 북한 및 북한 주민에 대한 태도와 미디어 이용

북한에 대한 인식은 민족과 국가 관점에서 나누어 개념화하고 조사할 수 있다. 2024년 '북한을 바라보는 인식' 조사에서 민족의 관점에서 봤을 때, '남한 주민과 북한 주민은 하나의 민족 구성원'으로 생각하는 사람은 56%, '남한 주민과 북한 주민은 사실상 같은 민족으로 볼 수 없다'고 생각하는 사람은 34%로 우리나라 주민과 북한 주민을 같은 민족으로 보는 인식이 더 강한 것으로 나타났다. 국가의 관점에서 보면 여전히 '남한과 북한은 별개의 국가'라는 인식이 우세하였다. 응답자의 68%가 '남한과 북한은 별개 국가'라고 생각하며, '남한과 북한은 하나의 국가'라고 보는 사람은 24%에 불과했다. '우리 주민과 북한 주민은 한민족'이면서 '남한과 북한은 하나의 국가'로 간주(단일민족 단일국가)하는 사람은 22%였다. 반면 '우리 주민

---

20 이준웅, 「언론매체 이용 및 해석적 틀이 통일 및 대북정책에 대한 의견에 미치는 효과」, 28-56.
21 양미화, 『매스 미디어가 청소년 통일의식에 미치는 영향』(서울: 이화여대, 2001), 국내석사학위논문.

과 북한 주민은 한민족'이지만 '남한과 북한은 별개의 국가'로 간주(단일민족 다른 국가)하는 사람은 31%였다. 또 '우리 주민과 북한 주민은 같은 민족으로 볼 수 없으며' 동시에 '남한과 북한은 별개의 국가'로 간주(다른 민족 다른 국가)하는 사람은 32%로 비교적 높은 응답 비율을 나타냈다.[22]

또한 북한에 대한 인식은 북한의 국가 이미지와 관련성이 있다. 국가 이미지에 영향을 미치는 요인도 바라보는 시각에 따라 다양한데 긍정적인 요인과 부정적인 요인이 모두 포함된다. 일본에 관한 인식 연구에서는 국가 인식의 척도를 국가 친숙도와 정부 신뢰도, 그리고 국가 적대감으로 측정하였다.[23] 이처럼 북한에 대한 친숙도, 북한 정치세력 신뢰도, 북한에 대한 적대감을 북한 이미지의 구성요소로 고려할 수 있다.

실제로 북한 이미지를 조사한 연구에서 응답자들은 북한 주민 인권, 경제 수준으로 인한 부정적 인식을 하고 있었다. 부정인식의 근거로서 북한의 독재체제, 빈부격차, 열악한 식량이 주로 언급되었다. 이어 가난한 친척과 같은 북한 주민에 대한 동정, 스스로 고립해 발전 없는 나라, 국제사회와의 교류 거부, 남한 대비 저조한 경제 수준이 부정 인식으로 근거로 제시되었다. 일부는 남북이 다르다는 인식과 통일이 남북 공동의 숙제라는 언급도 제시되었다.[24]

---

[22] 이동한, 『2024 대북인식조사: 북한을 바라보는 인식 및 통일가능성』 (서울: 한국리서치, 2024).

[23] 전종우, 「개인 성향과 일본에 대한 인식이 일본 불매운동 정보 이용에 미치는 영향: 미디어 뉴스와 SNS 정보의 비교를 중심으로」, 『미디어, 젠더 & 문화』 37-1 (2022), 43-67.

[24] 통일연구원, 『청년세대 통일인식 심층조사를 통한 통일교육 방안』 (서울: 통일연구원, 2024).

북한사람에 관한 인식 연구에서 김혜숙과 오승섭은 고정관념을 조사하였다. 북한 사람에 대한 인식을 24개 문항의 개별 형용사를 선정하여(예컨대 권위주의적이다, 부지런하다) 5점 척도로 측정하였다. 또한 북한 주민의 수용 수준을 사회적 거리로 측정하기도 하였다. 사회적 거리는 보가더스(Bogardus)가 고안한 개념으로 특정 집단에 대해 개인이 느끼는 주관적 거리감을 말한다. 이 연구에서는 북한 주민에게 느끼는 거리감으로 정의하고 북한 주민을 다음의 사회적 관계로 어느 정도 인식하는지를 조사하였다. 즉 가까운 가족과의 결혼 대상자, 자기 집의 세입자, 단짝 친구, 직장 동료로 관계를 맺는 데에 대해 어떻게 생각하는지 여부를 5점 척도로 측정하였다.[25]

또한 미디어의 효과 이론에 따르면 특정 국가의 이미지에 대한 긍정적 또는 부정적 미디어 콘텐츠의 지속적 노출이 특정 국가에 대한 신념 또는 이미지 형성에 영향을 미친다. 특히 북한의 경우 북한을 직접 방문하기 어려운 현실에서 미디어를 통해 제한적 정보를 접할 수밖에 없기 때문에 더욱 북한에 대한 인식 형성에 미디어가 미치는 영향력이 크다고 볼 수 있다.

실제로 미디어가 북한 관련 인식에 미치는 영향에 관한 연구는 북한 이슈 보도 뉴스 이용, 미디어에 대한 신뢰 정도가 북한 인식에 미치는 영향을 주로 분석하였다. 대학생들의 북한 핵 문제에 대한 태도에 미디어 뉴스 이용이 미치는 관련성을 확인하는 연구에서 기존 미디어의 영향이 확인되지 않았지만 인터넷 이용이 핵 문제에 대한 보수적, 진보적 태도에 영향

---

[25] 김혜숙, 오승섭, 「북한 사람에 대한 대학생과 일반인의 고정관념, 감정과 태도: 외국인에 대한 태도와 비교」, 『심리과학』 8-1(1999).

을 미치는 것으로 밝혀졌다.**26**

또한 한국 언론이 북핵 위기와 관련된 사항을 프레임화 하는 방법과 이에 따른 수용자의 영향을 밝히는 연구가 진행되었다. 개인의 국제 문제에 대한 흥미와 관련 북한 관련 뉴스 이용 정도가 북한에 대한 태도 형성에 일정 부분 영향을 미치는 것으로 조사되었다.**27** 수용자들의 구독신문과 신뢰하는 신문사에 따라 대북정책에 대한 수용자 태도를 분석한 연구에서 언론이 수용자들의 대북정책에 대한 의견에 미치는 영향력을 확인하였다.**28** 이처럼 북한 관련 미디어 이용은 북한 및 북한 주민에 대한 인식에 직간접적으로 영향을 미치기 때문에, 이에 대해 실증적 분석이 필요하다고 볼 수 있다.

---

26 전혜진, 김양수, 「미디어 이용이 북한 핵문제에 대한 지식과 태도에 미치는 영향」, 『지역과 커뮤니케이션』 18-1(2014), 221-251.

27 반현, 백강희, 김수정, 「한미 언론의 북핵 위기 프레임 효과 연구-미디어 프레임, 수용자 프레임, 그리고 스키마를 중심으로」, 『정치커뮤니케이션연구』 17(2010), 123-168.

28 이준웅, 「언론매체 이용 및 해석적 틀이 통일 및 대북정책에 대한 의견에 미치는 효과」, 『한국언론학보』 48-1(2004), 28-56.

III. 연구 방법

1. 연구 문제

본 연구는 대학생들의 미디어 이용은 특정 이슈에 대한 개인의 지식, 평가, 해석, 태도 형성에 영향을 미친다는 이론적 관점에서 통일 및 북한 관련 미디어 이용이 북한, 북한 주민, 통일에 대한 태도에 어떠한 영향을 미치는가를 밝혀내기 위한 목적으로 진행되었다. 또한 대학생들의 북한 및 통일 관련 미디어 이용은 어떠한지, 북한, 북한 주민, 통일에 대해 전반적으로 어떠한 태도를 가지고 있는지를 살펴보고자 하였다. 이러한 연구 목적을 달성하기 위해 본 연구는 구체적으로 다음과 같은 연구문제를 설정하였다.

〈연구 문제 1〉 대학생들의 통일 및 북한 관련 미디어 이용 행태는 어떠한가?

〈연구 문제 2〉 대학생들의 북한 및 북한 주민, 통일에 대한 태도는 어떠한가?

〈연구 문제 3〉 대학생들의 통일 및 북한 관련 미디어 이용 행태가 통일에 대한 태도에 어떠한 영향을 미치는가?

〈연구 문제 4〉 대학생들의 통일 및 북한 관련 미디어 이용 행태가 북한 및 북한 주민에 대한 태도에 어떠한 영향을 미치는가?

2. 측정 도구

1) 통일 및 북한 관련 미디어 이용 행태

통일 및 북한 관련 미디어 이용 행태는 이용량, 미디어 시청의 주목도, 내용의 신뢰도, 유익성으로 나누어 측정하였다. 통일 및 북한 관련 미디어 이용량은 TV, 신문, 인터넷, 유튜브, SNS 5가지로 나누었다. 이들 미디어에 대해 한 달 동안 통일 및 북한 관련 미디어 내용을 얼마나 접했는지를 '보거나 들은 적 없다, 1회~3회, 4회~6회, 7회~9회, 10회 이상'의 5가지 척도로 측정하였다.

주목도는 북한 및 통일 관련 미디어 내용을 접했을 때 얼마나 주의 깊게 시청하는지 그 정도를 5점 척도로 측정하였다. 신뢰도는 통일 및 북한 관련 미디어 내용에 대해 얼마나 신뢰하는지를 5점 척도로 측정하였다. 유익성은 통일 및 북한 관련 미디어 내용이 북한 및 북한 주민, 통일 문제를 이해하는 데 얼마나 도움이 되는지의 정도를 5점 척도로 측정하였다.

2) 통일에 대한 태도

통일에 대한 태도는 통일 문제에 대한 관심도, 통일의 당위성, 통일비용 부담 의지, 통일 과업 참여 여부, 통일에 대한 인지적, 정서적 태도를 측정하였다. 통일 문제 관심도는 평소 통일문제에 대한 얼마나 관심을 가지고 있는지 그 정도를 5점 척도로 측정하였다. 통일의 당위성은 이준웅이 사용한 "통일은 반드시 이룩해야 한다", "우리의 최대 관심은 통일이다" 등의

3개 항목29을 5점 척도로 측정하였다. 통일비용 부담 의지는 통일비용을 더 많이 부담할 의지가 있다는 한 개의 항목을, 통일과업 참여 항목은 통일이라는 과업에 참여가 필요하면 참여하겠다는 항목을 5점 척도로 측정하였다.

통일에 대한 인지적, 정서적 태도는 최훈석, 이하연, 권영미, 박주화가 타당화하여 개발한 통일에 대한 태도 척도30를 사용하였다. 먼저 인지적 태도는 국력강화, 정체성 보존, 평화 증진의 하위 요인으로 되어 있으며 각각 3개 항목씩 총 9개 항목으로 구성되어 있다. 구체적으로 "남북한 통일은 한국의 경제발전에 도움이 된다", "남북한 통일은 한국의 국제적 위상을 높인다", "남북한 통일은 한민족의 역사를 보존하는데 기여한다", "남북한 통일은 한민족의 정체성을 유지하는데 기여한다", "남북한 통일은 한반도에서 전쟁의 위험을 해소시킨다", "남북한 통일은 동북아시아 및 세계 평화에 기여한다" 등이다. 통일의 정서적 태도는 긍정 정서와 부정 정서로 나뉘며 각각 5개 항목씩 총 10개의 문항으로 되어 있다. 긍정 정서는 설레다, 즐겁다, 반갑다, 기쁘다, 행복하다는 문항이며, 부정 정서는 거부감이 든다, 화가 난다, 불안하다, 무섭다, 역겹다는 항목으로 5점 척도로 측정하였다.

---

29 이준웅, 「언론매체 이용 및 해석적 틀이 통일 및 대북정책에 대한 의견에 미치는 효과」, 28-56.
30 최훈석, 이하연, 권영미, 박주화, 「통일에 대한 태도 척도 개발 및 타당화 연구」, 『한국심리학회지: 문화 및 사회문제』 27-3(2021), 259-284.

3) 북한 및 북한 주민에 대한 태도

북한 및 북한 주민에 대한 태도는 북한 및 북한 주민에 대한 관심도, 북한에 대한 고정관념, 북한에 대한 신뢰도, 북한에 대한 적대감, 북한 주민에 대한 고정관념, 북한 주민에 대한 문화적 동질감, 북한주민에 대한 사회적 거리감을 측정하였다. 관심도는 북한 및 북한 주민에 대한 관심의 정도를 5점 척도로 측정하였다. 북한에 대한 고정관념은 정기선의 연구[31]에서 요인 분석한 척도를 사용하였다. 북한의 고정관념은 기회주의적, 권위주의적, 융통성이 없는, 획일적의 4개 항목으로 되어 있다. 북한에 대한 신뢰도와 적대감은 전종우가 일본 정부를 대상으로 측정한 항목[32]을 차용하였다. 구체적으로 신뢰도는 "북한은 신뢰할 수 있다", "북한은 정직한 정보를 제공한다" 등의 3개 항목으로 되어 있다. 적대감은 "나는 북한을 싫어한다", "나는 북한에 화가 난다" 등의 3개 문항이다.

북한 주민에 대한 고정관념은 정기선의 연구[33]와 김혜숙, 오승섭의 연구[34]에서 사용한 문항을 혼합해서 사용하였다. 구체적으로 소극적, 융통성이 없는 획일적, 부지런한, 협동 단결력이 강한, 질서 의식이 강한 등의 15개 항목으로 되어 있다. 북한 주민에 대한 문화적 동질감은 이준웅의 연

---

31 정기선, 「북한주민의 이미지에 대한 사회심리학적 연구」, 『97 신진연구자 북한 및 통일관련 논문집』(서울: 통일원, 1997).

32 전종우, 「개인 성향과 일본에 대한 인식이 일본 불매운동 정보 이용에 미치는 영향: 미디어 뉴스와 SNS정보의 비교를 중심으로」, 43-67.

33 정기선, 「북한주민의 이미지에 대한 사회심리학적 연구」, 『97 신진연구자 북한 및 통일관련 논문집』(서울: 통일원, 1997).

34 김혜숙, 오승섭, 「북한 사람에 대한 대학생과 일반인의 고정관념, 감정과 태도: 외국인에 대한 태도와 비교」, 1-22.

구35에서 사용한 사고방식, 가치관, 가정생활, 직장생활, 언어생활, 여가문화생활, 경제관념, 생활 방식의 7개 문항에 대한 동일성을 5점 척도로 측정하였다. 북한주민에 대한 사회적 거리감은 김혜숙이 남한 내 지역 간 사회적 거리감을 측정하기 위해 개발한 보가더스 척도(Bogardus' Scale)36를 원용했다. 구체적으로 "결혼이라도 하겠다", "연인으로도 환영하겠다", "내가 속한 친목 모임에 같은 멤버로 받아들이겠다", "단짝 친구로는 삼지 않겠다" 등 10개 문항으로 되어 있다.

3. 자료수집 및 분석 방법

본 연구에서 설문조사는 전라, 경상, 충청 지역에 재학 중인 대학생을 대상으로 2025년 9월 1일부터 9월 13일까지 2주 동안 진행되었다. 설문지는 총 252부가 수거되었으나 이중 응답이 부실한 18부를 제외하고 실제 통계분석에는 234부가 사용되었다. 조사된 설문은 SPSS 24.0 통계 프로그램을 이용하여 분석하였다. 통계분석은 응답자의 특성을 살펴보고 연구문제를 검증하기 위해 빈도분석, 단순회귀분석을 사용하였다. 모든 통계적 유의도는 $p < .05$ 수준에서 검증하였다.

응답자들의 인구사회학적 특성을 살펴보면 먼저 성별 분포에서 남학생

---

35 이준웅, 「언론매체 이용 및 해석적 틀이 통일 및 대북정책에 대한 의견에 미치는 효과」, 28-56.
36 김혜숙, 「지역간 고정관념과 편견의 실상: 세대간 전이가 존재하는가」, 『심리학에서 본 지역감정』 (서울: 성원사, 1988).

이 32.9%(77명), 여학생이 67.1%(168명)로 여학생이 다소 높은 비율을 보이고 있다. 학년별 분포를 살펴보면 1학년이 41.5%(97명)로 가장 높은 비율을 나타냈고 3학년 24.8%(58명), 2학년 20.1%(47명), 4학년 13.7%(32명) 순으로 나타났다. 지역별로는 전라지역 56.8%(133명)로 가장 높은 비율을 보였고, 경상지역 23.1%(54명), 충청지역 20.1%(47명) 순으로 분포되었다.

Ⅳ. 분석 결과

1. 대학생들의 통일 및 북한 관련 미디어 이용 행태

연구 문제 1은 대학생의 통일 및 북한 관련 미디어 이용 행태는 어떠한가로 설정하였다. 이 연구 문제를 해결하기 위해 미디어 이용량, 미디어 시청의 주목도, 미디어 내용의 신뢰도와 유익성에 대한 빈도분석을 실시하였다. 분석 결과 한달 동안 통일 및 북한 관련 기사나 프로그램 등의 이용량은 대체로 적은 것으로 나타났다. 구체적으로 매체별로 살펴보면 TV의 경우 한 달 동안 통일 및 북한 관련 기사나 프로그램을 '본적이 없다'는 응답자가 46.2%(106명)로 가장 높은 비율을 차지했고 이어 1회~3회 40.2%(94명), 4회~6회 9.4%(22명)가 그 뒤를 차지했다. 신문의 경우 미디어 중에서 '본 적이 없다'는 응답이 86.8%(203명)로 미디어 중에서 가장 높은 비율을 차지했다. 인터넷이나 포털 뉴스의 경우 '1회~3회'가 47.0%(110명)로 가장 높았고 '본 적 없다' 24.8%(58명), 4회~6회 20.1%(47명) 순으로 나타났다. 유튜브 동영상의 경우에도 '1회~3회'가 44.9%(105명)로 가장 높은 비율을 나타냈고, 이어 '본적 없다 28.2%(66명), 4회~6회 14.1%(33명) 7회~9회 7.2%(17명), 10회 이상 5.6%(13명) 순으로 분석되었다. SNS의 경우 본적 없다 38.5%(90명)와 1회~3회 37.6%(88명)가 비슷한 비율로 높은 비율을 보였고 4회~6회 12.4%(29명), 7회~9회 6.4%(15명), 10회 이상 5.1%(12명) 순으로 나타났다.

이러한 분석결과를 통해 볼 때 대학생들의 70% 이상은 한달에 통일 및 북한관련 콘텐츠를 전혀 보지 않거나 3회 이하로 이용하고 있음을 알 수 있다. 일주일에 2회 이상 통일 및 북한관련 미디어 내용을 접하는 대학생들은 10% 정도밖에 되지 않아 이용량이 매우 적다고 볼 수 있다. 특히 TV나 신문 등 대중매체보다는 인터넷매체를 이용해 통일 및 북한관련 내용을 접하고 있는 것을 확인할 수 있다.

단위: %(명)

한 달 미디어 이용량	본적 없다	1회~3회	4회~6회	7회~9회	10회 이상
TV	46.2(108)	40.2(94)	9.4(22)	3.0(7)	1.3(3)
신문	86.8(203)	10.3(24)	2.1(5)	0.4(1)	0.4(1)
인터넷, 포털 뉴스	24.8(58)	47.0(110)	20.1(47)	4.3(10)	3.8(9)
유튜브 동영상	28.2(66)	44.9(105)	14.1(33)	7.2(17)	5.6(13)
SNS(페이스북/인스타그램 등)	38.5(90)	37.6(88)	12.4(29)	6.4(15)	5.1(12)

〈표 1〉 통일 및 북한 관련 미디어 이용량

다음은 통일 및 북한 관련 미디어 내용을 접했을 때 얼마나 주의 깊게 읽거나 시청하는지 주목도를 살펴본 결과 5점 척도상에서 모두 3점 미만으로 나타나 대체로 낮은 것을 확인할 수 있다. 먼저 통일 및 북한 관련 내용에 대한 매체별 주목도 평균을 분석한 결과 유튜브 동영상이 평균 2.94로 가장 높았고, 인터넷과 포털 뉴스 2.91, TV 2.84, SNS 2.79, 신문 2.27 순으로 나타났다.

구체적으로 매우 주의 깊게 본다/주의 깊게 보는 편이다를 주목도 높음으로, 보통이다를 주목도 중간으로, 전혀 주의 깊게 보지 않는다/주의 깊게 보지 않는 편이다를 주목도 낮음으로 범주화하여 매체별로 살펴보았다. TV의 경우 주목도 중간 수준이 38.9%(91명)로 가장 높았고, 이어 주목도 낮음 31.6%(74명), 주목도 높음 29.6%(69명) 순으로 나타났다. 신문의 경우 주목도 낮음이 55.1%(129명)로 가장 높았고 중간 수준 32.9%(77명), 주목도 높음 12.0%(28명) 순이었다. 신문의 경우 절반 이상이 통일 및 북한 관련 미디어 내용을 접했을 때 주의 깊게 보지 않는다는 것을 알 수 있다. 인터넷과 포털 뉴스의 경우 41.9%(98명)가 주목도 중간 수준으로 가장 높은 비율을 차지하였고, 그다음으로 주목도 낮음 29.9%(70명)와 주목도 높음 28.3%(65명)가 비슷하게 나타났다. 유튜브의 경우 주목도 보통 수준 34.6%(81명), 주목도 높음 33.0%(77명), 주목도 낮음 32.5%(76명) 순으로 거의 비슷한 비율을 보이고 있다. SNS의 경우 주목도 보통 수준이 42.7%(100명)로 가장 높았고 주목도 낮음 34.2%(80명), 주목도 높음 23.1%(54명) 순이었다. 따라서 대학생들은 통일 및 북한 관련 미디어 내용을 접했을 때 TV, 신문 등의 대중매체보다는 인터넷, 포털 뉴스, 유튜브, SNS 등 인터넷매체를 더 주목해서 본다는 것을 알 수 있다.

단위: %(명)

주목도	전혀 주의 깊게 보지 않는다	주의 깊게 보지 않는 편이다	보통이다	주의 깊게 보는 편이다	매우 주의 깊게 본다	평균
TV	12.8(30)	18.8(44)	38.9(91)	27.4(64)	2.2(5)	2.84
신문	28.6(67)	26.5(62)	32.9(77)	9.8(23)	2.2(5)	2.27
인터넷, 포털 뉴스	9.4(22)	20.5(48)	41.9(98)	24.8(58)	3.5(8)	2.91
유튜브 동영상	9.4(22)	23.1(54)	34.6(81)	27.8(65)	5.2(12)	2.94
SNS (페이스북/인스타그램 등)	12.8(30)	21.4(50)	42.7(100)	19.7(46)	3.4(8)	2.79

〈표 2〉 통일 및 북한 관련 미디어 주목도

또한 통일 및 북한 관련 미디어 내용을 얼마나 신뢰하고 있는지 신뢰도를 살펴본 결과 인터넷 매체의 내용보다는 TV나 신문의 대중매체 내용을 더 신뢰하는 것으로 나타났다. 통일 및 북한 관련 내용에 대한 매체별 신뢰도 평균을 분석한 결과 TV가 평균 3.32로 가장 높았고, 이어 신문 3.30, 인터넷과 포털 뉴스 2.98, 유튜브 2.64, SNS 2.45 순으로 나타났다.

구체적으로 TV의 경우 신뢰도 높음이 49.1%(115명)로 가장 높았고, 이어 중간 수준 36.3%(85명), 신뢰도 낮음 14.5%(34명) 순으로 나타났다. 신문의 경우도 신뢰도 높음이 44.8%(105명)로 가장 높았고 중간 수준이 41.9%(98명), 신뢰도 낮음이 13.3%(31명) 순이었다. 인터넷과 포털 뉴스의 경우 신뢰도 중간 수준이 52.1%(122명)로 가장 높았고, 그다음으로 주목도 높음 25.2%(59명), 신뢰도 낮음 23.7%(53명) 순으로 분석되었다. 유튜브의 경우 신뢰도 보통 수준이 48.3%(113명)로 가장 높았고 신뢰도 낮음이 39.3%(92명), 신뢰도 높음이 11.4%(29명) 순의 비율을 보였다. SNS

의 경우 신뢰도 낮음이 49.6%(116명)로 가장 높았고 중간 수준 48.6%(102명), 주목도 높음 12.4%(29명) 순으로 나타났다. 따라서 대학생들은 통일 및 북한 관련 미디어 내용에 대해 TV와 신문을 더 신뢰하는 반면 SNS와 유튜브 내용에 대해서는 신뢰성이 낮다는 것을 알 수 있다.

단위: %(명)

신뢰도	전혀 신뢰하지 않는다	신뢰하지 않는 편이다	보통이다	신뢰하는 편이다	매우 신뢰한다	평균
TV	5.1(12)	9.4(22)	36.3(85)	44.8(105)	4.3(10)	3.32
신문	5.6(13)	7.7(18)	41.9(98)	39.7(93)	5.1(12)	3.30
인터넷, 포털 뉴스	5.6(13)	17.1(40)	52.1(122)	23.9(56)	1.3(3)	2.98
유튜브 동영상	10.7(25)	28.6(67)	48.3(113)	10.7(25)	1.7(4)	2.64
SNS (페이스북/인스타그램 등)	12.4(29)	37.2(87)	43.6(102)	6.0(14)	0.9(2)	2.45

〈표 3〉 통일 및 북한 관련 미디어 내용의 신뢰도

다음으로 통일 및 북한 관련 미디어 내용이 북한 및 북한 주민, 통일 문제를 이해하는 얼마나 도움이 준다고 생각하는지 유익성을 살펴본 결과 신뢰도와 마찬가지로 TV가 평균 3.28로 가장 높게 나타났다. 이어 인터넷과 포털 뉴스 3.20, 신문 3.10, 유튜브 3.08, SNS 2.78 순으로 나타났다. 페이스북, 인스타그램 등 SNS는 내용의 신뢰도나 유익성 측면에서 다른 미디어와 비교해 가장 낮은 평균을 보여주고 있다.

구체적으로 TV의 경우 유익성 높음이 48.2%(113명)로 가장 높은 비율을 차지하였고, 이어 유익성 중간 수준이 33.8%(79명), 유익성 낮음이

17.9%(42명) 순으로 나타났다. 신문의 경우 유익성 높음이 38.9%(92명), 중간 수준이 38.1%(89명)로 비슷하였고, 신뢰도 낮음이 23.1%(54명)를 차지하였다. 인터넷과 포털 뉴스의 경우 유익성 높음 41.5%(97명), 중간 수준 40.2%(94명), 18.3%(43명) 순으로 밝혀졌다. 유튜브 동영상의 경우 유익성 중간 수준이 36.8%(86명), 유익성 높음이 36.4%(85명)로 비슷한 수준을 보였고 이어 유익성 낮음이 26.9%(63명) 순의 비율을 보이고 있다. SNS의 경우 유익성 중간 수준이 41.1%(96명)로 가장 높았고 유익성 낮음이 36.3%(85명), 유익성 높음이 22.6%(53명) 순으로 나타났다. 따라서 대학생들은 TV가 북한, 북한 주민, 통일 문제를 이해하는 데 가장 많은 도움을 준다고 생각하는 반면 SNS가 가장 유익성이 적은 것으로 생각하고 있음을 알 수 있다.

단위: %(명)

신뢰도	전혀 도움이 되지 않는다	도움이 되지 않는 편이다	보통이다	도움이 되는 편이다	매우 도움이 된다	평균
TV	5.1(12)	12.8(30)	33.8(79)	44.3(104)	3.9(9)	3.28
신문	7.3(17)	15.8(37)	38.1(89)	36.8(86)	2.1(5)	3.10
인터넷, 포털 뉴스	5.1(12)	13.2(31)	40.2(94)	38.9(91)	2.6(6)	3.20
유튜브 동영상	6.8(16)	20.1(47)	36.8(86)	30.8(72)	5.6(13)	3.08
SNS (페이스북/인스타그램 등)	11.5(27)	24.8(58)	41.1(96)	19.2(45)	3.4(8)	2.78

〈표 4〉 통일 및 북한 관련 미디어 내용의 유익성

2. 북한 및 북한 주민, 통일에 대한 태도

연구 문제 2에서 설정한 대학생의 북한 및 북한 주민, 통일에 대한 태도는 어떠한가를 해결하기 위해 먼저 북한 및 북한 주민에 대한 태도에서 관심도, 북한에 대한 고정관념, 신뢰도, 적대감, 북한주민에 대한 고정관념, 문화적 동질감, 사회적 거리감을 조사하였다. 통일에 대한 태도는 통일문제 관심도, 통일당위성, 통일비용 부담의지, 통일과업 참여의지, 통일에 대한 인지적, 정서적 태도를 조사하였다.

먼저 북한 및 북한 주민에 대한 태도를 살펴보면 다음과 같다. 북한 및 북한 주민에 대한 관심도는 평균 2.93으로 나타나 보통 수준의 관심 수준을 가지고 있다고 파악된다. 구체적으로 관심도 중간 수준이 38.9%(91명)로 가장 높았고 이어 관심도 낮음 33.8%(79명), 관심도 높음 27.4%(64명) 순이었다.

단위: %(명)

관심도	전혀 관심이 없다	관심이 없는 편이다	보통이다	관심이 있는 편이다	매우 관심이 있다	평균
북한/북한 주민에 대한 관심도	4.3(10)	29.5(69)	38.9(91)	24.4(57)	3.0(7)	2.93
통일에 대한 관심도	3.0(7)	28.6(67)	38.9(91)	27.8(65)	1.7(4)	2.97

〈표 5〉 북한 및 북한 주민, 통일에 대한 관심도

다음으로 북한에 대한 고정관념은 기회주의적, 권위주의적, 융통성이 없는 획일적 4개의 항목을 합산하였다. 북한의 고정관념은 평균 3.79로 나타나 부정적인 고정관념이 다소 높은 것을 알 수 있다. 신뢰도는 북한을 신뢰할 수 있다, 믿음이 간다. 정직한 정보를 제공한다의 3개 항목을 합산하였다. 북한에 대한 신뢰도는 평균 1.77로 나타나 대학생들은 북한에 대해 매우 신뢰하지 않고 있다는 것을 알 수 있다. 북한에 대한 적대감은 나는 북한을 싫어한다, 나는 북한에 화가 난다, 북한이 과거부터 지금까지 한국에 한 일에 대해 대가를 치러야 한다의 3개 항목을 합산하였다. 북한에 대한 적대감은 평균 3.33으로 나타나 대학생들은 중간보다는 조금 높게 북한에 적대감을 가지고 있다고 생각할 수 있다.

북한 주민에 대한 태도를 살펴보면 먼저 북한 주민에 대한 고정관념은 권위에 소극적이다. 융통성이 없다, 획일적이다, 공격적이다, 부지런하다, 협동 단결력이 강하다 등의 15개 항목을 합산하였다. 북한 주민에 대한 고정관념은 평균 3.03으로 나타나 중간 수준을 보이고 있다. 특히 북한에 대한 고정관념이 다소 높게 나타난 결과와 비교하면 대학생들은 북한 주민에 대한 고정관념은 다소 완화되어 있다고 볼 수 있다.

북한주민에 대한 문화적 동질감은 사고방식, 가치관, 가정생활, 언어생활, 여가문화생활, 경제관념, 생활방식의 7개 항목을 합산하였다. 북한 주민에 대한 문화적 동질감은 평균 1.96으로 나타나 대학생들은 북한주민과 문화적 이질감을 느끼고 있다고 볼 수 있다. 북한 주민에 대한 사회적 거리감은 결혼이라도 하겠다, 연인으로 환영하겠다, 같은 직장의 동료로 삼겠다, 악수정도는 하겠다, 단짝 친구로는 삼지 않겠다 등의 10개 항목을 합산하였다. 북한 주민에 대한 사회적 거리감은 평균 2.75로 나타나 사회적 거리감이 다소 낮은 수준을 보이고 있다.

항목	평균(표준편차)
북한에 대한 고정관념	3.79(.612)
북한에 대한 신뢰도	1.77(.714)
북한에 대한 적대감	3.33(.793)
북한 주민에 대한 고정관념	3.03(.359)
북한 주민에 대한 문화적 동질감	1.96(.599)
북한 주민에 대한 사회적 거리감	2.75(.676)

〈표 6〉 북한 및 북한 주민에 대한 태도

다음으로 통일에 대한 태도를 살펴보면 다음과 같다. 먼저 통일에 대한 관심도는 위의 〈표 5〉에 제시하였듯이 평균 2.97로 나타나 보통 수준의 관심을 보이고 있음을 알 수 있다. 가지고 있다고 볼 수 있다. 구체적으로 통일에 대한 관심도 중간 수준이 38.9%(91명)로 가장 높은 비율을 보였고, 이어 관심도 낮음이 31.6%(67명), 관심도 높음이 29.5%(69명) 순으로 나타났다.

통일에 대한 당위성 인식은 통일은 반드시 이룩해야 한다, 통일은 되지 않는 편이 더 낫다, 우리 사회의 최대 관심은 통일이다의 3개 항목을 합산하였다. 통일에 대한 당위성 인식은 평균 2.68로 나타나 대학생들은 통일이 반드시 이뤄져야 한다는 생각이 약하다고 볼 수 있다. 통일비용에 대한 부담의지는 통일비용을 더 많이 부담할 의지가 있다는 문항을 5점 척도로 측정하였다. 그 결과 평균 2.41로 나타나 대학생들의 통일비용에 대한 부담 의지가 다소 낮다고 볼 수 있다. 통일 과업 참여 의지는 통일이라는 과업에 참여가 필요하면 참여하겠다는 문항을 5점 척도로 측정하였다. 그 결과 평균 2.94로 나타나 대학생들은 필요하면 통일 과업에 참여하겠다는 의식이 중간 수준인 것으로 파악된다.

통일에 대한 인지적 태도 중 국력 강화 요인은 통일은 경제발전에 도움이 된다, 통일은 한국의 국제적 위상을 높인다, 통일은 한국의 군사력을 강화하는데 기여한다는 3개 항목을 합산하였다. 정체성 보존 요인은 통일은 한민족의 역사를 보존하는데 기여한다, 통일은 한민족의 정체성을 유지하는데 기여한다. 통일은 한민족의 문화를 발전시키는 데 도움이 된다는 3개 항목을 합산하였다. 평화 증진 요인은 통일은 한반도에서 전쟁의 위협을 해소시킨다, 통일은 동북아시아 및 세계평화에 기여한다, 통일은 국제사회의 평화 증진에 도움이 된다의 3개 항목을 합산하였다.

대학생들의 통일에 대한 인지적 태도를 분석해 보면 정체성 보존과 평화 증진이 평균 3.79로 비교적 높게 나타났고, 이어 국력 강화가 평균 3.44를 보이고 있다. 따라서 대학생들은 통일에 대한 인지적 태도가 다소 긍정적임을 알 수 있다. 즉 통일이 우리나라의 정체성을 보존하고 평화를 증진시키는 역할을 한다는 것에 다소 동의하고 있다고 볼 수 있다. 통일에 대한 정서적 태도 중 긍정 정서는 통일을 떠올리면 설렌다, 즐겁다, 반갑다, 기쁘다, 행복하다의 5개 항목을 합산하였다. 부정 정서는 통일을 떠올리면 거부감이 든다, 화가 난다, 불안하다, 무섭다, 역겹다의 5개 항목을 합산하였다. 분석해 보면 통일에 대한 긍정 정서는 평균 2.57, 부정 정서는 2.32로 나타나 대학생들은 통일에 대해 대체로 긍정한 정서도 느끼지 못하지만, 부정적인 정서도 떠올리지 않는다는 것을 알 수 있다.

항목		평균(표준편차)
통일에 대한 당위성 인식		2.68(.740)
통일비용 부담 의지		2.41(1.004)
통일 과업 참여 의지		2.94(1.030)
통일에 대한 인지적 태도	국력 강화	3.44(.819)
	정체성 보존	3.79(.868)
	평화 증진	3.79(.831)
통일에 대한 정서적 태도	긍정 정서	2.57(.919)
	부정 정서	2.32(.804)

〈표 7〉 통일에 대한 태도

3. 통일 및 북한 관련 미디어 이용 행태가 통일에 대한 태도에 미치는 영향

연구 문제 3은 대학생들의 통일 및 북한 관련 미디어 이용 행태가 통일에 대한 태도에 어떠한 영향을 미치는가로 설정하였다. 이 연구 문제를 해결하기 위해 TV와 신문을 대중매체로, 인터넷과 포털 뉴스, 유튜브 동영상, SNS를 인터넷매체로 범주화하였다. 대중매체와 인터넷매체의 이용량, 주목도, 신뢰도, 유익성이 통일 태도(통일 관심도, 통일 당위성, 국력 강화, 정체성 보존, 평화 증진, 통일 긍정 정서, 통일 부정 정서, 통일비용 부담 의지, 통일 과업 참여 의지)에 미치는 영향력을 단순 회귀분석 방법을 이용하여 통계 분석하였다.

먼저 대학생들의 통일 및 북한 관련 대중매체 이용량이 통일에 대한 태도에 어떠한 영향을 미치는가를 살펴본 결과 통일에 대한 관심도($\beta=.29$, p

<.01), 통일 과업 참여 의지(β=.28, p<.01), 통일비용 부담 의지(β=.24, p<.01) 순으로 영향을 미치는 것으로 나타났다. 또한 통일에 대한 긍정 정서(β=.18, p<.01), 통일이 되어야 한다는 당위성 인식(β=.26, p<.01), 정체성 보존(β=.17, p<.05)에도 낮은 수준으로 영향을 미치고 있었다. 반면 대중매체 이용량은 통일에 대한 인지적 태도인 국력 강화, 평화 증진, 통일에 대한 부정 정서와는 통계적으로 유의한 결과가 도출되지 않고 있다.

이러한 결과는 TV나 방송을 통해 통일 및 북한 관련 기사나 프로그램을 많이 보는 대학생일수록 통일 문제에 관심이 크고, 필요하다면 통일 과업에 참여할 의향이 높으며 통일비용을 부담할 의지 또한 강하다는 것을 말해준다. 또한 통일을 떠올리면 기쁘고 반가운 긍정적 정서를 많이 느끼고 통일이 반드시 이루어져야 한다는 당위성 인식이 높으며 통일이 되면 우리나라 정체성 보존에 도움이 된다고 생각하는 경향을 보이고 있다.

변인	통일 관심도	통일 당위성	국력 강화	정체성 보존	평화 증진	통일 긍정 정서	통일 부정 정서	통일비용 부담 의지	통일 과업 참여 의지
	β	β	β	β	β	β	β	β	β
이용량	.29**	.18**	.11	.17*	.07	.18**	.07	.24**	.28**
ΔR^2	.77	.03	.01	.03	.01	.05	.01	.05	.08
F	20.185	7.717	2.584	6.273	1.942	6.740	1.990	3.498	19.745
유의도	.01	.01	.11	.05	.31	.01	.30	.01	.01

*$p < .05$, **$p < .01$

〈표 8〉 대중매체 이용량이 통일 태도에 미치는 영향

대학생들의 통일 및 북한 관련 인터넷매체 이용량이 통일에 대한 태도에 어떠한 영향을 미치는가를 살펴본 결과 통일 관심도(β=.26, p<.01), 통

일 과업 참여 의지(β=.18, p<.01)에 영향을 미치는 것으로 나타났다. 반면 인터넷매체 이용량이 통일에 대한 당위성 인식, 통일에 대한 인지적 태도(국력 강화, 정체성 보존, 평화 증진 요인), 통일에 대한 긍정적 및 부정적 정서, 통일비용 부담 의지에는 통계적으로 유의한 영향을 미치지 않았다. 따라서 통일 및 북한 관련 기사나 프로그램을 인터넷매체를 통해 많이 이용하는 대학생일수록 통일 문제에 대한 관심이 높고 필요하다면 통일 과업에 참여할 의지가 크다는 것을 알 수 있다.

변인	통일 관심도	통일 당위성	국력 강화	정체성 보존	평화 증진	통일 긍정 정서	통일 부정 정서	통일비용 부담 의지	통일 과업 참여 의지
	β	β	β	β	β	β	β	β	β
이용량	.26**	.09	.08	.06	.02	.07	.07	.11	.18**
ΔR²	.06	.01	.01	.00	.00	.01	.01	.01	.03
F	16.271	1.728	1.344	.839	.100	1.077	1.146	2.941	7.438
유의도	.01	.19	.25	.36	.75	.30	.29	.09	.01

*p < .05, **p < .01

〈표 9〉 인터넷매체 이용량이 통일 태도에 미치는 영향

다음으로 통일 및 북한 관련 콘텐츠를 접했을 때 얼마나 주의 깊게 시청하는지 주목도가 통일에 대한 태도에 미치는 영향력을 회귀분석을 통해 살펴보았다. 그 결과 통일 관심도(β=.38, p<.01), 통일과업 참여의지(β=.33, p<.01), 통일비용 부담의지(β=.30, p<.01) 순으로 비교적 높은 영향을 미치는 것으로 나타났다. 또한 통일에 대한 인지적 태도인 정체성 보존(β=.21, p<.01), 평화증진(β=.18, p<.01), 국력강화(β=.16, p<.05)와 통일에 대한 긍정적 정서(β=.20, p<.01), 통일이 되어야 한다는 당연성 인

식(β=.15, p<.05)에도 영향을 미치고 있었다. 반면 주목도가 통일에 대한 부정적 정서에는 유의미한 영향을 미치지 않는 것으로 나타났다.

이러한 결과를 통해 TV나 신문에서 나오는 통일 및 북한 관련 내용을 주의 깊게 보거나 듣는 대학생일수록 통일에 대한 관심이 높고 통일비용 부담 의지나 통일 과업에 대한 참여 의지가 상대적으로 크며 한반도 통일이 정체성 보존, 평화 증진, 국력 강화에 도움이 된다고 생각하는 경향이 있다는 것을 알 수 있다. 또한 한반도 통일은 반드시 이루어져야 한다는 인식이 강하며 통일을 떠올리면 기쁘고 반갑고 행복한 긍정적 정서를 많이 느낀다고 볼 수 있다.

변인	통일 관심도	통일 당위성	국력 강화	정체성 보존	평화 증진	통일 긍정 정서	통일 부정 정서	통일비용 부담 의지	통일 과업 참여 의지
	β	β	β	β	β	β	β	β	β
주목도	.38**	.15*	.16*	.21**	.18**	.20**	-.05	.30**	.33*
ΔR²	.14	.02	.02	.04	.03	.03	.00	.09	.10
F	37.743	4.713	5.872	10.382	6.727	8.602	.515	22.527	26.774
유의도	.01	.05	.05	.01	.01	.01	.47	.01	.01

*p < .05, **p < .01

〈표 10〉 대중매체 주목도가 통일 태도에 미치는 영향

인터넷매체의 통일 및 북한 관련 콘텐츠에 대한 주목도가 통일에 대한 태도에 미치는 영향력을 분석한 결과 대중매체 주목도와 마찬가지로 거의 모든 통일 태도 변인에 영향을 미치는 것으로 나타났다. 구체적으로 통일 관심도(β=.45, p<.01), 통일 과업 참여 의지(β=.30, p<.01), 통일비용 부담 의지(β=.25, p<.01), 통일에 대한 긍정적 정서(β=.24, p<.01) 순으로

비교적 높은 영향력을 미치고 있었다. 또한 통일의 인지적 태도인 정체성 보존(β=.22, p<.01), 국력 강화(β=.21, p<.01), 평화 증진(β=.18, p<.01), 통일이 되어야 한다는 당위성 인식(β=.20, p<.01)에도 영향을 미치는 것으로 나타났다. 반면 주목도는 통일에 대한 부정적 정서에는 통계적으로 유의한 영향을 미치지 않는 것으로 나타났다.

이러한 결과는 인터넷, 포털 뉴스, 유튜브, SNS 등 인터넷매체를 통해 통일 및 북한 관련 내용을 접할 때 주목해서 보는 정도가 높은 대학생일수록 통일에 관심이 크고 통일비용 부담 의지나 통일 과업에 대한 참여 의지가 높으며 통일을 떠올리면 기쁘고 반갑고 설레는 긍정적 정서를 많이 느낀다는 것을 말해준다. 또한 한반도 통일이 정체성 보존, 국력 강화, 평화 증진에 도움이 되며 통일은 반드시 이루어져야 한다는 인식이 강하다는 것을 알 수 있다.

변인	통일 관심도 β	통일 당위성 β	국력 강화 β	정체성 보존 β	평화 증진 β	통일 긍정 정서 β	통일 부정 정서 β	통일비용 부담 의지 β	통일 과업 참여 의지 β
주목도	.45**	.20**	.21**	.22**	.18**	.24**	-.02	.25**	.30**
ΔR²	.20	.04	.04	.05	.03	.06	.00	.06	.09
F	56.037	9.053	10.669	11.781	7.517	12.937	.095	14.296	23.198
유의도	.01	.01	.01	.01	.01	.01	.76	.01	.01

*$p < .05$, **$p < .01$

〈표 11〉 인터넷매체 주목도가 통일 태도에 미치는 영향

다음으로 대중매체의 통일 및 북한 관련 내용의 신뢰성이 통일에 대한 태도에 어떠한 영향을 미치는가를 분석한 결과 모든 통일 태도 변인에 영향을

미치는 것으로 나타났다. 구체적으로 통일에 대한 인지적 태도 중 정체성 보존(β=.40, p<.01), 통일 과업에 대한 참여 의지(β=.39, p<.01), 평화증진(β=.32, p<.01), 통일비용 부담 의지(β=.30, p<.01), 국력 강화(β=.27, p<.01) 순으로 비교적 높은 영향을 미치는 것으로 나타났다. 또한 통일에 대한 부정 정서(β=-.26, p<.01)에는 부적 영향을 미치고 있었으며 이어 통일에 대한 긍정 정서(β=.23, p<.01), 통일에 대한 관심도(β=.22, p<.01), 통일이 되어야 한다는 당연성 인식(β=.20, p<.05)에도 영향력을 미치는 것으로 밝혀졌다.

따라서 TV나 신문에 나온 통일 및 북한 관련 내용을 신뢰하는 대학생일수록 남북한 통일이 정체성 보존, 평화 증진, 국력 강화에 도움이 되고 통일비용 부담 의지나 통일 과업에 대한 참여 의지가 높다는 것을 알 수 있다. 또한 통일을 떠올리면 거부감이 들고 불안하고 무서운 부정적 정서는 비교적 적게 느끼고, 기쁘고 반갑고 설레는 긍정적 정서는 많이 느끼고 있는 것으로 파악된다. 더욱이 대중매체 메시지에 대한 신뢰도가 높은 대학생들은 그렇지 않은 대학생에 비해 통일에 대한 관심도 많고 반드시 통일은 이루어져야 한다는 인식이 강하다고 볼 수 있다.

변인	통일 관심도	통일 당위성	국력 강화	정체성 보존	평화 증진	통일 긍정 정서	통일 부정 정서	통일비용 부담 의지	통일 과업 참여 의지
	β	β	β	β	β	β	β	β	β
신뢰도	.22**	.20**	.27**	.40**	.32**	.23**	-.26**	.30**	.39**
ΔR²	.04	.03	.07	.16	.10	.05	.06	.09	.15
F	10.870	8.540	17.885	41.881	24.939	12.771	15.728	22.362	39.936
유의도	.01	.01	.01	.01	.01	.01	.01	.01	.01

*p < .05, **p < .01

〈표 12〉 대중매체 신뢰도가 통일 태도에 미치는 영향

인터넷매체의 통일 및 북한 관련 내용의 신뢰성이 통일에 대한 태도에 어떠한 영향을 미치는가를 분석한 결과 거의 모든 통일 태도 변인에 영향을 미치는 것으로 나타났다. 그러나 대중매체 내용의 신뢰성이 통일에 대한 태도에 미치는 영향력보다 그 정도가 다소 낮은 것으로 밝혀졌다. 구체적으로 인터넷매체 내용의 신뢰도는 통일에 대한 관심도(β=.23, $p<.01$), 통일에 대한 긍정 정서(β=.22, $p<.01$), 통일 과업 참여 의지(β=.19, $p<.01$) 순으로 영향을 미치는 것으로 나타났다. 또한 통일에 대한 인지적 정서인 정체성 보존(β=.18, $p<.01$), 국력 강화(β=.17, $p<.05$), 평화 증진(β=.15, $p<.05$)과 통일비용 부담 의지(β=.17, $p<.05$), 통일에 대한 당위성 인식(β=.17, $p<.05$)에도 낮은 수준으로 영향을 미치고 있었다. 반면 통일에 대한 부정 정서에는 통계적으로 유의한 영향력이 없는 것으로 드러났다.

이러한 결과는 인터넷, 포털 뉴스, 유튜브, SNS에 나온 통일 및 북한 관련 내용을 신뢰하는 대학생일수록 통일 문제에 대한 관심이 높고 통일을 떠올리면 기쁘고 반가운 긍정적 정서를 많이 느끼며 필요하면 통일 과정에 참여할 의지가 크다는 것을 말해준다. 또한 인터넷매체의 내용에 대한 신뢰도가 높은 대학생들은 남북한 통일이 정체성 보존, 국력 강화, 평화 증진에 도움을 줄 수 있고 통일비용을 부담할 의지가 있으며 반드시 통일이 되어야 한다는 당위성 인식이 높다고 볼 수 있다.

변인	통일 관심도 β	통일 당위성 β	국력 강화 β	정체성 보존 β	평화 증진 β	통일 긍정 정서 β	통일 부정 정서 β	통일비용 부담 의지 β	통일 과업 참여 의지 β
신뢰도	.23**	.17*	.17*	.18**	.15*	.22**	-.08	.17*	.19**
ΔR²	.05	.02	.02	.03	.02	.04	.00	.02	.03
F	15.855	5.861	6.394	6.989	4.378	10.927	1.419	6.247	7.182
유의도	.01	.05	.05	.01	.05	.01	.23	.05	.01

*$p < .05$, **$p < .01$

〈표 13〉 인터넷매체 신뢰도가 통일 태도에 미치는 영향

다음으로 통일 및 북한 관련 콘텐츠가 북한, 북한 주민, 통일을 이해하는 데 도움을 준다고 생각하는 대중매체 유익성이 통일태도에 어떠한 영향을 미치는가를 분석한 결과 모든 통일 태도 변인에 영향을 미치는 것으로 나타났다. 구체적으로 인지적 태도 중 정체성 보존(β=.44, p<.01), 통일 과업 참여 의지(β=.38, p<.01), 평화 증진(β=.33, p<.01), 통일에 대한 긍정 정서(β=.30, p<.01) 순으로 비교적 높은 영향을 미치는 것으로 나타났다. 또한 통일에 대한 부정 정서(β=-.28, p<.01)에는 부적 영향을 미치고 있었으며 이어 통일비용 부담 의지(β=.28, p<.01), 국력 강화(β=.26, p<.01), 통일 관심도(β=.26, p<.01), 통일이 이뤄져야 한다는 당연성 인식(β=.24, p<.05)에도 영향력을 미치는 것으로 밝혀졌다.

이러한 결과를 통해 TV나 신문에 나온 통일 및 북한 관련 내용이 북한, 북한 주민, 통일을 이해하는 데 유익하다고 생각하는 대학생일수록 남북한 통일이 정체성 보존, 평화 증진, 국력 강화에 도움이 되고 통일 과업에 대한 참여 의지가 높으며 통일을 생각하면 반갑고 행복한 긍정적 느낌이 떠오른다는 것을 알 수 있다. 더욱이 대중매체 메시지가 도움이 된다고 생

각하는 대학생들은 그렇지 않은 대학생에 비해 통일을 떠올리면 걱정되고 불안한 부정적 정서를 적게 경험할 뿐만 아니라 통일에 대한 관심도 높고 반드시 통일은 이루어져야 한다는 생각이 강하다고 볼 수 있다.

변인	통일 관심도	통일 당위성	국력 강화	정체성 보존	평화 증진	통일 긍정 정서	통일 부정 정서	통일비용 부담 의지	통일 과업 참여 의지
	β	β	β	β	β	β	β	β	β
유익성	.26**	.24**	.26**	.44**	.33**	.30**	-.28**	.28**	.38**
ΔR²	.06	.05	.06	.19	.11	.08	.07	.07	.14
F	15.648	13.778	15.937	54.177	27.241	21.108	18.267	18.813	37.802
유의도	.01	.01	.01	.01	.01	.01	.01	.01	.01

*p < .05, **p < .01

〈표 14〉 대중매체 유익성이 통일 태도에 미치는 영향

    통일 및 북한 관련 내용이 북한, 북한 주민, 통일을 이해하는 데 도움을 준다고 생각하는 인터넷매체 유익성이 통일에 대한 태도에 어떠한 영향을 미치는가를 분석한 결과 거의 모든 통일 태도 변인에 영향을 미치는 것으로 나타났다. 그러나 대중매체 유익성이 통일에 대한 태도에 미치는 영향력보다 그 정도가 다소 낮은 것으로 밝혀졌다. 구체적으로 인터넷매체 내용의 유익성은 통일에 대한 인지적 정서인 정체성 보존(β=.27, p<.01), 통일 관심도(β=.26, p<.05), 평화 증진(β=.25, p<.01) 순으로 다소 높은 영향을 미치는 것으로 나타났다. 이어 국력 강화(β=.21, p<.01), 통일 과업 참여 의지(β=.20, p<.01), 통일에 대한 당위성 인식(β=.20, p<.01), 통일에 대한 긍정 정서(β=.20, p<.01)에도 영향을 미치고 있었다. 반면 인터넷매체의 유익성은 통일에 대한 부정 정서, 통일비용 부담 의지에는 통계

적으로 유의한 영향력을 미치지 않는 것으로 나타났다.

따라서 인터넷, 포털 뉴스, 유튜브, SNS에 나온 통일 및 북한 관련 내용이 북한, 북한 주민, 통일을 이해하는 데 도움을 준다고 생각하는 대학생일수록 통일이 정체성 보존, 평화 증진, 국력 강화에 도움이 된다고 생각하고 통일 문제에도 관심이 높다는 것을 알 수 있다. 또한 통일 과업에 참여할 의지가 높고 통일을 떠올리면 반갑고 즐거운 긍정적 정서를 많이 느끼며 통일은 이루어지는 것이 좋겠다는 당위성 인식이 높다고 볼 수 있다.

변인	통일 관심도	통일 당위성	국력 강화	정체성 보존	평화 증진	통일 긍정 정서	통일 부정 정서	통일비용 부담 의지	통일 과업 참여 의지
	β	β	β	β	β	β	β	β	β
유익성	.26**	.20**	.21**	.27**	.25**	.20**	-.10	.10	.20**
ΔR²	.06	.03	.04	.07	.06	.03	.03	.00	.04
F	16.229	8.967	9.736	17.751	15.421	8.607	7.717	2.245	9.369
유의도	.01	.01	.01	.01	.01	.01	.01	.14	.01

*$p < .05$, **$p < .01$

〈표 15〉 인터넷매체 유익성이 통일 태도에 미치는 영향

4. 통일 및 북한 관련 미디어 이용 행태가 북한과 북한 주민에 대한 태도에 미치는 영향

연구 문제 4는 대학생들의 통일 및 북한 관련 미디어 이용행태가 북한 및 북한 주민에 대한 태도에 어떠한 영향을 미치는가로 설정하였다. 이 연구 문제를 해결하기 위해 대중매체와 인터넷매체의 이용량, 주목도, 신뢰

도, 유익성이 북한(북한에 대한 고정관념, 신뢰도, 적대감), 북한 주민에 대한 태도(관심도, 북한 주민에 대한 고정관념, 문화적 동질감, 사회적 거리감)에 미치는 영향력을 살펴보았다.

먼저 대중매체 이용량이 북한 및 북한 주민에 대한 태도에 어떠한 영향을 미치는가를 살펴본 결과 북한/북한 주민에 대한 관심도(β=.20, p<.01), 북한 주민과의 동질감(β=.18, p<.01), 북한 주민과의 사회적 거리감(β=-.16, p<.05)에 낮은 수준의 영향을 미치는 것으로 나타났다. 반면 북한에 대한 고정관념, 신뢰도, 적대감, 북한 주민에 대한 고정관념에는 통계적으로 유의한 결과가 도출되지 않았다.

따라서 TV나 신문을 통해 통일 및 북한 관련 내용을 많이 접하는 대학생일수록 북한이나 북한 주민에 대한 관심이 높고 사고방식, 언어생활, 생활 방식 등에서 동질감이 높다고 생각하며 사회적 거리감을 더 적게 느껴 친구, 모임멤버, 직장동료로 받아들일 수 있다는 의견을 보이고 있다.

변인	관심도	북한 고정관념	북한 신뢰도	북한 적대감	북한 주민 고정관념	문화 동질감	사회적 거리감
	β	β	β	β	β	β	β
이용량	.20**	.07	.05	.04	-.04	.18**	-.16*
ΔR^2	.04	.00	.00	.00	.00	.02	.02
F	9.151	.240	.566	.385	.279	6.771	5.347
유의도	.01	.63	.45	.54	.60	.01	.05

*$p < .05$, **$p < .01$

〈표 16〉 대중매체 이용량이 북한/북한 주민 태도에 미치는 영향

인터넷매체 이용량이 북한 및 북한 주민에 대한 태도에 어떠한 영향을

미치는가를 살펴본 결과 북한/북한 주민에 대한 관심도(β=.23, p<.01), 북한에 대한 적대감(β=.18, p<.01), 북한에 대한 고정관념(β=.16, p<.05)에 낮은 수준의 영향을 미치는 것으로 나타났다. 반면 북한에 대한 신뢰도, 북한주민에 대한 고정관념, 문화적 동질감, 사회적 거리감과는 유의한 결과가 도출되지 않았다.

따라서 인터넷, 포털 뉴스, 유튜브, SNS 등을 통해 통일 및 북한 관련 메시지를 많이 접하는 대학생일수록 북한이나 북한 주민에 대한 관심이 높다는 것을 알 수 있다. 또한 인터넷매체를 통해 북한관련 메시지를 많이 접하는 대학생들은 북한을 싫어하는 등의 적대감이 높고 북한이 권위주의적, 획일적이라고 생각하는 부정적인 고정관념이 높다는 것을 말해준다. 이러한 결과는 인터넷매체의 북한관련 메시지가 북한을 긍정적으로 인식하는데 부정적인 영향을 미치고 있다고 추측할 수 있다.

변인	관심도	북한 고정관념	북한 신뢰도	북한 적대감	북한 주민 고정관념	문화적 동질감	사회적 거리감
	β	β	β	β	β	β	β
이용량	.23**	.16*	-.06	.18**	-.01	-.02	-.06
ΔR^2	.04	.02	.00	.03	.00	.00	.00
F	9.151	5.581	.705	8.010	.011	.091	.949
유의도	.01	.05	.40	.01	.92	.76	.33

*p < .05. **p < .01

〈표 17〉 인터넷매체 이용량이 북한/북한 주민 태도에 미치는 영향

다음으로 대중매체에서 통일 및 북한 관련 뉴스나 프로그램을 볼 때 얼마나 주의 깊게 보느냐는 주목도 정도가 북한과 북한 주민에 대한 태도에

어떠한 영향을 미치는가를 분석하였다. 그 결과 대중매체 주목도는 북한/북한 주민에 대한 관심도(β=.44, p<.01)에만 영향을 미치는 것으로 나타났다. 반면 북한에 대한 고정관념, 북한에 대한 신뢰도, 북한에 대한 적대감, 북한 주민에 대한 고정관념, 북한 주민과의 문화 동질감, 북한 주민과의 사회적 거리감 변인과는 유의미한 영향력을 미치지 않는 것으로 밝혀졌다. 따라서 TV나 신문을 통해 북한 관련 메시지를 접할 때 주의 깊게 보는 대학생일수록 북한이나 북한 주민에 대한 관심이 높다는 것을 알 수 있다.

변인	관심도 β	북한 고정관념 β	북한 신뢰도 β	북한 적대감 β	북한 주민 고정관념 β	문화 동질감 β	사회적 거리감 β
주목도	.44**	.12	-.08	-.01	.01	.08	-.10
ΔR²	.18	.01	.00	.00	.00	.00	.01
F	52.425	3.123	1.347	.009	.019	1.379	2.251
유의도	.01	.08	.25	.98	.89	.24	.14

*p < .05, **p < .01

〈표 18〉 대중매체 주목도가 북한/북한 주민 태도에 미치는 영향

인터넷매체의 북한 관련 메시지 주목도 정도가 북한과 북한 주민에 대한 태도에 미치는 영향력을 분석한 결과 북한/북한 주민에 대한 관심도(β=.44, p<.01)에 가장 큰 설명력을 지니고 있었다. 이어 북한에 대한 고정관념(β=.15, p<.05)에도 다소 낮은 영향을 미치는 것으로 나타났다. 반면 북한에 대한 신뢰도, 북한에 대한 적대감, 북한 주민에 대한 고정관념, 북한 주민과의 문화동질감, 북한 주민과의 사회적 거리감 변인에는 통계적으로 유의한 영향력을 미치지 않는 것으로 확인되었다.

이를 통해 인터넷, 포털 뉴스, 유튜브, SNS를 통해 북한 관련 메시지를 접할 때 주의 깊게 보는 대학생일수록 북한이나 북한 주민에 대한 관심이 높지만 북한에 대한 부정적인 고정관념을 가지고 있다는 것을 알 수 있다. 결국 앞의 분석에서도 밝혀졌듯이 대중매체와는 달리 인터넷매체를 통해 북한 관련 메시지를 많이 접하는 대학생일수록, 그 메시지를 주목해서 주의 깊게 보는 대학생일수록 북한에 대한 고정관념이 높아지고 있어 이에 대한 심층적인 분석이 필요해 보인다.

변인	관심도	북한 고정관념	북한 신뢰도	북한 적대감	북한 주민 고정관념	문화적 동질감	사회적 거리감
	β	β	β	β	β	β	β
주목도	.47**	.15*	-.08	.02	.02	.04	-.09
ΔR^2	.22	.02	.00	.00	.00	.00	.00
F	64.901	6.137	1.434	.103	.046	.305	1.986
유의도	.01	.05	.23	.75	.83	.58	.15

*$p < .05$, **$p < .01$

〈표 19〉 인터넷매체 주목도가 북한/북한 주민 태도에 미치는 영향

다음으로 대중매체의 통일 및 북한 관련 콘텐츠에 대한 신뢰도가 북한 및 북한 주민에 대한 태도에 미치는 영향력을 살펴본 결과 북한 주민에 대한 사회적 거리감(β=-.35, $p<.01$)에 가장 큰 영향력을 행사하는 것으로 밝혀졌다. 그 다음으로 북한/북한 주민에 대한 관심도(β=.27, $p<.01$), 북한 주민에 대한 문화적 동질감(β=.21, $p<.01$), 북한 주민에 대한 고정관념(β=-.17, $p<.05$), 북한에 대한 적대감(β=-.16, $p<.05$) 순으로 영향을 미치고 있었다. 반면 북한에 대한 고정관념, 북한에 대한 신뢰도에는 통계적으

로 유의한 영향을 미치지 않는 것으로 확인되었다.

이러한 결과를 통해 대중매체의 통일 및 북한 관련 내용을 신뢰하는 대학생은 북한 주민에 대한 사회적 거리감을 덜 느끼고 이웃, 직장동료, 배우자, 친구 등으로 받아들이는 긍정적인 태도를 보이고 있을 뿐만 아니라 북한과 북한 주민에 대해 관심 정도도 높다는 것을 알 수 있다. 반면 TV나 신문에서 본 북한 관련 메시지를 신뢰하는 대학생일수록 북한 주민은 소극적, 폐쇄적, 공격적, 질서의식과 협동 단결력이 약하다는 부정적인 고정관념을 적게 가지고 있으며 북한을 싫어하는 적대감도 약하다고 볼 수 있다. 따라서 앞에서도 밝혀졌듯이 TV나 신문 등 대중매체를 통해 북한 관련 메시지를 많이 접하는 대학생일수록, 그 내용을 신뢰하는 대학생일수록 북한과 북한 주민에 대한 부정적 고정관념이나 적대감, 문화적 및 사회적 이질감이나 거리감을 더 적게 느낀다는 것을 유추할 수 있다.

변인	관심도 β	북한 고정관념 β	북한 신뢰도 β	북한 적대감 β	북한 주민 고정관념 β	문화 동질감 β	사회적 거리감 β
신뢰도	.27**	.02	.01	-.16*	-.17*	.21**	-.35**
ΔR²	.07	.00	.00	.02	.01	.04	.12
F	17.413	.036	.36	5.687	2.421	9.734	30.403
유의도	.01	.85	.85	.05	.12	.01	.01

*$p < .05$, **$p < .01$

〈표 20〉 대중매체 신뢰도가 북한/북한 주민 태도에 미치는 영향

인터넷매체에서 접한 통일 및 북한 관련 콘텐츠에 대한 신뢰도가 북한 및 북한 주민에 대한 태도에 어떠한 영향을 미치는가를 분석한 결과 북한/

북한 주민에 대한 관심도(β=.20, p<.01)에 가장 큰 영향력이 있는 것으로 나타났다. 이어 북한 주민에 대한 동질감(β=.16, p<.05), 북한 주민에 대한 사회적 거리감(β=-.15, p<.05)에도 낮은 수준의 영향을 미치는 것으로 밝혀졌다. 반면 북한 및 북한 주민에 대한 고정관념, 북한에 대한 신뢰도와 적대감에는 유의한 영향을 미치지 않는 것으로 확인되었다.

따라서 인터넷, 포털 뉴스, 동영상, SNS 등에서 접한 북한 관련 내용을 신뢰하는 대학생들은 북한과 북한 주민에 대해 관심 정도가 높고 가치관, 언어생활, 생활방식 등에서 문화적 동질감을 더 많이 느끼는 것으로 보여진다. 또한 사회적 거리감 역시 더 적게 느끼고 있어 자신의 이웃이나 가족, 친구로 수용할 의향이 더 강하다는 것을 알 수 있다.

변인	관심도	북한 고정관념	북한 신뢰도	북한 적대감	북한 주민 고정관념	문화적 동질감	사회적 거리감
	β	β	β	β	β	β	β
신뢰도	.20**	.04	-.01	-.05	-.10	.16*	-.15*
ΔR²	.03	.00	.00	.00	.01	.02	.02
F	8.088	.431	.003	.621	2.421	5.048	4.554
유의도	.01	.51	.99	.43	.12	.05	.05

*p < .05, **p < .01

〈표 21〉 인터넷매체 신뢰도가 북한/북한 주민 태도에 미치는 영향

다음으로 대중매체의 통일 및 북한 관련 내용이 북한을 이해하는 데 도움이 된다고 생각하는 유익성 인식이 북한 및 북한 주민에 대한 태도에 미치는 영향력을 살펴보았다. 그 결과 앞선 대중매체의 신뢰도 결과와 비슷하게 북한 주민에 대한 사회적 거리감(β=-.34, p<.01), 북한/북한 주민에

대한 관심도(β=.32, p<.01)에 가장 큰 영향력을 행사하는 것으로 밝혀졌다. 그다음으로 북한 주민에 대한 고정관념(β=-.23, p<.01), 북한 주민에 대한 문화적 동질감(β=.20, p<.01), 북한에 대한 적대감(β=-.19, p<.01) 순으로 영향을 미치는 것으로 나타났다. 반면 북한에 대한 고정관념, 북한에 대한 신뢰도에는 통계적으로 유의한 영향을 미치지 않는 것으로 확인되었다.

이러한 결과를 통해 TV와 신문이 북한을 이해하는 데 도움이 된다고 생각하는 대학생일수록 북한 주민에 대한 사회적 거리감을 적게 느끼고 수용하는 태도가 더 높을 뿐만 아니라 북한이나 북한 주민에 대한 관심이 더 크다는 것을 알 수 있다. 또한 북한 주민은 권위주의적이고 폐쇄적이고 융통성이 없다는 등의 부정적인 고정관념을 더 적게 가지고 있으면서 생활방식, 언어, 가치관 등의 문화적 측면에서 동질감을 더 많이 느끼고 있다고 볼 수 있다. 더욱이 북한에 화가 난다거나 지금까지 한국에 한 일에 대해 대가를 치러야 한다는 등의 적대감을 더 적게 느끼는 성향을 보이고 있다.

변인	관심도	북한 고정관념	북한 신뢰도	북한 적대감	북한 주민 고정관념	문화 동질감	사회적 거리감
	β	β	β	β	β	β	β
유익성	.32**	-.07	.11	-.19**	-.23**	.20**	-.34**
ΔR²	.10	.00	.01	.03	.05	.03	.11
F	26.118	1.249	2.555	9.047	12.080	8.609	28.082
유의도	.01	.26	.11	.01	.01	.01	.01

*p < .05, **p < .01

〈표 22〉 대중매체 유익성이 북한/북한 주민 태도에 미치는 영향

인터넷매체의 통일 및 북한 관련 내용이 북한을 이해하는데 도움이 된다고 생각하는 유익성이 북한 및 북한 주민에 대한 태도에 미치는 영향력을 살펴본 결과 북한/북한 주민에 대한 관심도(β=.28, p<.01), 북한 주민에 대한 사회적 거리감(β=-.18, p<.01)에서만 통계적으로 유의한 설명력을 보이고 있다. 반면 북한에 대한 고정관념, 북한에 대한 신뢰도와 적대감, 북한 주민에 대한 고정관념과 문화적 동질감에는 통계적으로 유의한 영향을 미치지 않는 것으로 나타났다. 이는 인터넷매체의 신뢰성이 북한과 북한 주민에 대한 태도에 미치는 영향력과 유사한 결과가 도출되었다.

따라서 인터넷, 포털 뉴스, 동영상, SNS 등 인터넷매체에서 접한 콘텐츠가 북한을 이해하는 데 유익하다고 생각하는 대학생들은 그 콘텐츠를 신뢰하는 대학생과 마찬가지로 북한 및 북한 주민에 대한 관심이 더 높다는 것을 알 수 있다. 또한 북한 주민에 대해 거리감을 덜 느끼면서 친구, 이웃, 직장동료 등으로 수용하는 태도를 더 많이 견지하고 있다.

변인	관심도	북한 고정관념	북한 신뢰도	북한 적대감	북한주민 고정관념	문화적 동질감	사회적 거리감
	β	β	β	β	β	β	β
유익성	.28**	.03	.07	-.07	-.13	.12	-.18**
ΔR² F 유의도	.08 19.137 .01	.00 .245 .62	.00 1.146 .29	.00 1.048 .30	.01 3.413 .07	.01 2.925 .09	.03 7.106 .01

*p < .05, **p < .01

〈표 23〉 인터넷매체 유익성이 북한/북한 주민 태도에 미치는 영향

V. 결론

본 연구는 대학생들의 통일 및 북한 관련 미디어 이용 행태는 어떠하고 통일 문제, 북한 및 북한 주민에 대해 느끼는 태도는 어떻게 나타나고 있는지를 살펴보고자 하였다. 더 나아가 이러한 미디어 이용 행태가 통일에 대한 태도, 북한 및 북한 주민에 대한 태도에 어떠한 영향을 미치는지를 실증적으로 밝혀내는 데 목적을 두었다. 주요 결과를 요약하면 다음과 같다.

첫째, 대학생들의 통일 및 북한 관련 미디어 이용량을 조사한 결과 응답자의 70% 이상은 한 달에 통일 및 북한 관련 기사나 프로그램을 전혀 보지 않거나 3회 이하로 이용하는 것으로 나타났다. 특히 TV나 신문 등 대중매체보다는 인터넷, 포털 뉴스, 유튜브, SNS 등 인터넷매체를 이용해 통일 및 북한 관련 내용을 더 많이 접하고 있는 것으로 확인되었다. 즉 대중매체를 통해 일주일에 1회 이상 통일 및 북한 관련 콘텐츠를 접한다고 응답한 대학생들은 10%밖에 되지 않는 데 비해 인터넷매체는 25~30%의 비율을 나타냈다. 따라서 미디어는 통일에 대한 사람들의 태도와 가치관에 영향을 미침으로써 우리 사회의 통일이념과 담론을 형성하는 역할을 하기 때문에 대학생들이 통일 관련 내용을 많이 접할 수 있도록 콘텐츠를 다양화하고 방영 시간을 늘릴 필요가 있다.

둘째, 대학생들의 통일 및 북한 관련 미디어 내용에 대한 주목도를 살펴본 결과 모든 매체에서 3점 이하의 점수를 보여 전체적으로 낮은 수준을 보이고 있었다. 그중 유튜브 동영상이 평균 2.94로 가장 높았고, 신문이 평균 2.27로 가장 낮은 주목 정도를 나타냈다. 다음으로 대학생들은 통일 및 북한 관련 미디어 내용에 대해 인터넷매체보다는 대중매체를 더 신뢰하는 것으로 밝혀졌다. 특히 대학생들은 TV 내용을 평균 3.32로 가장 신뢰하였고 SNS 내용을 평균 2.45로 가장 낮은 신뢰도를 보였다. 또한 대학생들은 TV와 포털 뉴스를 통한 통일 및 북한 관련 내용이 북한과 통일 문제를 이해하는 데 가장 도움이 된다고 평가하는 반면 SNS가 가장 도움이 되지 않는다고 인식하고 있다.

이런 결과는 청소년을 대상으로 한 연구에서 응답자의 67.4%가 TV의 북한 관련 보도를 신뢰한다고 답했고 65.1%는 북한 사회를 이해하는 도움이 된다고 인식한 양미화의 연구결과[37]와 유사하다고 볼 수 있다. 따라서 대학생들은 TV의 내용을 가장 신뢰하고 유익하다고 평가하고 있기 때문에 방송에서 통일 및 북한 관련 뉴스나 프로그램을 많이 제공해야 할 것으로 보인다. 여전히 방송은 공적 책임을 가지고 대학생을 비롯한 우리 국민이 북한 및 통일 문제를 긍정적으로 인식할 수 있도록 다양한 콘텐츠를 개발해야 할 책무를 다해야 할 것이다.

셋째, 북한에 대한 대학생들의 태도를 살펴본 결과 북한과 북한 주민에 대한 관심도는 평균 2.93으로 다소 낮게 나타났다. 북한에 대한 고정관념은 평균 3.79, 북한에 대한 신뢰도는 평균 1.77, 적대감은 평균 3.33으로 나타났다. 따라서 대학생들은 북한에 대한 부정적 고정관념이 높은 반면 신뢰도는 낮으며 적대감은 중간 수준이라고 볼 수 있다. 또한 북한 주민에

---

[37] 양미화, 『매스 미디어가 청소년 통일의식에 미치는 영향』 (서울: 이화여대, 2001) 국내석사학위논문.

대한 고정관념은 평균 3.03, 문화적 동질감은 평균 1.96, 사회적 거리감은 평균 2.75를 보였다. 따라서 대학생들은 북한 주민의 부정적 고정관념은 중간 수준이고 문화적 동질감과 사회적 거리감은 적게 느끼고 있었다.

이같은 결과는 청소년을 대상으로 한 연구에서 북한에 대한 관심도가 50.1%가 관심이 없다고 응답한 결과와 다소 유사하다. 또한 북한 청소년들의 가치관, 사고방식, 생활 방식, 언어생활 등의 문화적 동질감 조사에서 거의 80% 정도가 이질감을 느끼는 것으로 나타난 결과와 비슷하다고 볼 수 있다. 또 다른 연구에서 북한 정권에 대한 신뢰도는 2009년 40.9%에서 2014년 27.5%로 크게 떨어졌으며,[38] 2014년 KBS 조사 결과에서도 북한 정권에 '매우 반감을 느낀다'가 51.2%로 절반 이상을 차지한 조사 결과[39]와도 맥을 같이 하고 있다.

다양한 정보와 문화를 남북한 사회 구성원이 공유하고 민족적, 정서적 유대감을 형성하는 것은 통일의 여정에서 매우 중요한 변수가 된다는 점에서 정보와 문화의 매개체인 미디어는 중요한 역할을 수행할 수 있다.[40] 따라서 미디어는 북한 및 북한 주민에 대한 신뢰감, 문화적 동질감, 사회적 거리감을 회복하기 위해 공적인 역할을 수행할 필요가 있다.

넷째, 통일에 대한 태도를 살펴본 결과 통일에 대한 관심은 평균 2.97로 중간 수준이었고 당위성 인식은 평균 2.68로 대학생들은 통일은 당연히 되어야 한다는 생각이 다소 낮은 것으로 확인되었다. 통일비용 부담 의

---

38 박명규, 강원택, 김병로, 김병조, 송영훈, 장용석, 정은미, 『2014 통일의식 조사』 (서울: 서울대 통일평화연구원, 2014).

39 이주철, 『국민 통일의식 추세변화(2005-2014년)』 (서울: KBS 남북교류협력단, 2014).

40 정영주, 「통일 인식 제고와 미디어의 역할: 통일 관련 미디어 지수의 필요성」, 57-104.

지도 평균 2.41로 다소 낮았고 통일 과업 참여 의지는 평균 2.94로 보통 수준으로 나타났다. 다음으로 통일에 대한 인지적 태도는 정체성 보존과 평화 증진이 평균 3.79, 국력 강화 평균 3.44로 다소 높게 나타나 통일이 우리나라 정체성 보존이나 평화 증진, 국력 강화에 도움을 준다고 생각하고 있다. 통일에 대한 정서적 태도를 보면 긍정 정서는 평균 2.57, 부정 정서는 평균 2.32로 나타나 대학생들은 통일을 생각하면 긍정적인 정서, 부정적 정서 모두 낮은 것으로 드러났다.

이것은 청소년을 대상으로 한 연구에서 통일 과업에 필요하다면 참여 의향이 있다는 응답이 64.0%를 차지한 결과(양미화, 2001)와 일맥상통한다. 또한 통일이 되면 전쟁 위협에서 안전하고 평화를 실현하게 된다는 점(평균 3.80), 경제발전과 번영에 기반이 되므로 필요하다(평균 3.78)고 인식하는 것으로 나타난 연구 결과[41]와도 유사하다. 특히 초중고 학생들의 통일 필요성 인식이 2020년 62.4%, 2021년 61.2%, 2022년 57.6%, 2023년 49.8%로 감소하는 것으로 나타난 결과[42]와도 일치하고 있다. 통일의 필요성 인식은 향후 실제 통일을 이루는 동력을 얻는데 매우 귀중한 힘이 된다. 또한 통일이 가져다주는 이점에 대한 긍정적 인식은 통일의 참여의지를 높여주기 때문에 올바른 통일교육을 통해 이를 향상할 필요가 있다. 통일교육은 대체로 주입적, 형식적으로 이루어지기 때문에 흥미 있고 유익한 통일콘텐츠 개발이 이루어져야 할 것이다.

---

41 문정택, 『청소년이 지각하는 통일인식수준과 대응방안에 관한 연구』(서울: 명지대, 2025) 국내박사학위논문.

42 국립통일교육원, 『2022년 학교통일교육 실태조사 결과보고서』(서울: 통일부 국립통일교육원, 2024).

다섯째, 미디어 이용 행태가 통일 태도에 미치는 영향을 살펴본 결과 몇몇 변인에서 유의한 결과가 도출되었다. 먼저 대중매체 이용량이 높은 대학생들은 통일문제 관심이 많고 정체성을 보존하는 데 도움이 되고 통일을 떠올리면 긍정 정서가 강한 것으로 확인되었다. 인터넷매체 이용량이 높은 대학생일수록 통일 문제에 관심이 많고 필요하다면 통일 과정에 참여할 의지가 큰 것으로 나타났다.

이같은 결과는 〈남북의 창〉이나 〈통일전망대〉와 같은 북한 관련 프로그램을 많이 접한 사람일수록 통일에 대해 긍정적인 태도를 지니고 있으며, 통일비용을 더 많이 부담할 의지가 있고, 북한에 대한 지원과 남북 방송 교류를 찬성하는 경향이 높은 것으로 나타난 기존 연구[43]와 맥을 같이 하고 있다. 또한 텔레비전에서 북한 및 통일 관련 보도를 접한 횟수가 많은 청소년일수록 통일을 위해 참여하겠다는 응답이 높은 것으로 밝혀진 연구(양미화, 2001)와 유사하다고 볼 수 있다. 이러한 결과는 미디어의 통일에 대한 기여라는 관점에서 매우 의미 있는 함의를 지니고 있다. 미디어가 대학생을 비롯한 국민의 통일의식을 긍정적인 방향으로 고취하는 데 도움을 줄 수 있다는 중요한 결과이기 때문이다. 따라서 통일에 대한 올바른 이해와 긍정적 인식을 확산하고 북한과의 이질성을 극복하기 위해 대중매체는 다양한 형식의 콘텐츠를 개발할 필요가 있다. 특히 통일 관련 뉴스나 정보를 접할 창구가 제한된 현실을 감안하면 미디어는 통일에 대한 가장 폭넓은 뉴스 내지 정보를 얻을 수 있는 통로로 작용하기 때문에 그

---

43 이준웅, 「언론매체 이용 및 해석적 틀이 통일 및 대북정책에 대한 의견에 미치는 효과」, 28-56.

역할이 더욱 중요해 보인다.

여섯째, 대중매체, 인터넷매체 내용에 대한 주목도, 신뢰도, 유익성 평가가 통일에 대한 태도에 미치는 영향을 살펴본 결과 유의한 결과가 도출되었다. 먼저 대중매체나 인터넷매체를 통해 통일 및 북한 관련 내용을 접할 때 주목해서 보는 대학생일수록 통일에 관심이 크고 통일비용 부담 의지나 통일 과업에 대한 참여 의지가 높으며 통일을 떠올리면 기쁘고 반갑고 설레는 긍정적 정서를 많이 느낀다는 것을 말해준다. 또한 한반도 통일이 정체성 보존, 국력 강화, 평화 증진에 도움이 되며 통일은 반드시 이루어져야 한다는 인식이 강하다는 것을 알 수 있다.

다음으로 대중매체나 인터넷매체에 나온 통일 및 북한 관련 내용을 신뢰하는 대학생일수록 남북한 통일이 정체성 보존, 평화 증진, 국력 강화에 도움이 되고 통일비용 부담 의지나 통일 과업에 대한 참여 의지가 높은 것으로 분석되었다. 또한 통일을 떠올리면 기쁘고 반갑고 설레는 긍정적 정서는 많이 느끼고 통일에 대한 관심도 많으며 반드시 통일은 이루어져야 한다는 당위성 인식 역시 강한 것으로 나타났다. 특히 대중매체 내용에 대한 신뢰도가 높은 대학생일수록 통일을 떠올리면 거부감이 들고 불안하고 무서운 부정적 정서는 비교적 적게 느끼는 것으로 확인되었다.

또한 대중매체나 인터넷매체에 나온 통일 및 북한 관련 내용이 북한, 북한 주민, 통일을 이해하는 데 유익하다고 생각하는 대학생일수록 통일이 정체성 보존, 평화 증진, 국력 강화에 도움이 되고 통일을 생각하면 반갑고 행복한 긍정적 느낌이 떠오른다고 생각하는 경향을 보였다. 또한 통일에 관심이 많고 통일 과업에 참여할 의지가 크며 반드시 통일이 이루어져야 한다는 생각이 강하다고 볼 수 있다. 특히 대중매체의 콘텐츠가 도움이 된다고 생각하는 대학생들은 통일을 떠올리면 걱정되고 불안한 부정적 정서를 적게 경험할 뿐만 아니라 통일비용 부담 의지도 강한 것으로 나타났다.

이같은 결과는 북한 및 통일 관련 보도를 주의 깊게 보고 그 내용을 신뢰하며 도움이 된다고 생각하는 청소년일수록 통일에 대한 관심이 높고 통일 과정에 적극적으로 참여하겠다는 의지도 강한 것으로 나타난 기존의 연구 결과[44]와 유사하다. 따라서 통일 관련 미디어 이용량보다 콘텐츠에 대한 주목도, 신뢰도, 유익성 평가가 통일에 대한 긍정적 태도를 형성하는 데 도움을 준다는 것을 시사한다. 따라서 통일 관련 콘텐츠 비중을 늘리는 것도 중요하지만 쇼품영상, 웹툰, AI 활용 캐릭터 등을 활용한 흥미유발 통일콘텐츠, 정확한 정보를 통한 신뢰할 만한 통일콘텐츠, 통일의 긍정적 인식을 확산시키는 유익한 통일콘텐츠 개발이 이루어져야 할 것으로 사료된다.

일곱째, 북한 관련 대중매체 이용량이 높은 대학생들은 북한이나 북한 주민에 대한 관심이 높고 사고방식, 언어생활, 생활 방식 등에서 동질감이 높다고 생각하며 사회적 거리감을 더 적게 느껴 친구, 모임 멤버, 직장동료로 받아들일 수 있다는 의견을 보였다. 또한 인터넷매체를 통해 북한 관련 메시지를 많이 접하는 대학생일수록 북한이나 북한 주민에 대한 관심이 높고 북한에 대한 적대감이 높고 권위주의적, 획일적, 기회주의적이라는 생각하는 부정적인 고정관념도 높은 것으로 확인되었다.

---

[44] 양미화, 『매스 미디어가 청소년 통일의식에 미치는 영향』 (서울: 이화여대, 2001) 국내석사학위논문.

이것은 북한 관련 정보 추구가 북한주민에 대한 사회적 거리감이나 문화적 이질감과 부정적인 관계가 있는 것으로 나타난 기존의 연구 결과[45]와 유사하다고 볼 수 있다. 따라서 TV나 신문의 대중매체를 통한 북한 관련 정보추구를 높일 수 있는 방안이 강구되어야 할 것으로 보인다. 그러나 유튜브, SNS 등 인터넷매체로 북한 관련 정보를 추구하는 대학생들은 적대감, 부정적인 고정관념이 높기 때문에 어떤 매체를 이용하느냐가 북한 및 북한 주민에 대한 태도에 영향을 미친다고 볼 수 있다. 따라서 북한관련 콘텐츠를 개발할 때 북한 및 북한 주민의 모습, 상황에 대해서 정확한 사고에 입각한 판단을 함으로써 잘못된 편견이 작용하지 않도록 정확성, 신뢰성, 공익성의 측면을 고려해야 할 것이다. 또한 대학생들이 북한 및 통일 관련 콘텐츠를 접할 때 비판적으로 분석하고 수용할 수 있도록 미디어 리터러시 교육이 이루어져야 할 것이다.

여덟째, 북한 관련 콘텐츠에 대한 주목도, 신뢰도, 유익성이 북한 및 북한 주민에 대한 태도에 미치는 영향을 살펴본 결과 대중매체나 인터넷매체의 북한 관련 메시지를 주의 깊게 보는 대학생들은 북한이나 북한 주민에 대한 관심이 높은 것으로 나타났다. 특히 인터넷매체 콘텐츠에 대한 주목도가 높은 대학생들은 북한에 대한 부정적인 고정관념도 높은 것으로 밝혀졌다.

또한 대중매체의 북한 관련 내용을 신뢰하는 대학생은 북한 주민에 대한 사회적 거리감을 덜 느끼고 이웃, 직장동료, 친구 등으로 받아들이는

---

[45] 이준웅, 「언론매체 이용 및 해석적 틀이 통일 및 대북정책에 대한 의견에 미치는 효과」, 28-56.

수용의 태도를 견지하고 있으며 북한과 북한 주민에 대한 관심 정도도 높은 것으로 나타났다. 또한 북한 주민에 대한 부정적 고정관념도 적게 가지고 있으며 북한을 싫어하는 적대감도 약한 것으로 확인되었다. 인터넷매체 내용을 신뢰하는 대학생 역시 북한과 북한 주민에 대한 관심도가 높고 가치관, 언어생활, 생활 방식 등에서 문화적 동질감을 더 많이 느끼며 사회적 거리감도 덜하다고 생각하는 경향을 보였다.

다음으로 대중매체 내용이 북한을 이해하는 도움이 된다고 생각하는 대학생들은 북한 주민에 대한 사회적 거리감은 더 적게 느끼는 반면 문화적 동질감은 더 많이 가지고 있다고 생각하는 경향을 보였다. 특히 북한이나 북한 주민에 대한 관심이 많고 북한 주민에 대한 고정관념, 북한에 대한 적대감을 더 적게 갖고 있는 것으로 나타났다. 또한 인터넷매체에서 접한 내용이 북한을 이해하는 데 유익하다고 생각하는 대학생일수록 북한이나 북한 주민에 관심이 더 높고 사회적 거리감을 덜 느껴 수용하는 태도를 가지고 있는 것으로 확인되었다.

이것은 북한 및 통일 관련 보도를 신뢰하고 있는 청소년들이 북한 주민들에 대한 관심도가 높고 북한의 청소년에게 친근감을 더 느끼며 북한 청소년들과의 생활이 우리의 모습과 비슷하다고 생각하는 것으로 나타난 기존의 연구 결과(양미화, 2001)와 유사하다. 결국 북한 및 북한 주민에 대한 미디어 콘텐츠 주목도, 신뢰도, 유익성 평가가 북한 및 북한 주민에 대한 긍정적 이미지 형성에 영향력이 있다는 것을 말해준다. 북한 및 북한 주민에 대한 의식은 어떤 식으로 머릿속에 고착화되느냐에 따라 지속적으로 영향을 받을 개연성이 크다. 따라서 북한과 북한 주민에 대한 고정관념이나 편견을 갖지 않도록 하기 위해서는 올바른 정보를 제공하는 교육과 미디어 콘텐츠 제공이 필요하다. 단순히 정보를 나열하기보다는 북한 주민에 대한 다양한 삶을 보여주고 문화적 차이를 이해하는 데 중점을 두는 형태의 미디어 콘텐츠를 제작할 필요가 있다. 특히 대학생들에게 미디어 리터러시 능력을 향상시켜 뉴스나 프로그램 내용을 무조건 수용하지 않고 비판적으로 해석, 판단, 수용함으로써 북한 및 북한 주민에 대한 부정적 고정관념이나 편견을 갖지 않도록 하는 노력이 수반되어야 한다.

  본 연구는 전북, 충청, 경상 지역 대학생만을 대상으로 했기 때문에 일반화하는데 한계점이 있다. 북한 및 통일 문제는 다분히 정치적인 사안이기 때문에 조사 대상자의 인구사회학적 성향이나 환경적 요인이 연구에 영향을 미칠 가능성이 크다. 따라서 향후 연구에서는 조사 대상자를 서울, 경기 등을 포함해 전국으로 확대하고 거주지역, 정치적 성향 등의 요인들을 함께 고려해야 할 것이다.

참고문헌

국립통일교육원, 『2022년 학교통일교육 실태조사 결과보고서』, 서울: 통일부국립 통일교육원, 2024.
김성이, 「북한관련 언론보도 내용이 청소년 통일관에 미친 영향 조사」, 『청소년학 연구』 2-1, 1994.
김혜숙, 「지역간 고정관념과 편견의 실상: 세대간 전이가 존재하는가」, 『심리학에 서 본 지역감정』, 서울, 성원사, 1988.
김혜숙·오승섭, 「북한 사람에 대한 대학생과 일반인의 고정관념. 감정과 태도: 외 국인에 대한 태도와 비교」, 『심리과학』 8-1, 1999.
문정택, 「청소년이 지각하는 통일인식수준과 대응방안에 관한 연구」 명지대학교 박사학위논문, 2025.
박명규 외, 『2014 통일의식 조사』, 서울: 서울대 통일평화연구원, 2014.
박주화 외, 『통일에 대한 태도 척도 개발 및 타당화 연구』, 서울: 통일연구원, 2020.
반현·백강희·김수정, 「한미(韓美) 언론의 북핵 위기 프레임 효과 연구-미디어 프 레임. 수용자 프레임. 그리고 스키마를 중심으로」, 『정치 커뮤니케이션 연구』, 17, 2010.
방송통신위원회, 『2023년 매체이용행태조사』, 과천: 방송통신위원회, 2023.
변종현, 「20대 통일의식과 대학 통일교육의 과제」, 『통일정책연구』 21-1, 2012.
서울대학교 통일평화연구원, 『2022년 한국인의 통일인식 자료집』, 서울: 서울대, 2022.
서울대학교 통일평화연구원, 『2025년 한국인의 통일인식 자료집』, 서울: 서울대, 2025.
심성욱·김운한, 「대학생들의 소셜미디어 이용 동기가 소셜미디어 광고 이용의향 에 미치는 영향」, 『한국광고홍보학보』 13-2, 2011.
안차수·진홍근, 「대학생의 미디어 이용행태에 따른 "소셜테이너"의 정치적 영향 에 관한 연구」, 『사회과학연구』 26. 2, 2014.
양미화, 「매스 미디어가 청소년 통일의식에 미치는 영향」, 이화여자대학교 석사학위논문, 2001.
이동한, 『2024 대북인식조사: 북한을 바라보는 인식 및 통일가능성』, 서울: 한국리서치, 2024.
이주철, 『국민 통일의식 추세변화(2005-2014년)』, 서울: KBS 남북교류협력단, 2014.
이준웅, 「언론 매체 이용 및 해석적 틀이 통일 및 대북 정책에 대한 의견에 미치는 효과」, 『한국언론학보』 48-1, 2004.
전종우, 「개인 성향과 일본에 대한 인식이 일본 불매운동 정보 이용에 미치는 영향: 미디어 뉴스와 SNS정보의 비교를 중심으로」, 『미디어, 젠더 & 문화』 37-1, 2022.
전혜진·김양수, 「미디어 이용이 북한 핵문제에 대한 지식과 태도에 미치는 영향」, 『지역과 커뮤니케이션』 18-1, 2014.
정기선, 「북한주민의 이미지에 대한 사회심리학적 연구」, 『97 신진연구자 북한 및 통일관련 논문집』, 서울: 통일원, 1997.
정영주, 「통일 인식 제고와 미디어의 역할: 통일 관련 미디어 지수의 필요성」, 『언론정보연구』 53-1, 2016.
조은희, 「뉴스 미디어의 이용과 신뢰가 가짜 뉴스의 인식, 식별, 수용태도에 미치는 영향」, 『언론과학연구』 19-1, 2019.
최훈석 외, 「통일에 대한 태도 척도 개발 및 타당화 연구」, 『한국심리학회지: 문화 및 사회문제』 27-3, 2021.
통일연구원, 『청년세대 통일인식 심층조사를 통한 통일교육 방안』, 서울: 통일연구원, 2024.
한국행정연구원, 『2022년 사회통합 실태조사』, 세종: 한국행정연구원, 2022.
McQuail, D., Blumler, J. G., and Brown, J. R. "The Television Audience: A Revised Perspective." In Sociology of Mass Communications, edited by D. McQuail. Harmondsworth: Penguin, 1972.
Papacharissi, Z., Rubin, A. M., "Predictors of Internet Use." Journal of Broadcasting & Electronic Media 44(2), 2000.
Rubin, A. M., "The Uses-and-Gratifications Perspective on Media Effects." In Perspectives on Media Effects, edited by J. Bryant & D. Zillmann. New Jersey: Lawrence Erlbaum Associates, 1993.

노준석 _ 원광대학교 공과대학 건축공학과
원광대학교 건축공학과를 졸업하고 프랑스 국립건축대학 파리라빌레트에서 학위를 받았다. 프랑스 공인건축사 HMONP를 취득하고 AREP 건축설계 사무소에서 수 년간 다양한 유럽 철도시설에 대한 설계 프로젝트를 참여했다. 국내에 귀국해 2017년부터 모교에서 후학을 양성하고 있으며 교육 및 철도시설 전반에 대한 심도 깊은 연구를 진행하고 있다.

북한 철도역 주변 공간구조의 변화:
신의주청년역을 중심으로

목차

Ⅰ. 들어가는 말
    1. 북한 정권 이후 철도역 중심의 도시개발
    2. 연구 범위 및 방법
Ⅱ. 북한 철도와 도시 구조의 이론적 고찰
    1. 북한 철도 교통망과 주요 도시
    2. 북한 철도역의 도시공간 구조
Ⅲ. 일제강점기 시대 신의주역 주변의 도시공간 변화
Ⅳ. 북한 정권 이후 신의주역 주변의 도시공간 변화
    1. 신의주청년역 지역
    2. 대로 및 블록형 주거단지
    3. 예술극장 광장 지역
Ⅴ. 신의주청년역 주변 도시공간의 방향성
Ⅵ. 나가는 말
    1. 철도역 중심의 공공성이 강화된 도시 모델의 시작
    2. 기능의 도시에서 상징의 도시로

Ⅰ. 들어가는 말

1. 북한 정권 이후 철도역 중심의 도시개발

한국전쟁 이후, 북한 정권은 철도 교통을 중심으로 주요 도시를 빠르게 발전시켰다. 일제강점기 시기부터 철도를 이용한 교통망이 이미 구축되어 있고 이를 활용한 산업 발전이 사회주의 도시 구조를 급성장시켰다. 북한 정권이 자리를 잡고 국가는 인구의 이동을 제한하며 개별적인 독립 도시로 유지할 수 있도록 하나의 도시가 자생할 수 있게 했다. 독립 체제의 중소 도시는 노동자의 출퇴근과 생활 범위를 한정하고 있으며 철도역 또는 교통을 중심으로 발전된 선형구조[1] 도시가 나타난다. 이러한 배경 아래 북한 정권의 등장 이전인 일제강점기 시대의 도시 구조와 북한 정권이 어떻게 사회주의 모델 도시로 발전 방향을 수립했는지, 나아가 2000년대 이후 경제적 성장이 멈춘 북한 도시에서 사회주의 체계를 유지하며 어떻게 발전시킬 것인지는 통일을 기반하는 중요한 연구과제이다. 분단 이후 많은 시간이 흘러 남한과 북한은 각자의 경제 체계 및 정치 개념을 가지고 도시 발전을 이루었다.

---

1 경제학자 호머 호이트의 도시 구조 이론으로 도시의 성장은 동심원 형태가 아닌 선형으로 발전된 형태로 나타나며 철도나 주요 도로의 축으로 성장하는 도시 형태의 하나이다. 선형의 구역은 사회 경제적 특성이 있는 집단이 모여 발생하며 교통로가 도시 발전에 지대한 영향을 준다.

남한은 개인의 사유재산을 존중하며 경제적 발전을 도모했고, 북한은 국가의 통제하에 주거 공간을 공급하고, 균형적인 도시체계를 갖추기 위해 지역 간의 공존을 유지하며 도시를 균등하게 분포시켰다. 개인의 소유권을 제한하는 사회주의 시스템으로 공적공간을 극대화하며 발전했다. 통일을 가정하면 70년간의 다른 도시 발전 구조에서 하나의 발전 방향을 지향할 수는 없으며, 사회주의 체계의 북한 도시 구조를 이해하고 발전 방향성을 서로가 논의해야 한다. 본 연구는 북한 정권 등장 이전과 이후의 철도역 중심 배후 도시 구조를 비교분석하여 북한 도시 구조를 이해하는 데 목적을 둔다. 나아가 비교적 닫혀있는 사회주의 도시 구조에서 외부 경제 요인이 유입될 수 있는 도시 발전 모델을 찾고자 한다.

국내 자유 경제 체계도 시점에 따라 공공성의 결여라는 지적이 많이 거론되고 있다. 2000년대 이후 국내에도 광장 및 도시의 열린 공간에 대한 관심과 조성이 이를 뒷받침하고 있다. 사회주의 도시 구조를 지향하는 유럽의 도시들에서 열린 광장과 공공의 목적을 추구하는 긍정적인 외부 공간들을 쉽게 찾을 수 있듯이, 남한과 북한의 두 도시 구조는 장단점이 존재하며, 공간구조 및 특성을 이해하여야만 새로운 도시 발전 모델을 제시할 수 있다.

2. 연구 범위 및 방법

본 연구에 앞서 철도역 중심 도시 구조를 분석하기 위해 북한에 있는 중소 선형도시의 사전 조사를 진행했다. 교통중심의 선형 형태 구조를 지닌 도시 중 30만 이상의 도시로 청진, 함흥, 신의주, 원산, 남포, 개선, 라선, 단천, 개천, 사리원을 사전 조사했다. 한국전쟁 이후, 북한은 주변 사회주의 국가들의 도움을 받아 철도역을 중심으로 빠르게 도시를 정비하였지만, 현재는 경제적 성장이 더디며 도시 발전의 방향을 찾지 못하고 있다.

사전 연구 사례 도시 가운데 신의주는 일제강점기 시대에 무역을 위한 신도시로 개발되었으며, 북한 정권 이후에 사회주의 기반의 공공성을 내세우며 도시를 재정비했다. 1980년대 이후 경제적 어려움을 겪으며 도시 발전은 정체되었으나 2000년대 이후, 외부 자본의 유치를 기반으로 새로운 발전 방향을 제시해, 변화되는 도시 구조의 분석이 가능하다. 연구의 분석 범위를 신의주역 주변 1km 이내로 한정하고, 북한 정권 이전인 일제강점기 시대의 도시 구조, 북한 정권 이후의 사회주의 체계의 도시 구조, 2000년대 이후의 외부 자본유입이 가능한 새로운 도시 구조로 나누어 분석하고 결과물을 토대로 새로운 도시 모델 방향 제시를 논의하고자 한다.

II. 북한 철도와 도시 구조의 이론적 고찰

1. 북한 철도 교통망과 주요 도시

철도역은 사회주의 체계에서 제한된 이동 구역 안에 노동과 거주를 연결해 주는 중요한 교통체계이다. 유동 인구가 많이 나타나는 장소로 선형적 구조를 지닌 도시에서 철도역의 개발이 이루어지며 상징적인 기념비 및 공공의 장소로서 광장 및 문화시설이 들어선다. 기존 도시 구조에서 국가가 철저히 도시개발을 억제하며 공공성을 확보한 장소의 배치 및 구성 분석은 본 연구에서 중요한 부분이다. 북한 정권이 등장하고 경제발전을 이루는 시기에 철도의 역할은 중요했으며 오늘까지 북한의 물류 및 인구 이동은 철도 의존율이 높다. 다른 체제를 지닌 두 국가의 소통을 위해 북한의 철로 연결은 필수적인 요소이다. 많은 선행 연구가 북한의 철도 정책, 연결, 현대화 방안에 관한 연구를 제안해 왔지만, 구체적인 도시 및 건축공간 분석은 미비한 현실이다. 철도 역세권 분석에 앞서 북한 정권 등장 이전과 이후의 철도망에 대한 주요 도시를 알아보고자 한다.

일제강점기 시대의 조선 철도망 발달과 도시 시스템 변천에 대한 선행 연구자인 기타다 아키지는 근대적 교통망인 철도를 중심으로 주요 산업과 인구 증가에 대한 관계를 연구했다. 1930년대 이후 광공업의 발달로 인해 북부에 있는 도시가 경제성장했으며 열차의 운행 대수가 증가하고 여행객의 증가로 역 주변 도시 시스템의 구조가 변화했음을 제시했다. 〈그림 1〉은 일제강점기 시대 1940년과 현재의 철도 네트워크 및 도시 인구수를 비교, 표현한 그림이다.

좌측은 1940년대 철도망으로 1910년대에 경의선(서울-신의주) 및 경부선(서울-부산)의 완성으로 자원의 이동 및 여행 목적의 인구가 증가하였으며 부산에서 신의주까지의 연결을 넘어 중국까지 횡단하였다. 이후 1940년대에 전시 체계가 본격화되며 식민지의 경영 및 전시 준비를 위해 만주까지 철도 운행 수가 증가했고 경의선의 중요도는 더욱 높아졌다. 우

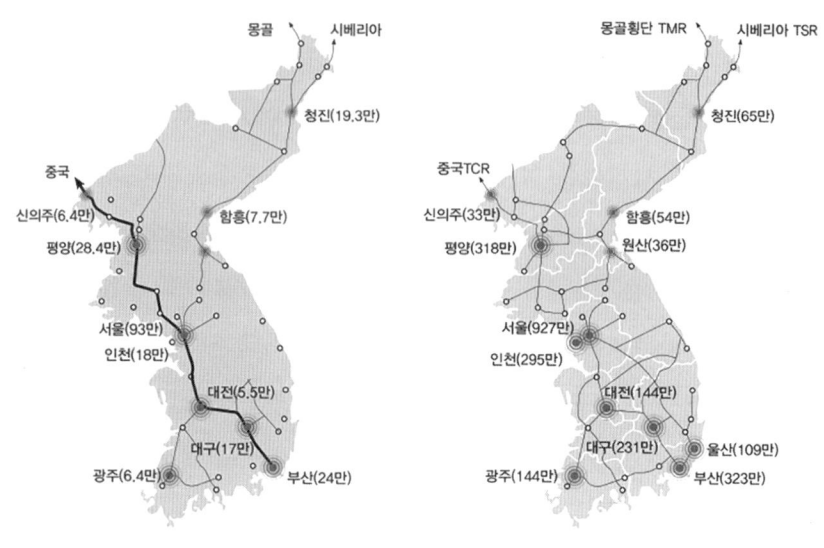

1940년 남북한 철도 네트워크   2020년 남북한 철도 네트워크

〈그림 1〉 1940년 일제강점기, 2025년 현재 철도 및 주요 도시 인구수

측 이미지는 2020년의 철도망과 주요 도시의 인구 증가를 나타낸 것으로 남한의 인구 증가에 비해 북한의 인구 증가는 성장이 낮고 철도망의 네트워크도 단절된 구간이 많다. 신의주는 6만 4천 명에서 33만 명까지 증가할 때 대전은 5만 5천 명에서 144만 명까지 증가했다. 남한은 일제강점기 시대에 제작된 단선 선로를 복선으로 변경하고 2000년대 초반에 고속철도를 도입하며 빠른 성장을 이루었지만, 북한은 70% 이상이 일제강점기에 건설된 단선이 대부분이며 철도역과 함께 선로 현대화 작업을 요구하며 더디게 철도망이 발전됐다. 여객 수송은 1945년부터 1984년까지 증가하였

으나 그 이후는 주민 이동이 통제되어 현재 열차 회수 변화는 없다.[2]

현재까지 북한의 교통망에서 철도 현황은 화물 수송 90%, 여객 수송이 60%를 차지하며 중요한 산업기반이 되고 있다. 1950년대 초반, 사회주의 국가 간의 철도협력기구에 가입하고 중국, 러시아와 자원 무역 기반을 중요시하였지만, 현재는 동북아시아의 간선 교통망으로 유라시아 연결의 한 지점으로 주목받고 있다. 북한에서 철도역 공간은 도시 간의 중요한 연결 관문으로 유동 인구가 모여 상징성과 공공성을 중요시했다. 한국전쟁 기간에 철도역의 물리적 공간이 많이 소실되어, 북한 정권이 등장하면서 정치체계의 상징성을 부각하고 역세권을 재개발했다. 남북한 건축의 가장 큰 차이점은 북한 건축은 국가의 통제에 따라 건축이 만들어지고 있다는 것이다.[3] 사회주의 이념을 담은 초기 북한 도시는 평등한 생활을 주장하며 공공성이 높은 도시공간을 만들었고, 남한은 사유 공간을 중심으로 개발하기 시작했다.

현재 북한 철도산업은 남한을 경계로 단절되어 있지만 신의주 및 청진을 거점으로 중국, 몽골, 시베리아 횡단과 연결되어 국제적 선로로의 변모 가능성을 지니고 있다. 철로를 이용한 교통수단은 화물의 경우, 자동차의 34%, 해상 운송의 53%의 수준으로 수송 원가가 가장 저렴한 교통수단에 속하기 때문에 남한과 북한이 소통한다면 부산에서 신의주를 넘어 중국까지 철로를 이용한 국제무역이 가능하다.

---

[2] 김경원 외, 『북한의 산업』, KDB산업은행, 2020.
[3] 엄운진 외, 『한반도 통일시대 기반 구축을 위한 건축 분야 기초연구』, AURI 건축도시공간연구소, 2015.

2. 북한 철도역의 도시공간 구조

철도역을 중심으로 발전된 도시 구조의 공통점과 특성을 찾고자 북한에 있는 주요 도시를 사전 검토했다. 북한 정권 이후 철도역 개발이 있는 인구 30만 이상의 주요 도시는 평양, 청진, 함흥, 원산, 신의주이다. 일제강점기의 인구수와 현재의 인구수를 비교하면, 1940년 평양 28만 4천 명, 함흥 7만 7천 명, 청진 19만 3천 명, 신의주 6만 명이며, 2024년 통계청 기준으로 평양 318만 3천 명, 함흥 54만 4천 명, 청진 65만 명, 신의주 33만 1천 명, 원산 36만 3천 명이다. 한국과 비교하면 인구 증가 수가 낮은 편이나, 북한에서는 일제강점기 이후 주요 도시들이다.

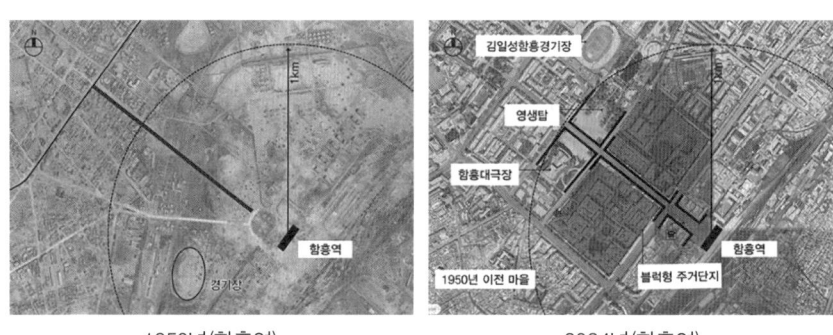

1950년(함흥역)   2024년(함흥역)

〈그림 2〉 일제강점기 시대 및 2024년의 함흥역 주변 도시 구조

〈그림 2〉는 북한 정권 등장 이전과 이후의 함흥역 주변의 항공사진을 기반으로 철도역 주변 1km의 주변 도시 구조를 분석한 것이며 함흥역과 영생탑을 기준으로 블록형 단지가 형성된 것을 알 수 있다. 1950년 이전 마을에서 보이는 비정형적 도시 구조와는 다르게 격자망을 유지하며 발전했음

을 알 수 있고 북한 정권 이후 경기장 및 넓은 녹지공간을 찾을 수 있다.

1950년 이전(청진역)   2024년(청진역)

〈그림 3〉 일제강점기 시대 및 2024년의 청진역 주변 도시 구조

〈그림 3〉과 〈그림 4〉는 일제강점기 시대 및 현재의 청진역, 신의주역 비교 사진으로 사회주의 모델에서 나타나는 블록형 단지 및 대로, 상징적인 모뉴먼트가 나타난다. 신의주역의 경우 청진역과 다르게 일제강점기 도시 구조를 유지하며 상징적 공간을 발전시켰다. 유동 인구가 많아져 공적인 도시공간이 개발 초기에 중요하였으며, 주변의 사회주의 국가의 도움으로 만들어졌다.

1950년 이전(신의주역)   2024년(신의주청년역)

〈그림 4〉 일제강점기 시대 및 2024년의 신의주역 주변 도시 구조

블록화된 주거 단지로 해방 이후 초기 현대식 주택 보급이 빠르게 진행되었으나 1980년대 이후 경제성장이 느려지면서 개발이 어려웠을 것으로 예상된다. 블록형 개발은 사회주의를 지향했던 유럽의 19세기 도시 구조와 유사하며 토지 및 개발의 사유화로 인해 공공개발이 적은 한국과는 차이가 있다. 2000년대 초반에는 청진, 신의주역 광장의 변화가 나타나며 버스의 환승 체계 개선이 이루어지고 버스 이용이 늘어난 것으로 예측한다. 국내 철도 역사는 20~30년 기준으로 여행객의 증가율을 고려해 면적의 확장 및 리모델링이 이루어지지만, 북한 도시의 철도 역사 리모델링은 신의주역을 제외하고는 확인할 수 없다. 북한 정권이 등장한 뒤 철도 역사를 중심으로 도시화가 진행되었음이 확인되며 주변 도로체계의 개선, 외부공간의 개선 및 상징적 축과 모뉴먼트의 강화 및 블록형 주거시설의 구성이 공간적 특성으로 나타났다.

북한 정권 이후, 모든 도시의 철도역 주변에 사회주의 도시 특성이 나타나지는 않는다. 〈그림 5〉의 비교 그림에서 사회주의에서 대표되는 블록 단지 및 상징적 축은 나타나지 않는다. 원산역은 1914년에 개통되고 함경선을 통해 철도 교통의 중심지로 발전했으며 일본식 목조건축 양식을 지니고 있었다. 일제강점기 시기 식민지 도시계획으로 발전되었으며 일본식 주거시설이나 관공서가 위치한 근대화된 도시였다. 전쟁 이후 건물의 소실로 재건을 진행하였으며 김일성 방문을 기념으로 원산역은 사회주의 체계의 박물관으로 현재까지 사용되고 있고, 새로운 철도역을 서쪽에 건립했다. 기존 원산역 인근 도시화는 빠르게 진행되었지만, 블록형 주거 단지 및 상징 축, 산업단지가 나타나지 않는 것으로 유추하자면 사회주의 모델의 도시 구조 특성은 교통 기능의 중심으로 만들어졌을 것이라는 점이다. 노동을 위한 산업단지는 교통시설인 철도역의 근거리에 위치하고, 블록형 주거단지를 1km 이내 거리에 조성하여 보행할 수 있는 근린주구를 만들었다.

1950년 이전(원산역)　　　　　　　2024년(원산역)

〈그림 5〉 일제강점기 시대 및 2024년의 원산역 주변 도시 구조

철도역을 중심으로 발전된 사회주의 도시 구조는 다양한 도시에서 찾을 수 있지만, 일제강점기 시대에 만들어진 근대도시를 유지하며 북한 정권의 상징적 도시 모델을 만든 대표적인 사례로 신의주역을 꼽을 수 있다. 기존 도시 구조를 유지하면서 발전했기에 도시가 역사성을 지니며 확장했고, 국제무역의 관문 역할을 지닌 지리적 배경으로 북한에서도 향후 발전 가능성이 높다. 신의주역 도시 구조는 유연하게 변했고, 북한 체계의 상징성을 유지하고 있다. 이러한 배경에서 외부 자본의 유입이 가능한 자유주의 도시 모델의 융합점을 찾을 수 있기에 본 연구에서 진행하는 시대별 신의주역 주변 도시 구조 분석은 매우 중요한 과제이다. 시대별 철도역 인근 공간 변화 분석은 두 부분으로 구분한다. 첫 번째는 일제강점기 시대 신의주역 주변의 근대화된 도시 구조의 이해를 목적으로 한다. 두 번째는 한국전쟁 이후 북한 정권의 초기부터 현재까지이다. 전쟁 후, 사회주의 도시

모델의 형성부터 정치 이념을 구체화한 2000년대 초반까지를 먼저 분석한다. 이 기간은 사회주의 모델을 구축하였지만 폐쇄된 경제로 인해 도시 발전이 정체된 시기이기도 하다. 이어서 2000년대 후반부터 나타나는 경제적 외부 자본의 유입을 통한 새로운 도시 모델의 방향성 분석을 후반부에 진행하고자 한다.

III. 일제강점기 시대 신의주역 주변의 도시공간 변화

신의주는 일제강점기 시대, 러일전쟁의 군수품과 천연자원의 이동을 위해 평안북도에 있는 의주를 대신해 압록강 건너 단둥까지 접근하기 쉽도록 건설된 신도시이다. 1912년 신의주역 개통 당시의 인구수는 4천 명이며, 1920년에 1만 4천 명, 1930년에 4만 4천 명, 1940년에 6만 명까지 증가했다. 조선총독부가 위치한 경성을 중심으로 기존 도시는 행정적 중심 및 관리의 기능이 강화되었고, 신의주와 같은 신흥도시는 경제적 중심 관리 기능에 초점을 두는 강점기 시대의 구조가 나타났다.[4]

---

4 기타다 아키지, 「식민지 시대 조선의 철도망 발달과 도시 시스템 변천」, 북해도지리 No.73, 1999.

초기 신의주역 1905년   근대화된 신의주역 1912년

출처: 손길신의 역사 이야기 中 메가경제 / 조선총독부 철도국

〈그림 6〉 일제강점기 시대의 신의주역사 전경

대한제국의 허가 없이 시작된 경의선 공사는 1905년 1월 1세대 신의주역이 개설되며 운행이 시작됐다. 전쟁 물자 이동이 필요해 서울에서 신의주를 연결하는 경의선에 급하게 신의주역을 임시로 만들고 이후 근대화된 역을 다시 건립했다〈그림 6〉. 4월에 용산-신의주의 운전을 시작으로 신의주가 근대도시로 자리 잡기 시작하고, 철도를 통해 중국과 연결하기 위한 거점도시로 발전하게 된다. 신의주는 1909년 중국 단둥과 연결하는 철교를 1911년에 개통한다. 그로 인해 대한제국과 만주를 연결하는 교통 요충지 및 관문의 도시로 성장한다. 중국을 통과하는 철도는 신의주가 아닌 중국의 단둥역에 정차해 국제선의 독립적인 역할을 했다. 이후 기존의 평안북도청을 의주에서 신의주로 옮겨 행정수도 역할을 하며 상업과 공업도시로 발달하게 된다. 1928년에 근대화 도시계획을 수립하여 조합시장, 수산물 시장, 정미산업과 제지, 철공, 인쇄, 의류, 가공공장이 자리 잡으며 인구는 빠르게 증가해 해방 이전에 인구수가 8만 명을 넘었다. 무역이 활발했으며 전체 인구의 25%가 일본인이었다. 많은 산업과 무역을 통해 경제의

중심지로 확장되어 간다. 신의주는 산림자원이 풍부해 일본인의 투자와 사업이 번창했던 곳이다.5

경의선을 통한 우수한 산림자원 운반이 용이했으므로 많은 일본의 자본가들이 빠르게 자리 잡았다. 신의주 인구의 대부분이 조선인 노동자였으며 국경도시의 특성상 중국인 노동자의 유입도 많았다. 초기의 신의주 철도역은 종단역 목적의 임시 건물이었지만 1911년 10월, 9만 엔으로 현대식 역사 신축을 시작했다.

1912년 완공된 서양식 철도 역사는 조선총독부 철도국의 운영 방침에서 관광 업무가 중요했다. 1층은 역사, 2~3층은 호텔과 레스토랑으로 구성되며 마감은 벽돌 구조로 연면적 1,279㎡이다. 건립 당시 신의주 스테이션호텔로 명칭 되었으며 철도회관, 철도호텔로 이름을 다시 바꾸게 된다. 〈그림 7〉은 일제강점기 시대 외국인 여행객들을 위한 조선철도 여행도이다. 오늘날의 여행 상품 방식과 유사하게 7일 또는 14일, 21일로 운영하며 Fusan(부산)을 시작으로 Keijyo(서울), Shingishu(신의주)의 여행 코스를 소개하고 있다. 안내도 제작 당시 기준으로 철도호텔6은 부산과 신의주 두 곳만 운영하였고 서울은 완공을 앞두고 있었다. 당시 신의주역은 철도시설 기능보다는 도시의 경관적 요소 및 관광상품으로 가치가 높았다. 일본은 신의주를 근대화된 국경도시로 만들고자 했으며 철도역을 중심으로 가

---

5 이미경, 「일제하 신의주 목재업계의 변동과 목재상조합의 활동(1900-1936)」, 서울대학교 석사학위논문, 2016.
6 일제강점기 시대, 철도를 이용한 활동이 늘어나면 장거리 여행자의 숙박시설의 필요로 호텔과 철도역의 복합용도 건물이 건립됨, 1914년 경성, 신의주, 부산, 평양, 금강산 철도호텔이 있었으며, 주로 이용객은 일본인과 외국인 여행객이었고 식민지인 조선을 관광 상품화함.

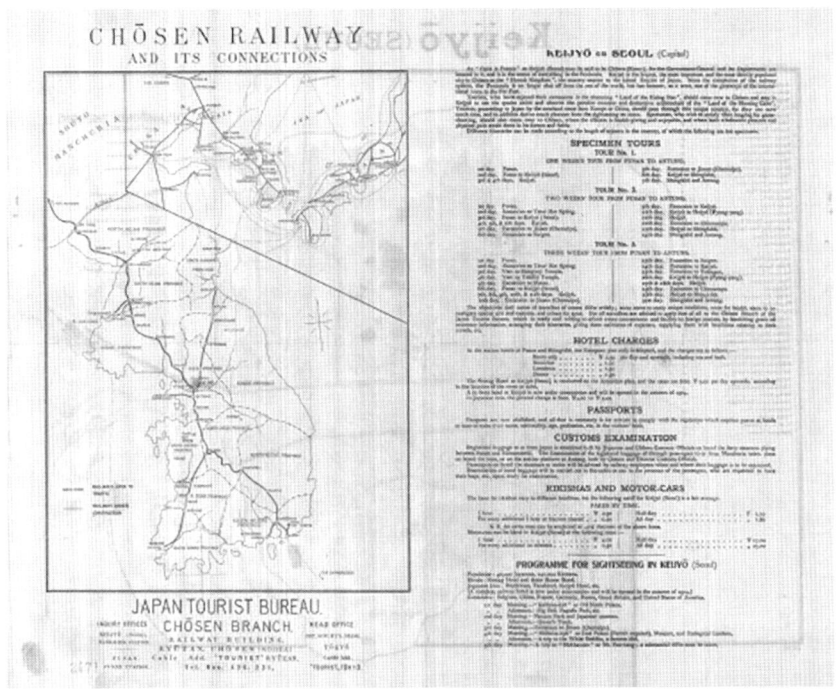

출처: 조선총독부 철도국

〈그림 7〉 1914년도 조선철도 여행안내도

로망을 만들어 행정 시설 및 상업, 주거시설을 구성하였다. 조선총독부 철도국이 제시하는 자료에서 신의주는 중국 경계로 넘어가는 유일한 관문이며 중요한 여행과 무역의 도시임을 확인했다. 호황을 누리던 철도 호텔청 역사는 평양역, 부산역과 같이 일제강점기 시대의 여행객을 위한 상품으로 조선총독부 철도국이 운영했으나 1950년대에 전쟁으로 소실된다. 신의주에는 신의주역 외에 강안역이 있으며 산림청 목재의 운반을 담당했다. 〈그림 8〉은 연구자가 1913년 제작된 신의주 지도를 기반으로 도시의 주요시설 및 도시의 축을 표현한 개념도이다. 당시 신의주역과 강안역을 중심으로 조성된 그리드 체계의 도시 구조를 찾을 수 있다.

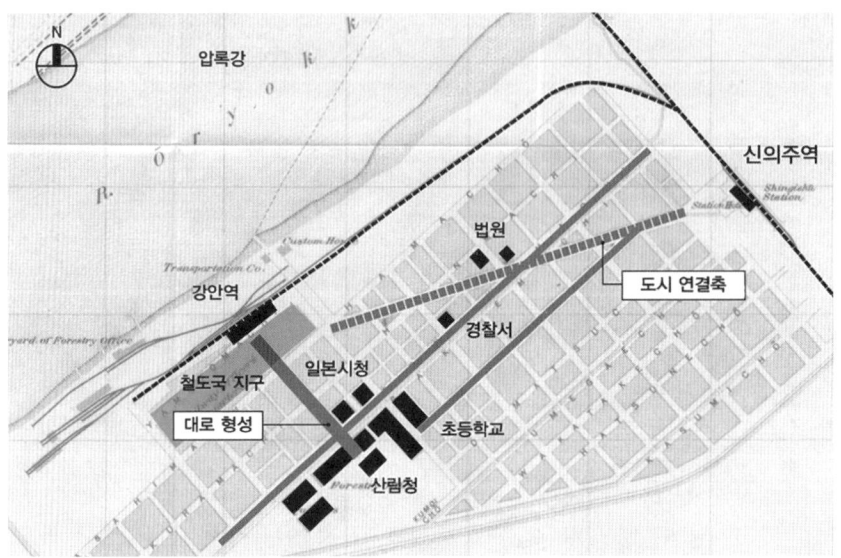

〈그림 8〉 1913년도 신의주역 주변 지역 도시구조도

강안역을 중심으로 임업청 목재 창고, 운송회사가 있으며 철도국 단지가 형성되어 산업도시의 중심지 역할을 했다. 당시 일대의 산림자원을 벌목하고 압록강으로 이동한 뒤 강안역을 통해 자원을 운송했다. 자본이 유입되면서 노동자가 모여 지금의 신의주의 기틀을 마련했다.

철도국 본사를 강안역 맞은편에 세우고, 산림을 관리하는 관청을 남측에 두고 경찰서, 초등학교, 관공서를 밀집시켜 도시체계를 갖춘다. 신의주역과 강안역을 잇는 대각선 도시연결축 도로를 구축하고 일본 시청(신의주부청), 법원, 경찰서, 헌병대를 구성했다. 1910년까지 강안역은 신의주 도시발전의 중심이었다. 압록강변 목재의 이동을 위해 철도역 인근에 철도국 지구를 만들고 산림청과 연결되는 대로를 구성하였다. 강안역과 산림청을 주축으로 다양한 관공서가 위치했다. 1910년 단둥과의 연결다리가 완공되고, 항만 및 철도를 중심으로 신의주 주변이 급발전된다. 철도호텔 등장 이전인 1913년 지도에서는 신의주역보다 강안역 중심으로 도시가 발전되었음을 알 수 있으며 신의주역에서 강안역까지의 대각선 도로는 동일 시대의 지도에 나타나지 않아 계획도로로 추측된다. 지도에서 표시되는 도로 폭을 보면 강안역과 산림청의 축이 강하며 신의주역 방향으로 그리드형 도로체계가 구성된다. 당시 지도를 보면 운하 계획도 보이나 실현된 자료는 확인되지 않았다. 1930년 조선총독부 철도국 지도를 기반으로 도시 구조를 분석하여 〈그림 9〉를 작성했다.

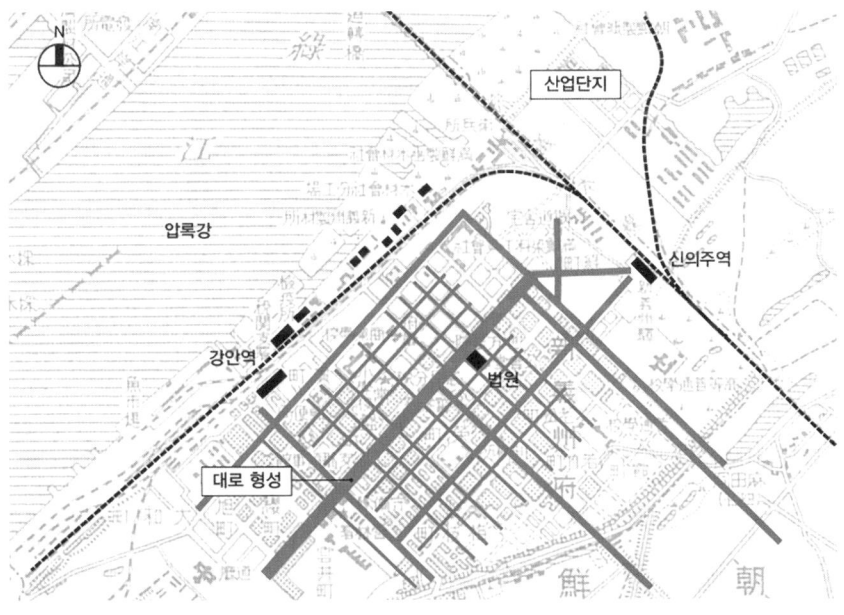

〈그림 9〉 1930년도 신의주역 주변 지역 도시구조도

신의주는 행정수도로 자리 잡으면서 도시화 현상이 일어난다. 호텔을 겸비한 신의주역사 북측으로 산업단지가 자리 잡고, 철도역사 광장은 넓은 면적을 확보했다. 당시 철도호텔 사진에 근거하면 광장에 자동차가 있고 교통의 환승 체계를 갖추고 있다. 철도역을 기준으로 서쪽에 대각 축이 있으나 1910년대의 축과는 연결성이 없다. 산림청을 중심으로 선로는 확장하였으나 도시의 그리드 체계가 역 주변으로 면적이 넓게 구획되어 있어 규모가 있는 건물 또는 중심지 이동이 예상된다. 철도호텔의 등장 이후 도시의 주요 도로축은 강안역이 아닌 신의주역 중심으로 발전된다. 격자형의 가로망은 더욱 촘촘해지고 압록강변을 향하는 건축물들이 들어선다. 1911년 압록강 철교의 연결로 신의주역은 만주, 중국과 연결되는 일본 무역의 관문 도시로 급부상했기에 일본인의 거주지가 늘어나고 세관, 관청, 상업시설이 위치하며 도시화 현상이 빠르게 진행되었다. 무역으로 인해 경제는 더욱 활발해지고 여행객을 통한 철도 여객의 수입은 128만 엔까지 올라갔다. 일본인 거주지와 관공서의 축조로 벽돌 및 목구조 근대화 건물이 기반을 잡아 계획화된 근대 도시 구조가 만들어졌다. 〈그림 9〉는 북한 정권 이전의 모습으로 건축물의 높이 및 도시 구조, 밀집도의 분석이 가능한 자료이다. 신의주역 주변은 북한의 다른 도시 구조와 다르게 일제강점기 시대 토지 정비에 의한 그리드형 도로체계가 구축되

출처: 국토정보지리원

〈그림 10〉 1952년 신의주 항공사진

어 있었다. 전쟁으로 인해 많은 부분이 소실되었을 것으로 예상되나 국토지리원에서 제공된 1952년 항공지도<그림 10>을 보면 철도역보다 압록강변의 도시화 현상을 찾을 수 있다. 전쟁 이후 신의주역 개발이 진행되었을 것으로 추측한다. 해방 직후에는 북한의 임시정부가 신의주에 수립되고 물품 수급의 행정도시로 자리 잡는다. 1950년대 한국전쟁 당시, 중국과 연결되며 군사 물품의 수급 도시였던 신의주는 연합군의 폭격 대상이 된다. 이에 따라 신의주시 일대, 철도 교통시설, 창고, 부두가 대부분 소실된다.

IV. 북한 정권 이후 신의주역 주변의 도시공간 변화

1953년 휴전을 기점으로, 사회주의 국가의 도움을 받아 신의주는 빠르게 복원되고 도시화 현상이 이루어진다. 토지의 개인 사유화를 인정하지 않으며 공적 개발 이용권을 지니고 있기에 공공개발이 빠르게 진행될 수 있었을 것이다. 압록강에 접해있는 중국 단둥도 사회주의 국가로, 상호 간의 외교를 위한 관문 도시로 중추적인 역할을 했다. 초기의 서양식 철도역사는 전쟁 중 파괴되었고, 1954년 재건하며 혁명을 이끈 청년돌격대의 공적을 기리기 위해 신의주청년역으로 이름을 변경했다.

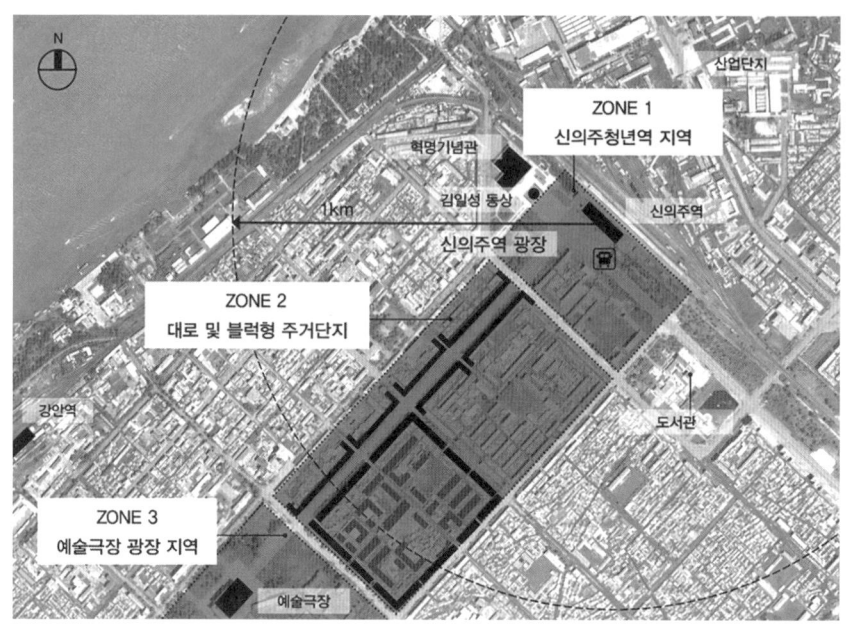

〈그림 11〉 신의주청년역 주변의 사회주의 도시 모델 ZONE 구성

재건 당시의 철도역은 몇 차례의 리모델링을 진행했다. 현재의 철도역은 2016년에 개축이 진행되어 플랫폼 3개의 현대식 건물로 자리 잡았으며, 관광객이 방문할 수 있는 서점 및 기념품 상점이 건물 내에 있다. 14개의 선로가 확인되며 여객선과 화물선이 분리된 것으로 예상된다. 신의주와 평양까지는 230km 거리이며, 현재에도 매일 기차를 운행하고 있다. 철도역 광장은 김일성광장으로 불리며 서쪽에는 김일성과 김정일의 자료를 전시하고 있는 혁명 기념관이 있다. 규모는 3층 건물로 신의주청년역의 연면적은 약 4,200㎡이다. 3층 규모의 철도역사는 2,800㎡의 외국인 대합실과 2개 동의 여행 상가로 구성된다. 역사 내부에는 식당, 도서열람실, 대합실 등이 있다. 남동쪽에는 버스환승센터가 위치해 여행객의 동선을 최

소화하며 맞은편에 평안북도도서관이 있다. 철도역사의 정면 파사드를 바라보며 약 1km 떨어진 신의주 예술극장까지 상징적 대로로 연결된다. 철도역사와 예술극장을 잇는 중심축을 기점으로 동쪽의 블록형 주거 단지가 있고, 서쪽은 저층형 주거 단지가 위치한다. 선로를 기준으로 북측에 산업단지가 있으며, 일제강점기 시대에 개발된 흔적을 항공지도에서 찾을 수 있다. 산업 단지 내에는 방직공장, 제지공장, 화학섬유공장, 신발공장이 있고 2010년 이후, 신축건물이 생기는 것으로 보아 비교적 잘 운영, 관리되고 있는 것으로 추측된다. 1952년 촬영된 항공사진에서는 기존 도로 체계가 재구성되고 서쪽 주거 단지의 개발이 확인된다. 1930년대 지도와 1953년 항공사진을 비교하며 북한 정권 이후 도시 정비 체계를 분석하기 위해 〈그림 11〉의 분석 범위를 설정했다. 사회주의 도시공간에서 나타나는 교통시설-대로-기념비적 건축으로 연계되는 공간구조를 신의주청년역 지역, 대로 및 블록형 주거 단지, 예술극장 광장 지역으로 구분하여 공간적 특성 및 시대별 변화를 분석하고자 한다.

1. 신의주청년역 지역

현재의 신의주역은 3세대 역으로 일제강점기 시대의 서양식 철도 역사가 전쟁으로 소실되고 1954년 북한 정권 초기에 새롭게 지은 건물이다. 2세대의 치장석인 입면에서 철도역의 기능을 강조한 단순한 형태의 건물로 만들어졌으며, 북측에 차량 정비고 및 창고를 구성하여 여객 운송보다는 화물 및 산업의 거점 활용성이 높다. 시대에 따른 철도역 지역의 도시

공간 변화를 파악하기 위해 2002년부터 2024년까지의 항공사진을 분석한 결과, 공간의 변화가 있는 시점은 2014년과 2016년이며, 비교를 위해 2002년, 2014년, 2024년의 항공지도를 기반하여 〈그림 12〉를 작성하였다. 역사는 화물과 여객 기능을 분리하여 구성되며, 인접한 국경에 출입 통제 기능을 수행했다. 플랫폼은 3개가 있으며 지하로 연결되는 통로가 확인된다. 철도역 북측의 산업 지대는 화물운송을 위해 근접해 있으며 2000년대까지 운영의 어려움을 겪지만, 기업의 부분적 자율 경영을 보장하며 2010년 이후 다시 활발해진다.

북한 정권 이후 철도역의 시작부터 오늘까지 추가적인 선로 및 플랫폼의 증가는 나타나지 않지만 2016년 항공지도에서 노후화된 철도역의 개선 및 플랫폼 상부 50m×400m의 지붕 공사가 확인된다. 악천후에 대비하기 위함이며 국제 관문이라는 명목하에 현대화 사업을 진행하는 단둥역과의 상대적 조율로 판단된다. 개선된 철도 역사를 방문한 Rowan Beard[7]의 인터뷰를 통해 철도 역사의 내부 구성이 3층으로 구성되어 있으며, 2층까지 여행객의 접근이 가능함을 알 수 있다. 출입국 관리가 전자식으로 이루어지며 X-ray를 통한 수화물 검사대, 현대식 화장실, 상점, 맥주 바가 있는 것으로 짐작한다. 2010년 이후 신의주 국제무역의 중요성을 인지하고 확장한 것으로 예상된다. 당시 외교정책을 보면 김정은 정권 이후, 중국 관광객을 적극적으로 개방했다. 관세 혜택과 무비자 입국을 허용하여 관문의 역할을 하는 신의주가 이러한 정책에 많은 혜택을 받았으며, 방문하는 중국인을 위한 현대화된 역기능 및 추가적인 쇼핑 공간이 필요했을 것이

---

7 Rowan Beard: 북한 신의주청년역 방문자료 YPT(YoungPioneerTours)의 방문보고서 중.

〈그림 12〉 신의주청년역 지역의 시대별 도시공간 변화

다. 외국 방문객의 접근이 가능하기에 출입국, 세관 절차가 철도 역사 내부에서 국경 보안관리와 함께 철저하게 운영된다.

역사 남측에 약 120m×280m 크기의 아스팔트 포장 광장이 위치한다. 광장은 다른 교통수단과 연계해 사용되며 다양한 행사, 만남, 이벤트 공간으로의 역할이 가능하다. 서쪽은 김일성, 김정일 동상이 위치한 기념비적인 광장(이후 김일성 광장)이 위치하며 뒤편에 혁명기념관이 있다. 동상이 있는 광장은 기단으로 역광장보다 위에 위치하며, 주권에 대한 정치적 상징 공간으로 군사 및 의전행사가 이루어진다. 교통의 중심에 있는 신의주 청년역 광장과 김일성 광장은 대로변과 직교되게 배치하여 압록강변으로 시선이 집중된다. 광장이 조성된 장소는 일제강점기 및 한국전쟁 시절에 공터로 표현되며, 혁명기념관에 접한 대각선 도로 및 정원에 있는 대각선 보행로는 일제강점기 지도와 사진에서도 확인된다. 현재 동상은 한국전쟁 이전의 신의주 중심대로와 일직선에 있다. 혁명기념관은 2층 규모의 건물로 약 10,000㎡ 면적을 지니며 중앙에 입구가 있는 대칭구조를 지닌다. 단순한 콘크리트 건물은 사회주의적 디자인 특성을 보인다. 사상교육과 정치체계의 선전을 위해 약 60개의 전시 시설이 구성되어 있는 역사적 전시 공간이다.

    2014년 김일성 동상이 위치한 광장을 전면 보수하고 재정비하여 김정일 동상을 추가로 세우고 바닥 및 녹지 부분을 변경했다. 일부 정원의 형태가 변경되었지만, 초기 평면 배치를 그대로 유지했다. 혁명기념관이나 동상의 대칭 및 기단을 활용한 위계성이 중요하므로 배치의 변경이 어려웠을 것이다. 사회주의 도시에서 나타나는 광장-대로-기념비적 건축의 축이 잘 표현되고 있다. 혁명기념관 방향의 압록강 인근에 2018년 태양을 상징하는 형태의 주거 건물이 등장하고, 2021년에는 철도역 북측 산업단지의 신축이 보인다. 상징성이 높은 건물 또는 기념비적인 모뉴먼트가 등장하는 것은 인구가 밀집되는 역 주변 상징적 공간의 재구성으로 판단되며, 여행객이나 시민들의 시각적 연결성 확보를 중요하게 판단했다.

2. 대로 및 블록형 주거단지

신의주청년역과 평안북도 예술극장을 잇는 대로는 1,300m의 길이로 자전거도로가 포함된 4차선 도로이다. 15m 이상의 폭을 지니며 가로수를 포함한 5m 이상의 넓은 보행로를 가지고 있으며 너비가 넓은 구간은 12m 이상이다. 상징적인 이 도로는 일제강점기 시대에 만들어지지 않았으며 북한 정권의 등장으로 상징성을 부여해 조성된 것이다. 1952년도 항공사진을 비교하면 본 대로의 북측으로 한 블록 떨어져 위치한 대로가 신의주의 중심도로이며 주요 공관 또는 상업시설이 즐비했다. 본 대로변에 접한 건물의 높이가 5층인 것과 도시의 유동 인구를 고려할 때 상대적으로 넓다. 북한 정권 초기 도시체계가 이루어졌으며 2000년 이후 항공지도에서 대로의 변화는 크지 않다. 2012년에 들어서 블록 안의 공공 광장 및 지붕 도색의 차이를 보인다. 〈그림 13〉은 비교적 공간 변화가 나타난 시기의 항공사진을 기반으로 작성한 분석 자료이다. 단지의 블록은 도로로 구획되며 약 100~500m의 슈퍼 블록으로 구성되며, 가장자리가 균일한 5층 건물로 구성된다. ㄱ자와 ㅡ자의 주동 배치로 이루어졌으며 내부에는 편의 및 상업 공간, 학교시설이 분포되어 있다. 이를 통해 슈퍼 블록은 하나의 마을이 형성되며, 개별 가정보다는 집단적 공간으로 나타나 사회주의 국가가 지향하는 도시 구조모델을 찾을 수 있다. 블록을 만드는 판상형 주거시설은 입면 상 동일한 창문 구조 및 간격으로 동일한 평면을 가졌을 것으로 유추해 본다.

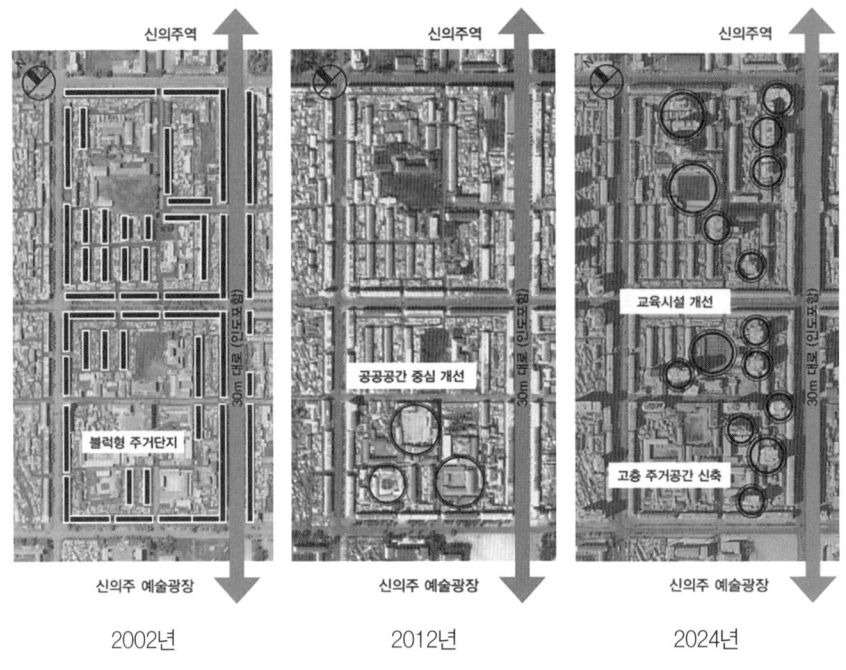

〈그림 13〉 대로 및 블록형 주거 단지의 시대별 도시공간 변화

블록 안으로는 그리드 체계의 2~3층으로 구성된 저층형 건물들이 밀집되며, 일제강점기 시대의 도시 조직을 유지한 것으로 예상된다. 닫혀있는 블록 안으로 중간에 10층 이상의 주거 건물도 분포되어 있는데 2002년도 초기에 없었으나 2014년 이후 항공지도에서 발견된 것으로 보아 지역 인구밀도의 증가 또는 중심지 활성화 현상으로 예상된다. 기존의 그리드형 조직을 최대한 이용해 슈퍼 블록을 정의하였고, 내부에 기존 건물을 유지하면서 새로운 건물이 만들어져 비교적 이른 시간에 도시의 재정비가 가능했을 것이다. 하나의 슈퍼 블록은 작은 마을을 구성하며 공동체 생활이 가능한 구조이다. 블록 안으로 네트워크형 내부 도로체계가 있으며 건물

과 건물 사이로 자연스럽게 중정이 형성되어 공공 공간이 자연스럽게 형성된다. 신의주에서 나타나는 슈퍼 블록이 다른 사회주의 모델과는 다소 차이를 보이는 점은 건물의 밀집도이다. 블록 안은 소단위의 건물과 2~3층 규모의 중간 단위, 10층 이상의 대단위 건물이 밀집되어 분포된다. 규모가 큰 단위의 건물들은 각자의 중정을 지니며 공공성이 나타나지만, 소규모와 중간 규모의 건물에서는 밀집도가 높아 공공 성격의 외부공간은 나타나지 않아 시대가 흐르면서 자연스럽게 밀집화가 이루어진 것으로 예측된다. 블록 내에 공공 성격을 지닌 외부공간의 분포도가 높은 것은 공동생활 공간을 중시하여 개인공간보다 집단주의가 성격이 강하기 때문이다. 사회 평등을 중요시하는 정치 체제에서 개인의 차별화되는 공간보다는 국가가 공급하는 공공공간의 중요도가 높다. 위와 같은 슈퍼 블록형의 사회주의 모델은 신의주시에서 철도역 남측 및 북동 측 인근에서만 확인되며 북한 정권 체계의 초기에 형성되었다. 한국전쟁 이후 신의주시의 산업화가 활발해지며 노동자의 주거 문제 해결 및 이상적인 모델의 실현화를 위해 철도역 인근지역에 자리를 잡음이 적합했음을 알 수 있으며, 구소련 및 동유럽국가에서 만들어진 정형화된 사회주의 도시 모델과 당시 유행하던 브루탈리즘(Brutalism)[8] 양식은 단기간에 신의주 블록단지의 조성이 가능하게 하였다. 건물의 입면을 보면 블록 가장자리 5층의 주거 건물은 브루탈리즘 양식을 지녀 치장이 없고 단순한 형태를 띠고 있다. 콘크리트의 재료를 그대로 표현하며 기능성과 효율성을 극대화하였다. 하지만 블록 안

---

8 브루탈리즘: 1950~1970년대 초까지 유행한 모더니즘 건축양식으로 프랑스어 용어인 노출 콘크리트(béton brut)에서 유래됨. 마감 없는 콘크리트 재료 성격을 중요시하고 건물의 기능적 요소가 외부로 나타나는 특징을 지니며 사회주의 건축물에서 많이 유행함.

의 저층형 건물은 박공지붕을 하고 불규칙하게 배열되어 있어 블록의 외부를 구성하는 판상형 건물과는 다른 배치를 보인다. 동시대뿐만 아니라 1950년 이전의 건물도 포함되었을 것으로 예상된다. 또

출처: KBS NEWS 2024.04.02. 드론 촬영

〈그림 14〉 블록형 주거 단지 내부 전경

한 2010년 이후 나타나는 고층 건물의 경우, 입면의 형태가 단순하지만 상하부 층의 입체감이 있으며 다양한 색상이 표현되어 1950~1960년대 브루탈리즘 건물과는 차이가 있다.

3. 예술극장 광장 지역

평안북도 예술극장(North Pyongan Grand Theatre)은 일제강점기 시대의 지도에서 산림청, 경찰서 및 형무소가 있던 지역으로 분석되며, 현재 예술극장은 신의주청년역에서 약 1.5km 떨어져 있고 철도역 광장 전면 대로와 연결된 기념비적 건축물이다. 일제강점기 때 목재를 운반하기 위한 주요시설이 강안역을 중심으로 조성되었으며 그 중심이 현재의 예술극장 위치이다. 초기 개발 배경을 고려하면 기존에 공공시설이 자리 잡아 토지개발이 쉬웠을 것이며 평등한 사회를 주장하던 체제에서 문화, 체육, 예술 시설의 상징성은 높았다. 인근에 미술창작소, 의과대학, 예술대학, 교원대

학, 인민병원 등 공공성이 높은 건물이 자리를 잡고 있다. 1952년 항공지도 기반 분석으로 북한 정권 초기에 건립되었을 가능성이 크다. 초기 사회주의 개념에서 북한의 주체사상을 내세우는 것보다 공공 건물의 중요성이 높았을 것으로 추정된다. 북한 정권 초기 공공문화시설의 확대 및 도시 재건을 위한 문화 인프라 선전의 근거가 뒷받침한다. 시간이 흐르면서 북한의 사상이 자리 잡고 김일성, 김정일의 우상시 되는 요소가 덧씌워진다. 2024년 드론 영상 〈그림 15〉를 보면 본 건물은 4층 규모로 전면부의 기둥이 강조된 좌우대칭의 건축물이며 연면적은 6,500㎡, 1,600 관람석[9] 규모로 추정된다. 주 출입구는 기단을 높여 상징성과 가시성을 강조하고 있어 당시 사회주의 체계 건축물에서 나타나는 건축 요소로 판단된다.

대극장 기준의 면적을 지닌 예술극장의 전면부에 광장을 두고 다양한 집회 및 행사를 할 수 있게 했다. 도심 내 문화 네트워크의 역할로 다양한 공연예술, 주민참여 행사가 이루어진다. 도로가 건물을 둘러싸고 있는 중심 광장

출처: KBS NEWS 2024.04.02. 드론 촬영

〈그림 15〉 평안북도 예술극장 전경

형 구조로 도시의 연장선 면에서는 닫혀있다. 공간의 변화가 있는 시기인 2002년, 2014년, 2024년 항공지도를 기반으로 〈그림 16〉을 작성하였다.

---

9 박영정, 「북한 문화예술 현황분석 연구」, 한국문화관광연구원, 2011.

건물을 중앙에 배치하여 신의주역 광장에서 대로로 이어지는 시각적 축의 끝점에 위치한다. 전면부 우측 광장은 100m×150m 규모로 바닥마감이 이루어져 있으며 평안북도 미술창작사와 연계된 외부공간을 조성한다. 미술창작사는 기존에 있는 건물로 2018년도에 확장공사가 있음을 확인했다. 미술창작사와 예술극장과 연결된 광장은 유동 인구에 비해 넓은 면적을 지니지만, 북한의 정치, 사회적 관점에서 집회 및 열병식 등 대규모 행사의 진행을 고려하면 필요한 면적으로 판단된다. 2000년대 초반 광장 경계는 비포장 바닥과 녹지로 인해 불명확하지만 2010년 이후 광장의 경계가 뚜렷하고 인근 건물의 신축으로 기능이 명확해졌다. 녹지공간은 예술극장 뒤편과 좌측에 공원으로 이루어져 있어 산책 등 집회광장과 기능적인 부분이 분리되고 있다. 2014년도 공원 측에 극장(신의주3D영원)이 들어서면서 개발이 시작되고 2018년도에 자동차 전용 공원이 들어선다. 신

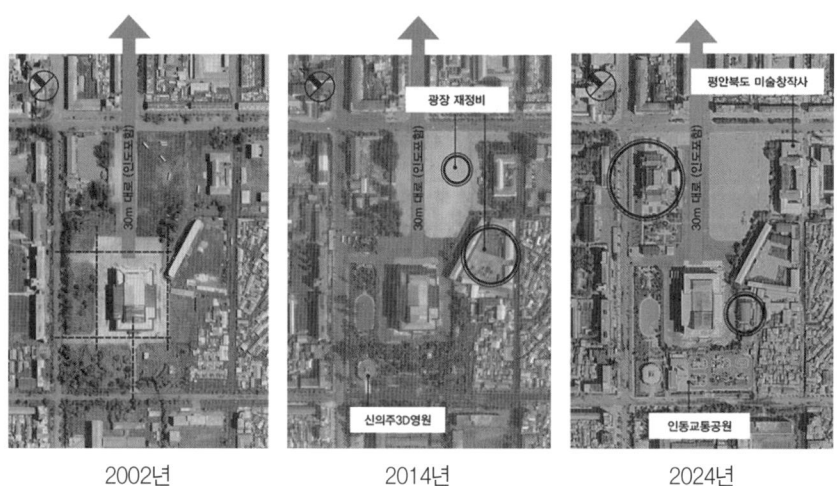

〈그림 16〉 신의주 예술극장 광장지역의 시대별 도시공간 변화

의주예술극장 지역은 북한 정권 초기에 들어섰지만, 경제적 어려움의 시기를 제외하면 비교적 공공성을 유지하며 지속적으로 개발되고 있다. 2019년 신의주 청년야외극장이 준공되었으나 본 장소와 거리가 떨어져 연계성은 적으며, 신의주 교원대학교 체육관과 연계된 곳에 건립된 것을 보아 신의주의 외곽으로 도시가 확장되고 있을 것으로 짐작한다.

V. 신의주청년역 주변 도시공간의 방향성

4장에서 신의주는 북한 정권의 시작부터 신의주청년역을 중심으로 예술극장까지 도시의 상징 축을 형성했으며, 사회주의 도시에서 나타난 블록형 주거 단지를 조성 했음을 확인했다. 초기와는 다르게 1980년대 이후 경제적 문제에 접하며 도시의 성장은 정체되었다. 김정일 정권에서도 신의주에 대한 개발 시도가 없었던 건 아니지만 북한 정권 교체의 시작으로 2000년대 후반부터 무역 및 외화투자의 움직임과 함께 도시의 현대적 이미지를 만들기 위한 노력이 시행된다. 2002년에 신의주 일부를 특별행정구(Sinuiju Special Administrative Region)로 지정하고 국제금융, 무역, 상업 구역으로 개발계획을 제시했다. 신의주 특별행정구는 북한의 시장경제 활성화를 위한 실험적인 계획으로 특정 지구 자체에 자치권을 부여하여 독립 체계를 갖추게 하였다. 북한 정권 체제에서 자본유입이 어려워 하나의 탈출구로 제시했지만, 초대 장관 양빈이 중국에 체포되어 실질적으로 프로젝트가 진행되지 못했다. 신의주특별행정구 기본법은 중앙정부의 관할하에 있지만 독립적인 입법, 행정, 사법권을 지녀, 주민과 외국인의 재산 안전을 도모하고 있다, 신의주의 토지 및 자원은 국가가 지니지만, 이를 개발, 이용하는 데 권한을 부여할 수 있다. 기본법 2장에는 경제적 부분에 관해 규정되어 있으며 국가는 개인재산의 국유화를 시행하지 않을 것을 보증하고 있다. 이는 외국계 기업의 유치 및 외부 투자를 위한 독립 체계로 북한 체제의 많은 변화 시도 중 하나로 간주한다. 당시 특별행정구역을 국제경제지대로 구상하였지만 실행되지 않았으며, 2014년에 다시 수면으로 올라왔다. 당시 국제경제지대에 대한 산업, 물류, 금융, 관광 등 복합적인 개발론이 제시되었다. 당시 개발구상을 보면 북한에서 중국의 단둥지역과 연결다리를 구상하고 원활한 소통을 찾으려고 하였으나 시기적으로 중국과 소통이 되지는 않았다. 1990년까지 극심한 식량 및 경제위기가 있어 개방정책은 적절하였지만, 중국과의 원활한 합의가 없어 진행이 어려웠다.

    1980년대에 신의주 일대의 간척사업 구상이 있었다. 신의주와 대계도 지역 일대의 방조제를 포함한 간척산업으로 2010년도에 완공된다. 1990년대 신의주의 경제는 침체기에 들어가며 위기를 모면하기 위한 정책이 요구되었다. 2000년 경제관리개선 조치로 인해 기업들 경영의 독립성을 확보하고 일정부분의 권한이 부여되면서 경기가 다시 숨을 쉬었다. 기업의 자율적 경영으로 단절된 중국과의 무역도 이루어지기 시작하면서 신의주청년역 북측에 있는 산업단지가 부활하였다. 중국은 단둥 개발정책을 수립하여 민간자본의 투자로 개방정책을 통해 대외관계를 넓힐 계획을 구상하였다. 단둥에 접해있는 신의주도 같은 이유를 고려하여 신의주특별행정구역이 수립되었지만, 중국 측의 연계 개발은 찾을 수 없으며 북한 정권의 교체 시기와 맞물려 정체된다. 김정은 정권의 시작으로 신의주를 포함한 주요 도시에 새로운 개발계획이 제시된다. 특징은 중국 정부와 공동투자 개발이 아닌 북한 정부의 직접적인 외부 자본의 유입과 투자기업의 권한 유지를 통해 개발을 도모하는 것이다.

신의주 국제경제지대라는 이름으로 2014년에 발표된 개발계획은 인구 35만 명을 위한 국제도시 개발이다. 신의주 마스터플랜의 개발 면적은 총 약 38km^{2}로 산업 지역 29%, 주민 지역 16%, 도로 및 광장 지역 13%, 공공건물 지역 11%, 공공 이용 녹지지역 8% 창고 지역 8%, 공영시설 지역 2%, 기타 지역 11%로 구성된다. 남신의주 이전과 고속철도화 추진, 외부 교통망의 연결로 교통요지를 확장하며 세계적인 물류 중심지로 만드는 것이다. 이어서 투자자를 모집하는 광고 문구를 내걸었으며 북한의 대외경제성과 중국 랴오닝성 정부가 공동개발에 서명함을 알렸다.[10] 신의주 국제경제지대 마스터플랜에 기반하여 신의주청년역 주변 지역의 개발 방향을 정리하여 〈그림 17〉을 작성했다.

주요 축으로 신의주철도역 광장을 중심으로 동서 축이 강조된다. 기존의 사회주의 도시 구조에서 나타난 광장-대로-기념비적 건물에 의해 생성된 축과, 블록형 주거 단지보다는 혁명기념관, 원형의 새로운 상징적 건물의 동서 축이 강조되며 단둥지방을 향하고 있다. 기존 도시의 중심성 강화보다는 압록강을 향하는 새로운 고층 주거 단지의 등장으로 도시는 서쪽

---

10 〈통일뉴스〉,「신의주 약 38km^2 35만 명 거주 개발계획」, 2016.01.26.

으로 확장된다. 사회주의의 정치적 이념보다는 새로운 미래 지향형 개발 계획으로 판단된다. 시대적 배경을 보면 신의주는 일제강점기부터 사회주의 체계를 유지하며 항상 무역의 중심지로 있었다. 일제강점기에 압록강을 통해 목재를 운반하고, 북한 정권의 시작으로 신발, 화장품, 화학산업의 번영을 누리며 도시가 확장되었다.

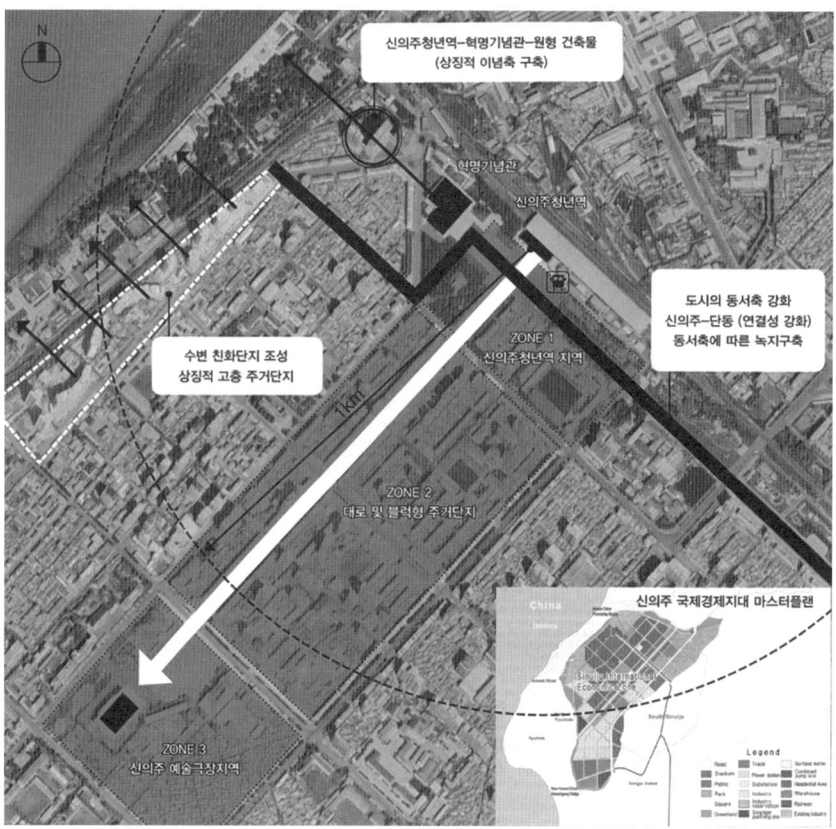

신의주 국제경제지대 마스터플랜 출처: National Economic Development Guidance Bureau, DPRK Ministry of External Economic Relations via Stephan Haggard

〈그림 17〉 신의주청년역 주변 지역 개발 방향

이제는 동북아의 무역중심지로서의 역할을 도모하기 위해 해상 및 철도를 중심으로 개발하는 것이 적합할 것이다. 마스터플랜에서 제시한 수변공간의 개발, 남신의주로 확장, 산업단지의 강화가 적합하게 보인다. 세부 사항으로 김일성, 김정일 동상의 상징성 강화로 인한 광장 재구성 및 압록강 변으로 주거시설이나 공공시설, 공원 및 문화, 체육시설 조성, 철도역의 현대화가 주요 과제이다. 2021년 언론에 노출된 압록강 변의 주거단지의 공사 자료를 보면 상징성이 높은 원형 평면을 지닌 15층 높이의 새로운 형태인 친수변형 건물을 찾을 수 있다. 기존의 사회주의 체계에서 나타난 블록형 도시 모델과는 차이가 있으며 변화되는 북한의 도시 모델로 표현된다.

마스터플랜에서 보이는 주요한 축은 신의주철도역 광장을 중심으로 동서 축이 강조된다. 초기 사회주의에서 나타난 노동-주거의 도시 모델과 블록화된 마을 단위의 주거 단지는 더 이상 요구되지 않는다. 신의주 철도역 광장을 중심으로 한 도시 모델에서 여전히 철도 선로 및 도로가 중요한 역할을 하고 있다. 마스터플랜에 의하면 신의주는 면적이 두 배 가까이 커지며 현재의 1번 국도(단동역과 신의주청년역을 잇는 철도와 나란한 국도)가 강화된다.

현재의 신의주 도시 경계에 운하 계획도 제시되었다. 압록강에 의한 홍수 피해 방지 및 원활한 해상 무역을 위한 인프라 구축이지만 계획 이후 착공의 흔적은 없다. 운하 계획은 1913년도 일제강점기 계획도에서도 찾을 수 있으며 신의주에서 운하의 필요성은 지리적 환경 및 물류 이동을 위해 타당해 보인다.

VI. 나가는 말

1. 철도역 중심의 공공성이 강화된 도시 모델의 시작

　일제강점기 초기에 강안역과 신의주역은 무역산업을 위해 요구되는 교통시설이라는 기능적인 공간으로 시작되지만, 외국 여행객과 자본 유치를 위해 무역의 중심지로 확장된다. 북한 정권 이전까지 격자형 도시 구조를 지니며, 철도역을 중심으로 방사형 도로체계를 지니며 발전해 왔다. 북한 정권의 등장으로 공공성이 강조되며 사회주의 체제에서 요구하는 평등한 이념은 신의주 도시 모델을 변화시켰다. 노동과 주거를 분리하고 교통시설을 중심으로 보행 가능한 주거 단지를 만들었다. 다양한 광장 시설이나 대로를 철도역 인근에 위치시키고 집회 및 행사가 이루어지는 공간으로 조성한다. 정권 초기에 건립된 광장 및 시설은 시민들을 위한 공공성이 강조된 공간이었지만, 시간이 흐르면서 정치적 개념과 사상이 자리 잡기 시작했다. 일제강점기 시대의 격자형 도로체계가 신의주 도시 구조의 베이스가 되고 사회주의 모델 공간의 위계가 만들어지며 철도역 광장-대로-기념비적 건물을 향하는 역사적 축이 생성된다. 철도역은 단순 교통시설에서 북한 정권을 맞이하며 상징적 공간으로 변화한다. 철도역을 시작으로 열린 광장, 그리고 도시 가로의 구조를 지니며 광장 주변으로 행정, 문화시설이 배치되어 권력의 중심지로 자리 잡는다. 철도역과 연결된 열린 광장은 만남의 광장에서 국가적 행사를 치르는 기념 광장으로 구실을 하게 된다. 북한 정권의 등장으로 철도 역사 기준 500m 이내에 근린주구 개념인 블록형 주거 단지가 나타났다. 작업공간과 주거 공간은 분리되며 모두가 평등한 집합 주거 양식이 보급된다. 학교, 상업시설을 포함하는 소단위의 블록 마을을 만들어 도보 생활 단위의 이상 도시를 만들었다. 경제적 어려운 시기를 넘기면서도 사회주의 도시 구조를 유지하며 점진적으로 발전해나갔다. 블록형 주거 단지에는 새로운 재료를 사용하는 현대화된 고층 건물이 들어서고 단순한 입면에서 자유로운 치장적 요소가 나타난다. 2000년대 신의주의 새로운 도시개발의 움직임이 보였다. 국제적 교통의 중심지 역할을 하는 신의주청년역이 도시개발의 중추적인 장소임은 변함없지만, 미래 신의주시의 개발 축은 기존의 사회주의 도시 모델에서 나타나는 남북의 대로 축이 아닌 중국 단둥을 바라보는 동서 축으로 그려진다. 시대적 흐름에 따라 도시가 요구하는 개발 방향이 변화하지만, 철도 역사가 중심 매개체가 되는 것은 여전했다. 북한 정권이 지향하는 도시 모델은 교통을 중심으로 연결하는 선형적 개발이며, 사회주의를 대변하는 공공공간의 강화는 지속해서 나타나지만, 모두를 위한 열린 공간의 역할보다는 체계의 위상을 보여주는 상징적인 공간으로서의 개발이 중요해졌다.

2. 기능의 도시에서 상징의 도시로

일제강점기의 신의주는 격자 체계를 이루면서 주거, 상업, 행정이 공존한 도시 모델이었다. 일본인과 조선인의 공간을 구분 지었지만, 도시의 기능적 측면에서 복합화된 도시 구조이다. 도시의 위계보다는 네트워크 체계가 중요했던 시기이다. 북한 정권 이후, 도시의 상징성이 중요시되며 대로, 기념비적 건축물 등이 자리 잡고 도시 공간의 위계가 만들어졌다. 정권 초기의 건축적 양식은 기능주의를 대표하는 단순한 재료의 미를 살린 건물들로 이루어졌지만, 2000년대를 시작하며 중국을 통해 새로운 건축 마감 재료가 소개되며 유리 커튼월을 사용하는 고층 건물과 현대화된 주거시설의 시도가 보인다.

신의주청년역을 기준으로 신의주예술극장, 행정관청 등 공공의 문화 및 이익의 목적을 위한 정권 초기의 공공공간은 정체되어 있으며, 넓은 광장 및 개방형 공공공간에 정치적 건물인 혁명기념관, 김일성과 김정일 동상이 등장하며 주체사상 중심 공간의 성격이 자리 잡는다. 2010년을 넘어가며 기존의 보행 가능한 근린주구 블록형 발전에서 상징성을 강조하는 도시 외곽의 발전 계획이 나타난다. 다만 도시발전의 중요한 구심점이 되었던 철도역 인근 개발은 유지되나, 태양을 상징하는 원형 건물이나 압록강 변에 고층 건물 등 랜드마크형 건물들이 더욱 강조되고 있다. 기존의 도시 구조가 기능 위주의 형태를 지닌 것에 비해, 최근의 도시 건축은 주체사상을 강조하는 웅장하고 상징성 높은 건물로 현대화되고 있으나 실거주설은 확인되지 않는다. 확장되는 신의주 개발은 기존의 사회주의 모델에서 나타나는 근린주구의 개념이 나타나지 않는다. 보행 생활권이라 불리는 철도역 중심의 블록형 단지 개발보다는 수변에 따른 상징성 개발 및 차량 이동으로 가능한 방사형 도시로 확장되고 있다.

본 연구는 통일을 전제한 남북한의 상이한 도시 개발 모델을 어떻게 바라볼 것인가에 대한 질문으로 시작되었다. 근린주구 개념인 블록형 주거 단지, 도시의 상징성을 지닌 넓은 대로, 다수를 위한 공공시설의 공간적 특성은 국내 도시 구조와 차이를 보이며 도시의 공공성이라는 긍정적인 요소로 나타난다. 서로의 정치 체제와 별개로 공공성이 결여된 국내 도시 구조의 문제점에 대한 시사점을 남겨둔다.

참고문헌

논문류

박영정·오양열·전영선, 「북한 문화예술 현황분석 연구」, 한국문화관광연구원, 2011.

이미경, 「일제하 신의주 목재업계의 변동과 목재상조합의 활동(1910-1936)」, 서울대학교 석사학위논문, 2016.

기타다 아키지, 「식민지 시대 조선의 철도망 발달과 도시 시스템 변천」, 북해도지리 No.73, 1999.

문헌류

고유환, 『사회주의 도시와 북한』, 북한도시사연구팀, 한울아카데미, 2013.

권두언, 『통일을 대비한 북한도시 개발 구상』, 통일한반도건설산업전략연구소, 보문당, 2024.

김경원 외, 『북한의 산업』, KDB산업은행, 2020.

김두얼, 『북한의 철도건설 1900~2015: 산업화와 장기 경제침체에 대한 함의』, 한국개발연구원, KDI 북한경제리뷰, 2018.

김영호, 『신의주의 점진적 개발과 최고지도자들의 담론』, 통일연구 제24권 제1호, 2020.

엄운진 외, 『한반도 통일시대 기반구축을 위한 건축분야 기초연구』, AURI 건축도시공간연구소, 2015.

임도우 외, 『북한 도시 읽기』, 담디, 2014.

인터넷

국토정보지리원, 『북한 지도집』, https://www.ngii.go.kr.

https://www.38north.org/2020/06/sinuiju062320/?utm_source=chatgpt.com

https://www.nkeconwatch.com/2015/12/01/sinuiju-international-economic-zone/?utm_source=chatgpt.com

https://www.youngpioneertours.com/sinuiju-railway-station/?utm_

source=chatgpt.com

https://www.youtube.com/watch?v=8PHB9wYeM2g

Koryo Tours. 『First Tourist Visit to Sinuiju, North Korea』. Youtube.

Martyn Williams. 『Sinuiju City Big Plans, Little Progress』. https://www.38north.org.

Martyn Williams. 『Trucks Lined Up at Sinuiju』. 38 North.

Rowan Beard. 『Sinuiju Chongnyon Youth Railway Station DPRK Guide』. Youngpioneertours.

조장환 _ 원광대학교 농생명융합대학 산림조경학과

숲을 하나의 생명체이자 사회의 거울로 바라보며, 인간과 자연이 맺는 관계의 언어를 탐구한다. 그의 연구는 산림 생물다양성 정보화, 도시숲·지역산림·도서산림의 생태계서비스 관리 모델링, 산림 교육·치유·복지와 문화적 확장을 축으로 삼아, 데이터와 이야기를 아우르는 새로운 산림과학의 형태를 모색한다. 숲의 질서 속에서 사회를 읽고, 인간의 삶 속에서 숲의 이치를 찾으며, 과학과 철학, 정책과 예술을 잇는 사유의 통로를 열어가고 있다.

장유지 _ 원광대학교 농생명융합대학 산림조경학과

원광대학교 산림조경학과에서 학사와 석사를 졸업하였다. 데이터와 정책에 가려진 사람들의 이야기를 찾아, 산림의 더 나은 미래를 위한 지속가능한 방식을 찾고자 노력한다. 연구를 통해 사람과 숲, 그리고 정책이 더 깊이 연결되는 길을 찾고자 한다.

산림전용 및 산림황폐화 방지를 통한 온실가스 감축(REDD+) 사업 민간부문 참여 제약 요인과 대응 전략

목차

Ⅰ. 서론
Ⅱ. 선행 연구 분석
   1. 민간 부문 참여 촉진의 동향과 접근법
   2. 민간 부문 참여 촉진을 위한 인센티브
Ⅲ. 연구 방법
   1. 포커스 그룹 인터뷰(FGI)
   2. SWOT 분석
Ⅳ. 분석 결과 및 고찰
   1. 포커스 그룹 인터뷰 결과
   2. SWOT 분석 결과
   3. 포커스 그룹 인터뷰 및 SWOT 분석 결과에 따른 전략 도출
Ⅴ. 결론

Ⅰ. 서론

기후변화의 심각성이 고조되고 그 영향이 확산됨에 따라, 산림은 전 지구적 온실가스 완화 전략의 최전선에 있다. 산림은 육상에서 대량의 온실가스를 흡수하는 핵심 탄소 흡수원으로 기능한다. 특히, 파리협정 제5조는 포괄적 기후 대응 전략의 일환으로 산림 탄소저장량의 보전과 증진의 중요성을 강조하고 있다(IPCC, 2007). 이러한 산림 보전의 강조는 1992년 유엔기후변화협약(UNFCCC)에서 마련된 토대를 바탕으로, 1997년 교토의정서가 선진국에 법적 구속력이 있는 감축 의무를 부과하며 한층 강화되었다. 나아가 2015년 파리협정은 국가의 개발 단계와 무관하게 모든 국가의 적극적 참여를 요구하는 중대한 전환점을 마련하였고, 그 결과 산림전용 및 산림황폐화 방지를 통한 온실가스 감축(REDD+: Reducing Emissions from Deforestation and Forest Degradation; 이하 REDD+로 서술)과 같은 메커니즘이 등장했다(Tacconi et al., 2010).

산림 관련 온실가스 완화 체계의 핵심에는 REDD+가 있다. REDD+는 산림 전용과 황폐화를 저감할 뿐 아니라, 개발도상국에서 지속가능한 산림경영과 탄소저장량 증진을 촉진하도록 설계된 메커니즘이다. 이는 생물다양성 보전과 사회·경제적 발전과 같은 상당한 공동편익을 제공하는 자연기반해법으로서, 생태계 보전과 인간 복지의 정합성을 지향한다(Enrici & Hubacek, 2019). REDD+ 이니셔티브의 규모는 크게 확대되어, 2022년에는 산림·토지이용 탄소시장 거래의 거의 50%를 차지한 것으로 보고된다(약 58.5 MtCO2e; Ecosystem Marketplace, 2023).

이러한 세계적 흐름 속에서 우리나라는 국가결정기여(NDC)의 기후목표와 2023년 제정된「국외산림탄소배출감축법」을 바탕으로, REDD+를 포함한 국제감축을 통해 3,750만 톤의 CO_2를 상쇄하는 것을 목표로 하고 있다. 동시에 REDD+는 단순한 국제 탄소감축 메커니즘을 넘어, 향후 한반도 차원의 남북 산림협력 사업에도 중요한 기반이 될 수 있다. 남북 산림협력은 기후변화 대응과 더불어 생태계 회복 및 지역사회 발전이라는 공동편익을 창출할 수 있으며, 이를 지속 가능하게 추진하기 위해서는 공공부문뿐 아니라 기업의 적극적 참여가 핵심적 요소로 작용한다. 그러나 현 시점에서 민간 부문의 참여는 여전히 제한적이며, 규제의 모호성, 재무적 위험, 불충분한 지원체계 등 구조적 과제가 존재한다(Sheng, 2020).

기존 국외 연구들은 REDD+에서의 민간 참여 장벽을 다뤄 왔으나, 우리나라 고유의 정책 환경과 남북 협력 맥락을 동시에 고려한 연구는 부족하다. 일본의 경우, 규제 및 시장의 불확실성이 산림 탄소 프로젝트에 대한 기업 참여를 저해하는 핵심 요인으로 확인되었다(Ehara et al., 2019). 캄보디아에서는 Nhem과 Lee(2020)가 REDD+ 거버넌스에 대한 이해관계자 인식의 이질성을 드러내며, 포용적·투명한 정책 설계의 필요성을 강조하였다(Nhem & Lee, 2020). 가나에서는 Dugassch 등(2024)이 고고아 기빈 REDD+ 프로그램에서 거버넌스와 편익배분의 한계를 지적하며, 지속가능한 성과를 위해 공정한 제도적 틀의 중요성을 부각하였다(Dugasseh et al., 2024). 이러한 결과는 민간 이해관계자에게 REDD+의 효용과 매력을 높이기 위해 적응적이고 특징적인 맥락에서의 접근이 필요함을 시사한다.

본 연구의 목적은 우리나라의 민간기업이 REDD+ 참여 과정에서 직면하는 구체적 제약을 식별·분류하고, 민간 참여 확대와 REDD+의 효과성 제고를 위한 실천 가능한 권고안을 제시하는 데 도움이 되는 기초자료를 제공하는 것이다.

II. 선행 연구 분석

1. 민간 부문 참여 촉진의 동향과 접근법

민간 부문 참여를 확대하려는 노력은 공공 부문의 자원 제약과 사회문제의 복잡성 증대에 대한 대응책으로 등장했다. 이러한 노력은 더 나은 서비스 제공과 보다 폭넓은 사회적 가치 창출을 위해 공공-민간 협력이 필요함을 강조한다(Miyamoto et al., 2005). 초기 연구는 공공서비스 제공에서의 효율성 제고와 비용 절감을 중시했으며, 공공 부문 단독으로는 감당하기 어려운 과제를 해결하기 위해 민간 부문의 자원과 혁신적 접근의 잠재력을 부각했다(Akintoye et al., 2003).

민간 부문 참여 분야의 연구 진화는 크게 세 가지 접근으로 구분할 수 있다(Siemiatycki & Farooqi, 2012). 첫째, 시장지향적 접근은 경쟁을 촉진하고 서비스 품질을 높이며 운영비용을 절감하는 데 있어 시장 메커니즘의 역할을 강조한다. 민간 부문을 공공서비스 제공 체계에 통합함으로써 경쟁과 자율성이 강화되고, 민간 주체가 효율성과 혁신을 극대화할 수 있다. 예를 들어, REDD+는 시장 기반 메커니즘을 통해 지속가능성 프로젝트에 대한 민간 투자를 유인할 수 있음을 보여준다(Sheng, 2020). 둘째, 협력적 거버넌스 접근은 공공과 민간이 신뢰를 기반으로 공동 목표를 추구하는 파트너십 구축의 중요성을 부각한다. 이 틀에서 민간 부문은 단순한 서비스 제공자를 넘어 공공가치 창출의 전략적 파트너로 전환된다. 협력적 거버넌스는 신뢰 구축, 공동 의사결정, 상호책임을 강조하여 복잡한 과제에 대한 유연성과 혁신을 촉진한다(Kurniawati & Kustulasari, 2020). REDD+ 맥락에서는 이 접근이 부문 간 협업을 촉진하고 거버넌스의 공백을 메우며, 지역사회의 요구와 글로벌 환경목표를 정렬시키는 포용적 해법을 마련하는 데 특히 유용하다(Nhem & Lee, 2020). 셋째, 사회적 가치 창출 접근은 민간 부문이 경제적 수익과 사회적 편익을 동시에 달성할 수 있는 역량을 강조한다. 이 접근은 기업의 책임을 공공 및 지역사회의 복지와 접목시켜, 기업이 환경친화적 관행을 채택하고 사회적 형평성에 기여하도록 한다. 예를 들어, 취약계층 고용 기회 창출, 자원 효율적 기술 도입, REDD+프로젝트를 통한 지역사회 개발 등이 있다(Kociemska & Poltorak, 2021). 이 맥락에서 REDD+는 기업이 운영 목표를 환경·사회·지배구조(ESG) 기준과 정렬시킬 수 있는 플랫폼으로 작동하여, 기업 평판과 프로젝트의 지속가능성을 함께 제고한다(Cummings & Martin, 2020).

이러한 접근을 통해 민간 부문 참여 연구는 경제·사회적 가치를 창출하면서 공공서비스의 품질과 효율성을 개선하는 협력 모델에 대한 이해를 심화시켜 왔다(Zhu et al., 2019). 이러한 통찰은 환경 보전과 사회경제적 발전의 균형을 요구하는 REDD+와 같은 이니셔티브에 특히 중요하며, 민간 부문 참여에 대한 강조가 커짐에 따라 기업은 지속가능성과 회복력 달성의 핵심 행위자로 자리매김하고 있다.

2. 민간 부문 참여 촉진을 위한 인센티브

민간 부문 참여 인센티브는 경제적·정책적·사회적 측면에서 설계될 수 있으며, 공공사업 참여의 이점을 극대화하고 장벽을 최소화하는 것을 목표로 한다. 경제적 인센티브는 민간 참여의 토대를 이루며, 재정적 보상, 세제 혜택, 규제 완화 등의 형태로 제공된다(Alberts, 2009). 정부가 공공서비스에 참여하는 민간 주체에 대해 안정적 수익 기대를 보장하면 장기적 수익성이 담보된다(Miyamoto et al., 2005). 예를 들어, 지속가능성 프로젝트에 참여하는 기업에 대한 세제 감면이나 보조금은 재정 부담을 경감한다(Barder & Talbot, 2015). 이러한 인센티브는 단기 비용을 낮춰 참여를 촉진할 뿐 아니라, 고위험 프로젝트의 장기적 타당성에 대한 신뢰도 함께 제고한다.

정책 인센티브도 민간 참여를 촉진하는 핵심 요소다. 인허가 절차의 간소화와 법적 장벽의 완화는 행정 부담을 줄여 참여 친화적 환경을 조성한다(Zulu et al., 2023). 예를 들어, 인도네시아에서는 REDD+를 생태관광 등 지속가능한 관광정책과 연계시키는 접근을 통해, 관료적 병목을 줄이고 운영지침을 명확히 함으로써 지역 거버넌스를 강화하고 기업 참여를 장려한 사례가 보고되었다(Choi et al., 2020).

사회적 인센티브는 기업 참여가 가져오는 평판 제고와 기업의 사회적 책임에 초점을 둔다(Aguilar-Støen, 2015). ESG 기준의 부상과 함께 기업은 경제적 성과와 더불어 사회적 가치를 점점 더 중시하고 있다. 취약계층 대상 복지 프로그램과 같은 공공 프로젝트에의 참여는 기업의 평판을 강화하고 사회적 기대에 부응한다(Ng et al., 2010). Sheng(2020)은 생태관광과 같은 지역사회 기반 전략이 산림보전과 지역소득 창출을 연계해 공유가치를 창출함으로써, 기업 평판을 제고하고 ESG 기준 충족에도 기여한다고 강조했다. 나아가 포용적 거버넌스 메커니즘을 보장하는 것은 REDD+ 프로젝트에서 민간 부문 참여의 지속가능성을 담보하는 데 필수적이다. Nhem과 Lee(2020)는 의사결정의 투명성과 지역사회와의 공정한 편익배분이 사회적 신뢰를 강화하고 이해관계자 갈등과 연계된 위험을 완화한다고 밝혔다.

경제·정책·사회적 차원을 아우르는 인센티브 설계를 통해, 민간 부문 참여를 촉진하고 공공과 민간 모두에 상호 이익을 보장하며 사회·경제적 진전을 견인할 수 있다. 이를 위해 다중 이해관계자 플랫폼을 통한 조정과 지역사회와의 소통 및 통합이 필수적이며, 이는 REDD+의 참여 장벽을 극복할 뿐 아니라 참여 효과를 극대화하는 데도 중요하다. 통합적 접근은 각 국가의 경제·정책·사회적 맥락에 맞춤화된 인센티브 프레임워크가 필요함을 시사하며, 동시에 급변하는 국내외 환경에 유연하게 적응할 수 있어야 함을 강조한다(Sheng, 2020).

III. 연구 방법

1. 포커스 그룹 인터뷰(FGI)

포커스 그룹 인터뷰(Focus Group Interview, FGI)는 특정 주제를 중심으로 소규모 집단의 상호작용을 통해 심층적인 의견과 관점을 수집하는 대표적인 질적 연구 방법이다. 설문조사와 같은 양적 방법과 달리, 집단 토론의 역동성을 활용하여 참여자들의 경험, 신념, 태도를 다층적으로 탐색할 수 있다(Krueger & Casey, 2014). 이러한 특성 덕분에 FGI는 마케팅 조사뿐 아니라 사회과학, 교육, 정책 연구 등 다양한 영역에서 폭넓게 활용되고 있다(Sim, 1998; Gill et al., 2008).

FGI는 보통 4명에서 12명으로 구성된 집단을 대상으로 하며, 그룹 구성 시 성별, 연령, 직업 등 다양한 배경을 고려하여 참여자의 이질성을 확보하는 것이 중요하다(Sim & Waterfield, 2019; MacDougall & Fudge, 2001). 진행자(moderator)는 개방형 질문을 통해 참여자들이 자유롭게 발언하도록 촉진하고, 특정 응답을 유도하지 않으면서 모든 참여자의 발언 기회를 보장해야 한다(Puchta & Potter, 2002). 인터뷰는 일반적으로 도입, 주제 토의, 마무리의 단계를 거쳐 진행되며, 논의 내용은 전사 후 체계적으로 분석된다.

FGI의 자료 분석은 주제분석(thematic analysis)과 내용분석(content analysis) 방법이 널리 활용된다. 연구자는 현장 메모, 녹취록, 관찰 기록 등을 활용하여 수집된 데이터를 의미 단위로 코딩하고, 범주화 과정을 거쳐 핵심 주제와 패턴을 도출한다(Braun & Clarke, 2006; Hsieh & Shannon, 2005). 이를 통해 연구 대상 현상의 맥락적·심층적 이해가 가능하며, 단순 응답 빈도를 넘어선 경험의 질적 특성을 파악할 수 있다.

선행 연구는 FGI가 복합적 현상에 대한 인식과 태도를 탐색하는 데 유용함을 보여준다. 예를 들어, Clarke(1999)는 교육 현장에서 학생들의 학습 경험과 태도를 분석하여 교육과정 개발에 기초 자료를 제공했으며, Freeman(2006)은 포커스 그룹을 활용하여 참여자 간의 다양한 견해 차이를 탐색하고 이를 정책적 의사결정 과정에서 반영할 수 있는 '베스트 프랙티스'를 제시하였다. Gill et al.(2008)은 인터뷰와 포커스 그룹을 비롯한 질적 연구 방법론을 종합적으로 고찰하면서, 이러한 기법이 정책 및 보건 연구에서 대중의 의견을 체계적으로 수집하고 근거 기반 의사결정을 뒷받침하는 데 효과적으로 활용될 수 있음을 강조하였다. 본 연구에서도 REDD+ 민간 부문 참여 제약 요인과 대응 전략을 탐색하기 위해 FGI를 적용하였으며, 사업자와 투자자를 포함한 소규모 집단을 대상으로 경제적, 사회적, 환경적 차원의 인식을 다각적으로 논의하도록 설계하였다. 이러한 접근은 다양한 이해관계자의 복합적 관점을 통합하여 전략 도출의 토대를 마련하는 데 기여하였다. 본 연구에서는 선행 연구의 기준을 준수하여, 2024년 9월 23일 서울대학교에서 열린 "국외산림탄소축적증진 및 민간참여 활성화 세미나"에 참석한 민간 부문 전문가 6명을 대상으로 포커스 그룹 인터뷰를 하였다.

2. SWOT 분석

　SWOT 분석은 조직이나 사업, 정책 등이 처한 상황을 내부 요인(강점·약점)과 외부 요인(기회·위협)으로 구분해 체계적으로 파악하는 대표적 전략 도구다. 이는 단순 현황 파악을 넘어 내부 역량과 외부 환경의 상호작용을 종합적으로 이해하여 전략적 의사결정을 지원하는 것을 목표로 하며, 전략기획·마케팅·지역/산업 분석 등 다양한 맥락에서 널리 활용되어 왔다(Helms & Nixon, 2010; Pahl & Richter, 2009; Pickton & Wright, 1998).

　일반적인 절차는 내부 분석과 외부 분석으로 나뉜다. 내부 분석은 자원, 역량, 성과, 운영 구조 등을 통해 강점(Strengths)과 약점(Weaknesses)을 식별하고, 외부 분석은 정책 환경, 사회·경제 변화, 기술 발전, 경쟁 구도 등을 통해 기회(Opportunities)와 위협(Threats)을 규명한다. 이렇게 도출된 요인을 교차해 SO, ST, WO, WT와 같은 조합 전략을 설계하는 방식은 SWOT 매트릭스로 정형화되어 있으며, 환경요인과 내부능력을 짝지어 실행 전략을 구체화한다(Weihrich, 1982; Pickton & Wright, 1998).

　연구 방법으로서 SWOT은 설문조사, 심층 인터뷰, 포커스 그룹 인터뷰(FGI) 등 질적·양적 자료를 활용해 내부·외부 요인을 수집·정리하고, 전문가 합의나 통계적 기법을 통해 전략적 시사점을 도출한다. 이러한 절차는 조직·정책의 실행 가능성 점검이나 참여 제약 요인 극복 전략을 모색하는 데 유용하다는 점이 여러 선행연구에서 반복적으로 확인할 수 있다(Helms & Nixon, 2010; Dyson, 2004; Pahl & Richter, 2009).

　SWOT의 장점은 복잡한 상황을 네 범주로 간명하게 구조화하여 이해관계자 간 의사소통과 우선순위 논의를 촉진한다는 점이다. 다만 주관성,

우선순위의 정량화 어려움, 과도한 단순화 위험 등이 한계로 지적되어 왔으며, 이를 보완하기 위해 외부 경쟁분석, 다기준의사결정(MCDM) 등 다른 도구와 병행하는 통합적 접근이 권장된다 (Ghazinoory et al., 2011; Helms & Nixon, 2010; Weihrich, 1982).

IV. 분석 결과 및 고찰

1. 포커스 그룹 인터뷰 결과

포커스 그룹 인터뷰를 통해 REDD+ 사업 참여에 대한 민간 부문의 사업자와 투자자의 인식을 분석한 결과, 여섯 가지 주요 범주에서 의미 있는 차이가 나타났다.

첫째, 경제적 부담 및 인센티브와 관련하여, 사업자들은 REDD+ 사업의 초기 비용 부담과 정부 지원 자금의 유동성 부족을 중요한 제약 요인으로 지적하였다. 일부 응답자는 "사업 초기에 들어가는 비용이 상당하며, REDD+ 타당성 조사 사업을 일부 지원받더라도 정부 자금의 사용 절차가 까다롭게 느껴진다"고 응답하여 정부 재원 활용의 어려움을 강조하였다. 특히 소규모 사업의 경우 수익성이 낮아 민간 기업 입장에서 경제적 이점이 없다고 지적되었다. 반면 투자자들은 불확실성과 고정비 부담을 주요 경제적 제약으로 인식하였다. "REDD+ 사업은 수익성 대비 불확실성과 고정비 부담이 크기 때문에 기업이 참여하기에는 리스크가 크다"는 의견은 탄소배출권 가격 변동과 초기 투자비 회수 가능성에 대한 우려가 경제적 장애로 작용하고 있음을 보여준다.

둘째, 기업의 역할 및 책임에 대한 인식에서도 차이가 나타났다. 사업자들은 민간 기업의 참여가 필요하지 않다고 보며, REDD+ 사업은 국가 주도하에 추진될 필요가 있다고 응답하였다. 한 참여자는 "REDD+ 사업은 준 국가사업으로 진행되어야 하며, 누출(leakage) 위험을 줄이기 위해 정부 간 협력이 더 적합하다"고 언급하면서 환경적 목표 달성을 우선시하였다. 그러나 일부 투자자들은 민간과 정부의 협력이 병행되어야 한다는 점을 강조하였다. "모든 시장은 정부와 민간의 주도가 함께 있어야 성립된다"는 응답은 민간 참여의 중요성을 시사하지만, 동시에 다른 일부 투자자는 민간의 참여 필요성에 회의적인 태도를 보이며 국가 주도적 성격을 강조하였다.

셋째, 정부 및 정책·프로그램 지원에 대해서는 사업자와 투자자 모두 법적 기반의 미비를 문제로 지적하였다. 사업자들은 "산림청에서 시범 사업을 소개하는 부분은 있지만, 법적인 지원 제도가 충분히 홍보되지 않았다"는 응답을 통해 민간 참여 범위와 방식에 대한 불확실성을 지적하였다. 투자자들 역시 "정부가 직접 수행하는 것에 비해 민간이 참여했을 때 더 효율적인 점이 없다"는 의견을 통해 법적 제도의 미흡함과 탄소배출권 판매에 대한 불확실성을 강조하였다.

넷째, 관리 차원에서는 해외 정부와의 협력과 이해관계자 간 소통 문제가 지적되었다. 사업자들은 개도국 정부와의 협력 과정에서 소통이 쉽지 않다고 답변했으며, 초기 단계에서 한국임업진흥원(산림청 산하 공공기관)조차 REDD+ 사업에 대한 인식이 부족하고 정보 공유가 비효율적이었다는 점을 언급하였다. 투자자들 역시 "소통의 장조차 없다"는 의견을 통해, 이해관계자 간 정보 공유와 협업을 위한 플랫폼의 부재를 문제로 인식하였다.

다섯째, 사회적 및 지역사회 영향에 관한 인식도 차이를 보였다. 사업자들은 REDD+ 사업 홍보가 충분히 매력적이지 않다고 지적하며, 민간 기업의 관심을 끌지 못하고 있음을 지적하였다. 그러나 동시에 "지역사회의 참여를 이끄는 것이 가장 중요한 문제"라는 응답을 통해 지역사회 협력이 사업 성공의 핵심 요인임을 강조하였다. 반면 투자자들은 일반 대중을 대상으로 한 홍보는 필요하지 않다고 평가하면서, 홍보는 특정 기업을 대상으로 집중되어야 한다는 의견을 제시하였다. 또한, 지역사회의 참여 필요성을 인정하면서도 실제로 성실하게 참여할 수 있을지에 대한 회의적 시각을 드러냈다.

여섯째, 커뮤니케이션 및 협력과 관련해, 사업자들은 제한된 자원으로 인해 기관 간 경쟁이 발생하면서 협력이 원활하지 않다고 평가하였다. 한 사업자는 "기관들이 제한된 자원을 두고 경쟁하다 보니 커뮤니케이션이 잘 이루어지지 않는다"고 언급하였다. 투자자들 역시 "산림 분야의 네트워크도 형성이 안 되고 인적 자원이 부족하다"는 응답을 통해 협력 인프라의 부재와 인적 자원의 한계를 지적하였다. 특히 대규모 투자가 필요한 상황에서 소규모 투자 클러스터의 부재가 대형 기관의 참여를 저해하는 요인으로 작용하고 있음을 강조하였다.

종합하면, 본 연구의 FGI 결과는 민간 부문의 사업자와 투자자가

REDD+ 민간 참여와 관련하여 경제적 부담, 기업의 역할과 책임, 정부 및 정책적 지원, 관리 체계, 사회적·지역사회 영향, 그리고 커뮤니케이션 및 협력이라는 여섯 가지 범주에서 서로 다른 인식을 보이고 있음을 보여준다. 이러한 결과는 REDD+ 사업 활성화를 위해 법적 기반과 정책적 지원의 강화, 경제적 인센티브 확대, 정보 공유 체계 마련, 그리고 이해관계자 간의 긴밀한 협력 체계 구축이 필요함을 시사한다.

2. SWOT 분석 결과

포커스 그룹 인터뷰 결과를 토대로 REDD+ 사업의 민간 부문 참여와 관련된 SWOT 분석을 수행한 결과, 강점, 약점, 기회, 위협, 그리고 전략의 다섯 가지 범주가 도출되었다.

먼저, 강점(Strengths)으로는 REDD+ 사업이 기업의 사회적 책임(CSR) 이행과 ESG 경영 목표 달성을 위한 중요한 기회를 제공한다는 점이 확인되었다. 사업자들은 REDD+ 사업을 통해 지역사회에 긍정적인 영향을 미치고 기업 이미지를 개선할 수 있으며, 산림 보호 활동이 환경 보전뿐 아니라 지역사회와의 협력을 강화하는 효과를 가져온다고 응답하였다. 이러한 요소들은 기업과 지역사회가 장기적으로 상생할 기반을 마련하는 데 기여할 수 있다.

반면, 약점(Weaknesses)으로는 사업자와 투자자 모두 REDD+ 사업의 초기 비용 부담과 수익성의 불확실성을 큰 장애 요인으로 인식하고 있다는 점이 나타났다. 특히 소규모 사업의 경우 경제적 메리트가 부족하여 민간의 적극적인 참여가 제한되는 경향이 있었다. 또한, 법적 지원이 미흡하고, 사업 참여 범위나 탄소배출권 판매에 대한 명확한 지침이 제시되지 않은 점이 참여를 저해하는 요소로 작용하였다.

한편, 기회(Opportunities) 측면에서는 민관 협력을 통해 REDD+ 시장을 형성하고 지속 가능한 경제적 혜택을 제공할 가능성이 확인되었다. 일부 투자자들은 REDD+ 사업에서 민간과 정부의 협력이 필수적이라고 강조하면서, 이를 통해 참여 범위가 확장될 수 있다고 보았다. 더 나아가 탄소배출권 거래 및 ESG 경영 활동을 통해 장기적인 경제적 가치를 창출할 수 있는 잠재성이 높다는 점도 중요한 기회로 인식되었다.

하지만, 위협(Threats) 요인도 존재하였다. REDD+ 사업의 홍보가 충분히 이루어지지 않아 민간 기업과 지역사회의 관심을 유도하기 어렵다는 점이 지적되었다. 또한 이해관계자 간 소통과 협력 체계가 부족하여 정보 공유가 원활하지 못하고, 플랫폼 및 네트워크의 부재로 인해 협력이 제한적인 것으로 나타났다. 특히, 수익성의 불확실성과 탄소배출권 가격의 변동성은 민간 참여를 저해하는 핵심 위험 요인으로 평가되었다.

3. 포커스 그룹 인터뷰 및 SWOT 분석 결과에 따른 전략 도출

본 연구는 포커스 그룹 인터뷰(FGI)에서 확인된 여섯 범주(경제적 부담, 기업의 역할·책임, 정부·정책/프로그램, 관리, 사회·지역사회 영향, 커뮤니케이션·협력)를 토대로 SWOT 분석을 수행하였다. 그 결과, REDD+ 민간 부문 참여 활성화를 위해 강점-기회(SO), 강점-위협(ST), 약점-기회(WO), 약점-위협(WT)의 네 유형별 전략이 도출되었다〈표 1〉. 본 연구에서 도출한 전략들은 기업의 ESG/CSR 동인, 정부의 제도적 기반, 지역사회 협력, 그리고 이해관계자 네트워크를 유기적으로 결합해 참여 제약을 완화하고 실행가능성을 높이는 데 초점을 둔다.

3.1. 강점-기회(SO) 전략

기업의 ESG 경영 및 사회적 책임(CSR)과 REDD+의 환경·사회적 편익을 정렬하여 민간 참여를 확대한다. 구체적으로, 산림 보전 및 지역사회 협력 프로젝트를 ESG 핵심성과지표(KPI)와 연계하고, 공시·평가 체계(지속가능경영보고서, 공급망 실사 등)와 접목해 기업의 가시적 성과를 제시한다. 둘째, 기업의 자원·전문성(프로젝트 관리, MRV 보조, 공급망 관리)을 활용해 지역사회와의 공동 사업 모델(예: 공동 거버넌스위원회, 수익공유 메커니즘)을 설계함으로써 지역 수용성과 장기적 상생 기반을 강화한다. 이러한 SO 전략은 기업 이미지 제고와 동시에 참여 확장이라는 기회를 실질적 사업으로 전환시키는 경로를 제공한다.

3.2. 강점-위협(ST) 전략

확인된 외부 위협(홍보·네트워크 부재, 가격 변동성, 정보 비대칭)에 대응하기 위해 기업의 강점을 활용한다. 첫째, 기업이 보유한 대외 커뮤니케이션 역량을 동원하여 산업계-정부-시민사회 간 공개 소통 채널(정례 포럼, 데이터 허브)을 구축하고, 프로젝트 정보·학습사례·표준 운영지침을 공유해 정보 비대칭을 완화한다. 둘째, 정부·공공기관과 연계한 초기비용 완화 장치(공공-민간 매칭펀드, 보조·융자 병행, 단계별 성과보상)를 도입해 초기 자본부담과 리스크를 분산한다. 셋째, 법·제도 정합성을 확보하기 위해 참여 유형과 탄소배출권 취급 절차를 표준화하고, MRV 기준 및 분쟁 해결 절차를 명료화함으로써 민간 참여의 법적 안정성을 제고한다.

3.3. 약점-기회(WO) 전략

내부 약점(초기비용·수익성 불확실성, 지침 부재)을 외부 기회(민관협력, ESG·탄소시장)에 접속시켜 보완한다. 첫째, 중소·신규 사업자를 대상으로 한 인센티브 패키지(소규모 전용 트랙, 간소화된 MRV, 거래비용 보조, 세제 혜택)를 설계하여 진입장벽을 낮춘다. 둘째, 정부·개도국 파트너·개발금융(DFI)을 결합한 블렌디드 파이낸스 구조를 도입해 수익성의 불확실성을 흡수하고 민간 자본을 유인한다. 셋째, 참여 지침과 표준계약서(수익공유, 지역사회 편익협정, 토지·탄소권리 합의서)를 개발·보급하여 사업 설계의 예측가능성을 높이고, 시범사업을 거쳐 확대 적용하고, 이를 통해 제도화한다.

3.4. 약점-위협(WT) 전략

내부 약점과 외부 위협이 결합될 때의 위험을 최소화하는 방어적·보완적 전략이 요구된다. 첫째, 가격 변동으로 인한 불안정을 줄이기 위해 장기 판매계약, 최저가격 보장 조항, 보험·보증 제도, 위험 대비 적립금과 같은 장치를 마련하여 현금흐름의 불확실성을 축소한다. 둘째, 홍보와 교육 프로그램을 통해 사업의 목적, 성과, 운영 구조를 투명하게 공개하고, 이해관계자의 기대 수준을 조정함으로써 평판 및 수용성 관련 위험을 관리한다. 셋째, 위험을 함께 나누고 성과에 따라 지원을 연계하는 구조(예: 성과기반 보조금, 실패 부담 공유 조항)를 도입하며, 제3자 검증과 정기적 감사를 통해 운영상·법적 위험을 분산한다. 넷째, 지역사회를 보호하기 위한 장치와 불만 처리 절차를 제도화하고, 사회·환경 보호 기준을 준수함으로써 사회적 위험을 사전에 예방한다.

구분	강점 Strengths	약점 Weaknesses
	• 기업 이미지 제고와 사회적 책임(ESG 경영) 이행 기회 • 산림 보전과 지역사회 발전을 동시에 촉진	• 초기 투자비용 과중 및 수익성 불확실성 • 법적 근거와 참여 범위 부족
기회 Opportunities • 정부-민간 협력 강화와 신규 시장 창출 • 탄소거래·ESG 경영을 통한 지속 가능한 경제적 가치 확보	◆ 강점-기회 전략(SO) 1. ESG 경영과 CSR을 REDD+의 환경·사회적 편익과 연계해 민간 참여를 촉진한다. 2. 산림 보전과 지역 경제 활성화를 위해 지역사회와 협력하는 공동 프로젝트를 추진한다.	◆ 강점-위협 전략(ST) 1. 정부 인센티브와 장기계약·바닥가격·보험·준비금 등 가격 안정 장치를 통해 민간 참여의 재정적 안정성을 강화한다. 2. 법적 지원 체계를 정비하고 참여 범위를 명확히 하여 민간 부문의 제도적 기반을 공고히 한다.
위협 Threats • 이해관계자 간 소통·협력 부족 및 네트워크 부재 • 홍보 부족으로 인한 낮은 인식과 참여 한계	◆ 약점-기회 전략(WO) 1. 민관 공동 플랫폼을 구축해 기업 간 협력과 정보 공유를 촉진한다. 2. 장기 인센티브와 정책적 안전망으로 거래 불확실성을 완화해 참여 안정성을 높인다. 3. 소규모 전용 트랙·간소화된 MRV·블렌디드 파이낸스를 도입하고, 표준계약서·지침을 보급해 시범사업에서 제도화로 확산한다.	◆ 약점-위협 전략(WT) 1. 홍보·교육 프로그램으로 REDD+의 필요성과 효과를 알리고 이해관계자의 인식을 제고한다. 2. 민관 협력 체계를 제도화해 기업의 장기적·지속적 참여 기반을 마련한다. 3. 성과연동·실패공유·제3자 감사 구조를 도입하고, FPIC·세이프가드를 준수해 사회적 위험을 예방한다.

〈표 1〉 심층 인터뷰 결과 SWOT 분석 및 분석에 따른 전략 도출

V. 결론

본 연구의 목적은 우리나라 민간기업이 REDD+ 사업에 참여하는 과정에서 직면하는 제약 요인을 식별·분류하고, 민간 참여 확대 및 REDD+의 효과성 제고를 위한 대응 전략을 제시하는 데 있다. 이를 위해 포커스 그룹 인터뷰(FGI)와 SWOT 분석을 병행하여 민간부문의 인식과 구조적 장애를 다층적으로 분석하였다.

본 연구의 결과는 다음과 같다. 첫째, FGI 결과 민간 참여를 제약하는 요인은 경제적 부담, 기업의 역할과 책임, 정부 및 정책·프로그램 지원, 관리체계, 사회적·지역사회 영향, 커뮤니케이션 및 협력 등 여섯 범주에서 도출되었다. 특히 초기비용 부담과 수익성 불확실성, 법적 기반의 미비, 이해관계자 간 정보 공유 부족이 공통된 핵심 제약으로 확인되었다. 둘째, SWOT 분석을 통해 강점-기회(SO), 강점-위협(ST), 약점-기회(WO), 약점-위협(WT)의 네 가지 전략군이 도출되었다. SO전략은 기업의 ESG/CSR 동인과 REDD+의 공동편익을 결합하는 방식으로 참여 동인을 강화하는 경로를 제시하였다. ST전략은 홍보·네트워크 부재, 가격 변동성 등 외부 위협에 대응하기 위해 법적 안정성 확보와 초기 자본 부담 완화 장치를 강조하였다. WO 전략은 중소규모 사업자 참여를 유도하기 위한 인센티브 패키지와 표준화된 지침·계약서 개발을 제안하였다. WT전략은 가격 변동성 완화, 교육·홍보 강화, 사회·환경 세이프가드 도입 등을 통해 리스크를 최소화하는 대응 방안을 제시하였다.

본 연구는 다음과 같은 한계점을 지닌다. 첫째, 분석이 제한된 규모의 FGI 참여자 의견에 기반하였기 때문에 REDD+ 민간 참여의 다양한 이해관계자를 모두 포괄하지 못했다. 둘째, SWOT 분석 역시 질적 자료를 중심으로 도출되어, 전략의 효과성을 검증하기 위한 정량적 근거가 부족하다. 셋째, 우리나라 고유의 제도·정책 맥락을 중점적으로 다루었으므로, 다른 국가 사례와의 비교·일반화에는 한계가 있다.

향후 연구에서는 보다 다양한 이해관계자(기업, 정부, 국제기구, 지역사회 등)를 포함한 폭넓은 표본을 통해 본 연구에서 도출된 제약 요인과 전략을 재검증할 필요가 있다. 또한, 경제성 분석과 시뮬레이션을 결합하여 REDD+ 민간 참여의 재무적 타당성과 정책적 효과를 정량적으로 평가하는 후속 연구가 요구된다. 나아가, 국가 간 제도와 시장 환경을 비교하는 연구를 통해 민간 부문 참여를 촉진하기 위한 국제적 시사점을 도출하는 것도 의미 있을 것이다.

본 연구는 REDD+ 민간 참여 제약 요인을 다각도로 탐색하고 실천 가능한 전략을 제시함으로써, 국내 민간부문 참여 확대와 REDD+ 효과성 강화를 위한 기초자료로 활용될 수 있을 것으로 기대된다.

참고문헌

Aguilar-Støen, M. (2015). Exploring participation in new forms of environmental governance: A case study of payments for environmental services in Nicaragua. Environment, Development and Sustainability, 17.

Akintoye, A., Hardcastle, C., Beck, M., Chinyio, E., & Asenova, D. (2003). Achieving best value in private finance initiative project procurement. Construction Management and Economics, 21(5).

Alberts, B. (2009). On incentives for innovation. Science, 326(5957).

Barder, O. M., & Talbot, T. (2015). Guarantees, subsidies, or paying for success? Choosing the right instrument to catalyze private investment in developing countries (CGD Working Paper No. 402). Center for Global Development.

Braun, V., & Clarke, V. (2006). Using thematic analysis in psychology. Qualitative Research in Psychology, 3(2). https://doi.org/10.1191/1478088706qp063oa

Choi, G., Kim, J., Sawitri, M. Y., & Lee, S. K. (2020). Ecotourism market segmentation in Bali, Indonesia: Opportunities for implementing REDD. Land, 9(6).

Clarke, V. (1999). Focus group interviews in educational research. British Educational Research Journal, 25(4). https://doi.org/10.1080/0141192990250404

Cummings, A. R., & Martin, S. K. (2020). Identifying the powers, players, and emotions associated with REDD implementation: The case of Guyana's LCDS. Ambio, 49.

Dyson, R. G. (2004). Strategic development and SWOT analysis at the University of Warwick. European Journal of Operational Research, 152(3). https://doi.org/10.1016/S0377-2217(03)00062-6

Dugasseh, F. A., Adams, M. A., & Zandersen, M. (2024). Actor perceptions of the governance framework and non-carbon benefits from the Ghana cocoa forest REDD program: An extended Q-study of the Juabuso-Bia hotspot intervention area. Environmental Management. (Advance online publication).

Ecosystem Marketplace. (2023, November 28). Paying for quality: State of the Voluntary Carbon Markets 2023. https://www.ecosystemmarketplace.com/publications/state-of-the-voluntary-carbon-market-report-2023/

Ehara, M., Samejima, H., Yamanoshita, M., Asada, Y., Shogaki, Y., Yano, M., & Hyakumura, K. (2019). REDD+ engagement types preferred by Japanese private firms: Challenges and opportunities in relation to private sector participation. Forest Policy and Economics, 106, 101945.

Enrici, A., & Hubacek, K. (2019). A crisis of confidence: Stakeholder experiences of REDD in Indonesia. Human Ecology, 47.

Freeman, T. (2006). 'Best practice' in focus group research: Making sense of different views. Journal of Advanced Nursing, 56(5). https://doi.org/10.1111/j.1365-2648.2006.04043.x

Gill, P., Stewart, K., Treasure, E., & Chadwick, B. (2008). Methods of data collection in qualitative research: Interviews and focus groups. British Dental Journal, 204(6). https://doi.org/10.1038/bdj.2008.192

Ghazinoory, S., Abdi, M., & Azadegan-Mehr, M. (2011). SWOT methodology: A state-of-the-art review for the past, a framework for the future. Journal of Business Economics and Management, 12(1).

Helms, M. M., & Nixon, J. (2010). Exploring SWOT analysis—Where are we now? A review of academic research from the last decade. Journal of Strategy and Management, 3(3). https://doi.org/10.1108/17554251011064837

Hsieh, H.-F., & Shannon, S. E. (2005). Three approaches to qualitative content analysis. Qualitative Health Research, 15(9). https://doi.org/10.1177/1049732305276687

Intergovernmental Panel on Climate Change. (2007). Climate change 2007: Impacts, adaptation and vulnerability (M. L. Parry, O. F. Canziani, J. P. Palutikof, P. J. van der Linden, & C. E. Hanson, Eds.). Cambridge University Press. https://www.ipcc.ch/report/ar4/wg2/

Kociemska, H., & Poltorak, B. (2021). The influence of social impact bonds on public-private partnership success: The case of higher education. Journal of Public and Nonprofit Affairs, 7(1), 103-120. https://doi.org/10.20899/jpna.7.1.

Krueger, R. A., & Casey, M. A. (2014). Focus groups: A practical guide for applied research (5th ed.). Sage.

Kurniawati, I., & Kustulasari, A. (2020). Public value creation by private sector through cross-sector collaboration: A case study of the Gojek Wirausaha program. Bisnis & Birokrasi, 27(3).

MacDougall, C., & Fudge, E. (2001). Planning and recruiting the sample for focus groups and in-depth interviews. Qualitative Health Research, 11(1). https://doi.org/10.1177/104973201129118975

Miyamoto, K., Sato, Y., & Kitazume, K. (2005). Private-sector participation in infrastructure projects and value for money: Economic and financial impacts. Transportation Research Record, 1932(1).

Ng, S. T., Wong, J., & Wong, K. (2010). Public participation in public-private partnership projects—The way forward. In The Sustainable World (Vol. 142).

Nhem, S., & Lee, Y. (2020). Exploring perspectives in assessing the quality of governance of the REDD+ pilot project in Cambodia: Use of Q methodology. Journal of Mountain Science, 17(1). https://doi.org/10.1007/s11629-018-5301-y

Pahl, N., & Richter, A. (2009). SWOT analysis: Idea, methodology and a practical approach. GRIN Verlag.

Pickton, D. W., & Wright, S. (1998). What's SWOT in strategic analysis?

Strategic Change, 7(2).

Puchta, C., & Potter, J. (2002). Focus group practice. Sage.

Sheng, J. (2020). Private sector participation and incentive coordination of actors in REDD. Forest Policy and Economics, 118, 102262.

Siemiatycki, M., & Farooqi, N. (2012). Value for money and risk in public-private partnerships: Evaluating the evidence. Journal of the American Planning Association, 78(3).

Sim, J. (1998). Collecting and analysing qualitative data: Issues raised by the focus group. Journal of Advanced Nursing, 28(2).

Sim, J., & Waterfield, J. (2019). Focus group methodology: Some ethical challenges. Quality & Quantity, 53(6).

Tacconi, L., Mahanty, S., & Suich, H. (2010). Forests, payments for environmental services and livelihoods. In Payments for environmental services, forest conservation and climate change. Edward Elgar.

Weihrich, H. (1982). The TOWS matrix—A tool for situational analysis. Long Range Planning, 15(2). https://doi.org/10.1016/0024-6301(82)90120-0

Zulu, E., Mutwale, J., Zulu, S. L., Musonda, I., Kavishe, N., & Moobela, C. (2023). Challenges, drivers and incentives to private sector participation in public-private partnership projects in developing countries: Evidence from Zambia. Journal of Engineering, Design and Technology.

Zhu, F., Sun, M., Wang, L., Sun, X., & Yu, M. (2019). Value conflicts between local government and private sector in stock public-private partnership projects: A case of China. Engineering, Construction and Architectural Management, 26(6).

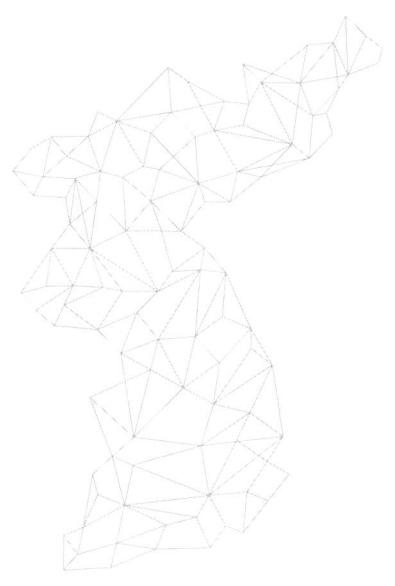

산림전용 및 산림황폐화 방지를 통한 온실가스 감축(REDD+) 사업 민간부문 참여 제약 요인과 대응 전략 _ 조장환, 장유지

원광대학교 통일교육사업단 통일총서 1

담론談論:
통일거버넌스

2025년 11월 3일 초판 1쇄 인쇄
2025년 11월 17일 초판 1쇄 발행

기획·편찬	원광대학교 통일교육사업단
펴낸곳	도서출판 동남풍
펴낸이	주영삼(성균)
출판등록	제1991-000001호(1991년 5월 18일)
주소	54536 전북특별자치도 익산시 익산대로 501
전화	063)854-0784
팩스	063)852-0784
홈페이지	www.wonbook.co.kr
인쇄	문덕인쇄

값 23,000원
ISBN 978-89-6288-062-5(03300)

ⓒ 이 책은 저작권법에 의해 보호를 받는 저작물이므로 무단 전재와 복제를 금합니다.
잘못 만들어진 책은 구입처나 본사에서 바꿔 드립니다.